Karte: Nordafrika

Rotes Meer

Ägypten

Sudan

Mittelmeer

Libyen

Tunesien

Algerien

Marokko

Mauretanien

Atlantischer

Ozean

Westsahara

Nahost Jahrbuch 1987

Nahost

Jahrbuch 1987

Politik, Wirtschaft und Gesellschaft in Nordafrika und dem Nahen und Mittleren Osten

Herausgeber:
Deutsches Orient-Institut
Thomas Koszinowski/Hanspeter Mattes

Springer Fachmedien Wiesbaden GmbH 1988

ISBN 978-3-322-95594-4   ISBN 978-3-322-95593-7 (eBook)
DOI 10.1007/978-3-322-95593-7

CIP-Titelaufnahme der Deutschen Bibliothek

Nahost-Jahrbuch: Politik, Wirtschaft u. Gesellschaft in
Nordafrika u.d. Nahen u. Mittleren Osten / Hrsg.: Dt. Orient-
Inst. — Opladen: Leske u. Budrich.
Erscheint jährl. — Aufnahme nach 1987 (1988)

Inhalt

Abkürzungsverzeichnis und Nachweis der benutzten Quellen *

A	al-Ahram, Kairo	NZZ	Neue Zürcher Zeitung, Zürich
AdG	Archiv der Gegenwart, St. Augustin	OJ	L'Orient - Le Jour, Beirut
Akinfo	Aktueller Informationsdienst Moderner Orient, Hamburg (ww)	PdT	La Presse de Tunisie, Tunis
		PTO	The Pakistan Times, Overseas Weekly, Lahore (w)
AN	Arab News, Riad	SaG	Saudi Gazette, Dschidda
B	al-Ba'th, Damaskus	SWB	Summary of World Broadcast, BBC, London
BO	Baghdad Observer, Bagdad	TDN	Turkish Daily News, Ankara
D	al-Dustur, Amman	TT	Teheran Times, Teheran
Dn	Dawn, Karatschi	W	Die Welt, Bonn
EG	The Egyptian Gazette (EM/ Egyptan Mail, Sonntagsausgabe), Kairo		

Nicht abgekürzte Periodika

ELM El Moudjahid, Algier

Dialogue, Tunis (w)
Horizont, Berlin (Ost), (w)
Iran Press Digest, Teheran
al-Jamahiriya, Tripolis (w)
Le Matin du Sahara, Casablanca
Newsweek, New York (w)
al-Qabas, Kuwait
al-Ra'y al-Amm, Kuwait
al-Zahf al-Akhdar, Tripolis (w)

FAZ	Frankfurter Allgemeine Zeitung, Frankfurt
FT	Financial Times, London
HB	Handelsblatt, Düsseldorf
IHT	International Herald Tribune, Paris
JA	Jeune Afrique, Paris (w)
JP	The Jerusalem Post, International Edition, Jerusalem (w)
JoT	Jordan Times, Amman
KNT	Kabul New Times, Kabul
KuT	Kuwait Times, Kuwait
OP	L'Opinion, Rabat
MT	Marchés Tropicaux, Paris (w)
M	Le Monde, Paris
Mn	Morning News, Karatschi
MD	Monitor Dienst, Deutsche Welle, Köln
ME	The Middle East, London (m)
MEED	Middle East Economic Digest, London (w)
MEES	Middle East Economic Survey, Nikosia (w)
MEI	Middle East International, London (ww)
NS	News Spot, Ankara

* Alle Periodika erscheinen, wenn nicht anders vermerkt, täglich; Ausnahmen sind gekennzeichnet mit w = wöchentlich, ww = 14tägig, m = monatlich

Jahrbuch Nahost

Das Deutsche Orient-Institut legt hiermit zum erstenmal ein Jahrbuch zum "Nahen Osten" vor. Es soll über die wichtigsten politischen und wirtschaftlichen Entwicklungen im Raum zwischen Mauretanien/Marokko im Westen und Pakistan im Osten während des Jahres 1987 berichten. Alle Beiträge wurden von festen bzw. dem Deutschen Orient-Institut nahestehenden Mitarbeitern verfaßt.

Dem Deutschen Orient-Institut ist die Aufgabe gestellt, praxisnahe Forschung zu Politik, Wirtschaft und Gesellschaft des modernen Nahen und Mittleren Ostens durchzuführen. Dieser Aufgabe stellt sich das Institut namentlich auch durch seine Publikationsreihen, vor allem aber durch die Zeitschrift "Orient". Darüber hinaus hat sich das Institut seit langem die Verpflichtung auferlegt, die vielfältigen Materialien von Bibliothek und Archiv einer breiteren Öffentlichkeit zugänglich zu machen. Der vierzehntägig erscheinende "Aktuelle Informationsdienst Moderner Orient" sowie die bibliographischen Veröffentlichungen der ihm nahestehenden Orientdokumentation beim Deutschen Übersee-Institut sind die signifikantesten Ergebnisse dieser Bemühungen.

Mit der Herausgabe eines Jahrbuchs sollen die publizistischen Aktivitäten des Deutschen Orient-Instituts abgerundet werden. Nach geographischer Abgrenzung und inhaltlicher Anlage bezieht es sich auf das von U. Steinbach und R. Robert Anfang 1988 herausgegebene Handbuch "Der Nahe und Mittlere Osten - Politik, Gesellschaft, Wirtschaft, Geschichte und Kultur", Opladen: Leske und Budrich. Das Jahrbuch dient als Instrument, um dieses umfassende Referenzwerk kontinuierlich fortzuschreiben.

DEUTSCHES ORIENT-INSTITUT
Dr. Udo Steinbach
Direktor

Vorwort

Das mit diesem Band zum ersten Mal erscheinende "Jahrbuch Nahost" versteht sich als ein aktuelles Nachschlagewerk, das auf der Basis neuester Informationen, Daten und Fakten über Entwicklungen und Trends im politischen und sozioökonomischen Bereich in Nordafrika, dem Nahen und Mittleren Osten informieren möchte und zukünftig in jährlichem Abstand erscheinen wird. Es soll spätestens Anfang April jedes Jahres zur Information über das vorausgegangene Kalenderjahr zur Verfügung stehen. Damit, so meinen die Herausgeber, wird eine spürbare Informationslücke geschlossen.

Das Jahrbuch berücksichtigt stets das abgelaufene Kalenderjahr (1.1.-31.12.) und umfaßt geographisch die arabischen Staaten Nordafrikas und des Nahen Ostens sowie Israel, die Türkei, Iran, Afghanistan und Pakistan.

Das Jahrbuch soll eine Ergänzung zu bestehenden Nachschlagewerken über den Nahen Osten sein, die häufig allerdings nur Fakten kompilieren oder den Bezug zu den aktuellen Ereignissen und Entwicklungen vermissen lassen, weil sie mehr an grundsätzlichen Problemstellungen orientiert sind und/oder mit wachsendem Abstand zum Erscheinungsjahr an Aktualität verloren haben.

Zielgruppe für das "Jahrbuch Nahost" sind alle, die sich mit der Region beschäftigen und Informationen zur aktuellen Entwicklung in der Region benötigen, sei es im Rahmen ihrer beruflichen Tätigkeit im politischen, wirtschaftlichen oder wissenschaftlichen Bereich, sei es privat aus Interesse an der Region, ihren Problemen oder einzelnen Ländern. Aus diesem Grunde dürfte das "Jahrbuch Nahost" für Politiker, Geschäftsleute, Journalisten, Wissenschaftler und Studenten, die mit der Region zu tun haben, gleichermaßen nützlich und ein praktisches Hilfsmittel sein.

Parallel zum "Jahrbuch Nahost" wird im übrigen ein vom Institut für Afrikakunde/Hamburg erstelltes "Jahrbuch Afrika" erscheinen, auf das an dieser Stelle hingewiesen sei.

Zum Aufbau des Jahrbuches

Das "Jahrbuch Nahost" enthält in einem ersten Teil die Länderbeiträge bzw. Angaben zu Organisationen und in einem zweiten Teil Beiträge zu überregionalen oder länderspezifischen Konflikten und Entwicklungen gesellschaftspolitischen oder wirtschaftlichen Charakters. Im "Jahrbuch Nahost 1987" werden in zwei einführenden Beiträgen zusätzlich die politischen und wirtschaftlichen Entwicklungen von 1980-1986 behandelt, um dem Leser in Umrissen Vorgeschichte und Hintergründe für die Ereignisse und Entwicklungen des Jahres 1987 zu vermitteln. Den Länderbeiträgen vorgeordnet ist ein chronologischer Gesamtüberblick zur abgedeckten Region. Im "Jahrbuch Nahost 1987" ist zusätzlich ein chronologischer Überblick mit den zentralen Ereignissen des Zeitraumes 1980-1986 aufgenommen.

Die einzelnen Länderbeiträge enthalten einführend einen Datenblock mit den wichtigsten Daten zum jeweiligen Land (Offizielle Staatsbezeichnung, Unabhängigkeit, Fläche, Einwohnerzahl, Hauptstadt mit Einwohnerzahl, Urbanisierungsgrad, Armeestärke, Bruttoinlandsprodukt, Anteil der Sektoren Landwirtschaft, Industrie und Dienstleistungen am BIP sowie Kurs der Währung zum Dollar). Die einzelnen Länderberichte sind jeweils in die Teile innenpolitische, außenpolitische und sozioökonomische Entwicklung gegliedert. Anschließend folgen Angaben zur politischen Führung des Staates (Staatspräsident, Kabinett) sowie eine Jahreschronologie. Die Chronologie soll sowohl die wichtigsten Ereignisse zusammenfassen als auch auf einzelne Fakten aufmerksam machen, die aus Platzgründen im Text nicht berücksichtigt werden konnten.

Querverweise auf andere (Länder-)Beiträge, in denen sich zum gleichen Sachverhalt ebenfalls Ausführungen finden, erfolgen durch Pfeil (-->). In einem Dokumententeil werden einzelne wichtige Dokumente entweder im vollen Wortlaut oder in Auszügen wiedergegeben. Weitere Dokumente werden unter Angabe der Quelle nachgewiesen. Eine nach Ländern gruppierte Bibliographie, die jedoch ausschließlich deutschsprachige Titel enthält, schließt das Jahrbuch ab. Die Bibliographie im "Jahrbuch Nahost 1987" umfaßt Monographien aus den Jahren 1986 und 1987, nur in Ausnahmefällen sind auch ältere Titel bzw. Aufsätze angeführt. Die Gründe für diese Auswahl sind zum einen die leichtere Zugänglichkeit deutschsprachiger Titel für den angesprochenen Leserkreis, zum anderen die immer wieder in der Bibliothek des Deutschen Orient-Instituts gemachte Erfahrung, daß von den Benutzern im allgemeinen deutschsprachige Literatur bevorzugt wird. Bezüglich der aktuellen englisch- und französischsprachigen Literatur sei deshalb auf die entsprechenden Bibliographien in den einschlägigen wissenschaftlichen Zeitschriften wie Orient, Middle East Journal oder Maghreb-Mashrek verwiesen. Die Bibliographie wurde weitgehend vom Referat Vorderer Orient der Übersee-Dokumentation beim Deutschen Übersee-Institut/Hamburg zusammengestellt.

Zu den im Jahrbuch benutzten Zahlen ist zu bemerken, daß es sich dabei nicht immer um absolut zuverlässige Angaben handelt, da diese je nach Quelle erheblich schwanken. Vielfach waren auch Zahlen für das Jahr 1987 noch nicht zugänglich, weil beim redaktionellen Abschluß Ende Februar für die meisten Länder noch keine Zahlen für das gesamte Jahr 1987 vorlagen, so daß für mehrere Länder von den Autoren auf Angaben aus weiter zurückliegenden Jahren zurückgegriffen werden mußte. Im Falle des Libanon wurde auf einige Angaben im Datenblock gänzlich verzichtet, da aufgrund des Bürgerkrieges keine auch nur annähernd zuverlässigen Zahlen vorlagen. Für die Angaben über die Armeestärke wurden die Zahlen aus The Military Balance 1986-1987 des International Institute for Strategic Studies, London 1987, übernommen.

Auf Anmerkungen wurde aus Platzgründen weitgehend verzichtet. Allerdings wurde im laufenden Text an zahlreichen Stellen auf die benutzte Quelle in Kurzform (z.B. KuT, 2.7.) hingewiesen. Das Abkürzungsverzeichnis der auf diese Weise ausgewerteten Zeitungen/Zeitschriften findet sich im Anschluß an das Inhaltsverzeichnis. Bei den Datumsangaben wurde generell auf den Zusatz 1987 verzichtet, wenn sich das Datum auf den Berichtszeitraum, also 1987, bezog. Alle anderen Datumsangaben wurden ausgeschrieben.

Wichtigste Quelle bei der Erstellung des Jahrbuchs war das Archiv für Zeitungsausschnitte des Deutschen Orient-Instituts, in dem Zeitungen aus fast allen Ländern der Region archiviert werden, sowie seine umfangreiche Sammlung von Zeitschriften. Eine Zusammenfassung der wichtigsten Artikel aus den Zeitungen der Region zur politischen, wirtschaftlichen und sozialen Entwicklung bringt der Aktuelle Informationsdienst Moderner Orient, der alle 14 Tage vom Deutschen Orient-Institut herausgegeben wird. Weitere wichtige Referenzwerke sind der wöchentlich in London erscheinende Middle East Economic Digest (MEED) sowie die verschiedenen Nahost-spezifischen Zeitschriften wie Middle East Journal, The Middle East, Middle East Economic Survey (MEES), Middle East International usw.

Umschrift und Abkürzungen

Soweit möglich, wurden bei der Wiedergabe von Eigennamen eingedeutschte oder im Deutschen übliche Schreibweisen benutzt (z.B. Mekka, Riad, Hassan). Aus technischen Gründen und aus Rücksicht auf die Leser wurde auf eine wissenschaftliche Umschrift verzichtet. Für die arabischen Staaten (ohne den Maghreb) wurde eine vereinfachte Umschrift gewählt, die sich an die in der Zeitschrift Orient des Deutschen Orient-Instituts gebrauchte anlehnt, ohne daß jedoch spezielle Transkriptionszeichen verwandt wurden. Für die am Französischen orientierten Maghrebländer Mauretanien, Marokko, Algerien und Tunesien (teilweise gilt das auch für den Libanon) wurde die in der französischsprachigen Presse benutzte Schreibweise übernommen, für die übrigen Staaten Israel, Iran, Afghanistan und Pakistan die in der lokalen englischsprachigen Presse verwandte Schreibweise (z.B. Khomeini). Eine gewisse daraus resultierende Inkonsistenz ließ sich nicht vermeiden. So wird der Name Muhammad in den Maghreb-Staaten ausschließlich mit Mohammed wiedergegeben.

Länderspezifische Abkürzungen werden in den jeweiligen Länderartikeln erklärt. Im Jahrbuch benutzte Abkürzungen sind: b/d (barrel per day/Barrel pro Tag),BIP (Bruttoinlandsprodukt), BSP (Bruttosozialprodukt), EG (Europäische Gemeinschaft), GCC (Golfkooperationsrat), IWF (Internationaler Währungsfonds), KP (Kommunistische Partei), OAU (Organisation für Afrikanische Einheit), OIK (Organisation Islamischer Konferenz), PLO (Palästinensische Befreiungsbewegung), NWWO (Neue Weltwirtschaftsordnung), UNO (Vereinte Nationen), WHO (Weltgesundheitsorganisation).

Hingewiesen sei schließlich auf die Tatsache, daß die Artikel die Meinung der einzelnen Verfasser und nicht die des Deutschen Orient-Instituts/der Herausgeber wiedergeben.
Dank gebührt auch Frau Katja Meyer, die das Manuskript druckfertig aufbereitete.

Hamburg, im Februar 1988

Thomas Koszinowski
Hanspeter Mattes

Deutsches Orient-Institut
Mittelweg 150
2000 Hamburg 13

I. Die Entwicklung seit 1980

Die politische Entwicklung im Nahen Osten seit Beginn der achtziger Jahre

Gegen Ende der 80er Jahre stellt sich der Nahe Osten - zwischen dem Maghreb und Iran/Afghanistan/Pakistan - krisenhafter und verwickelter dar als je zuvor seit der Ausbildung seiner regionalen Struktur nach dem Ende des Zweiten Weltkrieges. Dies manifestiert sich in einem kaum faßbaren Ausmaß von Spannungen und Gewaltanwendungen im Inneren der staatlichen Akteure und zwischen ihnen - der Golfkrieg, die anhaltende Krise im Libanon sowie der vom Nahen Osten ausgehende internationale Terrorismus sind nur einige, freilich spektakuläre Erscheinungen. Blickt man hinter diese Fassade, so läßt sich die gegenwärtige Lage als das Ergebnis tiefgreifender Wandlungen und Herausforderungen erklären, die sich im vorangegangenen Jahrzehnt ausgeprägt und an seinem Ende die "alte Ordnung" erschüttert haben. Bei dieser "alten Ordnung" handelt es sich um jenes System von Gesellschaftsordnungen (und ihnen zugrunde liegenden Wertvorstellungen) sowie Kooperations- und Konfliktmustern, das in den 50er Jahren entstanden war.

Die hier angedeuteten Wandlungsprozesse sind außerordentlich vielschichtig. Bemerkenswert ist, daß sie sowohl den betroffenen Akteuren selbst wie außenstehenden Beobachtern weitgehend verborgen geblieben sind. Als dann die heile Welt der 70er Jahre in einem Zeitraum von nur wenigen Monaten zusammenbrach, war die Überraschung in der Region selbst und außerhalb nahezu total. Mit so unterschiedlichen Ereignissen wie der Revolution in Afghanistan (April 1978), dem Abschluß der Abkommen von Camp David (September 1978), dem Sturz des Schahs (Januar 1979) und dem Beginn der sowjetischen Invasion in Afghanistan (Dezember 1979) sind schon die wesentlichen Eckdaten dieses Zeitraums erfaßt, dessen zentrale Fakten freilich Camp David und der Zusammenbruch des Regimes in Teheran sind. Zugleich hat man damit brennpunktartig die drei Ebenen der Veränderungen kenntlich gemacht: die Wirksamkeit neuer gesellschaftlicher und politischer Kräfte, neue Konstellationen regionaler Konfliktaustragung und die Schwächung des in den 70er Jahren dominierenden westlichen Einflusses.

1. Der Zusammenbruch der regionalen Ordnung

Die Entwicklungen, die zum Aufstieg der revolutionären islamischen Kräfte geführt haben, sind oft beschrieben worden und sollen an dieser Stelle nicht wiederholt werden. Die auf den gesteigerten Öleinnahmen beruhenden Entwicklungs- (namentlich Industrialisierungs-)anstrengungen führten zu sozialen Verzerrungen, ließen traumatische Entfremdungsängste entstehen und vertieften die Abhängigkeit vom (insbesondere westlichen) Ausland. Als Reaktion darauf wuchs rasch die Zahl derer, die in der Wiederherstellung einer "islamischen Ordnung" den Ausweg aus einer als unerträglich empfundenen Situation suchten. Mit dem Erfolg der Revolution in Iran, an der sie bereits einen erheblichen Anteil hatte, spätestens aber mit der Durchsetzung der islamischen Kräfte als des in Iran dominierenden Machtfaktors, war die islamische Bewegung als politischer Faktor nicht mehr zu übersehen. Khomeinis Erfolg schien zu beweisen, daß die Vision von der gerechten Gesellschaft, die sich ausschließlich auf den Islam und das islamische Gesetz gründet, nicht länger Utopie bleiben muß, sondern eine realistische Orientierung für einen tiefgreifenden und revolutionären Wandel in der ganzen islamischen Welt sein kann. Wie die Revolution in Iran ein Schlüsselereignis ist, das ein Anwachsen des inneren Drucks auf viele der Regime im Nahen Osten zur Folge hatte, so ist es das Abkommen von Camp David in dem Sinne, daß es einen Wandel der Muster der Beziehungen zwischen den regionalen Akteuren ausgelöst hat. Mit der Beendigung des Konflikts zwischen Israel und Ägypten, dem stärksten unter den arabischen Gegnern, war das arabische Lager so geschwächt, daß die Durchsetzung arabischer Interessen auf dem Wege militärischer Konfrontation unrealistisch geworden war. Die Bemühungen derjenigen arabischen Staaten (und der PLO), die einen Kompromiß mit Israel ablehnten, welcher die Anerkennung der Existenz Israels bedeuten würde, bzw. die eine Beendigung des Konflikts nur unter der Bedingung der Erfüllung arabischer Maximalpositionen sahen, gingen nunmehr in zwei Richtungen: Ägypten zum Bruch des Abkommens mit Israel und damit zur Rückkehr in das gemeinsame Lager zu drängen und eine möglichst breite Front arabischer Staaten zur Fortsetzung des Kampfes gegen Israel (und den ägyptisch-israelischen Friedensvertrag) zustande zu bringen. Damit war aber zugleich für die weitere Entwicklung die Frage aufgeworfen, welche Macht das Vakuum innerhalb des arabischen Kraftfeldes füllen würde, das dadurch entstanden war, daß Ägypten seine ihm natürlicherweise zukommende Vormachtrolle aufgegeben hatte. Nach Lage der Dinge kamen dafür nur zwei Mächte in Frage: Syrien und der Irak.

2. Die Krise am Golf

Ohne Zweifel ist der Ausbruch des Krieges zwischen dem Irak und Iran im September 1980 von zentraler Bedeutung für die gesamte Region zwischen Afghanistan und dem Maghreb. In ähnlicher Tragweite wie der arabisch-israelische Konflikt ist er weit davon entfernt, nur ein lokales Ereignis zu sein; vielmehr hat er Probleme der Stabilität für eine Reihe von Regimen aufgeworfen, die bilateralen Beziehungen zwischen den Regionalstaaten in hohem Maße mitbestimmt und letztlich auch zur politischen Fragmentierung des Nahen Ostens beigetragen. Wie beim arabisch-israelischen Konflikt sind es weniger das Kriegsgeschehen selbst als die von ihm ausgehenden politischen Schockwellen gewesen, die dem neuen Konflikt seinen Stellenwert in der Regionalpolitik gegeben haben.

Im Ausbruch des Krieges laufen die oben umrissenen Entwicklungen brennpunktartig zusammen. Wenn auch der Überfall der irakischen Armee auf Iran vom 22. September 1980 als Reaktion gegen eine (unbestreitbare) iranische Aggressivität sowie insbesondere mit Verstößen gegen das irakisch-iranische Abkommen vom März 1975 gerechtfertigt wurde, sind doch hinter dieser Fassade die weiterreichenden Perspektiven der Aggression nicht zu verkennen:
- Mit dem Schlag gegen Iran verband die irakische Führung die Hoffnung, das islamische Regime in Teheran zum Zusammenbruch zu bringen. Damit wäre eine äußere und - vor allen Dingen - auch innere Bedrohung für den Irak ausgeschaltet worden, die sich in wachsendem Maße in militanter Rhetorik seitens der religiösen Führer in Teheran und in Unruhen unter den irakischen Schiiten seit Ende 1979 manifestiert hatte.
- Ein - wie immer gearteter - "Sieg" Saddam Husains gegenüber der Islamischen Republik hätte dessen Stellung innerhalb des arabischen Lagers drastisch verbessert. Er konnte nur darauf hoffen, in das durch den Ausschluß Ägyptens aus der Arabischen Liga entstandene machtpolitische Vakuum innerhalb des arabischen Lagers eintreten und gleichsam die Rolle eines "neuen Nasser" übernehmen zu können. Damit hätte Saddam Husain zugleich das politische Über-

gewicht gegenüber seinem syrischen Rivalen Hafiz al-Asad errungen, mit dem er in eine Rivalität um innerarabische Vorherrschaft eingetreten war, seit die syrisch-irakischen Vereinigungspläne im August 1979 im Zusammenhang mit einem Komplott gegen Saddam Husain (in welches nach Einschätzung des irakischen Regimes Hafiz al-Asad verwickelt gewesen sein soll) endgültig gescheitert waren.

Als Saddam Husain den Befehl zum Angriff gab, konnte er tatsächlich auf einen militärischen Erfolg hoffen. Nicht nur schien die iranische Armee paralysiert; auch das Regime von Ayatollah Khomeini selbst, noch immer im Konflikt mit den USA um die amerikanischen Geiseln und mit inneren Machtkämpfen belastet, schien einen militärischen Stoß nicht überleben zu können. Der Sturz aber dieses Regimes, das begonnen hatte, soviel Unbehagen in der ganzen Region zu erzeugen, mußte jenes Charisma um Saddam Husain verbreiten, das ihm die Legitimation für die angestrebte Führungsrolle im arabischen Lager verschaffte. Wollte Hafiz al-Asad seine Legitimation und Reputation aus einer aktiven Rolle im arabisch-israelischen Konflikt ziehen, so suchte Saddam Husain den arabisch-iranischen Gegensatz für seine Ziele zu instrumentalisieren.

Die 1978/79 ausgebrochene innerarabische Auseinandersetzung um die Verteilung der politischen Gewichte hat eine Kettenreaktion neuer Konflikte und Spannungen gezeigt: Der Ausbruch des irakisch-iranischen Krieges, die israelische Invasion in den Libanon 1982, die Spaltung der PLO durch Syrien (ab 1983), die Komplizierung der libanesischen Krise durch das Eindringen iranischer bzw. den Aufstieg pro-iranischer libanesischer Kräfte sind nur einige Glieder der Kette dramatischer Entwicklungen, die miteinander zusammenhängen und ineinander übergreifen. Ausgehend von der Konfliktkonstellation, die mit Camp David vorgezeichnet war, ist der Spaltpilz immer tiefer in den Nahen Osten eingedrungen und hat ihn so zersetzt, daß gegen Ende der 80er Jahre kaum Ansätze zu einer übergreifenden Gemeinsamkeit erkennbar sind. Vielmehr suchen die Akteure in permanenter Finassieren gegen- und auf Kosten voneinander, ihre individuellen Interessen durchzusetzen. In nicht wenigen Fällen handelt es sich dabei um nichts anderes als das politische (und physische) Überleben von Personen oder die Macht ausübenden Gruppen.

3. Revolution im Zeichen des Islams

Der Zusammenbruch der regionalen Ordnung im Gefolge von Camp David ist der entscheidende äußere Faktor, der den Nahen Osten in Desorganisation, verschärfte Gewaltanwendung und Instabilität geführt hat. Der am nachhaltigsten wirkende innere Faktor ist die Wirksamkeit des "fundamentalistischen" Islams (gängigerweise auch "Integrismus" oder "Islamismus" genannt), die mit der Verwirklichung des Konzepts der "Islamischen Republik" in Iran eine neue Dimension erhalten hat. Für den außenstehenden Beobachter trägt die khomeinistische Revolution spezifisch schiitische Züge. Die iranischen Islamisten aber haben von Anfang an darauf bestanden, daß die Revolution in Iran eine islamische sei. Damit haben sie zugleich deutlich gemacht, daß die Ereignisse in Iran als Teil eines revolutionären Wandlungsprozesses in der ganzen islamischen Welt verstanden werden sollen. Wie seinerzeit "Freiheit, Gleichheit, Brüderlichkeit" (aber auch wie die Heilsbotschaft der sowjetischen Revolution) sollte auch die Botschaft der Revolution in Iran, nämlich die Schaffung politischer, sozialer und wirtschaftlicher Gerechtigkeit im Zeichen des Islams sowie die Befreiung von äußeren Einflüssen, einen "universalen" - weil für die ganze islamische Gemeinschaft geltenden - Anspruch haben.

An diesem Punkt liegt die "Bedrohung", die von so vielen Machthabern nahezu von dem Augenblick an gespürt wurde, als sich die islamischen Kräfte in Iran durchgesetzt hatten. In den Augen der Revolutionäre in Teheran, vor allem aber Ayatollah Khomeinis selbst, fehlte allen Regimen in dem islamisch geprägten Raum des Nahen und Mittleren Ostens etwas Entscheidendes - die Legitimation zu herrschen. Im Inneren in jeder Weise "ungerecht", gestützt nicht auf das Volk, sondern auf das Militär, Familienbande, Einheitsparteien, zweifelhafte monarchische Überlieferungen etc. und hochgradig vom Ausland abhängig, hätten sie den wahren Islam verraten und seien daher nicht befugt, die Gläubigen zu regieren. Der Kampf gegen sie wird so zur religiösen Pflicht; das alte Konzept des "Heiligen Krieges" (jihad) wird von den Islamisten in einem politischen und gesellschaftlichen Zusammenhang wiederbelebt: Wenn auch das sozialistische und arabisch-chauvinistische Regime von Saddam Husain als besonders "satanisch" erscheint, so hat der gegen ihn geführte Krieg doch eine über den Irak hinausreichende Perspektive. Nachdem der irakische Angriff im Sommer 1982 erst einmal zurückgeschlagen war, hatte sich in Teheran das Konzept vom Krieg als einem Instrument der Projektion der islamischen Revolution in die ganze islamische Welt gefestigt. Aus dem "aufgezwungenen Krieg" war ein "Heiliger Krieg" geworden. Seine neue Dimension wurde in dem Slogan "Unser Krieg geht über Kerbela nach Jerusalem" zusammengefaßt.

Ermutigt durch den Erfolg der islamischen Revolution in Teheran und durch dieses in vielen Fällen direkt oder indirekt unterstützt, haben die islamistischen Kräfte nahezu in der gesamten Region des Nahen und Mittleren Ostens in den 80er Jahren Aufwind erhalten. Zwar ist der von ihnen ausgehende Druck auf die bestehenden Ordnungen nicht systematisch und umfassend oder gar zentral gesteuert, nichtsdestoweniger aber an vielen Punkten wirksam, ja spektakulär gewesen. Die Besetzung der großen Moschee in Mekka durch radikale Muslime im November 1979 mag man als Ereignis sui generis betrachten; ganz sicher aber gehört die Ermordung des ägyptischen Präsidenten Anwar al-Sadat durch Angehörige der radikalen Gruppe "al-Jihad" (Heiliger Krieg; nomen est omen) in die Reihe dieser spektakulären Ereignisse. Im gleichen Zusammenhang läßt sich bis in die Gegenwart ein breiter Strom von Aktivitäten ausmachen, die so unterschiedliche Formen wie Subversion, Attentate gegen Personen und Einrichtungen, Morde, Flugzeugentführungen, Geiselnahme etc. annehmen können.

Nicht nur mit der Waffe, auch mit der Feder ist die Auseinandersetzung ausgetragen worden, wovon die Flut an Schriften und Pamphleten, aber auch die intensive Propaganda zeugen, die an zahlreichen Moscheen betrieben worden ist (soweit die politischen Rahmenbedingungen es zuließen). Kaum ein Teil der Region ist von dieser Eskalation der Konfrontation in Wort und Tat auszunehmen; doch sind Ägypten, Syrien, einzelne Golfstaaten (namentlich Kuwait) und Tunesien zeitweise besonders intensiv von der Unruhe betroffen gewesen. Selbst in der Türkei scheinen die islamischen Kräfte, die in dem Staatsgründer Kemal Atatürk den Anti-Muslim schlechthin und in dem von ihm gegründeten laizistischen System eine Perversion besonders schlimmer Art sehen, auf dem Vormarsch.

4. Das libanesische Paradox: Nebenschauplatz und Brennpunkt

Die Krise im Libanon ist zu einer politischen Dauererscheinung der 80er Jahre geworden. Wenn diese für die regionale Gesamtkonstellation sowie für die internationale Politik auch niemals einen höheren Stellenwert erreichen konnte, so hat sie doch in vielen Facetten die zahlreichen Krisenkonstellationen in der Gesamtregion in der einen oder anderen Weise reflektiert. Namentlich aber die Tatsache, daß seit 1979 islamistische Kräfte in wachsendem Maße auf libanesischem Boden zu agitieren begannen, hat der ohnehin schwierigen Lage in dem Land eine neue Dimension gegeben. Zur Arena der islamistischen Kräfte in ihren diversen (meist diffusen) Zielsetzungen geworden und als Schauplatz für verschiedene Frontstellungen des Nahostkonflikts ist die ohnehin tiefe Krise der 70er Jahre schließlich in eine Katastrophe gemündet, aus der ein Ausweg für den Libanon kaum zu sehen ist. Mit der folgenschwerden Entscheidung der Regierung Begin, durch eine Invasion die Bedrohung durch die PLO ein für allemal auszuschalten, ist eine Folge von Ereignissen ausgelöst worden, in denen in wechselnden Frontstellungen und Verbindungen nahezu alle direkt oder indirekt beteiligten Akteure des Nahostkonflikts ihre Auseinandersetzungen mit- und gegeneinander ausgetragen haben.

Schien die am 6. Juni 1982 begonnene Invasion zunächst erfolgreich, so wendete sich das Blatt, als - bereits im Herbst - deutlich wurde, daß sie politisch in die Sackgasse führte. Israel brachte keine Neuordnung im Libanon im Sinne einer Versöhnung der Bürgerkriegsparteien zustande. Schlimmer noch war der Versuch, im Zusammengehen mit dem maronitischen Präsidenten des Libanon, Amin Gemayel, einen weiteren Separatfrieden zu oktroyieren. Dies bot für Syriens Präsident Hafiz al-Asad einen willkommenen Anlaß, in der Rivalität um die innerarabische Führerschaft hohes Profil zu zeigen. Gegen das - mit starker amerikanischer Unterstützung - am 17. Mai 1983 geschlossene "libanesisch-israelische Abkommen" mobilisierte er eine breite Front libanesischer und nicht-libanesischer Opposition. Ihr gelang es nicht nur, den libanesischen Präsidenten zu zwingen, das Abkommen aufzukündigen (März 1984), sondern auch einen militärischen Druck zu erzeugen, unter dem Israel schließlich im Juni 1985 den Libanon verließ. In der von Syrien geführten Allianz, die mit neuen, den Israelis nicht vertrauten Mitteln kämpfte (bis zur gezielten und wirkungsvollen Aufopferung durch Selbstmordkommandos), sollte die "Supermacht" Israel zum erstenmal ihren militärischen Meister finden.

Diese Ereignisse bildeten zugleich das Medium, in dem sich der Aufstieg der Schiiten zu einer militärisch führenden Gruppierung vollzog. Im Zusammenwirken mit auf libanesischem Gebiet operierenden iranischen Kräften (den revolutionären Garden, Pasdaran) haben sie einen wesentlichen Anteil an der Vertreibung Israels gehabt. Während dann die Amal-Miliz unter dem Schiitenführer Nabih Birri dazu überging, für einen laizistischen, unabhängigen libanesischen Nationalstaat zu kämpfen (unter Wahrung des Einflusses Syriens), haben sich die militanten Kräfte dem Kampf für die Errichtung einer "Islamischen Republik Libanon" und die "Befreiung Jerusalems" stark gemacht. Heute (1987/88) sind sie mehr und mehr zu einem politischen und militärischen Faktor geworden, der sich der äußeren Kontrolle, namentlich durch Syrien, zu entziehen vermag.

5. Keine Antwort auf die palästinensische Frage

Libanesischer Boden bildet in vielfältiger Weise den geographischen und politischen Berührungspunkt des arabisch-israelischen und irakisch-iranischen Konflikts. Ersterer hat mit dem Ausbruch des irakisch-iranischen Krieges in dessen politischem Schatten gestanden. Von seinen unmittelbaren oder mittelbaren Auswirkungen fühlte sich die Mehrheit der arabischen Regime bedroht, und hinter der Besorgnis, daß etwa die ihre Legitimität radikal infrage stellenden khomeinistischen Kräfte als Sieger hervorgehen könnten, traten das Anliegen einer gerechten Lösung des Palästinaproblems, die Verwerfung des ägyptisch-israelischen Separatabkommens und schließlich auch die israelische Invasion im Libanon zurück. Nicht zuletzt auch die Vernachlässigung des "klassischen" Nahostkonflikts

durch die USA sollte gegen Ende der 80er Jahre zu einer Situation führen, in der
die Frage angezeigt ist, wo denn überhaupt noch Raum für einen Kompromiß
liegen kann.

In breiten politischen Kreisen Israels ist der neue Konflikt von Anfang an mit
Genugtuung aufgenommen worden; allgemein wurde er als politische Entlastung
interpretiert. Für die von dem maximalistischen Likud-Block geführte israelische
Regierung unter Ministerpräsident Menachem Begin ergab sich nun die Möglichkeit, eine Reihe von faits accomplis zu schaffen, die den Verhandlungsspielraum
seither weiter eingeengt haben: Dazu gehören die de-jure-(bzw. de-facto-)An-
nexion Ost-Jerusalems (als der ewigen Hauptstadt Israels, 1980) bzw. der Go-
lan-Höhen (1981) sowie die Intensivierung der Gründung jüdischer Siedlungen
auf der Westbank (mit dem Ziel der Ansiedlung von 100.000 Juden bis 1990)
ebenso wie der Versuch der Ausschaltung der PLO durch die Belagerung Beiruts
bzw. das Bemühen, einem geschwächten und besetzten Libanon einen Friedensvertrag zu oktroyieren, der die ohnehin unter Druck befindliche Regierung nur
noch weiter diskreditieren und belasten würde.
Neue Hoffnungen keimten auf, als die arabische Seite auf die von Präsident
Reagan am 1. September 1982 vorgetragene neue Initiative, dem festgefahrenen
Friedensprozeß Impulse zu verleihen, positiv reagierte. In der wenige Tage später
auf der arabischen Gipfelkonferenz zu Fes verabschiedeten Erklärung sprachen
die anwesenden Staatsoberhäupter (und PLO-Führer Arafat) immerhin eine direkte Anerkennung des Existenzrechts Israels aus ("U.N. Security Council guaran-
tees of peace for all states in the region..."). Demgegenüber war die israelische
Reaktion rundweg ablehnend. In dem Maße, in dem schließlich die USA immer
tiefer in die Libanon-Krise hineingezogen wurden (im Oktober 1983 fanden 250
amerikanische Soldaten durch ein Selbstmordkommando den Tod), rückten sie
immer näher an Israel heran. Dem ging ein Verlust an Vertrauen und Glaubwürdigkeit auf arabischer Seite einher. Wenn Washington sich nicht einmal in der
Lage zeigte, auf Israels Politik im Libanon Einfluß zu nehmen, würde es dann in
der ungleich komplizierteren palästinensischen Frage den Widerstand Jerusalems
aufbrechen können?
Gewinner dieses Umschwungs waren schließlich diejenigen Kräfte, die - aus
welchen Gründen immer - den Friedensprozeß ablehnten. Sie wurden durch
Syrien angeführt, dem es schließlich gelang, alle ablehnenden Kräfte im Libanon
zu koordinieren. Mit der Spaltung der PLO im Sommer 1983 und mit der militärischen Vertreibung Arafats und seiner Anhänger von libanesischem Boden
(Dezember 1983) schien die PLO die Rolle, die sie sich in den 70er Jahren er-
kämpft hatte, ausgespielt zu haben und schienen alle Schlüssel für eine Lösung
des Nahostkonflikts nunmehr in Damaskus zu liegen.

Es gehört zu den vielen tragischen Momenten in der Geschichte des arabisch-
israelischen Konflikts, daß zu einem Zeitpunkt, da zum erstenmal auf arabischer
Seite ein breites Spektrum politischer Kräfte einen Kompromiß auf der Grundlage "Land gegen Anerkennung und Frieden" akzeptiert, Israel von Kräften bestimmt wird, die einen solchen Kompromiß, angewandt auf die Westbank, das
Kernstück des Konflikts, mit ideologischer Grundsätzlichkeit zurückweisen. Auch
die Koalition aus Arbeiterpartei und Likud, die sich nach den Wahlen vom Juni
1984 gebildet hatte, hat diese Lage nicht wirklich geändert. So konnte auch
Shimon Peres, der bis zur "Rotation" (Oktober 1986) Ministerpräsident war, über
einige Gesten und verbale Erklärungen der Kompromißbereitschaft hinaus keinen
Weg zu einem weiterführenden Dialog öffnen. Nach der Fes-Erklärung hat insbesondere auch die PLO an bestimmten Punkten zu erkennen gegeben, daß sie zu
Verhandlungen mit Israel bereit sei. Hatten sich bereits 1983 König Husain und

Yasir Arafat auf eine gemeinsame Friedensinitiative zu verständigen gesucht (die freilich im Zusammenhang mit den Entwicklungen im Libanon abgebrochen wurde), so kamen beide Anfang 1985 darauf zurück und lancierten im Februar dieses Jahres eine gemeinsame Initiative (Husain-Arafat-Initiative). Ihre Bedeutung lag darin, daß die PLO unter Bezug auf die Resolution 242 des Sicherheitsrates der UNO (die freilich nicht ausdrücklich genannt wird) zum erstenmal das Prinzip "land for peace" akzeptierte und - gemeinsam mit Jordanien geführte - Verhandlungen im Rahmen einer internationalen Konferenz anbot. Das bedeutet eine - zumindest indirekte - Anerkennung Israels. Daß weder Israel noch die USA (oder gar die EG) die ausgestreckte Hand ergriffen, bedeutet eine weitere verlorene Chance für den Frieden.

6. Vision versus Realpolitik

Die beiden Hauptkonflikte der Region - darauf war oben bereits hingewiesen worden - müssen im Zusammenhang gesehen werden: Sie berühren einander und verstärken ihre destabilisierende Auswirkung. Der Libanon ist dafür nur ein Beispiel, und zahlreiche andere Querverbindungen könnten aufgezeigt werden. Signifikant für die Gesamtsituation ist die Spannung, ja der Widerspruch, von Vision und ideologischer Fixierung auf der einen und Realpolitik auf der anderen Seite in zahlreichen Problembereichen der Nahostpolitik. Nur auf einige dieser "Ungereimtheiten", die den Nahen und Mittleren Osten in den 80er Jahren zu einem Kaleidoskop wechselnder Konstellationen gemacht haben, sei an dieser Stelle hingewiesen.

- Trotz der feindseligen Propaganda seitens der Islamischen Republik Iran hat Israel diese in verschiedenen Phasen des Krieges militärisch - vornehmlich in Form von Rüstungshilfe - unterstützt. Ein militärischer bzw. politischer Sieg des ba'thistischen und ehemals militant anti-israelischen Regimes in Bagdad ist von Jerusalem stets als eine größere Bedrohung als eine Stärkung der fundamentalistischen Kräfte in der Nahostregion aufgefaßt worden.
- Damaskus hat sich ungeachtet der panarabischen Rhetorik des (ebenfalls) ba'thistischen Systems im "Schicksalskampf" seines ba'thistischen "Bruderlandes" hinter Teheran gestellt, das seinerseits wiederum von seiner islamischen Ideologie her eigentlich kaum geneigt sein dürfte, mit diesem säkularistischen, sozialistischen und eng an die Sowjetunion angelehnten Regime Verbindungen zu unterhalten. Während für Teheran Damaskus ein wichtiges Tor bei dem Versuch gewesen ist, die politische Isolierung zu durchbrechen, hat Damaskus einen Beitrag zu leisten gesucht, einen Sieg des irakischen Rivalen zu verhindern und so dessen Träume auf arabische Vormachtstellung zu blockieren.
- Auch der "Lagerkrieg", dessen Opfer die palästinensische Lagerbevölkerung im Libanon gewesen ist, hat die Widersprüchlichkeit der Allianzkonstellationen manifestiert. Während Syrien die schiitische Amal-Miliz darin unterstützt hat, durch Druck auf die palästinensische Lagerbevölkerung ein Wiedererstarken der PLO im Libanon zu verhindern, hat sich die Regierung in Teheran im Zusammenwirken mit pro-khomeinistischen libanesischen Elementen der bedrängten Palästinenser angenommen und am Ende erfolgreich vermittelt. Dahinter steht die Überzeugung der islamischen Führung in Iran, daß die Palästinenser jenes Volk sind, das man eines Tages ins "befreite Jerusalem" heimzuführen hofft. Während es damit sogar eine schwere Belastung seiner Beziehungen zu Damaskus hingenommen hat, hat es zugleich amerikanische Waffenhilfe angenommen (in die auch Israel verwickelt war) und einen "deal" mit der Freilassung amerikanischer Geiseln in Beirut gemacht.

Signifikant für die Tiefe der Krise sind schließlich die Exzesse von Gewaltanwendung terroristischer Natur geworden. Dabei wurde diese auch ins (westliche) Ausland, vornehmlich Westeuropa, getragen bzw. wurden Bürger desselben Opfer von Gewaltanwendung, die in den Problemen des Nahen Ostens ihre Wurzel hatte. Gewiß hat dies auch mit dem entstandenen Klima zu tun, in dem Gewaltanwendung "normal" geworden ist, da sie mit so hehren Zielen und Motiven wie Gerechtigkeit, Freiheit etc. gerechtfertigt werden kann. Der Schritt zu simpler Kriminalität war in vielen Fällen nur noch klein. Darüber hinaus aber wird im Zeichen des Kampfes um eine "gerechte Weltordnung", wie er vom islamischen Fundamentalismus entfacht worden ist, und um eine "gerechte Lösung" des arabisch-israelischen Konflikts, wie er vom arabischen (palästinensischen) Nationalismus geführt wird, "der Westen" mehr und mehr als Partei, oder besser als Gegner angesehen. Die beiden rigorosesten Protestbewegungen des Nahen Ostens der 80er Jahre, der islamische Fundamentalismus und der militante arabische (palästinensische) Nationalismus, beide um Gerechtigkeit und Freiheit kämpfend, konvergieren heute in der Stoßrichtung ihrer Gewaltanwendung. Der militante Islam, der stets einen Kompromiß - gerade auch mit der Existenz Israels - abgelehnt hat, scheint durch die Entwicklungen der letzten Jahre im arabisch-israelischen Konflikt bestätigt worden zu sein. Denn wie es aussieht, gibt es nichts mehr zu verhandeln, und die einzige "richtige" Lösung scheint in der "Befreiung Jerusalems" à la Khomeini zu bestehen. Aus einer solchen Grundhaltung heraus fühlt man sich dann berechtigt (bzw. herausgefordert), den "Kampf" an allen Horizonten zu führen - dies gilt für die einflußreichen Akteure, die in Teheran oder Damaskus sitzen mögen, die politischen Gernegroße vom Schlage eines Qaddafi und die mehr oder weniger Kriminellen, die in Beirut Geiseln nehmen, um sie gegebenenfalls bei Bedarf entweder zu ermorden oder zu verscherbeln.

7. Rolle der Großmächte und Ausblick

Die amerikanischen Bomben auf Tripolis und Benghazi zur Bestrafung und Warnung des internationalen Terrorismus (April 1986) reflektieren deswegen sowohl eine unzureichende Einschätzung des Phänomens selbst als auch des Stellenwerts eines letzten Endes untergeordneten Akteurs wie des libyschen Revolutionsführers. Sie können aber auch nicht die Tatsache verdecken, daß die Großmächte mitschuldig daran sind, daß der Nahe Osten in ein solches Tief hineingeraten ist, aus dem eine Barbarei erwächst, die nun auch die USA (weniger die Sowjetunion) und Westeuropa trifft.
Noch am Anfang des Jahrzehnts hatte Washington zahlreiche Karten in der Hand, die es hätte spielen können, um die politische Krise zu entschärfen. Konfrontiert mit einer sehr schwierigen Situation, in der die USA verstärktes Engagement hätten zeigen müssen, haben sie diese Karten aus der Hand gegeben, bis sie schließlich auf dem Höhepunkt des - von Israel mitverschuldeten - Debakels im Libanon durch einen fast irrationalen Schulterschluß mit Israel ihr Vertrauen auf arabischer Seite teilweise verspielten. Damit aber haben sie nicht nur den Spielraum einer Vermittlerrolle erheblich eingeschränkt, sondern auch die eigenen Freunde gegenüber den Rakikalen erhöhtem Druck ausgesetzt. Die amerikanisch-israelische Abstimmung bei der Nicht-Reaktion auf die Husain-Arafat-Initiative zeigte, wie weit die Administration in Washington von Prinzipien ihrer Nahostpolitik abgerückt war, auf deren Grundlage ihre Vorgängerinnen in den 70er Jahren so erfolgreich operiert hatten.

Im Gegensatz zu den USA hat die Sowjetunion nicht einmal den Versuch gemacht, eine konstruktive Rolle zu spielen. Weitgehend abgemeldet in den 70er Jahren, war ihre Politik darauf gerichtet, wieder an Einfluß zu gewinnen. Dies ist ihr, wie die Entwicklungen auch 1987 gezeigt haben, in beachtlichem Maße gelungen. Ob Moskau seine Erfolge (die geographischen Schwerpunkte sind Syrien, Ägypten, die PLO und arabische Golfstaaten sowie Iran) einsetzen wird, um eine realistischere Initiative zur Lösung der Palästinafrage zu unternehmen oder ob es diese wiederum nur zur Verfolgung seiner machtpolitischen Interessen in der Region gebraucht, wird die Zukunft zeigen.

Am Golf waren beide Großmächte sorgfältig darauf bedacht, das Kriegsgeschehen nicht zu einer Belastung ihrer bilateralen Beziehungen werden zu lassen. Nachdem der Krieg einmal - aus einer rein regionalen Dynamik heraus - ausgebrochen war, mußte beiden daran gelegen sein zu verhindern, daß der Kampf zwischen einem militanten Islam und einer militanten Variante des arabischen Nationalismus zugunsten der einen oder anderen Seite ausgehen würde. Mit diesem - gar nicht einmal ausdrücklich verabredeten - Einvernehmen (das begleitet war von einer behutsamen Adjustierung der militärischen Kräfteverhältnisse) haben sie dazu beigetragen, daß ein Ende des Krieges auch nach mehr als sieben Jahren kaum in Sicht ist. Darauf aber, daß beide Seiten im Hinblick auf das, was "danach" kommen mag, einander im Blick haben, hat der Versuch Washingtons Licht geworfen, mit Teilen der iranischen Führung neue Kontakte zu knüpfen ("Irangate", 1985/86). Daß dies freilich mit dem Versuch verknüpft worden ist, amerikanische Geiseln in Beirut freizukaufen, zeigt, wohin amerikanische Nahostpolitik, die in den 70er Jahren einen so erfolgreichen Bogen zwischen der Vermittlung im Nahostkonflikt und der Sicherheit und Stabilität am Golf zu schlagen verstand, inzwischen verkommen ist.

Das Kaleidoskop der Kräftekonstellationen und Beziehungsgeflechte im Nahen Osten hat sich auch 1987 langsam weiter verändert. Die signifikanteste Entwicklung liegt in der De-facto-Rückkehr Ägyptens in das arabische Kraftfeld. Auf der arabischen Gipfelkonferenz in Amman (November) ist zwar kein formeller Beschluß der Wiederaufnahme Ägyptens in die Arabische Liga gefaßt worden; doch ist es den einzelnen arabischen Regierungen freigestellt worden, die 1979 abgebrochenen diplomatischen Beziehungen wiederherzustellen. Damit verband sich die Erwartung eines noch stärkeren Engagements des Landes im Krieg gegen Iran.
Der Irak war eines der ersten Länder, das diesen Schritt vollzog. Gerade darin aber zeigt sich die Absurdität der politischen Gesamtentwicklung im Nahen Osten in den 80er Jahren. Das ba'thistische Regime war einer der Hauptantreiber der Konfrontation mit Ägypten seit Camp David gewesen, und es hatte über die Ermordung des "Verräters" Sadat (Oktober 1981) triumphiert. Nach nahezu einem Jahrzehnt der Krisen und Wirren wurden nun die Beziehungen mit einem Ägypten neu geknüpft, das gleichwohl noch immer am Friedensvertrag mit Israel festhält.
In Palästina schließlich deutet sich Ende 1987 eine neue Dimension des arabisch (palästinensisch)-israelischen Konflikts bereits an. Die Unruhen auf der Westbank und im Gaza-Streifen zeigen die Entschlossenheit der palästinensischen Bevölkerung, das palästinensische Problem nicht in Vergessenheit geraten zu lassen, sondern den Widerstand gegen die Besatzung mehr und mehr in eigene Hände zu nehmen. Wenn auch dabei - wie in der Vergangenheit - keine baldigen Erfolge zu erwarten sind, so ist doch damit die Frage nach den moralischen Grundlagen und der langfristigen Orientierung der Politik Israels um so radikaler gestellt. Von der Antwort darauf wird in erheblichem Maße abhängen, ob sich der kritische Zustand der Region verschlechtert oder nicht doch eine Wende zu mehr Frieden und Stabilität im Inneren vollzogen werden kann.

Udo Steinbach

Die ökonomische Entwicklung im Nahen Osten seit Beginn der achtziger Jahre

1. Veränderte Rahmenbedingungen

Die wirtschaftliche Entwicklung des Nahen und Mittleren Ostens (arabische Länder, Israel, Iran, Türkei, Pakistan und Afghanistan) in den achtziger Jahren unterscheidet sich grundlegend von der der siebziger Jahre. Das Jahrzehnt 1970-1980 war durch hohe Wachstumsraten, durch relativ günstige Rahmenbedingungen für die regionale Zusammenarbeit und durch Optimismus gekennzeichnet. Dabei spielten die enormen Steigerungen der Öleinnahmen und der staatlichen Konsum- und Investitionsausgaben sowie der zunehmende intraregionale Kapitaltransfer eine entscheidende Rolle. Erstmals in der Geschichte der Dritten Welt war es einer Gruppen von Rohstoffexportländern gelungen, die "terms of trade" zu ihren Gunsten zu verändern und sich damit in die Lage zu versetzen, nicht nur die eigene beschleunigte Entwicklung zu finanzieren, sondern auch Finanzierungsbeiträge für andere Entwicklungsländer zu leisten. Die intraregionale Zusammenarbeit sowohl innerhalb des arabischen Raumes als auch zwischen den nicht-arabischen Ländern stieß nicht auf unüberwindliche politische Hindernisse. Das ermöglichte im arabischen Raum den Aufbau eines gemeinsamen Wirtschaftssektors durch Gründung einer zunehmenden Anzahl von Gemeinschaftsunternehmen, durch Arbeitskräftemigration über nationale Grenzen hinweg und im RCD-Raum (Regional Cooperation for Development) durch eine intensivierte Zusammenarbeit zwischen Iran, Pakistan und der Türkei. Pakistan gehörte zu den Hauptempfängern arabischer und iranischer Entwicklungshilfe. Auch die entwicklungsorientierte Kooperation zwischen Iran und den arabischen Ländern hatte sich (insbesondere nach Unterzeichnung des Algier-Abkommens von 1975 zwischen dem Irak und Iran) wesentlich ausgeweitet. Gestützt auf diese regionalen Verhältnisse und auf eine starke Position am Weltmarkt war der Grad der Kohäsion und Wirksamkeit der OPEC relativ hoch. Die Ausgaben für Verteidigung und innere Sicherheit hielten sich in vertretbaren Grenzen. Ein zunehmender Teil der reichlichen Öleinnahmen und anderen volkswirtschaftlichen Ersparnisse wurde in zivilen Entwicklungsprojekten investiert, wobei sich die Kapitalabsorptionskapazität mit der allmählichen Beseitigung der Infrastrukturengpässe laufend verbesserte. Unter diesen Voraussetzungen erlebte die Nah- und Mittelostregion in den siebziger Jahren einen beispiellosen Wirtschaftsboom. Sie entwickelte sich zu einer dynamischen Wachstumszone in der Weltwirtschaft und damit zum Wirtschaftspartner Nummer 1 für die EG-Länder. Einige potente Länder wie der Irak, Iran und Algerien waren dabei, aus dem "Flaschenhals" herauszukommen und sich zu "Schwellenländern" zu entwickeln.

Diese positive Entwicklung wurde durch drei Faktorkomplexe unterbrochen: 1) das Herausbrechen Ägyptens aus der arabischen Front, die Unterzeichnung eines Separatfriedens mit Israel und die daraus resultierenden politischen Spaltungen und Neuordnungen im arabischen Raum, 2) den Sturz des Schah-Regimes in Iran und den Ausbruch des iranisch-irakischen Krieges, 3) den Rückgang der Nachfrage nach OPEC-Öl und die Senkung der Ölpreise.

Durch das Zusammenwirken dieser drei Faktorkomplexe schlug Anfang der achtziger Jahre die boomartige Entwicklung in eine Rezession um.

2. Wirtschaftswachstum

Dieser Bruch in der wirtschaftlichen Entwicklung läßt sich zunächst am Wirtschaftswachstum zeigen: Das kombinierte Bruttoinlandsprodukt (BIP) aller 21 **arabischen Länder** zu laufenden Preisen hatte sich im Zeitraum 1970-1980 von 41 auf 406 Mrd. US-$ verzehnfacht. Dabei waren allein in der zweiten Hälfte der siebziger Jahre rund 332 Mrd. US-$ investiert worden. Das war im Vergleich zu früheren Jahrzehnten ein gewaltiger Sprung. Allerdings muß dieses eindrucksvolle Ergebnis durch kritische Anmerkungen relativiert werden: Erstens enthält das nominale BIP die sprunghaften Steigerungen der Öleinnahmen, die mit Steigerungen der Produktivität einer inländischen industriellen Basis nicht verwechselt werden dürfen. Zweitens ist die starke Inflation der siebziger Jahre zu berücksichtigen, d.h. das reale BIP war erheblich niedriger. Das reale wirtschaftliche Wachstum betrug durchschnittlich 8 % pro Jahr, pro Kopf der Bevölkerung waren es 5,2 %. Drittens war dieses Wachstum von Land zu Land sehr unterschiedlich. Am höchsten war es in Saudi-Arabien, Kuwait, VAE, Qatar und Libyen. In zweiter Linie folgten der Irak und Algerien, in denen das Wachstum doppelt so hoch war wie in der Ländergruppe Ägypten, Marokko, Syrien, Libanon, Jordanien, Tunesien, Oman und Bahrain sowie Israel. An letzter Stelle standen die "least developed countries" Sudan, Mauretanien, Somalia, Dschibuti, Nord- und Südjemen. Das führte zu einer wesentlichen Verschiebung der relativen Gewichte der einzelnen Länder. So verringerte sich z.B. das relative regionale Gewicht Ägyptens, während das von Saudi-Arabien, Irak und Algerien anstieg.
Dieses zufriedenstellende reale Wirtschaftswachstum konnte in den achtziger Jahren nicht fortgesetzt werden. Das kombinierte nominale BIP aller arabischen Länder, das 1982 rund 435 Mrd. US-$ betrug, sank 1985 auf 411 Mrd. US-$. Angesichts der durchschnittlichen jährlichen Inflationsrate von 7,5 % war der Rückgang des realen BIP deutlicher. Wurden 1981 noch bescheidene +2,8 % erzielt, so war das reale Wachstum bereits 1983 mit -2,7 % negativ. Dabei war der Ölpreis in diesen drei Jahren von 31 auf 28 US-$/Barrel geringfügig zurückgegangen.
Viel größere Auwirkungen hatte der drastische Ölpreisverfall auf 15 US-$ im Jahre 1986, wo die Wirtschaftsrezession am schlimmsten war. Erst mit der Stabilisierung des Ölpreises auf dem Niveau von 18 US-$ gab es 1987 Zeichen einer gewissen Entspannung. Die einzelnen Länder waren von dieser Entwicklung unterschiedlich betroffen. Am härtesten waren die "least developed countries" betroffen, die nicht nur an der regionalen Rezession, sondern auch am Rückgang der Entwicklungshilfe, am Rückgang ihrer Agrarproduktion (Dürre) und an ihrer hohen Auslandsverschuldung zu leiden hatten. Hart betroffen waren auch die GCC-Länder, deren Wirtschaftsentwicklung vom Öl hochgradig abhängt. Demgegenüber konnten diejenigen Länder, die über eine diversifizierte Wirtschaftsbasis verfügen (Ägypten, Algerien, Irak, Jordanien, Marokko, Tunesien, Syrien) positive, wenn auch abgeschwächte Wachstumsraten erzielen. Bei der Betrachtung der Entwicklung des Sozialproduktes ist zu beachten, daß in den Ölexportländern die Bilanz der Faktoreinkommen (Einkommen aus eigenen Investitionen im Ausland und Überweisungen der eigenen im Ausland tätigen Bürger minus transferierte Gewinne der im Inland tätigen ausländischen Firmen und Überweisungen der ausländischen Gastarbeiter sowie gezahlte Zinsen für aufgenommene Kredite), die in den siebziger Jahren durch Überschüsse gekennzeichnet war, in den achtziger Jahren wachsende Defizite aufwies. So vergrößerte sich das kumulierte negative Netto-Faktoreinkommen von 1,3 Mrd. US-$ (1982) auf 9,7 Mrd. US-$ (1984).
In **Israel** war die ökonomische Entwicklung durch starke Inflation und Abwertungen der Landeswährung sowie durch Krisenerscheinungen und heftige Schwankungen gekennzeichnet. In der ersten Hälfte der achtziger Jahre (1980-1985) lag

die jährliche Inflationsrate zwischen 117 und 373 %. Das Israelische Pfund wurde 1980 durch den Schekel ersetzt, und am 1. Januar 1986 wurde ein neuer Schekel in Umlauf gesetzt, dessen Wert 1.000 alte Schekel beträgt. Aufgrund der inflationären Entwicklung mußte auch der neue Schekel mehrmals abgewertet werden. Der Wert des US-$, der 1980 0,0075 neue Schekel betrug, vervielfachte sich auf 1,4995 neue Schekel 1985. Aufgrund des Vertrauensschwundes in die eigene Währung diente der Dollar als alternative Währung. Die Ursachen der Krise waren: (a) außerordentlich hohe Verteidigungskosten, die sich durch die israelische Invasion des Libanons um 1 Mio. US-$ pro Tag erhöhten, (b) hohe Kosten der Siedlungsprogramme in den besetzten Gebieten, (c) hohe Zahlungsbilanzdefizite, die 1983 mit 2,25 Mrd. US-$ oder 5.550 US-$ pro Kopf der Bevölkerung angestiegen war und sich 1985 auf 24,5 Mrd. US-$ weiter erhöhte. Zur Bekämpfung der Inflation und Behandlung der strukturellen Ungleichgewichte der Volkswirtschaft mußte die Regierung problematische Programme durchführen, die mit Arbeitgeberverbänden und Gewerkschaften mühsam ausgehandelt wurden. Diese Programme beinhalteten u.a. die Senkung der Staatsausgaben, Entlassung von Beschäftigten im öffentlichen Sektor, Abbau der Subventionen, Steuererhöhungen, Einfrierung der Preise und Löhne bzw. unzureichende Anpassung der Löhne an die Entwicklung der Verbrauchsgüterpreise. Sie verminderten die realen kontraktbestimmten Einkommen und belasteten die ärmeren und mittleren Bevölkerungsschichten. Die Arbeitslosigkeit erhöhte sich von 2 auf 8 %. Das durchschnittliche jährliche Wachstum des realen BIP verlangsamte sich (1980-1985) auf +2,3 %, während die reale Kapitalbildung mit -9,4 % rückläufig war. Das alles verursachte mehrere Wellen von Streiks und sozialen Unruhen. Retter in der Not war (wie immer) die amerikanische Hilfe. Sie betrug in den sieben Jahren 1980-1986 insgesamt 14,1 Mrd. US-$, wobei die jährliche Leistung von 1 auf 3,8 Mrd. US-$ und der Anteil der Schenkungen kontinuierlich erhöht wurden. Hinzu kamen Spenden der Juden aus aller Welt in Höhe von 400 bis 600 Mio. US-$ pro Jahr. So erhöhte sich der Anteil der ausländischen Hilfe am israelischen BIP von 5 auf 14,8 %. Einen erheblichen Teil der israelischen Schuldenlast haben also die Steuerzahler in den USA und einigen anderen westlichen Ländern getragen.

In den seit 1967 **besetzten Gebieten** hat sich die Situation weiter verschlechtert. Von der gesamten landwirtschaftlichen Nutzfläche (6 Mio. Donum; 1 Donum = 1.000 qm) wurden bis 1987 mehr als die Hälfte beschlagnahmt bzw. unter Kontrolle der Besatzungsbehörden gebracht. Die verfügbare Menge von Bewässerungswasser wurde für palästinensische Betriebe reduziert. Die zunehmende Zahl jüdischer Siedlungen bildete einen Faktor gesellschaftlicher Destabilisierung. Hinzu kam die Öffnung der Märkte für die starke israelische Konkurrenz, die die palästinensischen Betriebe im Industrie- und Agrarsektor in Bedrängnis brachte. Diese und andere Faktoren veranlaßten viele palästinensische Unternehmer, ihre Betriebe aufzugeben und als Arbeitnehmer in israelischen Firmen zu arbeiten. Bis 1986 mußten rund 140.000 aus der Westbank und 88.000 aus dem Gazastreifen auswandern, meist junge Männer im arbeitsfähigen Alter. Die besetzten Gebiete wurden immer stärker an die Interessen der israelischen Wirtschaft gebunden. Unter diesen Umständen konnte die Hilfe der arabischen Staaten und die bescheidene Unterstützung der EG-Staaten keine grundlegende Verbesserung bewirken.

In **Iran**, wo in den siebziger Jahren hohe Wachstumsraten erzielt worden waren, geriet die Wirtschaft nach Beseitigung des Schah-Regimes und Errichtung der Islamischen Republik in eine tiefere Krise. Während der Periode des Vierten Entwicklungsplans (1968-73) und der darauffolgenden Planperiode 1973-1978 war das Wirtschaftswachstum erheblich. Hier hatte sich das reale BSP von 17 auf 55 Mrd. US-$ mehr als verdreifacht. Allerdings machten sich während der beiden letzten Jahre der Schah-Herrschaft 1977/78 Engpässe, strukturelle und politische

Probleme (Fachkräftemangel, zu umfangreiche Aufrüstungsprogramme, Stromunterbrechungen, Streiks usw.) bemerkbar. Nach dem Sturz des Schah-Regimes änderte sich die Wirtschafts- und Sozialpolitik grundlegend. Die ersten proklamierten Ziele beinhalteten u.a. eine Konzentration auf die Entwicklung der traditionellen Landwirtschaft, auf kleinere und mittlere Industrieprojekte und auf die Reduzierung der Abhängigkeit des Landes vom Ölexport.
Diese Ziele konnten angesichts der machtpolitischen Richtungskämpfe im Inland, des Mißmanagements staatlicher Betriebe sowie der Auswirkungen des Krieges und der weltwirtschaftlichen Rezession nicht verwirklicht werden. So steckte die iranische Wirtschaft in den Jahren 1979-1982 in einer tiefen Krise (die Industrieproduktion ging rapide zurück, die Landwirtschaft stagnierte). Das BIP sank 1979/80 um 13 %, 1980/81 um 10 % und ging 1981/82 weiter zurück. Erst die (von außen ermöglichte) Erhöhung des Ölexports bewirkte 1982/83 eine Entspannung der kritischen Situation. Die Abhängigkeit der wirtschaftlichen Entwicklung vom Öl ist also stärker geworden, und das registrierte Wirtschaftswachstum reflektiert im wesentlichen Steigerungen bzw. Schwankungen der Öleinnahmen. Dabei ist zu beachten, daß die iranischen Ölproduktionskosten (im Vergleich zu benachbarten Ländern) höher liegen und daß die Eskalation des Krieges die Transport- und Versicherungskosten wesentlich erhöhte. Das Wirtschaftswachstum, das 1984 rund 10 % betrug, sank 1985 auf Null und war angesichts des Ölpreisverfalls 1986 sogar negativ. Erst die Stabilisierung des Ölpreises 1987 brachte auch hier eine gewisse Verbesserung.
Die **Türkei** erlebte (gemessen an der Entwicklung des Bruttosozialprodukts) eine Aufschwungphase in den siebziger Jahren, die durch die Wirtschaftskrise von 1979/80 unterbrochen wurde. Erst Mitte der achtziger Jahre wurden wieder steigende Wachstumsraten registriert. Das reale BSP wuchs im Zeitraum 1970-1978 um durchschnittlich 7 % pro Jahr. Für ein ölimportierendes Entwicklungsland war dies eine durchaus beachtliche Leistung. Während der Krise sanken sie hingegen 1979 auf 0,7 % und 1980 auf -1,1 %. Die Wiederbelebung der Wirtschaft führte zunächst zu bescheidenen Wachstumsraten von 4,4 % 1981/82 und 3,3 % 1983, die das Bevölkerungswachstum knapp überstiegen. Dann folgte 1984-1987 eine Expansionsphase, in der die jährliche Wachstumsrate des realen BSP zwischen 5,5 und 7,5 % lag. Dabei erreichte das BSP 1985 die Höhe von 41 Mrd. US-$ bei einer Bevölkerung von 52 Mio. Die Türkei profitierte vom Golfkrieg und intensivierte ihre Wirtschaftsbeziehungen zu den arabischen Ländern und Iran. Die hier angedeutete Konjunktur stützte sich vorwiegend auf den türkischen Export in diese Länder. Jede Rezession in diesen Ländern wirkt sich negativ auf die türkische Wirtschaft aus und zwar heute stärker als in früherer Zeit.
In **Pakistan** war das Wirtschaftswachstum der achtziger Jahre zufriedenstellend. Die angewandte Wirtschaftspolitik konzentrierte sich auf den Aufbau der Infrastruktur, die Förderung des Exports und die Reduzierung des Imports zwecks Verbesserung der Devisensituation, auf Deregulierung und Privatisierung sowie auf Erhöhung der Wirksamkeit der monetären Kontrolle durch die Geld- und Kreditpolitik. Im Rahmen des laufenden Fünfjahresplans 1983/84 bis 1987/88 (Finanzjahr endet am 30. Juni) wurden in den ersten drei Jahren Wachstumsraten des realen BIP in Höhe von durchschnittlich 6,9 % pro Jahr erzielt. In den beiden letzten Jahren verlangsamte sich das Wachstum auf 6,1 und 5,6 %. Es stützte sich in erster Linie auf Steigerungen der gewerblichen Produktion und der Agrarproduktion. Auf der anderen Seite mußte angesichts der Verschlechterung der Situation der inneren Sicherheit ein zunehmender Teil der knappen Kapitalressourcen in unproduktiven Bereichen ausgegeben werden.

3. Weitreichende Auswirkungen des Ölpreisverfalls und des Golfkrieges

Der nunmehr seit über sieben Jahren andauernde irakisch-iranische Krieg und die Entwicklungen des Öl-Weltmarktes hatten in Zusammenwirken mit anderen Konflikten (insbesondere dem arabisch-israelischen Konflikt) weitreichende Auswirkungen auf die sozio-ökonomische Entwicklung der ganzen Region. Der Krieg stellt eine massive Störung des politischen und rechtlichen Rahmens des Entwicklungsprozesses dar. Er führte zur Bildung neuer widersprüchlicher Bündnisse, schuf Interventionsmöglichkeiten für raumfremde Mächte, schwächte die regionalen Organisationen, bedrohte die Sicherheit und territoriale Integrität der betreffenden Länder, erschütterte die Rechtssicherheit und erschwerte die Koexistenz unterschiedlicher Gesellschaftssysteme. Die ökonomischen Auswirkungen sind mannigfaltig: (a) Zerstörung eines erheblichen Teils des Volksvermögens, (b) Verlagerung zahlreicher dringend benötigter Arbeitskräfte von den zivilen Wirtschaftsbereichen an die Kriegsfronten, (c) Kapitalflucht und Auswanderung qualifizierter Fachkräfte, (d) Beeinträchtigung der Leistungen der Ausbildungsinstitutionen, (e) Vergiftung des Investitionsklimas für in- und ausländische Investoren, (f) Vernachlässigung der Landwirtschaft, (g) enorme Steigerungen der Ausgaben für Verteidigung und innere Sicherheit auf Kosten der zivilen Investitionen, (h) Verschärfung der Probleme der Inflation und der schwarzen Märkte, (i) Erschwerung der intraregionalen wirtschaftlichen Zusammenarbeit, (j) Verstärkung des Mißtrauens gegenüber ausländischen Arbeitnehmern und Behinderung der regionalen Mobilität der Arbeitskräfte.

Nach einer Studie von Prof. Abbas an-Nasrawi (University of Vermont/USA) beliefen sich die Gesamtkosten des Krieges im Zeitraum 1980-85 auf rund 417 Mrd. US-$. Dabei betrugen die Verluste des Iraks 176 Mrd., davon 94 Mrd. Militärausgaben, 56 Mrd. Ölexportverluste und 26 Mrd. Sozialproduktverluste. Im Falle Irans waren es 241 Mrd. US-$, davon 220 Mrd. Militärausgaben und Sozialproduktverluste sowie 21 Mrd. Ölexportverluste.

Von diesen negativen Auswirkungen sind nicht nur die beiden kriegführenden Länder Irak und Iran betroffen, sondern auch die GCC-Länder und andere Länder der Nah- und Mittelostregion sowie deren Wirtschaftspartner, insbesondere die EG-Staaten. Die Steigerung der Ausgaben für Verteidigung und innere Sicherheit auf Kosten ziviler Bereiche veränderte für die Lieferländer die Absatzmarktstrukturen und verminderte das Exportvolumen.

Der zweite Faktorkomplex ist der enorme Rückgang der Öleinnahmen und ihrer Kaufkraft. Im arabischen Raum haben sich die jährlichen Öleinnahmen der acht wichtigsten Ölexportländer (Algerien, Bahrain, Irak, Kuwait, Libyen, Qatar, Saudi-Arabien und VAE) im Zeitraum 1980-1984 von 205 auf 104 Mrd. US-$ vermindert. Das war eine Senkung um 49 %. Noch höher war der Rückgang in den beiden darauffolgenden Jahren. Die Öleinnahmen sanken 1986 auf 49 Mrd. US-$, d.h. auf weniger als die Hälfte des Niveaus von 1984. Das führte zur Umwandlung des Zahlungsbilanzüberschusses dieser Ländergruppe, der 1980 noch 91 Mrd. US-$ betragen hatte, in ein Defizit von 6,8 Mrd. US-$ (1984). Dieses Defizit vergrößerte sich 1986 auf 11,2 Mrd. US-$. Als Folge davon verminderte sich das BIP dieser Ländergruppe von 338 Mrd. US-$ (1982) auf 262 Mrd. US-$ (1986). Die Regierungen reagierten darauf mit Drosselung der Einfuhren und Kürzungen ihrer Haushalte. Die staatlichen Ausgaben für Investitions- und andere Zwecke wurden in den Jahren 1980-1986 von 137 auf 99 Mrd. US-$ reduziert, d.h. um ein Drittel. Diese Haushaltskürzungen stießen 1986 an eine kritische Grenze, zumal die Maintenance-Kosten in allen Wirtschaftsbereichen im Steigen begriffen waren.

Bereits aus diesen wenigen Zahlen wird die zentrale Bedeutung des Ölpreises ersichtlich. An dieser Stelle ist auf den "Ölpreiskrieg" hinzuweisen, der zum

Wendepunkt Anfang 1986 führte. Der OPEC-Ölpreis sank abrupt um 20 US-$ oder zwei Drittel. Am Spotmarkt halbierte sich der Ölpreis von 30 US-$ pro Barrel im November 1985 auf 15 US-$ im März 1986. Hinter diesem ungewöhnlichen Vorgang stand eine veränderte OPEC-Strategie (insbesondere Saudi-Arabiens), die in erster Linie auf eine Erhöhung des Marktanteils abzielte und wesentliche Senkungen der Preise und Einnahmen in Kauf nahm. Diese Strategie erwies sich aber für die OPEC-Länder insgesamt als verhängnisvoll, da die wirtschaftlichen Verluste viel höher waren als die mit der Erhöhung des Marktanteils verbundenen Gewinne. Die OPEC-Produktion stieg 1986 nicht wie erhofft um 5,1 Mio. b/d, sondern nur um 2,7 Mio. Demgegenüber sanken die Einnahmen um mehr als 50 Mrd. US-$. Auch in mittel- und langfristiger Betrachtung ergeben sich hohe Netto-Verluste im Vergleich zum Preisniveau von 1986. Selbst wenn es gelingen würde, den Ölpreis bis zum Jahr 1990 zu stabilisieren und auf 20 US-$ zu erhöhen, werden die Netto-Verluste für den Zeitraum 1986-1990 schätzungsweise 170 Mrd. US-$ betragen. Auch in politisch-strategischer Hinsicht erwies sich der "Ölpreiskrieg" für die OPEC als Fehler. Er verschärfte die Spannungen innerhalb der Organisation. Die Konfrontation verlagerte sich und fand nicht mehr zwischen OPEC-Mitgliedern und Nicht-OPEC-Mitgliedern (England, Norwegen usw.), sondern zwischen reichen und armen Mitgliedern statt. Der Druck auf Saudi-Arabien wuchs von verschiedenen Seiten. Dies veranlaßte Saudi-Arabien, zum System der festen Ölpreise zurückzukehren und mit anderen Exporteuren innerhalb und außerhalb der OPEC an der Stabilisierung des Ölpreises auf der Höhe von 18 US-$ zusammenzuarbeiten. Die zukünftige Preisgestaltung hängt davon ab, wie sich Angebot und Nachfrage angesichts des Preises von 18 US-$ entwickeln werden.

Die Kaufkraft der Öleinnahmen verminderte sich nicht nur durch Verfall der Ölpreise, sondern auch durch die fortgesetzten Steigerungen der Importgüterpreise sowie durch den Rückgang des Dollarkurses und der Zinssätze in den USA, die die Gewinne der Auslandsvermögen der OPEC-Länder verminderten. Davon waren insbesondere die GCC-Länder betroffen, deren Kapitalanlagen im Ausland 1986 auf 205 Mrd. US-$ geschätzt wurden, davon 70 % in US-$. Für ein Barrel Öl konnten 1986 etwa 56 % weniger Industrieerzeugnisse importiert werden als noch 1985.

Für die beiden kriegführenden Länder Iran und Irak bedeutete der drastische Ölpreisverfall 1986 enorme zusätzliche Schwierigkeiten. Iran war sowohl durch den Rückgang seines mengenmäßigen Exports (Kriegseinwirkungen) als auch durch den Preisverfall betroffen. Bei einem Rückgang des Exports von 1,57 auf 1,35 Mio. b/d sanken die iranischen Öleinnahmen von 13 auf 6 Mrd. US-$. Dabei hatte die iranische Regierung für 1986 mit 17 Mrd. US-$ gerechnet. Der Krieg absorbierte die Finanzkraft des Landes in weitestem Maße. Trotzdem wurde er nicht gestoppt. Die Versorgungslage, vor allem der ärmeren Bevölkerungsschichten, war zunehmend angespannt, und es drohte eine Erschöpfung der letzten Reserven der Wirtschaft. Um die drohende Schließung der Produktionsstätten wegen Rohstoff- und Ersatzteilmangels teilweise abzuwenden, wurde versucht, ein System von Rückkaufgeschäften (buy-back) aufzuziehen. Bei diesen Geschäften werden Erzeugnisse, die mit den gelieferten Anlagen oder Rohstoffen hergestellt werden, vom Lieferanten als Bezahlung entgegengenommen. Iran hat solche Geschäfte mit einer Reihe von Staatshandelsländern abgeschlossen.

Für den Irak gingen 1985-1986 die Öleinnahmen von 12,5 auf 8 Mrd. US-$ zurück, obwohl der mengenmäßige Export von 1,1 auf 1,75 Mio b/d gesteigert werden konnte. So mußten die Wareneinfuhren um fast 60 % gesenkt werden. Fällige Auslandskredite in Höhe von 1,6 Mrd. US-$ mußten umgeschuldet werden. Der Druck auf die Bevölkerung hinsichtlich Sparen und Produzieren wuchs. Auch die Ausgaben für das Entwicklungsprogramm mußten wesentlich gekürzt

werden. Man konzentrierte sich auf die Durchführung kriegsrelevanter Projekte
und auf Projekte in den Bereichen Industrie, Energie/Elekrizität, Staudämme und
städtischer Wasserversorgung sowie Projekte, die die Deviseneinnahmen erhöhen
(wie den Bau von Öl- und Gasleitungen, Düngemittelfabriken), und andere
exportorientierte Betriebe. Die Lage entspannte sich erst mit der Verdopplung der
Öleinnahmen auf 11 Mrd. US-$ (1987) durch Stabilisierung des Ölpreises und
Steigerung der Produktion auf 2,75 b/d.

4. Staatshaushalte

Bei der Analyse der Entwicklung der Staatshaushalte ist es zweckmäßig, die
Länder der Nah- und Mittelostregion in zwei Gruppen zu unterteilen: (a) Länder,
in denen die Öleinnahmen mehr als 50 % der gesamten staatlichen Einnahmen
ausmachen. Es handelt sich hierbei um Iran und die neun arabischen Länder
Algerien, Bahrain, Irak, Kuwait, Libyen, Oman, Qatar, Saudi-Arabien und VAE;
(b) alle anderen Länder der Region. Angesichts der Stagnation der Exporterlöse
und des Rückgangs der anderen Deviseneinnahmen (Gastarbeiterüberweisungen,
Entwicklungshilfe) einerseits und der Steigerungen der Ausgaben für Verteidigung und innere Sicherheit andererseits sowie angesichts des Inflationsproblems
neigten die meisten Staaten in den achtziger Jahren zu restriktiver Haushaltspolitik. Nur wenige Staaten betrieben vorsichtig eine "deficit spending policy".
Innerhalb der ersten Ländergruppe war die restriktive Austeritätspolitik in Algerien, Kuwait, Libyen und Saudi-Arabien besonders deutlich. Bahrain, Oman und
VAE waren bestrebt, ihre Haushalte so zu gestalten, daß sich keine größeren
Defizite ergaben. Das gleiche galt für Iran, dessen Regierung gemäß der Direktive des Majlis (Parlaments) eine Balance zwischen Deviseneinnahmen und -
ausgaben zu halten verpflichtet war. Dabei war die Rückzahlung der vom Schah
an die USA und Frankreich gewährten Kredite eine große Hilfe. In der zweiten
Ländergruppe betrieben Ägypten, Jordanien, Mauretanien, der Sudan und Nordjemen eine deflatorische Finanzpolitik. Libanon, Somalia, Syrien und Tunesien
waren bestrebt, die verfügbaren Mittel optimal einzusetzen und unvertretbare
Defizite zu vermeiden. Demgegenüber verfolgten Marokko und Südjemen eine
expansive Haushaltspolitik, um die Wachstumsverluste früherer Jahre wettzumachen. Generell waren die Regierungen bestrebt, ihre Ausgaben zu rationalisie-
ren und an die Einnahmen anzupassen sowie neue Einkommensquellen im In-
und Ausland zu erschließen. Staatliche Subventionen wurden teilweise abgebaut.
Es wurden neue Steuern und Gebühren eingeführt und Zollerhöhungen durchgesetzt. Zur Bekämpfung der Inflation wurde die in den Ölexportländern zu lange
betriebene expansive Geld- und Kreditpolitik gebremst. In den armen Ländern,
die auf Kapitalimport angewiesen sind, führten die Haushalts- und Zahlungsbilanzdefizite zu unvertretbaren Steigerungen der Auslandsverschuldung. Länder
wie Marokko, Mauretanien, Somalia und der Sudan konnten ihren finanziellen
Verpflichtungen nicht nachkommen und mußten schwierige Umschuldungsver-
handlungen führen. Im Falle Irans stieg die Inlandsverschuldung des Staates
enorm an.

5. Abbau der Finanzreserven und Anstieg der Auslandsverschuldung

Die während der siebziger Jahre akkumulierten Kapitalüberschüsse der Ölexportländer wurden in den achtziger Jahren weitgehend abgebaut. Das läßt sich am
Beispiel Saudi-Arabien deutlich zeigen: Die Summe der kumulierten Haushaltsdefizite der letzten fünf Jahre (1983-1987) betrug 63,4 Mrd. US-$. Sie mußte
vorwiegend durch Inanspruchnahme der Staatsreserven gedeckt werden. Ende
1987 betrug das flüssige Vermögen der Saudi Arabian Monetary Agency (Zentralbank) nur noch 40 Mrd. US-$, verglichen mit 150 Mrd. US-$ (1981). Dieser

Betrag zeigte den schrumpfenden Finanzierungsspielraum, mit dem die Herausforderungen der kommenden Jahre gemeistert werden sollen und zwar für ein Land, das fast alles importieren muß. Die meisten Nah- und Mittelostländer haben in den achtziger Jahren ihre im Ausland befindlichen Bankguthaben abgebaut und zunehmend Bankkredite in Anspruch genommen. Allein 1986 haben die OPEC-Länder ihre Bankdepositen im Ausland um 22 Mrd. US-$ abgebaut. Allerdings trat 1987 eine Verbesserung ein. Trotz alledem blieben die Kapitalanlagen der Ölexportländer im Ausland relativ hoch. Sie betrugen Ende Juni 1986 rund 449 Mrd. US-$, davon 77 Mrd. in den USA, 60 Mrd. in England, 81 Mrd. in anderen EG-Ländern und 84 Mrd. in sonstigen Industrieländern sowie 60 Mrd. in Entwicklungsländern, 40 Mrd. in internationalen Bankplätzen und 36 Mrd. bei IWF und Weltbank.

Die Entwicklung der Zahlungsbilanzen reflektiert sich in den internationalen Währungsreserven der betreffenden Länder, die sich aus Devisenbestand, Sonderziehungsrechten und der Reserveposition beim IWF zusammensetzen. Die meisten Defizitländer der Nah- und Mittelostregion haben ihre Reserven aufgebraucht. 1985 betrugen die gesamten internationalen Reserven der arabischen Länder 44,4 Mrd. US-$, von denen 93 % im Besitz der Ölexportländer waren. Dabei stand Saudi-Arabien an erster Stelle, gefolgt von Libyen, Kuwait, Algerien und VAE. Demgegenüber haben die meisten arabischen Länder der zweiten Gruppe ihre Reserven beim IWF aufgebraucht. Ihr Verhältnis zu den Einfuhren verschlechterte sich von 22 % im Jahr 1982 auf 14 % im Jahr 1985. Sie reichten nur für 52 Tage Import.

Was die Auslandsverschuldung betrifft, so ist zunächst darauf hinzuweisen, daß die Entwicklungshilfe (insbesondere Schenkungen) früher wesentlich zur Finanzierung der Zahlungsbilanzdefizite beitrug. Dieser Beitrag reduzierte sich in den achtziger Jahren, was sich auf die Schuldenlast negativ auswirkte. Bei der Betrachtung der Verschuldungssituation sollten die arabischen Länder in zwei Gruppen unterteilt werden: 1) Ägypten, Algerien, Marokko, Sudan, Tunesien, Syrien und Jordanien; 2) Nord- und Südjemen, Somalia, Mauretanien und Oman. Im Zeitraum 1980-1984 erhöhte sich die Verschuldung der ersten Gruppe von 46,2 auf 52,2 Mrd. US-$ und die der zweiten Gruppe von 3,3 auf 6,6 Mrd. US-$. Dabei ist zu beachten, daß allein auf Ägypten, Algerien und Marokko 1984 rund 70 % der gesamtarabischen Auslandsverschuldung entfielen. Bis 1982 war Algerien das am meisten verschuldete arabische Land, wurde aber 1983 von Ägypten überholt. Allerdings konnte das Tempo der Verschuldung verlangsamt werden. Algerien reduzierte seine Auslandsschulden im Zeitraum 1981-1984 um durchschnittlich 7,5 % pro Jahr. Insgesamt konnte die erste Gruppe den jährlichen Zuwachs ihrer Verschuldung im genannten Zeitraum von 5 auf 1,8 % verlangsamen. Ihr Anteil am BIP ermäßigte sich von 41 auf 36 %. Bei der zweiten Gruppe waren die jährlichen Zuwachsraten der Verschuldung, die zwischen 21 und 28 % lagen, viel zu hoch. 1984 machten das 43 % des BIP aus. Der Schuldendienst der ersten Gruppe erreichte 1984 rund 9,4 Mrd. US-$ und machte 30 % der Exporterlöse aus, verglichen mit nur 22 % im Jahre 1980. In der zweiten Gruppe waren es 5 % bzw. 7 %. In der Türkei erreichte die Auslandsverschuldung des Staates 1986 mit 29,3 Mrd. US-$ einen vorläufigen Höhepunkt (bei einem BSP von 53 Mrd. US-$). Der Schuldendienst belastete den Staatshaushalt mit 4,6 Mrd. US-$ und war für die Regierung eine schwierige Herausforderung. Auch in Pakistan eskalierte die Verschuldung. 1986 war sie mit 16 Mrd. US-$ doppelt so hoch wie 1978. Der Schuldendienst machte 1985/86 rund 27 % der Exporterlöse aus. Allerdings bestanden diese Schulden größtenteils aus Krediten zu weichen Konditionen. Die Kredite von Geschäftsbanken waren nur mit 10 % beteiligt. Aufgrund der strategischen Bedeutung des Landes waren hier die USA zu mehr Finanzhilfe bereit.

6. Entwicklungshilfe, Gastarbeiterüberweisungen und andere Kapitaltransfers und ihre Auswirkungen auf Zahlungsbilanzen und Wirtschaftspolitik

Hinsichtlich dieses Themenbereiches sind in der Nah- und Mittelostregion zwei Ländergruppen zu unterscheiden: 1) ölproduzierende Länder, die Gastarbeiter beschäftigen und als Kapitalexporteure und Entwicklungshilfegeber gekennzeichnet sind, nämlich die neun arabischen Länder Saudi-Arabien, Irak, Kuwait, VAE, Qatar, Bahrain, Oman, Libyen und Algerien sowie das nicht-arabische Iran. 2) alle anderen Länder der Region sind als Defizitländer auf ausländische Entwicklungshilfe und auf Kapitalimport angewiesen. Aus ihnen stammen die Gastarbeiter, die in der ersten Ländergruppe und zu einem geringeren Teil in Europa tätig sind.

Im Bereich der **Entwicklungshilfe** entwickelten sich die Ölexportländer in den siebziger Jahren zur zweitgrößten Gebergruppe (nach den OECD-Ländern). Sie institutionalisierten ihre Hilfe durch Gründung nationaler und multilateraler Entwicklungsbanken. Die größten Hilfeleistungen erbrachten Saudi-Arabien, Kuwait und VAE. Der Irak, der eine führende Rolle im arabischen Raum und in der Blockfreienbewegung anstrebte, gewährte großzügige Hilfe an zahlreiche arabische, afrikanische und asiatische Länder. Iran unter Führung des Schah unterstützte Pakistan und die Türkei. In den achtziger Jahren führten der Golfkrieg und der Rückgang der Öleinnahmen zu erheblichen Reduzierungen der Hilfeleistungen. Der Irak und Iran schieden als Geberländer aus. Bahrain und Oman mußten selbst Kapital importieren. Bedeutende Beiträge kamen nur noch aus Saudi-Arabien und Kuwait sowie mit weitem Abstand aus VAE und Qatar. 1985/86 kamen 95 % der gesamten OPEC-Hilfe aus Saudi-Arabien und Kuwait. Die jährlichen Nettoleistungen zeigten eine sinkende Tendenz. Die Kreditkonditionen wurden im Lichte der neuen Finanzsituation modifiziert. Die arabischen Geberländer leisteten in den 15 Jahren von 1970 bis 1984 Entwicklungshilfe im Gesamtwert von 73 Mrd. US-$, d.h. durchschnittlich 4,88 Mrd. US-$ pro Jahr. Sie floß durch verschiedene Kanäle und in verschiedenen Formen. Dazu gehörten hauptsächlich Zahlungen von Regierung zu Regierung (als Budget- und Soforthilfe) und projektgebundene Hilfe durch die spezialisierten nationalen, multilateralen und internationalen Institutionen. Die tatsächlichen jährlichen Auszahlungen, die 1980 mit 9,5 Mrd. US-$ einen Höhepunkt erreicht hatten, sanken auf 4,45 Mrd. US-$/1984. So ermäßigte sich ihr Anteil am BIP der Geberländer von 3,06 auf 1,8 %. In diesen Zahlen ist die durch die arabischen Entwicklungshilfe-Institutionen (EHI) geleistete projektgebundene Hilfe enthalten. Diese EHI gewährten seit ihrer Gründung bis Ende 1986 Kredite im Gesamtbetrag von rund 24 Mrd. US-$, von denen 52 % auf arabische, 27 % auf asiatische, 19 % auf afrikanische und 1,6 % auf lateinamerikanische Länder entfielen. Die damit finanzierten Projekte lagen in den Bereichen Energie und Elektrizität (28 %), Transport/ Verbindungswesen (23 %), Landwirtschaft (17 %), Industrie (17 %) und Wasserversorgung (5 %).
Innerhalb des arabischen Raumes gab es in der Verteilung der Hilfe signifikante Verschiebungen. Ägypten, das früher zu den größten Empfängerländern gehörte, wurde im Zeitraum 1979-1987 wegen seines Separatfriedens mit Israel boykottiert. Daher traten Syrien und Jordanien in den Vordergrund. Aufgrund eines Beschlusses der arabischen Gipfelkonferenz von 1978 in Bagdad sollten jährlich 3,5 Mrd. US-$ an die Frontstaaten gezahlt werden und zwar für eine Periode von zehn Jahren. Dieser Betrag sollte wie folgt verteilt werden (in Mio. US-$): Syrien 1.850, Jordanien 1.250, PLO 300 und besetzte Gebiete 100. Die Beiträge sollten von folgenden Staaten geleistet werden (in Mio. US-$): Saudi-Arabien 1.000, Kuwait 550, Libyen 550, Irak 520, VAE 400, Algerien 250 und Qatar 230. Die

Geberländer konnten aber aufgrund der veränderten politischen und finanziellen Situation ihre Zusagen nicht einhalten. Nur Saudi-Arabien und z.T. Kuwait erfüllten ihre Verpflichtungen. Auf der Gipfelkonferenz vom November 1987 in Amman wurde beschlossen, diese kollektive Hilfe nicht zu erneuern und an ihre Stelle bilaterale Vereinbarungen treten zu lassen. Einige Monate vorher hatten die Golfstaaten ihre Finanzhilfe an Ägypten wiederaufgenommen.

Bei der Finanzierung der Handelsbilanzdefizite der kapitalarmen Länder spielten neben der Entwicklungshilfe die **Gastarbeiterüberweisungen** eine wichtige Rolle, obwohl sie den inländischen Konsum und die Einfuhren erhöhten. Diese Bedeutung sei hier an einigen Daten des Jahres 1984 illustriert. Die Gastarbeiterüberweisungen deckten das Handelsbilanzdefizit in Jordanien zu 88 %, im Nordjemen zu 79 % und in Somalia zu 71 % sowie in Ägypten, Syrien und Südjemen zu mehr als 50 %. Im Sudan machten sie sogar das Doppelte des Handelsbilanzdefizits aus. Das zeigt, welche Auswirkungen die Rückwanderung der Arbeitskräfte und der Rückgang ihrer Überweisungen haben. In der Rezession von 1982-1986 war die Situation der kapitalschwachen Länder durch folgenden Teufelskreis gekennzeichnet: Auf der einen Seite Rückgang der Einnahmen aus Rohstoffexport, Tourismus und Gastarbeiterüberweisungen sowie Verminderung der Entwicklungshilfe. Auf der anderen Seite konnte der Export industrieller und landwirtschaftlicher Produkte nicht hinreichend gesteigert werden, weil zum einen nicht genügend Exportkapazitäten im Inland geschaffen wurden und zum anderen selbst der bisherige traditionelle Export wegen Protektionismus und Neomerkantilismus in den Industrieländern auf Absatzschwierigkeiten stößt. Die inländischen Investitionen und die ausländischen Direktinvestitionen können aus verschiedenen Gründen die Lücke nicht schließen. Auf der anderen Seite können die Wareneinfuhren aufgrund der hohen Auslandsabhängigkeit der Versorgung der Bevölkerung und der Wirtschaft mit Nahrungsmitteln, Gebrauchs- und Investitionsgütern (von Rüstungsimport ganz zu schweigen) nicht im erforderlichen Ausmaß reduziert werden. Das alles geschieht vor dem Hintergrund einer verstärkten Integration in den Weltmarkt und zunehmender Schwierigkeiten beim Aufbau inländischer Produktionskapazitäten. Die Folge sind Zahlungsbilanzkrisen und eine höhere Inlands- und Auslandsverschuldung des Staates und der Privatwirtschaft. Um seine Haushaltsdefizite zu vermindern, belastet der Staat die Bevölkerung in doppelter Weise: durch Erhöhung der Steuern und Gebühren und durch Abbau der Subventionen und Sozialleistungen.

Zu diesen Zusammenhängen und Auswirkungen sei ein exemplarisches Beispiel genannt: In **Ägypten** war der Rückgang des Netto-Ölexports von 2,63 Mrd. US-$/1985 um 74 % auf 0,69 Mrd. US-$ (1986) einschneidend und konnte durch andere Exporte nicht ausgeglichen werden. Der Gesamtexport sank um 13 % auf 3,4 Mrd. US-$. Demgegenüber konnten die Importe nur um 7 % reduziert werden, so daß sich ein erhöhtes Handelsbilanzdefizit von 5,5 Mrd. US-$ ergab. Der Rückgang der Gastarbeiterüberweisungen um 14 % auf 3 Mrd. US-$ und der angestiegene Schuldendienst verschlimmerte die Situation. Trotz der Steigerungen der anderen Kapitaltransfers vergrößerte sich das Defizit der Laufenden Rechnung von 1,5 auf 1,9 Mrd. US-$. Innerhalb eines Jahres stieg die Auslandsverschuldung um 26 % auf 30,3 Mrd. US-$ an. Die Inlandsverschuldung des Staates erreichte im Juni 1986 die Höhe von 36,7 Mrd. E£, wobei allein die Zinszahlungen 9 % der Staatseinnahmen in Anspruch nahmen. Hinzu kamen Militärschulden in Höhe von 11 Mrd. US-$ (u.a. 5,5 Mrd. für die USA und 3 Mrd. für die UdSSR). Angesichts dieser Situation mußte Ägypten mit dem IWF und den westlichen Gläubigerstaaten schwierige und politisch brisante Verhandlungen führen, bei denen grundlegende Reformen des Wirtschaftssystems und der staatlichen

Wirtschaftspolitik gefordert wurden. Im Vordergrund der Diskussionen standen
Fragen der Vereinheitlichung und Flexibilisierung der Wechselkurse, der Liberalisierung der Zinspolitik, des Abbaus staatlicher Subventionen und der Änderung
der Agrar- und Energiepolitik insbesondere hinsichtlich der geforderten Preiserhöhungen. Die ägyptische Regierung entsprach einem Teil der Forderungen und
plädierte bei den Gläubigern für die Berücksichtigung der sozialen und innenpolitischen Folgen (--> Ägypten).

7. Entwicklung der Wirtschaftssektoren Industrie und Landwirtschaft

7.1. Industriesektor

Im arabischen Raum konnte sich die verarbeitende Industrie in den achtziger
Jahren gut entwickeln, weil sie vorwiegend an den aufnahmefähigen Binnen-
märkten orientiert war. Sie diente vorwiegend der Importsubstitution. Im Zeitraum 1975-1985 hat sich der Wert ihrer Produktion verdreifacht. Dabei erhöhte
sich ihr Anteil am BIP auf 9,4 %. In der ersten Hälfte der achtziger Jahre betrug
die durchschnittliche jährliche Wachstumsrate der verarbeitenden Industrie 11 %
in den Ölexportländern und 3 % in den anderen arabischen Ländern. Dieser
Subsektor, der als Indikator der fortschreitenden Industrialisierung gilt, umfaßt
hauptsächlich Industrien der Bereiche Nahrungsmittel, Getränke, Textil, Leder,
Holzverarbeitung, Papier und Druck, Petrochemie, Raffinerien, Glas, Eisen- und
Stahl, Baustoffe, Kraftfahrzeuge und elektrotechnische Industrie. Kapitalgüterin-
dustrien sind sehr schwach vertreten. Die Zahl der Beschäftigten in der verarbeitenden Industrie wuchs durchschnittlich um 4 % pro Jahr und absorbierte 1985
mit 14,8 Mio. rund 28 % aller arabischen Arbeitskräfte. Diese Entwicklung darf
allerdings nicht darüber hinwegtäuschen, daß die extraktiven Industrien (Bergbau), insbesondere die Öl- und Gasförderung, nach wie vor eine beherrschende
Stellung haben, auch wenn ihr Beitrag zum BIP in den Jahren 1980-1985 aufgrund des Ölpreisverfalls und der Produktionssenkungen von 50 auf 27 % zurückging. In der Entwicklung der verarbeitenden Industrie wurden große Summen
investiert. Allein in den Jahren 1981-1986 betrug die Summe der geplanten Investitionen rund 122 Mrd. US-$ oder 16,7 % der Ausgaben aller arabischen Fünf-
jahrespläne. In diesen Zahlen kommt die hohe Kapitalintensität der Anlagen in
den Ölexportländern zum Ausdruck. Zu den viel diskutierten Hindernissen der
Industrialisierung gehört der viel zu langsame Prozeß der regionalen Integration,
die für die Schaffung geeigneter Märkte und die Nutzung der Vorteile der Massenproduktion notwendig ist.
In Iran wurde nach der Revolution von 1979 keine klare Industrialisierungspolitik
formuliert. Die unter dem Schah-Regime errichteten modernen Industriebetriebe
waren mit mannigfaltigen Schwierigkeiten konfrontiert. Dazu gehörten vor allem
der Mangel an Rohstoffen, Ersatzteilen und anderen Inputs sowie Management-
Probleme. 1979/80 sank die Industrieproduktion um 34 %. Das Schwergewicht
verlagerte sich auf Rüstungsbetriebe, die dem Krieg dienten. Im zivilen Bereich
blieben Eisen, Stahl, Petrochemie und Kupfer die wichtigste Grundlage der
nationalen Industrie. Andere wichtige Branchen sind Kfz-Industrie (Montage im
Rahmen von Lizenzverträgen mit westlichen Firmen), Baustoffe, Pharmazeutika,
Textil und Nahrungsmittel. All diese Industrien wurden verstaatlicht, und die
betroffenen ausländischen Firmen führten gegen die Regierung gerichtliche
Prozesse wegen Entschädigungsfragen. Der Anteil des privaten Subsektors an der
Industrieproduktion sank auf 20 %. In den Jahren 1981-1986 waren die Berichte
über Entwicklung der iranischen Industrieproduktion widersprüchlich. Während
offizielle Stellen für 1983/84 von einem 23%igem Wachstum sprachen, waren die
Jahre 1985/86 durch eine Rezession gekennzeichnet. Die Investitionen gingen

aufgrund des erschwerten Zugangs zu Krediten und Rohstoffen zurück. Bis 1987 konnte die Situation nicht wesentlich verbessert werden. Der Kapazitätsauslastungsgrad betrug bestenfalls 50 %. Die Ursachen waren nach wie vor Devisenmangel, niedrige Investitionen, Mangel an Ersatzteilen, fehlende Wartung und zu große Fluktuationen. Weitere Rückschläge wurden durch Umstellung auf Rüstungsproduktion aufgefangen.

Israel ist im Industriebereich fortgeschrittener als alle anderen Nah- und Mittelostländer. 1985 gab es 11.000 Industriebetriebe mit 303.000 Beschäftigten, davon 160 größere Betriebe mit je 300 und mehr Beschäftigten. Dabei spielen die Rüstungsindustrie und die "high technologies" eine führende Rolle. In den Jahren 1980-1985 erhöhten sich die Industrieproduktion um 20 % und die Zahl der Industriebeschäftigten um 7 %. Die Ausfuhren (außer Diamanten) bestehen zu 90 % aus Industrieerzeugnissen und Waffen. Der Industrieexport erhöhte sich im Zeitraum 1971-1985 von 780 auf 6.286 Mio. US-$, davon rund ein Viertel Diamanten. Der Waffenexport expandierte 1973-1985 von 100 auf 1.200 Mio. US-$, und Israel steht heute in der Liste der Waffenlieferländer an siebter Stelle. Es arbeitet mit den USA eng zusammen und beteiligt sich am amerikanischen SDI(Strategic Defence Initiative)-Programm. Die 1985 errichtete amerikanisch-israelische Freihandelszone fördert den israelischen Export und hilft, neue Märkte zu erschließen.

In der Türkei erzielte der Industriesektor zwar bemerkenswerte Fortschritte, hatte aber mit komplizierten binnen- und außenwirtschaftlichen Problemen zu kämpfen. Zu Beginn des Industrialisierungsprozesses spielte der öffentliche Sektor die entscheidende Rolle, aber bereits Anfang der siebziger Jahre erreichte der Anteil des privaten Sektors an der Industrieproduktion rund 50 %. Der Beitrag des Industriesektors zum BIP, der 1984 rund 31 % betrug, zeigt, daß die Türkei zu den industriell entwickelten Ländern der Nah- und Mittelostregion gehört. Zu den wichtigsten Industrien gehören im Konsum- und Gebrauchsgüterbereich Lebensmittel, Textilien, Bekleidung, Möbel, Schuhe und Haushaltsgeräte, im Bereich der Zwischenprodukte Eisen, Stahl, Glas, NE-Metalle, Zement, chemische und petrochemische Erzeugnisse, und im Investitionsgüterbereich Motoren, Kraftfahrzeuge und landwirtschaftliche Maschinen. Einen besonderen Stellenwert hat die Textil- und Bekleidungsindustrie. Sie hat einen durchschnittlichen Anteil an der Industrieproduktion von 30 %, und in ihr sind rund 20 % aller Industriebeschäftigten tätig. Der zweitgrößte Arbeitgeber ist die Kfz-Industrie. Sie blieb trotz Integrationsbestrebungen in 15 mittelgroße Unternehmen fragmentiert und konnte die Vorteile der Massenproduktion nur in begrenztem Ausmaß nutzen. Der Export von Industrieerzeugnissen wurde staatlich gefördert. Heute exportiert die Türkei (vorwiegend in die benachbarten Länder der Region) Möbel, Baustoffe, Aluminiumprodukte, sanitäre Anlagen, Kühlschränke und Elektrogeräte. 1986 gab es in der Türkei 409 "größere" private und 91 staatliche Industrieunternehmen, wobei auf letztere rund 50 % der Industrieproduktion entfielen. Die angedeuteten relativen Fortschritte dürfen allerdings über die nach wie vor bestehenden Strukturschwächen der türkischen Industrie nicht hinwegtäuschen: ungünstige regionale Verteilung, unzureichende Energieversorgung, niedriges technologisches Niveau, hohe Importabhängigkeit und Krisenanfälligkeit. Hinzu kommen diejenigen Probleme, die mit der Öffnung der Binnenmärkte für ausländische Konkurrenten im Rahmen der "open door policy" verbunden sind. So sank z.B. der ohnehin niedrige Kapazitätsauslastungsgrad der Industrie (während der Wirtschaftskrise in der Türkei) 1983 auf alarmierende 47 %. Das im darauffolgenden Jahr realisierte Wachstum der Industrieproduktion um 9,2 % muß also vor diesem Hintergrund gesehen werden.

Die Regierung arbeitete an der Beseitigung der Strukturschwächen. So wurden z.B. zur Verbesserung der Energieversorgung mehrere Wasser- und Wärmekraftwerke neu gebaut. Auch wurde Elektrizität aus den Nachbarländern Bulgarien und UdSSR sowie von 1987 an aus dem Irak importiert.

In **Pakistan** befand sich der Industriesektor im Zeitraum 1980-1987 in einer
Aufschwungphase, wobei die jährlichen realen Wachstumsraten der Industrieproduktion zwischen 6 und 9 % lagen. Hier wurde eine zunehmende Anzahl von
Arbeitsplätzen geschaffen, was angesichts der Rückwanderung der im Ausland
tätigen Pakistaner für die Beschäftigungspolitik wichtig war. Günstig entwickelt
hat sich die Produktion von Eisen und Stahl, Baumwollgarnen, Textilien, Bekleidung, Pharmazeutika, Papier, Keramik, Zucker und anderen Nahrungsmitteln.
Bei der Errichtung neuer Betriebe spielten die Deviseneinnahmen der in den
Ölexportländern tätigen Pakistaner eine wichtige Rolle. Die Regierung richtete
für die Ansiedlung von Industrieunternehmen mehrere Freizonen ein und verbesserte das Anreizsystem für in- und ausländische Investoren. Trotzdem stiegen die
ausländischen Direktinvestitionen nicht im erhofften Ausmaß an. In den zehn
Jahren von 1976-1985 wurden ausländische Investitionen im Gesamtwert von nur
376 Mio. US-$ getätigt; davon stammten 93 Mio. aus Großbritannien, 61 Mio. aus
den USA, 8 Mio. aus der Bundesrepublik Deutschland und 2 Mio. aus Japan.
Behindert wurde die Industrieentwicklung nach wie vor durch die Bürokratie und
die unzureichende Infrastruktur (insbesondere in den Bereichen Wasser- und
Stromversorgung, Transport- und Verbindungswesen). Hinzu kam die mit der
Islamisierung bestimmter Bereiche wie Steuersystem und Bankensektor verbundene rechtliche Verunsicherung. Die 1983 begonnene Wirtschaftsliberalisierung
wurde fortgesetzt. Die meisten Industrien des staatlichen Sektors wurden für
private Anleger geöffnet. Der öffentliche Sektor konnte nur mit den selbst er-
wirtschafteten Mitteln expandieren, und das bedeutete bescheidene Wachstumsraten. Die Regierung förderte insbesondere die Kleinindustrie im Hinblick auf die
Priorität der Schaffung neuer Arbeitsplätze. Aber diese Kleinunternehmen waren
für die angestrebte Steigerung des Exports schwer mobilisierbar.

7.2. Landwirtschaft

Die **arabischen Länder** investierten im Agrarbereich große Summen, die im
Vergleich mit früheren Jahrzehnten einen quantitativen und qualitativen Sprung
bedeuteten. Im Jahrzehnt 1970-1980 wurden für die Entwicklung der Landwirtschaft 33,5 Mrd. US-$ im Rahmen der nationalen Entwicklungspläne bereitge-
stellt. Davon wurden 54 % tatsächlich investiert. In den achtziger Jahren wurden
die Anstrengungen angesichts der wachsenden Versorgungslücke weiter verstärkt.
Allein im kurzen Zeitraum 1980-1984 wurden 59 Mrd. US-$ investiert, dreimal
soviel wie in den siebziger Jahren insgesamt. Allerdings machte diese Summe nur
10 % der gesamten Investitionen aus und war ländermäßig ungleich verteilt, denn
53 % konzentrierten sich in den Ölexportländern, während die Investitionen in
den Ländern mit größerem Agrarpotential (Ägypten, Marokko, Tunesien, Sudan,
Syrien) unzureichend waren. Im Zeitraum 1974-1985 betrug die Kreditvergabe
der arabischen Entwicklungshilfe-Institutionen für den Agrarsektor 2,6 Mrd.
US-$ für die Finanzierung von 158 Projekten. Aufgrund dieser Investitionen
wurden Fortschritte in vielen Bereichen verwirklicht: Bau von Staudämmen und
Bewässerungssystemen, Landerschließung, Mechanisierung der Landwirtschaft,
Verbesserung der Anbaumethoden, Aufbau neuer Agrarkreditsysteme und des
Ausbildungswesens usw. Die durchschnittlichen jährlichen Zuwachsraten der
pflanzlichen Produktion im Zeitraum 1978-1985 lagen zwischen 0,3 % für Getreide und 12 % für Sojabohnen. Die Zuwachsrate für Grünwaren betrug 1,2 %,
für Weizen, Mais, Obst und Gemüse 2,8 %, Hirse 5 % und Zuckerrohr 8,7 %.
Dieses Wachstum war auf Ausdehnung der Anbauflächen und auf Erhöhung der
Produktivität (Hektarerträge) zurückzuführen. Demgegenüber sank die Produktion
bei Reis um 0,7 % und bei Gerste um 1,6 %. Die tierische Produktion erhöhte
sich bei Fleisch um 5,7 % und bei Eiern um 9 %. Trotz dieser relativen Verbesse-

rungen konnte die Agrarproduktion mit den Steigerungen des Verbrauchs nicht Schritt halten. Das Defizit in der Bilanz des Handels mit Agrarprodukten wuchs in einem für die gesamte Region beunruhigenden Ausmaß. Im Zeitraum 1975-1984 hat sich der arabische Agrarimport von 8,2 auf 22,5 Mrd. US-$ fast verdreifacht. Auf der anderen Seite sank der Agrarexport 1980-1984 von 3,8 auf 3,3 Mrd. US-$. Im Zuge dieser Entwicklung erhöhte sich der arabische Anteil am Weltimport wichtiger Agrarprodukte in erheblichem Ausmaß. Er betrug z.B. 1984 bei Eiern 23 %, Tee 22 %, Reis 20 %, Getreide 17 %, Weizen 16 %, Fleisch 11 % und Zucker 10 %.

In **Iran** weist der Agrarsektor in den achtziger Jahren kaum nennenswerte Erfolge auf. An den aus der Schah-Zeit geerbten ungünstigen Besitz- und Produktionsverhältnissen wurde nichts wesentliches geändert. Das viel diskutierte Bodenreformgesetz konnte acht Jahre nach Ausbruch der Revolution nicht verabschiedet werden. Weitere Verunsicherung brachte die Diskussion um die Auflösung des Landwirtschaftsministeriums, die erst im Juli 1987 vorläufig verstummte. Zwar wurden ausländische Kapitalbeteiligungen und ausländischer Grundbesitz enteignet, aber diese Maßnahmen betrafen kleine Flächen und waren insofern von marginaler Bedeutung. Die Abwanderung aus den ländlichen Gebieten in die Städte, insbesondere nach Teheran, konnte nicht gestoppt werden. Seit 1982 verlor die Landwirtschaft rund 5 Mio. Arbeitskräfte. Weitere Probleme sind die unzureichende Versorgung der landwirtschaftlichen Betriebe mit Inputs und die Ineffektivität des staatlichen Vermarktungssystems. Anstelle der früher bevorzugten Ausdehnung der Anbauflächen betonte die Revolutionsregierung die Verbesserung der Anbaumethoden. Aber trotz massiver Subventionierung und erhöhter Kreditvergabe konnten Hektarerträge und Agrarproduktion nicht im erhofften Ausmaß gesteigert werden. Angesichts dieser Entwicklungen ist es nicht verwunderlich, daß die Verringerung der Abhängigkeit Irans von Lebensmitteleinfuhren (ein Oberziel der Agrarpolitik) nicht verwirklicht werden konnte. Sie liegt heute bei etwa 40 %.

In **Pakistan**, das ein kapitalarmes aber bevölkerungsreiches Entwicklungsland (100 Mio. Einwohner) ist, blieb die Sicherung einer ausreichenden Ernährungsbasis das Oberziel der staatlichen Agrarpolitik. Dank der großen Produktivitätsfortschritte in der Landwirtschaft konnte die Nahrungsmittelproduktion pro Kopf der Bevölkerung seit der Unabhängigkeit konstant gehalten und in manchem Jahr sogar etwas erhöht werden. Das ist angesichts der Verdreifachung der Bevölkerung eine große Leistung. Zu diesem Ergebnis haben der Aufbau eines weitverzweigten Bewässerungssystems und der vermehrte Einsatz von Düngemitteln beigetragen. Wenn es heute noch immer eine große Anzahl von Unterernährten gibt, liegt es eher an der ungleichen Verteilung und nicht an der geringen Produktion. Die Agrarproduktion konnte in den achtziger Jahren wesentlich gesteigert werden. 1986/87 erhöhte sich die Produktion von Weizen um 2,35 % auf 14,25 Mio. t, von Reis um 20 % auf 3,5 Mio. t, von Baumwolle um 9 % auf 7,5 Mio. t und von Zuckerrohr um 7 % auf fast 30 Mio. t.

8. Schlußbetrachtung

Insgesamt ist festzustellen, daß die ungelösten politischen Konflikte (Nahostkonflikt, Golfkrieg) im Zusammenwirken mit dem Rückgang der Rohstoffexporterlöse (insbesondere der Öleinnahmen) und dem geringen Spielraum für Nichtöl-Exporte die hoffnungsvollen Ansätze der siebziger Jahre zunichte machten und die Volkswirtschaften der Region erschütterten. Die negativen Auswirkungen der weltwirtschaftlichen Rezession auf diese Region, die in die Weltwirtschaft tiefer als jede andere Region der Dritten Welt integriert ist, waren mannigfaltig und tiefgreifend. Das führte u.a. zu massiven Kürzungen der Entwicklungsprogramme und zu einer Verschärfung der Verschuldungsprobleme sowie zu einem wesentlichen Rückgang des Gesamtimports, was sich auch auf die Industrieländer, insbesondere die EG-Staaten negativ auswirkte. Die Region befindet sich in einer Art Belagerungszustand. Aufgrund des Devisenmangels verstärkte sich der "Countertrade", von dem in erster Linie die Sowjetunion und ihre osteuropäischen Verbündeten profitierten. Die Krise zeigte den westlichen Industriestaaten, daß die Entwicklung der Weltwirtschaft keine Einbahnstraße sein kann. Der Rückgang der Ausfuhren der Industrieländer sei hier an einem Beispiel aus der Bundesrepublik Deutschland, einem wichtigen Lieferland, illustriert. Der deutsche Export in die Golfstaaten (Irak, Iran, GCC-Länder) sank im Zeitraum 1982-1987 von 25 auf weniger als 10 Mrd. DM. Anstatt der potentiell möglichen Steigerungen sind also enorme Senkungen der Ausfuhren zu verzeichnen. Das bedeutete Verlust von Arbeitsplätzen und große Belastungen für bestimmte Wirtschaftsbereiche. Das Volumen der Aufträge für deutsche Baufirmen aus OPEC-Ländern verringerte sich im Zeitraum 1981-1985 von 10,5 auf 1,7 Mrd. DM, und dieser Abwärtstrend setzte sich 1986 und 1987 fort. Eine angespannte Finanzlage der Auftraggeber und ausstehende Zahlungen für erbrachte Bauleistungen brachten viele Firmen in finanzielle Schwierigkeiten. Das gleiche gilt für den Großanlagenbau, dessen Auftragsvolumen aus den Golfstaaten in den Jahren 1981-1986 von 9,7 auf 1,7 Mrd. DM zurückging. Darüber hinaus kam die Entwicklung der deutschen Direktinvestitionen in der Region zum Stillstand. Immer mehr Firmen lösten ihre Joint-Venture-Beteiligungen auf und/oder schlossen ihre Niederlassungen.

Die Staaten der Nah- und Mittelostregion haben sich an die neue Situation teils als Folge der eingetretenen Sachzwänge und teils in Fortsetzung früherer positiver Entwicklungstendenzen angepaßt. Die positiven Ergebnisse lassen sich wie folgt zusammenfassen: 1) Aufgrund der erlebnishaften Erfahrungen und des verschärften Problembewußtseins der herrschenden Eliten hat sich der Pragmatismus weiter verstärkt, während Ideologien im Sinne des Wunschdenkens und der Selbsttäuschung an Boden verloren. 2) Die Verbesserung der Rahmenbedingungen für Privatinitiative und private in- und ausländische Investitionen auf nationaler und regionaler Ebene. Dazu gehören neue Gesetze für Schutz und Förderung der Investitionen, Gründung einer zunehmenden Anzahl regionaler Gemeinschaftsunternehmen, Schaffung und Koordinierung von Freizonen (bisher wurden Freizonen in acht arabischen Ländern sowie in der Türkei und im Iran aufgebaut), Abbau des Bürokratismus und weitreichende Verwaltungsreformen. 3) Einführung einer systematischen Exportfördrungspolitik angesichts der zunehmenden Handelsbilanzdefizite. 4) Reduzierung des staatlichen Konsums. 5) Mobilisierung der inländischen Ersparnisse und des inländischen Produktionspotentials. 6) Verstärkte Bemühungen zur Kontrolle der Aufnahme neuer staatlicher Auslandskredite und ihrer Verwendung.
Die Industriestaaten ihrerseits sollten im eigenen wohlverstandenen langfristigen Interesse die Grundprobleme der Nah- und Mittelostregion besser verstehen und zu ihrer Lösung wirksamer als bisher beitragen.

Aziz Alkazaz

Gesamtchronologie 1980-1986 und 1987

1. Chronologie 1980-1986

9.1.1980 - Ra'uf al-Kasm neuer syrischer Ministerpräsident (bis 31.10.1987)
26.1.1980 - Ein tunesisches Oppositionskommando überfällt die südtunesische Oase Gafsa; Libyen und Algerien sind in die Affäre verwickelt
März-Juni 1980 - Liquidations-Kampagne libyscher Oppositioneller in Europa
April 1980 - Beginn von Demonstrationen der Kabylen in Tizi-Ouzou für ihre kulturelle Identität
21.4.1980 - Absetzung Abd al-Fattah Isma'ils; neuer Staatschef Ali Nasir Muhammad liberalisiert Innen- und Wirtschaftspolitik im Südjemen
13.6.1980 - In der Erklärung von Venedig erkennt die EG das Selbstbestimmungsrecht der Palästinenser an
30.6.1980 - Die Knesset beschließt ein Gesetz, demgemäß Jerusalem zur "ewigen ungeteilten Hauptstadt Israels" erklärt wird
11.9.1980 - Das Militär übernimmt in der Türkei die Macht
22.9.1980 - Irakische Invasion in Iran; Beginn des Golfkrieges
8.10.1980 - Syrien schließt einen zwanzigjährigen Freundschaftsvertrag mit der Sowjetunion
25.4.1981 - Amerikanisches Unternehmen im Iran zur Befreiung der Geiseln schlägt fehl
25.5.1981 - Gründung des Golfkooperationsrates (GCC)
7.6.1981 - Israelischer Angriff auf den irakischen Atomreaktor Tammuz
17.-20.6.1981 - Schwere Unruhen in Casablanca
21.7.1981 - Wahl Rafsanjanis zum Parlamentspräsidenten (Iran)
7.8.1981 - Kronprinz Fahd von Saudi-Arabien legt einen 8-Punkte-Friedensplan vor; indirekte Anerkennung Israels
2.10.1981 - Ali Khamenei wird zum Staatspräsidenten Irans gewählt (nach Ermordung seines Vorgängers)
6.10.1981 - Ermordung Sadats
13.10.1981 - Husni Mubarak wird in einem Referendum zum neuen Präsidenten Ägyptens gewählt
16.10.1981 - Auflösung der Parteien in der Türkei
29.10.1981 - Mir Husain Musawi neuer Regierungschef Irans
14.12.1981 - Israel annektiert den 1967 von Syrien eroberten Golan; Ausdehnung der israelischen Jurisdiktion auf die besetzten Gebiete
Februar 1982 - Syrische Truppen schlagen einen Aufstand der Muslimbrüder in der Stadt Hama nieder
24.2.1982 - Internationaler Gerichtshof fällt Urteil im tunesisch-libyschen Kontinentalsockelstreit zugunsten Libyens
8.4.1982 - Syrien sperrt die irakische Ölpipeline zum Mittelmeer
25.4.1982 - Israel zieht die letzten Truppen aus dem Sinai ab
Mai 1982 - Iranische Offensive gegen Irak; Rückeroberung Khoramshahrs
6.6.1982 - Invasion israelischer Truppen in den Libanon
13.6.1982 - Tod König Khalids von Saudi-Arabien; Nachfolger wird Fahd, bisher Kronprinz
August 1982 - Evakuierung der PLO-Kämpfer aus Beirut
1.9.1982 - Der amerikanische Präsident Reagan verkündet einen Nahost-Friedensplan (Reagan-Plan)
6.-9.9.1982 - 14. Gipfelkonferenz der Arabischen Liga; Verabschiedung eines arabischen Plans (Fes-Plan) zur Lösung des Nahostkonflikts; indirekte Anerkennung Israels
14.9.1982 - Ermordung des am 23.9. zum Präsidenten des Libanon gewählten Bachir Gemayel; am 21.9. Wahl seines Bruders Amin Gemayel zum Präsidenten
16.-18.9.1982 - Massaker von Shabra und Shatila
12.10.1982 - Unterzeichnung der Integrations-Charta zwischen Ägypten und Sudan
7.11.1982 - Referendum in der Türkei über den Entwurf der neuen Verfassung (92 % Ja-Stimmen)
14.-22.2.1983 - 16. Sitzung des Palästinensischen Nationalrats in Algier

19.3.1983 - Vertrag über Freundschaft und Brüderlichkeit zwischen Tunesien und Algerien; Anschluß Mauretaniens am 13. u. 14.12.1983

16.5.1983 - Wiederzulassung der Parteien in der Türkei

17.5.1983 - Libanesisch-israelisches Abkommen über israelischen Truppenabzug

28.8.1983 - Menachem Begin gibt Rücktritt aus der Politik bekannt; neuer israelischer Ministerpräsident wird Yitzhak Shamir

September 1983 - Einführung der islamischen Scharia durch Numairi im Sudan

23.10.1983 - Anschlag auf das amerikanische Hauptquartier der Multi National Forces in Beirut (241 tote Marines)

November 1983 - Schwere Erkrankung Präsident Asads von Syrien; Ausbruch von Kämpfen um die Nachfolge

6.11.1983 - Wahlen in der Türkei; die Mutterlandspartei Özals gewinnt 211 von 400 Sitzen; Wiederherstellung der parlamentarischen Regierung

19.-22.12.1983 - 5. FLN-Parteitag in Algier; Wiederwahl Bendjedids zum Generalsekretär des FLN

Dezember 1983/Januar 1984 - Soziale Unruhen in Tunesien und Marokko

26.2.1984 - Letzte US-Marines verlassen den Libanon

5.3.1984 - Der Libanon kündigt das libanesisch-israelische Abkommen vom 17.5.1983

April 1984 - Beginn des Tankerkrieges im Arabisch-Persischen Golf

13.8.1984-29.8.1986 - Arabisch-Afrikanische Union zwischen Marokko und Libyen (Vertrag von Oujda)

Juli-September 1984 - Ägypten beschuldigt Iran und Libyen, im Roten Meer Minen zu legen

22.-23.11.1984 - 17. Sitzung des Palästinensischen Nationalrats in Amman

12.12.1984 - Der seit Januar 1980 amtierende mauretanische Präsident Ould Haidalla wird durch Oberst Ould Sid Ahmed Taya gestürzt

19.12.1984 - Referendum zur Islamisierungspolitik der Regierung in Pakistan; positiver Ausgang bestätigt Präsident Zia in seinem Amt

18.1.1985 - Vollstreckung des Todesurteils an Mahmud Taha, Führer der Republikanischen Bruderpartei im Sudan, wegen Häresie

11.2.1985 - Abkommen Arafat-Husain über Zusammenarbeit bei der Nahostfriedenskonferenz

5.3.1985 - Irak beginnt systematische Bombardierung iranischer Städte; sog. "Städtekrieg"

6.4.1985 - Militärputsch im Sudan; Sturz Numairis

10.6.1985 - Rückzug der letzten israelischen Truppen aus dem Libanon (außer 10 km Grenzzone)

9.8.1985 - Beginn der Ausweisung von insgesamt 35.000 tunesischen Gastarbeitern (bis Dezember) aus Libyen

1.10.1985 - Israelischer Angriff auf das PLO-Hauptquartier in Tunis

7.10.1985 - Entführung des italienischen Kreuzfahrtschiffes Achille Lauro durch Palästinenser

31.12.1985 - In Pakistan wird das seit dem 5.7.1977 geltende Kriegsrecht aufgehoben

13.1.1986 - Ausbruch bürgerkriegsähnlicher Kämpfe in Aden; Sturz Präsident Ali Nasir Muhammads

Februar 1986 - Iranische Truppen erobern die irakische Hafenstadt Fao

6.2.1986 - Wahl Ali Salim al-Baids zum neuen Generalsekretär der Jemenitischen Sozialistischen Partei; Haidar Abu Bakr al-Attas neuer Staatspräsident des Südjemen

19.2.1986 - König Husain kündigt in einer Fernsehansprache die Zusammenarbeit mit der PLO-Führung auf

25.2.1986 - Aufstand der Sicherheitspolizei in Kairo

5.4.1986 - Bombenanschlag auf Diskothek La Belle in Westberlin; dient als Rechtfertigung des US-Angriffs auf Tripolis/Benghazi

15.4.1986 - US-Angriff auf Tripolis und Benghazi

4.5.1986 - In Afghanistan wird Babrak Karmal durch Najibullah (bislang Sicherheitschef) als Parteichef ersetzt

6.5.1986 - Neue sudan. Regierung unter Ministerpräsident Sadiq al-Mahdi, dessen Umma-Partei bei Wahlen im April die Stimmenmehrheit errang

7.6.1986 - Mas'ud Rajawi, Führer der iranischen Widerstandsbewegung, verlegt seinen Sitz nach Bagdad

22.-23.6.1986 - Treffen von Hassan II. und dem israelischen Ministerpräsiden-

ten Perez in Ifrane; Rücktritt Hassans als Vorsitzender der Arabischen Liga wegen Kritik am Treffen
November 1986 - Unruhen in der ostalgerischen Provinz Constantine
9.11.1986 - Neuer ägypt. Ministerpräsident Atif Sidqi soll Wirtschaft reformieren
November 1986/Januar 1987 - Gewalttätige Demonstrationen der Muslime von Ceuta und Melilla gegen die spanischen Behörden
Dezember 1986-März 1987 - Rückeroberung des Nord-Tschad durch tschadische Regierungtruppen

2. Chronologie 1987

5.-7.1. - Sowjetischer Außenminister Schewardnadse führt in Kabul Verhandlungen über Modalitäten des sowjetischen Truppenabzugs
15.1. - Afghanische Regierung verkündet sechsmonatigen Waffenstillstand; am 15.7. um sechs Monate verlängert
20.1. - Verschleppung des Sonderbeauftragten des Bischofs von Canterbury, Terry Waite, im Libanon
25.1. - Der Revolutionsrat in Kabul erläßt eine Generalamnestie
26.-29.1. - 5. Islamische Gipfelkonferenz in Kuwait
12.2. - Libanes. Amal-Milizen lockern Blockade um Flüchtlingslager (Shatila)
17.-22.2. - Sadiq al-Mahdi in Kairo; Unterzeichnung einer Deklaration der Bruderschaft zwischen Ägypten und Sudan
22.2. - Syrische Truppen besetzen Westbeirut zur Wiederherstellung der Ordnung
25.2. - Reorganisation des staatlichen Industriesektors im Irak; Abschaffung aller Staatsorganisationen
25.2.-10.3. - Indirekte Verhandlungen zwischen Afghanistan und Pakistan unter UNO-Ägide in Genf; erneut 7.-10.9.
26.2. - Wahlen zur Nationalversammlung in Algerien
26.3. - Tunesien bricht Beziehungen zu Iran ab wegen Unterstützung für islamistische Opposition
6.4. - Parlamentswahlen in Ägypten; regierende NDP erhält 72 % der Stimmen

9.-12.4. - Besuch des äthiopischen Staatschefs Mengistu in Kairo
13.4. - Arafat gibt Annullierung des Amman-Abkommens vom 11.2.1985 als Voraussetzung für die Versöhnung mit den Gegnern bekannt
14.4. - Offizieller Antrag der Türkei auf Vollmitgliedschaft in der EG
20.-26.4. - 18. Sitzung des Palästinensischen Nationalrats in Algier
27.4. - Ägypten schließt die PLO-Büros wegen anti-ägyptischer Haltung des PNR
27.4. - Geheimtreffen des syrischen Präsidenten Asad mit dem irakischen Staatschef Saddam Husain; keine Annäherung der Standpunkte
4.5. - Treffen König Hassans von Marokko mit dem algerischen Präsidenten Bendjedid und dem saudischen König Fahd (wegen Saharakonflikt)
17.5. - Irakischer Angriff auf die US-Fregatte Stark (37 Tote) im Golf
21.5. - Libanesische Nationalversammlung kündigt Abkommen von Kairo (3.11.1969) mit der PLO
Juni - Beginn der Umflaggung kuwaitischer Tanker mit amerikanischer Flagge
1.6. - Ermordung des libanesischen Ministerpräsidenten Rashid Karami
2.6. - Auflösung der "Partei der Islamischen Republik" im Iran
4.6. - Die Jordan Times berichtet, Syrien habe die Büros der PLO-Gruppe Abu Nidal geschlossen
11.6. - Treffen einer PLO-Delegation unter Leitung Abu Maizars mit einer Delegation der israelischen Linken in Budapest
14.6. - Rafsanjani wird zum achten Mal als Parlamentspräsident (für ein Jahr) wiedergewählt
17.6. - Gescheiterter Staatsstreich in Sharja durch den Bruder des amtierenden Herrschers
18.6. - Europaparlament verabschiedet "pro-armenische" Resolution
19.6. - Mas'ud Rajawi, Führer des "Nationalen Iranischen Widerstandes", gibt Gründung der "Nationalen Iranischen Befreiungsarmee" bekannt
28.6. - Qaddafi diskutiert in Algier angestrebte Union zwischen beiden Staaten
4.7. - Afghanische Regierung erläßt Gesetz über Zulassung von Parteien;

bis November vier Parteien zugelassen

6.7. - Der syrische Präsident Asad empfängt den US-Sonderbotschafter Vernon Walters; syrisch-amerikanische Annäherung

13.7. - EG beschließt in Kopenhagen Aufhebung der politischen Sanktionen gegen Syrien

20.7. Der Weltsicherheitsrat verabschiedet die Resolution 598 zur Beendigung des Golfkrieges

21.-24.7. - Ali Salim al-Baid, Generalsekretär der Jemenitischen Sozialistischen Partei, in Sana; Bekräftigung des Willens zur Einheit des Jemen

21.7. - Der Syrer Muhammad Faris nimmt an einem sowjetischen Weltraumflug teil

22.7. - Erster Konvoi kuwait. Schiffe unter amerikanischer Flagge im Golf

31.7. - Zusammenstöße zwischen iranischen Pilgern und saudischen Sicherheitskräften (402 Tote) in Mekka

15.-19.8. - Gemeinsame ägyptisch-amerikanische Manöver

27.-28.8. - Hungerrevolte in West-Beirut

3.9. - Der amerikanische Botschafter Eagleton kehrt nach Damaskus zurück

6.9. - Aufhebung des politischen Banns für ehemalige Politiker durch Referendum in der Türkei

9.-11.9. - Besuch des ägyptischen Präsidenten Mubarak in Äthiopien

11.9. - Waffenstillstand im Tschad-Konflikt nach tschad. Angriff auf libyschen Stützpunkt in der Süd-Cyrenaika

21.9. - Erste Gruppe von 800 Drusen aus dem Libanon trifft in Libyen ein; Einsatz im Aouzou-Streifen gegen Tschad

24.9. - Oman ernennt Botschafter in der UdSSR

27.9. - 7 Todesurteile im Prozeß gegen 90 Islamisten in Tunis

27.9. - Eröffnung der Kairoer U-Bahn

28.9. - Hinrichtung Mehdi Hashemis, Leiter des iran. Büros zur Unterstützung islamischer Befreiungsbewegungen

28.9.-5.10. - Libysche Delegation unterzeichnet mehrere Kooperationsabkommen mit Sudan in Khartum

1.10. - EG lehnt Beitrittsgesuch Marokkos ab

2.10. - General Zine El-Abidine Ben Ali löst Rachid Sfar als tunesischer Premierminister ab

5.10. - Wiederwahl Mubaraks zum Präsidenten Ägyptens

31.10. - Rücktritt der Regierung al-Kasm; Mahmud al-Zu'bi neuer Ministerpräsident in Syrien

2.11. - Treffen Hawatmas (DFLP) und Birris (Chef der Amal-Miliz) in Algier; Übereinkunft über die Beendigung des Lagerkrieges im Libanon

7.11. - Absetzung des tunesischen Präsidenten Bourguiba durch General Zine El-Abidine Ben Ali; neuer Premierminister: Hedi Baccouche

8.-11.11. - Außerordentliche Gipfelkonferenz der arabischen Staaten; Billigung der Wiederaufnahme der diplomatischen Beziehungen mit Ägypten

11.-18.11. - Die Mehrheit der arabischen Staaten nimmt nach der Gipfelkonferenz in Amman die diplomatischen Beziehungen mit Ägypten wieder auf

29.11. - Ministerpräsident Özal gewinnt Parlamentswahlen (36,3 % der Stimmen für die ANAP; 292 von 450 Sitzen) in der Türkei

29.-30.11. - Die Loya Jirga verabschiedet neue Verfassung und wählt Najibullah zum Staatspräsidenten Afghanistans

Dezember - Beginn des Aufstandes in den von Israel besetzten Gebieten; zahlreiche Todesopfer

3.-4.12. - Treffen des sudanesischen Ministerpräsidenten al-Mahdi mit dem äthiopischen Staatschef Mengistu in Kampala

8.12. - Außenminister Genscher unterzeichnet in Kairo Umschuldungsabkommen mit Ägypten

9.12. - Inbetriebnahme der Ölpipeline Mahrib - Rotes Meer; Beginn der Ölexporte des Jemen

12.12. - Gericht verhängt Todesstrafe gegen früheren südjemen. Staatschef Ali Nasir Muhammad

22.-23.12. - Syrischer Außenminister al-Shar' in Teheran; 26. in Riad; Initiative zur Lösung des Golfkrieges

28.12. - Wiederaufnahme der diplomatischen Beziehungen Tunesien-Libyen

II. Länderbeiträge/Organisationen

Ägypten

Offizieller Name: Jumhuriyat Misr al-Arabiya/Arabische Republik Ägypten;
Unabhängigkeit: 28.2.1922; *Fläche:* 998.000 qkm; *Einwohner:* 52 Mio. (1987);
Hauptstadt: Kairo, Ew.: ca. 12 Mio.; *Urbanisierungsrate:* 45 %; *Armeestärke:*
445.000 Mann; *BSP:* 30,55 Mrd. US-$ (1986); *Sektoren in %:* Landwirtschaft
20; Industrie 39; Dienstl. 41; *Pro-Kopf-Einkommen:* 610 US-$ (1986); *Währung:*
1 US-$ = 2,16 äg. Pfund (E£) Mai 1987

Innenpolitische Entwicklung

Am 4.2. erließ Präsident Mubarak ein Dekret über die vorzeitige Auflösung des
im Mai 1984 für fünf Jahre gewählten Parlaments und die Durchführung von
Neuwahlen. Für den 12.2. wurde ein Referendum angesetzt, in dem die Bevölkerung über die Auflösung des Parlaments entscheiden sollte. Damit reagierte der
Präsident auf die Kritik der Opposition und einen Gerichtsentscheid vom Dezember 1986, der das Wahlgesetz von 1983 als nicht verfassungskonform bezeichnet
hatte, weil es nur Parteiangehörige als Kandidaten zur Wahl zuließ. Nach Artikel
62 der Verfassung aber wird jedem erwachsenen Bürger das Recht zugestanden,
als Kandidat bei Wahlen aufzutreten. Da Mubarak bei den im Oktober anstehenden Präsidentschaftswahlen für eine zweite Amtsperiode kandidieren wollte,
bestand die Gefahr, daß die Opposition diese Wahl als unrechtmäßig anfechten
könnte, weil er von einem nicht rechtmäßig gewählten Parlament aufgestellt
worden war. (1)
Erwartungsgemäß stimmte die Mehrheit der Wähler (88,9 %) für die Auflösung
des Parlaments, worauf der Präsident die Neuwahlen für den 6.4. festsetzte. Für
das neue Parlament bewarben sich neben der regierenden Nationaldemokratischen
Partei (NDP) die fünf offiziell zugelassenen Oppositionsparteien: die Neue
Wafd-Partei (NWP), die Sozialistische Partei der Arbeit (SPA), die Partei der
Nationalen Progressiven Unionistischen Sammlung (Sammlungspartei), die Partei
der Sozialistischen Liberalen (PSL) und die Umma-Partei. Im aufgelösten Parlament war von den Oppositionsparteien nur die NWP mit 58 Sitzen vertreten,
während die anderen Parteien an der 8%-Hürde gescheitert waren (SPA 7 %,
Sammlungspartei 4,17 %). Die Muslimbrüder, die aufgrund der bestehenden
Parteiengesetze keine eigene Partei bilden dürfen (2), hatten durch ein Wahlbündnis mit der NWP acht Vertreter ins Parlament entsandt.
Nach dem geänderten Wahlgesetz konnten nun auch Unabhängige kandidieren. In
jedem der 48 Wahlbezirke benötigte ein Unabhängiger mindestens 20 % der
Stimmen, um ins Parlament zu gelangen. Hingegen wurde die 8%-Klausel nicht
aufgehoben. Für die kleineren Parteien bestanden deshalb kaum Chancen, in das
neue Parlament einzuziehen. Bemühungen um ein Wahlbündnis aller Oppositionsparteien scheiterten vor allem an der Haltung der NWP, die aus verschiedenen
Gründen ein Zusammengehen mit anderen Parteien, insbesondere der linken
Sammlungspartei, ablehnte. Daraufhin bildeten die SPA und die PSL gemeinsam
mit den Muslimbrüdern ein islamisches Wahlbündnis mit dem Wahlslogan "Der
Islam ist die Lösung" (IHT, 11.-12.4.). Bei den Wahlen vom 6. April erhielt von
den insgesamt 448 Sitzen die NDP 346 (77 %), die NWP 35 (8 %), das Wahlbündnis 60 (13 %), davon die Muslimbrüder 37, die SPA 20 sowie die PSL 3, und die

Unabhängigen 7 (2 %) Sitze (M, 16.4.). Von den 14 Mio. Wahlberechtigten beteiligten sich nur rund 45 %, in Kairo rund 30 % an der Wahl. (3) Die Opposition beschuldigte die Regierung, während des Wahlkampfes und bei den Wahlen Druck auf die oppositionellen Kandidaten ausgeübt und unlautere Tricks angewandt zu haben. Der Führer der NWP, Siraj al-Din, nannte die Wahlen "die schlimmsten in der Geschichte Ägyptens" (MEED, 11.4.). Nachdem Mubarak am 6.7. vom Parlament als einziger Kandidat für die Präsidentschaft aufgestellt worden war, erhielt er bei den Wahlen am 5.10. 97 % der gültigen Stimmen, 338.000 (unter 3 %) stimmten gegen ihn. Von der Opposition wurde die hohe Wahlbeteiligung von 88,5 % angezweifelt. Während die NWP vor allem das Wahlsystem kritisierte und die Direktwahl des Präsidenten durch das Volk forderte, wandte sich die Sammlungspartei gegen Mubarak als Kandidaten, da er die Politik Sadats fortsetze.

Nach dem Rücktritt der Regierung wurde Premierminister Atif Sidqi erneut mit der Regierungsbildung beauftragt. Von den 32 Ministern waren vier neu: Justizmin. Faruq Saif al-Nasr, Staatsmin. für Einwanderung Fu'ad Iskandar, Kulturmin. Faruq Husni und Staatsmin. für internationale Kooperation Mauris Makramallah. Wichtigste Neuerung ist die Bildung des Min. für internationale Kooperation, dessen Zuständigkeitsbereich bisher beim Planungsmin. gelegen hatte. Der für Auslandshilfe und Schulden zuständige Makramallah ist dem Premiermin. direkt unterstellt. Die Stellung Sidqis, der zugleich auch für die lokale Verwaltung und die Angelegenheiten der Azhar verantwortlich ist, wurde deutlich gestärkt. Er kann nun unmittelbarer auf die Entwicklung in den ländlichen Gebieten, wo die fundamentalistisch-islamische Bewegung am stärksten ist, Einfluß nehmen. (4)

Als der große Gewinner der Parlamentswahlen wurden die Muslimbrüder bezeichnet, die den Anteil ihrer Sitze gegenüber dem alten Parlament von 8 auf 37 erhöhen konnten. Dieses Ergebnis spiegelt einen allgemeinen Trend in der ägypt. Bevölkerung wider, nämlich die Rückbesinnung auf islamische Werte und Traditionen als Reaktion auf die immer stärkere Durchdringung der ägypt. Gesellschaft mit westlichen Einflüssen und moderner Technik. Die Forderung nach Wiedereinführung des islamischen Rechts (Scharia) wird nicht nur von den islamischen Fundamentalisten und Muslimbrüdern erhoben, sondern von breiten Schichten der Bevölkerung gutgeheißen, weil man sich davon die Lösung der Probleme und eine Verbesserung der materiellen Lage erhofft. Deshalb reden im Parlament nicht nur die Muslimbrüder der Islamisierung das Wort, sondern auch Vertreter der NDP. "Im Parlament sympathisieren etwa ein Drittel bis die Hälfte der Abgeordneten mit fundamentalistisch-religiösen Vorstellungen, so auch mit Plänen, das islamische Scharia-Recht wieder vollständig einzuführen" (FAZ, 3.3.). Mubarak muß diesem allgemeinen Trend in seiner Politik Rechnung tragen. Im Kampf gegen die islamischen Fundamentalisten ist er auf die Unterstützung der gemäßigten islamischen Kräfte angewiesen, denen er daher Konzessionen machen muß. Diese "gemäßigten" Kräfte verfolgen letztlich dieselben Ziele wie die Fundamentalisten, nämlich die Errichtung eines rein islamischen Staates. (5) "Die Gefahr liegt in den Konzessionen, zu denen sich Mubarak gezwungen sehen mag, nachdem er ihnen eine stärkere Stimme im Parlament eingeräumt hat" (FT, 14.4.). Die Aktivitäten extremistischer islamischer Gruppen nahmen 1987 ein bedrohliches Ausmaß an. Im Frühjahr kam es wiederholt zu Gewalttätigkeiten extremistischer Muslime gegen Kopten und gemäßigte Muslime, vor allem in den oberägypt. Städten Suhaj und Bani Su'if, wo größere koptische Minderheiten leben. (6) Rund 850 islamische Extremisten, überwiegend Anhänger der Gruppe Jihad in Kairo, Minya und Asyut, wurden verhaftet (M, 12.5.). Nach Angaben der Opposition belief sich die Zahl der Verhafteten auf 4.500 (MEI, 12.6.). Berichte, wonach hinter diesen Unruhen ausländische Kräfte stünden, wurden vom Innenminister dementiert (FAZ, 1.4.).

Erhebliche Unruhe in der politischen Führung lösten mehrere Mordanschläge auf führende Persönlichkeiten aus (am 5.5. auf den früheren Innenmin. Abu Bassa, am 4.6. auf den Herausgeber der Wochenzeitschrift al-Musauwar und am 13 8. auf den ehemaligen Innenmin. Isma'il). Sie waren die ersten dieser Art seit dem Machtantritt Mubaraks im Oktober 1981 nach der Ermordung Sadats. Erst in August gelang es, die Verantwortlichen für die Anschläge, die einer islamischen Gruppe mit dem Namen "al-tawaquf wal-tabayun" (M, 18.8.) angehören sollen, zu fassen. Am 26.5. wurde auf drei Angehörige der US-Botschaft ein Anschlag verübt, zu dem sich eine linksgerichtete nasseristische Gruppe, die sich "ägyptische Revolution" nennt, bekannte. (7) Im Zusammenhang mit diesem Anschlag wurden acht Nasseristen unter dem Vorwurf des Versuchs eines gewaltsamen Umsturzes und unerlaubter Parteiaktivitäten verhaftet (al-Qabas, 4.6.).

Außenpolitische Entwicklung

Seit der Machtübernahme nach der Ermordung Sadats 1981 war die Überwindung der außenpolitischen Isolierung Ä.s in der arabischen Welt, die durch die Arabische Liga auf der Gipfelkonferenz im März 1979 in Bagdad nach Unterzeichnung des ägypt.-israelischen Friedensvertrages beschlossen worden war, eines der wichtigsten außenpolitischen Ziele Mubaraks. Zwar konnten die politischen und wirtschaftlichen Beziehungen zu den meisten arabischen Staaten in den vergangenen Jahren nahezu normalisiert werden, nicht jedoch die diplomatischen Beziehungen. Lediglich Jordanien entschloß sich 1985 zur Wiederaufnahme der diplomatischen Beziehungen. Der Normalisierung der Beziehungen zu den arabischen Staaten maß die Regierung auch aus innenpolitischen Interessen große Bedeutung bei, da der Friedensvertrag mit Israel seine ursprüngliche Popularität längst eingebüßt hat und seine negativen Auswirkungen, wie die Isolierung Ä.s, zunehmend kritisiert werden. Bei der allmählichen Normalisierung im ägypt.-arabischen Verhältnis hat Kairo von der politischen Entwicklung in der Region profitieren können. Der Golfkrieg zwang den Irak und die Golfstaaten zu einer Revision ihrer Politik. Saddam Husain war auf ägypt. Waffenlieferungen und auf die rund 1,5 Mio. ägypt. Gastarbeiter angewiesen. Als mit wachsendem militärischem Druck Irans seit dem Frühjahr 1986 die Gefahr einer Ausbreitung des Krieges auf die benachbarten arabischen Staaten drohte, wuchs die Bedeutung Ä.s und seiner Militärmacht. Im Falle eines iranischen Durchbruchs hofften die Golfstaaten auf ein Eingreifen der ägypt. Armee. Von ägypt. Seite wurde wiederholt beteuert, daß Ä. die arabischen Brüder am Golf im Ernstfall nicht im Stich lassen würde, da eine Bedrohung der Golfstaaten als eine Bedrohung Ä.s betrachtet würde (8). Die blutigen Ereignisse von Mekka am 31.7. sowie die anschließenden Drohungen iranischer Politiker gegen Saudi-Arabien haben die Furcht vor einer Ausbreitung der islamischen Revolution verstärkt.
Bereits auf der (-->) Islamischen Konferenz Ende Januar in Kuwait konnte Mubarak die Konktakte zu den arabischen Staaten vertiefen. Der lang erwartete Durchbruch wurde schließlich auf der außerordentlichen arabischen Gipfelkonferenz im November in Amman erzielt. Der Irak und die Golfstaaten hatten schon vor der Konferenz ihren Willen bekundet, mit oder ohne Billigung der Konferenz die diplomatischen Beziehungen mit Ä. wiederaufzunehmen. Auf der Konferenz wurde dann beschlossen, daß es jeder Regierung freigestellt sein sollte, bilateral die diplomatischen Beziehungen zu Ä. wiederaufzunehmen. Die meisten arabischen Staaten folgten dieser Empfehlung. Als erstes Land nahmen die VAE (am 11.11.) die diplomatischen Beziehungen zu Ä. auf, gefolgt vom Irak (13.), Kuwait, Marokka (14.), Jemen (15.), Saudi-Arabien, Bahrain (16.), Qatar und Mauretanien (18.).

Hingegen wurde nicht die Wiederaufnahme Ä.s in die Arabische Liga beschlossen. Seine ihm zustehende Rolle in der arabischen Welt kann Ä. jedoch erst wieder als Mitglied der Arabischen Liga spielen. Neben Libyen widersetzte sich vor allem Syrien der Wiederaufnahme Ä.s in die Arabische Liga. Asad zählt zu den entschiedensten Gegnern der ägypt. Politik. Versuche Mubaraks, das Verhältnis zu Asad zu verbessern, schlugen fehl. Zwar war es auf der Islamischen Gipfelkonferenz im Januar zu einer persönlichen Begegnung zwischen beiden gekommen, die zu Hoffnungen auf eine Versöhnung Anlaß gab, aber in seiner Rede griff Asad die ägypt. Politik scharf an. Als Bedingung für eine Normalisierung der Beziehungen zwischen beiden Ländern forderte Asad die Annullierung des ägypt.-israelischen Friedensvertrages, was Mubarak ablehnte.

Im Nahostkonflikt unterstützt Ä. die Einberufung einer Nahost-Friedenskonferenz unter Einbeziehung der Sowjetunion. In diesem Punkt einigte sich Mubarak mit dem israelischen Außenminister Perez bei dessen Besuch in Kairo Ende Februar. Mit den USA konnte in dieser Frage keine Einigung erzielt werden. Verhandlungen mit dem amerikanischen Sonderbeauftragten für den Nahen Osten, Richard Murphy, Anfang Januar in Kairo, verliefen ohne Ergebnis, da die USA einer Nahost-Friedenskonferenz ablehnend gegenüberstehen. Die amerikanischen Waffenlieferungen an Iran sowie die von Ä. als unzumutbar empfundenen Bedingungen für eine Umschuldung belasteten das beiderseitige Verhältnis, und Mubarak lehnte eine Einladung nach Washington im Februar ab (JoT, 28.2.). Im April wurden bei der jährlichen Sitzung des US-Egyptian Military Co-operation Committee die Zusammenarbeit im Rüstungssektor sowie 1,3 Mrd. US-$ Militärhilfe vereinbart. Im Rahmen dieser Zusammenarbeit soll der amerikanische Kampfpanzer M 1 in Ä. gebaut werden (FT, 7.5.). Entsprechend dem festgesetzten zweijährigen Rhythmus begannen am 15.8. die gemeinsamen Manöver "Bright Star" in der Westlichen Wüste.

Als Gegengewicht gegen einen zu starken Einfluß der USA hat Ä. seine Beziehungen zur Sowjetunion weitgehend normalisiert. Im März unterzeichnete eine ägypt. Delegation in Moskau ein Abkommen über wirtschaftliche Kooperation, und im April wurde die militärische Zusammenarbeit, die die Lieferung von Ersatzteilen für sowjetische Waffen beinhaltet, wiederaufgenommen (AN, 17.4.). Im Oktober wurden die sowjetischen Konsulate in Alexandria und Port Said wiedereröffnet (MEED, 31.10.).

Ä. hat in den zurückliegenden Jahren seine Beziehungen zu den Staaten auf dem afrikanischen Kontinent intensiviert. Der Staatsminister für Äußeres, Butrus Ghali, besuchte auf mehreren Reisen verschiedene afrikanische Staaten. Zum Sudan wurden die Beziehungen, die nach dem Sturz Numairis 1985 abgekühlt waren, mit dem Besuch des sudanesischen Ministerpräsidenten al-Mahdi und der Unterzeichnung einer "Deklaration der Bruderschaft" Ende Februar in Kairo wieder normalisiert (EG, 22.2.). Das Verhältnis Ä.s zu Äthiopien erhielt durch den Besuch des äthiopischen Staatschefs Mengistu im April in Kairo sowie den Besuch Mubaraks in Addis Abeba anläßlich der Ausrufung der Demokratischen Volksrepublik Äthiopien im September eine deutliche Aufwertung (EM, 12.9.). Beide Länder sind als Nilanrainer für Ä. auch für die Sicherung der Nilwasserversorgung wichtig. Die Beziehungen zu Libyen blieben gespannt, und Ä. sagte dem Tschad im Kampf gegen Libyen Unterstützung zu (EG, 3.6.).

Sozioökonomische Entwicklung

Unter dem Zwang wachsender Wirtschaftsprobleme (9) und dem Druck des IWF entschloß sich die Regierung 1987 erstmals zu einschneidenden Wirtschaftsreformen. Zu einer Zuspitzung der Wirtschaftskrise war es bereits 1986 gekommen, als die Ölpreise und damit die Öleinnahmen drastisch zurückgingen. Während sich

die Öleinnahmen 1985 noch auf 2,36 Mrd. US-$ beliefen, erreichten sie 1986 nur noch 686 Mio. US-$. Zugleich verringerten sich auch die Gastarbeiterüberweisungen, die in den früheren Jahren die wichtigste Devisenquelle gewesen waren, auf 2,5 Mrd. US-$ (1984/85: 3,5 Mrd. US-$), da die Wirtschaftsaktivitäten in den Ölstaaten aufgrund der sinkenden Einnahmen zurückgingen und die Gastarbeiter ihre Ersparnisse verstärkt im Ausland investierten. Die Suezkanal-Gebühren blieben 1986/87 auf dem gleichen Stand wie im Vorjahr. Der Tourismus verzeichnete zwar einen Aufschwung (von 400 Mio. US-$ im Vorjahr auf 600 Mio. US-$), blieb aber weit hinter den Erwartungen zurück. Das Handelsdefizit weitete sich 1986/87 auf 6,2 Mrd. US-$ (Vorjahr: 5,3 Mrd. US-$) aus, das Zahlungsbilanzdefizit stieg 1986/87 auf 2,2 Mrd. US-$ (Vorjahr: 1,8 Mrd. US-$).
Der Rückgang der Einnahmen wog für Ä. um so schwerer, als der Schuldendienst erhöhte Rückzahlungen erforderte. Nach Berechnungen des IWF erreichten die Schulden 1987 40 Mrd. US-$. Als Bedingung für den von Ä. gewünschten Beistandskredit wollte der IWF Ä. zu umfangreichen Wirtschaftsreformen verpflichten, die die Ungleichgewichte und Hemmnisse für eine positive Entwicklung beseitigen sollten. Die Hauptforderungen des IWF waren: Verringerung des Haushaltsdefizits, u.a. durch Abbau der Subventionen; Vereinheitlichung des Wechselkurses und Liberalisierung der Zinspolitik. Bereits 1986 begannen die Verhandlungen zwischen der ägypt. Regierung und dem IWF. Ministerpräsident Ali Lutfi mußte am 9. November 1986 zurücktreten, weil er eine zu nachgiebige Haltung gegenüber dem IWF einnahm. Der neue Ministerpräsident Atif Sidqi erklärte, daß Ä. nicht allen Forderungen des IWF nachkommen werde und daß die Aufhebung aller Subventionen für Grundnahrungsmittel nicht in Frage komme.
Als wichtigste Maßnahme im Rahmen der vom IWF geforderten Reformen wurde am 11. Mai ein neuer Wechselkurs eingeführt, der einer Abwertung des ägypt. Pfundes um 40 % gleichkam, indem für einen Dollar 2,16 E£ gegenüber vorher 1,35 E£ festgelegt wurden. Dies bedeutete die Gleichsetzung des offiziellen Kurses und des Schwarzmarktkurses. Ziel dieser Maßnahme war, die bisher von den Gastarbeitern über den günstigeren schwarzen Markt transferierten Devisen in den Bankensektor und somit die offizielle Geldwirtschaft zu lenken. Von diesem Wechselkurs abweichende Kurse von 1,35 bzw. 0,70 E£ blieben für die Verrechnung bestimmter Waren, wie z.B. Nahrungsmittel (zum Kurs von 0,70 E£), bestehen (M, 14.5.).
Weitere Maßnahmen der Regierung betrafen die Reduzierung der Subventionen. Bereits 1985 wurden die Preise für Zucker, Reis und Treibstoffe erhöht. 1987 wurden die Preise für Benzin und Heizöl um 60-85 % und für Strom um 30 % heraufgesetzt. Dennoch liegen die Energiepreise immer noch weit unter dem internationalen Niveau (bei 25 % der Weltmarktpreise). Hinsichtlich der Zinsstruktur nahm die Regierung nur minimale Korrekturen vor.
Am 15.5. kam es zu einer Einigung zwischen dem IWF und der ägypt. Regierung über einen Beistandskredit in Höhe von 330 Mio. US-$. Vertreter der Regierung betonten, daß der Kredit auf der Grundlage der von ägypt. Seite ausgearbeiteten Reformen gewährt worden sei und daß die Reformmaßnahmen Ä. nicht aufgezwungen worden seien. Allgemein wird anerkannt, daß der Kredit zu günstigen Bedingungen gewährt wurde und daß hierbei auch die wichtige politische Rolle, die Ä. im nahöstlichen Raum als Stabilitätsfaktor zugewiesen wird, berücksichtigt wurde. Nach der Einigung mit dem IWF wurde Ende Mai mit 18 internationalen Kreditgeberorganisationen bzw. -regierungen im Rahmen eines Treffens des Clubs von Paris ein Umschuldungsabkommen erreicht. Durch dieses Übereinkommen vermindern sich die Rückzahlungen Ä.s für das Finanzjahr 1987/88 auf 2 Mrd. US-$, während sie sich nach Berechnungen des IWF sonst auf 4-5 Mrd. US-$ belaufen hätten.

Die Reformmaßnahmen haben erste positive Auswirkungen gezeigt. Durch die Abwertung des ägypt. Pfundes haben sich die Preise für ausländische Touristen praktisch halbiert, und Ä. ist für den ausländischen Tourismus wieder interessanter geworden. Für 1987/88 wird mit einer Erhöhung der Fremdenverkehrseinnahmen auf 1 Mrd. US-$ gerechnet. Bei den Gastarbeiterüberweisungen wird eine leichte Steigerung auf 2,6 Mrd. US-$ (1986/87: 2,5 Mrd. US-$) erwartet. Angesichts der gestiegenen Einnahmen und verminderten Rückzahlungen geht man für 1987/88 von einem Rückgang des Zahlungsbilanzdefizits auf 1 Mrd. US-$ (Vorjahr: 2,2 Mrd. US-$) aus.

Auch auf dem Ölsektor ist eine Verbesserung eingetreten. Nachdem die Ölförderung 1986 um 9 % auf 40,2 Mio. t zurückgegangen war, rechnet man für 1987 mit einem Anstieg der Produktion auf rund 45 Mio. t. Die Öleinkünfte werden auf 1,5 Mrd. US-$ geschätzt. Durch eine Preisangleichung an die Weltmarktpreise wurde das ägypt. Öl wettbewerbsfähiger, und die Exporte konnten wieder gesteigert werden. Mit mehreren ausländischen Firmen wurden Verträge über die Exploration und Erschließung neuer Ölfelder geschlossen.

Der Haushalt 1987/88 lag mit 23,06 Mrd. E£ um 15 % über dem des Vorjahres, das Defizit bei Einnahmen von 18,2 (Vorjahr: 14,5) bei 4,9 Mrd. E£. Mit Beginn des laufenden Haushaltsjahres (1.7.) trat der neue Fünfjahresplan 1987/88-1991/92 in Kraft. Gemäß dem Plan soll das BSP von 40 Mrd. E£ (30 Mrd. US-$) 1986/87 auf 54 Mrd. E£ (40 Mrd. US-$) steigen. Die jährliche Wachstumsrate soll bei 5,8 % liegen, was eine deutliche Verringerung gegenüber dem Ziel des abgelaufenen Plans bedeutet, als 8 % angesetzt waren, real allerdings nur ein Wachstum von gut 5 % erreicht wurde.

Die durch die Einigung mit dem IWF und den Kreditgebern gewonnene Atempause muß die ägypt. Regierung für die Reformierung und Sanierung der Wirtschaft während der nächsten fünf Jahre nutzen. Dazu gehört in erster Linie die weitere Reduzierung der staatlichen Subventionen, um das Haushaltsdefizit zu verringern. Ende 1986/87 hatte sich das Haushaltsdefizit auf 15 % des BSP vermindert (Vorjahr: 20 %), 1987/88 soll es auf 13 % sinken. Weitere wichtige Aufgaben sind die Steigerung der Produktion in Industrie und Landwirtschaft, um mit dem Bevölkerungswachstum von jährlich 2,8 %, das die Bevölkerung bis zum Jahre 2000 auf rund 75 Mio. ansteigen lassen wird, Schritt zu halten.

Anmerkungen

1 Vgl. Le président Mubarak annonça un référendum le 12 février sur la dissolution du Parlement, in: M, 6.2.87.

2 Danach dürfen keine Parteien auf religiöser Grundlage gegründet werden, also keine islamischen oder koptischen Parteien.

3 Vgl. Mubarak's electoral triumph, in: ME (London), Mai 1987, S. 11-14.

4 Vgl. Cabinet reshuffle strengthens Sedki's hand, in: MEED (London), Nr. 42, 17.10.87, S. 14-15.

5 Zur Gefahr des "Islamismus" für die Regierung Mubarak vgl. Mubarak shoots fundamentalist rapids, in: ME (London), Februar 1987, S. 41-43, und Mubarak wraps himself in the banner of Islam, in: IHT, 27.7.87.

6 Vgl. Der wirkliche Feind der Radikalen heißt Mubarak. Religiöse Unrast in Oberägypten, in: FAZ, 1.4.87.

7 Vgl. 2 US diplomats hurt in shooting near Cairo, in: IHT, 27.5.87.

8 Vgl. die Erklärung Abu Ghazalas (A, 9.11.87) und des Außenministers Abd al-Majids (KuT, 10.11.87). Hingegen betonte Mubarak zur selben Zeit, daß die Golfstaaten keine Hilfe benötigten, da sie sich selbst verteidigen könnten (KuT, 9.11.87).

9 Zur wirtschaftlichen Entwicklung Ä.s vgl. u.a. Helping Egypt stay afloat, in: ME (London), März 1987, S. 37-39, Egypt gets a reprive, in: MEED (London), Nr. 28, 11.7.87, S. 54-56 und MEED Special Report, in: MEED, Nr. 35, 29.8.87.

Die politische Führung Ägyptens

Staatspräsident: Husni Mubarak (seit 13.10.1981)
Regierung vom 13.10.1987
Premier: Dr. Atif Sidqi, **Äußeres:** Dr. Ismat Abd al-Majid (1), **Angelegenheiten des Premiers:** Dr. Atif Ubaid, **Angelegenheiten des Parlaments/der Shura:** Dr. Ahmad Salama Muhammad, **Arbeitskräfte/Ausbildung:** Asim Abd al-Haqq Salih, **Arbeit/Wasserressourcen:** Isam Abd al-Hamid Radi, **Energie:** Muhammad Mahir Abaza, **Erdöl/Bodenschätze:** Dr. Ahmad Fathi Surur, **Finanzen:** Dr. Muhammad Ahmad al-Razzaz, **Gesundheit:** Dr. Muhammad Raghib Duwaidar, **Industrie:** Muhammad Abd al-Wahhab, **Information:** Safwat al-Sharif, **Inneres:** Zaki Badr, **Justiz:** Faruq Saif Nasr, **Kultur:** Faruq Husni, **Landwirtschaft:** Dr. Yusuf Wali (1), **Planung:** Dr. Kamal Ahmad Janzuri (1), **Religiöse Stiftungen (Auqaf):** Dr. Muhammad Ali Mahjub, **Soziales:** Dr. Amal Uthman, **Tourismus/Luftverkehr:** Fu'ad Sultan, **Transport/Verkehr:** Sulaiman Mitwalli Sulaiman, **Versorgung/ Binnenhandel:** Dr. Jalal Abu al-Hadaf, **Verteidigung/Rüstungsindustrie:** Feldmarschall Muhammad Abd al-Halim Abu Ghazala (1), **Wirtschaft/Außenhandel:** Dr. Yusri Mustafa, **Wohnungswesen/Städtebau:** Hasballah Muhammad Kafrawi, **Staatsminister:** Dr. Butrus Butrus Ghali (Äußeres), Dr. Fu'ad Iskandar (Auswanderung/ Auslandsägypter), Muhammad Abd al-Latif Radwan (Parlament/Shura), Dr. Adil Izz (Forschung), Dr. Mauris Makramallah (Internationale Kooperation), Dr. Jamal al-Saiyid Ibrahim (Rüstungsindustrie)
(1) Stellvertreter des Premiers

Chronologie Ägypten 1987

10.-13.1. - Innenminister Badr im Irak
11.1. - Stellvertr. US-Staatssekretär Murphy konferiert mit Präsident Mubarak
11.-13.1. - Äthiopischer Außenminister in Kairo
12.-15.1. - Besuch des spanischen Ministerpräsidenten Gonzales
14.-17.1. - Der saudische Ölminister Nazir führt Gespräche in Kairo
19.1. - Mubarak empfängt den früheren US-Präsidenten Carter
25.1. - Verhaftung von 377 Extremisten (KuT, 27.1.)
26.-29.1. - Teilnahme Mubaraks an der islamischen Gipfelkonferenz in Kuwait; anschließend Besuch in Oman (29.-30.1.) und in den VAE (30.-31.1.) Kairo
12.2. - Referendum über Auflösung des Parlaments
12.-15.2. - Kolloquium über sowjetisch-afrikanische Beziehungen mit sowjetischen Teilnehmern in Kairo
17.-22.2. - Besuch des sudanesischen Premierministers Sadiq al-Mahdi; Unterzeichnung der "Bruderschafts-Deklaration"
24.-26.2. - Außenminister des Tschad

Lassou in Kairo; Ä. sagt Hilfe im Kampf gegen Libyen zu
25.-27.2. - Gespräche des israelischen Außenministers Peres in Kairo mit Mubarak; Übereinstimmung hinsichtlich der Abhaltung einer Nahostkonferenz
27.2. - Konfessionelle Unruhen in Suhaj (Oberägypten)
11.3. - Sitzung des Koordinationsausschusses der OAU in Kairo; Teilnahme der Präsidenten des Kongo und Ugandas
17.-21.3. - Wirtschaftsdelegation unterzeichnet in Moskau Umschuldungsabkommen mit der Sowjetunion
22.3. - König Husain in Kairo; weitere Besuche 3.9., 11.10., 6.12.
20.3. - Verhaftungen nach konfessionellen Unruhen im Delta
6.4. - Parlamentswahlen; Regierungspartei erhält 77 % der Stimmen
9.-12.4. - Besuch des äthiopischen Staatschefs Mengistu
13.-15.4. - Besuch des polnischen Ministerpräs. Messner
15.4. - Ernennung General Barakats zum neuen Luftwaffenchef

15.4. - Wiederaufnahme der militärischen Zusammenarbeit mit der Sowjetunion

18.4. - Bekanntgabe der Volkszählung von November 1986: 50,45 Mio. E.

27.4. - Schließung der PLO-Büros

5.5. - Attentat auf den früheren Innenminister Abu Basha; über 850 Verhaftungen islamischer Extremisten

11.5. - Abwertung des ägypt. Pfundes im Rahmen der Wirtschaftsreform

13.5. - Schließung der iranischen Interessenvertretung wegen Kontakten zu islamischen Extremisten

7.6. - Innenminister Badr gibt nach Attentat auf den Chefredakteur der Zeitschrift al-Musauwar die Verhaftung von 500 islam. Extremisten bekannt

8.-22.6. - Verteidigungsminister Abu Ghazala besucht die Türkei, Rumänien und Frankreich

9.-12.6. - Brasilianischer Außenminister in Kairo; Zusammenarbeit im Rüstungssektor vereinbart

7.-8.7. - Besuch Mubaraks in Belgrad

8.-11.7. - Teilnahme Mubaraks an der UNCTAD-Konferenz in Genf

7.8. - 235 Mio. DM-Kredit der BRD

15.-19.8. - Gemeinsame ägypt.-amerikanische Manöver "Bright Star"

9.-11.9. - Teilnahme Mubaraks am OAU-Gipfel in Addis Abeba

11.-12.9. - Kurzbesuch Mubaraks in Oman

27.9. - Eröffnung der U-Bahn Kairo in Anwesenheit des französischen Ministerpräsidenten Chirac

5.10. - Wiederwahl Mubaraks zum Präsidenten

13.10. - Neue Regierung Sidqi

12.10. - Ernennung Sharif al-Sadiqs zum Marinechef und Saif al-Din Abu Shannafs zum Generalstabschef

19.10. - US-Außenminister Shultz führt mit Mubarak Gespräche in Kairo

25.10. - Besuch des libanesischen Präsidenten Gemayel

9.-13.11. - Rüstungsmesse in Kairo; Teilnahme von 19 Staaten

11.-18.11. - VAE, Irak, Kuwait, Marokko, Jemen, Bahrain, Saudi-Arabien, Qatar und Mauretanien nehmen im Anschluß an die Gipfelkonferenz von Amman die diplomatischen Beziehungen mit Ä. wieder auf

14.11. - Unterzeichnung eines Umschuldungsabkommens mit den USA

8.-14.11. - Besuch des irakischen Verteidigungsministers

19.11. - Kurzbesuch Mubaraks in Amman

23.-25.11. - Besuch des rumänischen Staatschefs Ceausescu

29.11. - Wiedereröffnung der PLO-Büros

8.12. - Außenminister Genscher unterzeichnet in Kairo Umschuldungsabkommen

14.-17.12. - Verteidigungsminister Abu Ghazala in Kuwait; Verstärkung der militärischen Zusammenarbeit

21.-22.12. - Besuch des saudischen Kronprinzen Abdallah

29.12. - Unterzeichnung eines Handelsabkommens mit der Sowjetunion

Thomas Koszinowski

Afghanistan

Offizieller Name: Daulat i Jamhuriye Afghanistan/Republik Afghanistan; Unabhängigkeit: 1919, de facto aber nie Kolonie; Fläche: 647.497 qkm; Einwohner: 18.136.446; Hauptstadt: Kabul, Ew.: 3 Mio. (Schätzung 1987); Urbanisierungsrate: z.Z. nicht verfügbar (Kriegseinwirkung, Flüchtlinge in Nachbarstaaten); Armeestärke: 100.000 (1979), ca. 40.000 (1987) Mann, sowjetische Truppen ca. 60.000 Mann; BIP: 3,5 Mrd. US-$ (1982); Sektoren in %: Landwirtschaft 57; Pro-Kopf-Einkommen: 130-150 US-$ (1987); Währung: 1 US-$ = 42 Afghani (Schwarzmarkt ca. 166 Afghani) Ende 1987

Innenpolitische Entwicklung

Beim Plenum der Demokratischen Volkspartei Afghanistans (DVPA) vom 30.-31.12.1986 machte Generalsekretär Najib den Regimegegnern ein Angebot zum Waffenstillstand und sprach vom Vorhandensein von Bedingungen, die den Rückzug sowjetischer Truppen aus Afghanistan (A.) erlauben würden. Er stellte die Gründung einer Regierung der nationalen Einheit in Aussicht, der auch Persönlichkeiten aus dem früheren Regime und Vertreter islamischer Parteien angehören sollen. Ferner, sagte er, werde man sich bemühen, neutrale Personen, sogar diejenigen, die sich dem bewaffneten Kampf angeschlossen haben, sowie die Stammesfürsten zur Zusammenarbeit zu gewinnen. Ausdrücklich bezog er Monarchisten und moderate Kräfte sowie Führer der Widerstandsgruppen in die Bemühungen zur nationalen Versöhnung ein. Später setzte er den Beginn des Waffenstillstandes auf den 15. Januar fest und knüpfte daran die Bedingung, er solle von beiden Seiten eingehalten werden. Die Dauer des Waffenstillstandes wurde auf sechs Monate terminiert, mit der Möglichkeit einer Verlängerung. Ferner wurde die Gründung einer Obersten Kommission zur Nationalen Versöhnung bekanntgegeben.

Der sowjetische Außenminister Schewardnadse besuchte zusammen mit dem für die auswärtigen Beziehungen in der KPdSU zuständigen Sekretär Dobrynin vom 5.-7. Januar Kabul und gab Moskaus Unterstützung für das Waffenstillstandsangebot bekannt und sprach davon, daß der Abzug sowjetischer Truppen aus Afghanistan nicht mehr lange hinausgeschoben würde. Dem Abschlußkommuniqué war zu entnehmen, daß eine prinzipielle Einigung darüber zwischen Gorbatschow und Najib bereits beim Moskaubesuch des letzteren im Dezember 1986 erzielt worden war.

Die Angebote der nationalen Versöhnung und zur Bildung einer Regierung der nationalen Einheit, sowie die Verkündung des Waffenstillstandes und die Aussicht auf einen baldigen Abzug sowjetischer Truppen aus A. zielten wohl auf den vom 26.-29.1. in Kuwait stattfindenden Gipfel der Organisation Islamischer Konferenz (OIK) ab. Tatsächlich bekundete der Oberste Sowjet in seiner Grußbotschaft an den OIK-Gipfel die Absicht Moskaus, bald Truppen aus A. abziehen zu wollen. Die OIK begrüßte diese Ankündigung und bekundete, daß dadurch "ein großes Hindernis aus dem Weg zur Verbesserung der Beziehungen zwischen den islamischen Staaten und der Sowjetunion beseitigt werden" würde. Die Mujahidin wiesen Najibs Waffenstillstandsangebot zurück und lehnten jeglichen Kontakt oder Verhandlungen mit ihm ab. Sie bekundeten ihre Bereitschaft, direkt mit der Sowjetunion verhandeln zu wollen. Am 17. Januar hielten sie in Peschawar (Pakistan) eine Großkundgebung ab und gaben bekannt, daß sie über den Waffenstillstand erst nach dem Abzug sowjetischer Truppen verhandeln wollten. Sie kündigten die Bildung einer Interimsregierung zur Abhaltung von Wahlen und die Einsetzung einer Kommission zur Ausarbeitung von Modalitäten ab, die innerhalb eines Monats ihren Bericht vorlegen soll.

Der Sprecher der aus sieben Widerstandsgruppen bestehenden Mujahidin-Allianz Maulavi Muhammad Yunus Khalis schloß im Mai die Bildung einer Exilregierung aus, nannte aber einige Einzelheiten über das geplante Majlis-i Shura (Beratungsgremium), dem 312 Mitglieder angehören sollen. Die 270 Distrikte des Landes würden je einen Vertreter und die Flüchtlinge 52 Abgeordnete ins Parlament entsenden. Die Frauen sollten kein Stimmrecht haben.

Der Chef der Jam'iat-i Islami, Burhan al-Din Rabbani, sprach sich für die Bildung einer Interimsregierung - bestehend aus ehemaligen Generälen, Richtern, Rechtsanwälten und Verwaltungsspezialisten, die nicht mit der kommunistischen Regierung kollaboriert haben - aus. Er gab bekannt, daß die Mujahidin-Allianz bereits Vorbereitungen zur Abhaltung von Wahlen treffen würde, an denen afghanische Flüchtlinge in Pakistan und Iran, die Mujahidinkämpfer und die Bewohner der befreiten Gebiete A.s teilnehmen sollen. Die Absicht zur Abhaltung solcher Wahlen mußte indes im Juli wegen unüberwindbarer Differenzen unter den Mujahidingruppen aufgegeben werden. Der Streit entzündete sich an der Frage, wie viele Abgeordnete jede Gruppierung stellen sollte. Einige kleinere Gruppen wollten von vornherein eine gleichmäßige Verteilung der Parlamentssitze auf die sieben Widerstandsgruppen festlegen. Andere wollten von den Wahlen nichts wissen, weil sie ihrer Meinung nach dem islamischen Staatskonzept zuwiderlaufen. Deshalb befürworteten sie ein Beratungsgremium mit nominierten Mitgliedern. Da die Auseinandersetzungen in dieser Frage den Bestand der Allianz gefährdeten, wurden die Wahlen und auch die Bildung einer Interimsregierung zurückgestellt.

Bereits in den vergangenen Jahren war der Name des früheren Königs Zahir Schah als ein möglicher Kompromißkandidat für die Ablösung des kommunistischen Regimes in Kabul ins Spiel gebracht worden, der auch der Sowjetunion genehm sein dürfte. Es war auch von einer entsprechenden Kontaktaufnahme die Rede gewesen. Zahir Schah sprach im Mai von seiner Bereitschaft, nach A. zurückzukehren und eine Rolle bei der Befriedung des Landes zu übernehmen, wenn das Volk in und außerhalb A.s sowie die Führer des Widerstandes ihn dazu aufrufen würden. Er wollte nicht mehr als König zurückkehren, sondern in irgendeiner passenden Form dem Land dienen. Er trat für eine Kooperation mit der Sowjetunion ein, verlangte aber internationale Garantien für Nichteinmischung von außen in die Angelegenheiten des Landes. Gorbatschow ließ in einem Interview mit Italiens kommunistischer Tageszeitung Unita erkennen, daß er Zahir Schahs Mitwirkung bei der nationalen Versöhnung A.s begrüßen würde. Die US-Presse berichtete von dem Konsens unter den westlichen Ländern, wonach nur Zahir Schah die gespaltene afghan. Nation zusammenbringen könnte.

Diese Meldung spaltete die Widerstandsgruppen, unter denen es sowohl Befürworter als auch Gegner Zahir Schahs gibt. Für die einen ist er eine Integrationsfigur, denn seine vierzigjährige Herrschaft war eine Periode des Friedens gewesen. Für die anderen ist er verantwortlich dafür, daß die Sowjetunion einen so großen Einfluß im Lande gewinnen konnte, was auch die Machtergreifung durch die Kommunisten ermöglichte. Diejenigen, die A. nach der Befreiung in einen islamischen Staat verwandeln wollen, sehen in seiner Rückkehr eine Gefahr für die Verwirklichung ihres Plans. Pir Sibghatullah Mujaddadi von der Jabha dagegen begrüßte den Entschluß des ehemaligen Monarchen und berichtet von einem

Treffen mit ihm in Rom, wo der Monarch die entsprechenden Meldungen bestätigte. Die Hizb-i Islami des Gulbadin Hikmatyar verurteilte den Plan als ein "internationales Komplott", weil dadurch versucht werden würde, die Herrschaft des kommunistischen Regimes aufrechtzuerhalten. Tatsächlich bot Najib im Juli Zahir Schah und seinen Anhängern eine Beteiligung an der Regierung an, um "die nationale Versöhnung herbeizuführen". Diese Botschaft war unmißverständlich und wurde prompt von Zahir Schah zurückgewiesen, weil er, wie er sagte, nicht bereit war, mit Najib die Macht zu teilen. Daraufhin stellte der sowjetische Stellvertretende Außenminister Worontzow unmißverständlich klar, daß Zahir Schah nicht als Herrscher, sondern im Rahmen einer Koalitionsregierung zurückkehren könne. Das Afghanische Informationszentrum in Peschawar ermittelte in einer Repräsentativumfrage unter 2.000 Afghanen, daß 72 % der Bevölkerung die Rückkehr Zahir Schahs an die Macht begrüßen würde. Lediglich 13 % votierten für eine islamische Regierung. Zahir Schah riet dem Widerstand in einem Interview mit der New York Times zur Führung von direkten Verhandlungen mit der Sowjetunion. Für seine Person schloß er eine Zusammenarbeit mit dem kommunistischen Regime in Kabul aus, der er die Regierungslegitimation absprach. Er wolle, sagte er, auch keinem Arrangement zustimmen, das der Sowjetunion politische Vorteile zusichern würde. Er könne sich nur eine Politik der Neutralität und der Blockfreiheit für A. vorstellen, mit gutnachbarschaftlichen Beziehungen zu allen Nachbarstaaten, auch zur Sowjetunion.

Die Regierung in Kabul mußte zugeben, daß weder der Waffenstillstand eingehalten noch der Plan zur nationalen Versöhnung von den Regimegegnern angenommen wurde. Auch die angebotene Amnestie für die Angehörigen des Widerstandes wurde kaum in Anspruch genommen. In einem Interview mit dem BBC im Februar sprach Najib davon, daß die DVPA nach der nationalen Versöhnung nicht an der Macht kleben will. Beim Plenum des Zentralkomitees der DVPA am 17. Oktober war davon keine Rede mehr. Najib sagte, daß die DVPA die Macht teilen, aber nicht verlieren will.

Die Oberste Kommission zur Nationalen Versöhnung beschloß am 28. Juni die Verlängerung des Waffenstillstandes für weitere sechs Monate und die Umbenennung des Staates in Republik Afghanistan. Der Revolutionsrat verabschiedete in seiner Sitzung am 4. Juli ein Gesetz zur Parteienbildung, wonach 30 Personen ausreichen, um eine politische Partei zu gründen. Mit einer Mitgliedschaft von 500 Personen hat sie ein Anrecht auf Betätigung. Die Parteien müssen den Islam und die nationalen, historischen und kulturellen Traditionen des afghan. Volkes respektieren. Ihr Programm muß mit den Grundsätzen der Freiheit, der nationalen Souveränität, Wahrung der Menschenrechte, friedliche Koexistenz, Freundschaft und Zusammenarbeit mit allen Völkern der Welt, Blockfreiheit und mit der positiven und aktiven Neutralität übereinstimmen. Die Parteien dürfen nicht auf Fanatismus und Chauvinismus jeglicher Art aufgebaut sein, noch darf aus dem Parteinamen ihre Zugehörigkeit zu den Stämmen, Regionen oder ethnischen Gruppen ersichtlich sein. Den Parteien wird das Recht auf öffentliche Meinungsäußerung zugestanden. Sie dürfen Koalitionen mit anderen Parteien eingehen und ihre Kandidaten für die Kommunalwahlen aufstellen. Ein Verbot für eine Partei darf nur von einem Gericht mit neutralen Richtern beschlossen und dem Revolutionsrat zur Genehmigung vorgelegt werden, wenn der Partei ein Gesetzesverstoß nachgewiesen werden kann. Im November gab Kabul die Zulassung von vier Parteien (zwei Arbeiterparteien, eine islamische Partei und eine Bauernpartei) bekannt.

Die 4. Loya Jirga (Große Versammlung) mit 2.000 angeblich gewählten Vertretern fand vom 29.-30. November in Kabul statt, die eine neue Verfassung verabschiedeten und Najib zum Staatspräsidenten wählten. Damit ist die Macht in seiner Person konzentriert, denn er ist Generalsekretär der DVPA, Staatspräsident und Oberbefehlshaber der Streitkräfte. Zugleich darf er die Parlamentsbeschlüsse und alle anderen Entscheidungen der Staatsorgane aufheben. Er versicherte aber, daß seine Partei keine kommunistische Gesellschaft aufbauen wolle. Die Bezeichnung "Kamerad" wurde abgeschafft, und Najib läßt sich seither mit seinem vollen Namen Najibullah anreden.

Der bewaffnete Kampf der Mujahidin ging indessen unvermindert weiter. Weder die Generalamnestie oder das Gesetz über die Rückgabe der Besitzungen der zurückkehrenden Flüchtlinge noch Angebote zur Beteiligung an der Regierung konnten sie davon abbringen. Eine qualitativ bessere Bewaffnung (Stinger- und Blowpipe-Raketen) versetzte sie in die Lage, die Überlegenheit der sowjetischen Luftwaffe zu brechen. Sie wagten sogar Angriffe auf die Grenzdörfer in der Sowjetunion. Gegen Ende des Jahres vermochten sie allerdings nicht, ihre seit Jahren gehaltene Umzingelung der Stadt Khost aufrechtzuerhalten. Nach zähen Kämpfen mußten sie ihre Stellungen aufgeben und sich zurückziehen.

Den Mujahidin gelang es auch in diesem Jahr nicht, sich zu einer einheitlichen Organisation zusammenzuschließen. Dafür sind ihre jeweiligen Interessenlagen zu sehr verschieden. Sie konnten sich lediglich darüber einigen, daß Yunus Khalis für die Dauer eines weiteren Jahres Präsident ihrer Allianz sein soll. In Kabul gingen die internen Flügelkämpfe zwischen Partscham und Khalq unvermindert weiter. Karmal war bereits 1986 zusammen mit einem Teil seiner Freunde entmachtet worden; im Mai wurde er in die Sowjetunion abgeschoben. Seine restlichen engen Mitarbeiter wurden am 17. Oktober vom Zentralkomitee der DVPA aus diesem Gremium entfernt.

Außenpolitische Entwicklung

Vom 5.-7.1. besuchte die seit 1979 höchstrangige sowjetische Delegation (bestehend aus Schewardnadse und Dobrynin) Kabul, um über die Modalitäten des Abzuges sowjetischer Truppen aus A. zu verhandeln und für die für Februar vorgesehenen indirekten Genfer Verhandlungen unter der UNO-Ägide eine gemeinsame Position zu erarbeiten. Die Sowjetunion ist zwar an diesen Verhandlungen mit Pakistan nicht beteiligt, aber sie wirkt hinter den Kulissen mit, weshalb sowohl der UNO-Sonderbeauftragte Diego Cordovéz als auch der pakistanische Außenminister vor dem Verhandlungsbeginn stets zu Konsultationen und zur Eruierung des Verhandlungsspielraumes Moskau zu besuchen pflegen.

Der dritte Teil der siebten Runde der seit 1982 geführten Verhandlungen fand vom 25.2.-10.3. in Genf statt. Der Vertragsentwurf, der aus vier Teilen (offizielle Bezeichnung: Instrumente) besteht, war bereits seit längerem fertiggestellt. Uneins war man in der Frage der Frist, in der die sowjetischen Truppen aus A. abgezogen werden sollten. Die restlichen Instrumente, über die eine Einigung erzielt worden war, waren: 1) eine bilaterale Einigung zwischen A. und Pakistan über "Nichteinmischung", 2) amerikanisch-sowjetische Garantien für die Unabhängigkeit und Blockfreiheit A.s (mit einer impliziten Garantie dafür, daß die "Einmischung" nicht wieder aufgenommen wird) und 3) eine bilaterale Einigung zwischen A. und Pakistan über die freiwillige Rückkehr der Flüchtlinge mit entsprechenden Garantien.

Die Verhandlungen mußten ergebnislos abgebrochen werden, weil keine Einigung über die Abzugsfrist zu erzielen war, obwohl A. sie von 33 auf 18 Monate herunter- und Pakistan von 4 auf 7 Monate heraufschraubte. Außerdem blieb die Forderung A.s, Iran in den Friedensprozeß miteinzubinden, angesichts der Ablehnung Irans, mit der afghan. Regierung zu verhandeln, solange die sowjetischen Truppen nicht abgezogen seien, unerfüllbar.

A. beantragte Ende August die Einberufung einer neuen Genfer Verhandlungsrunde noch vor der UNO-Vollversammlung im September. Die Verhandlungen fanden vom 7.-10.9. statt, brachten aber keinen Durchbruch. A. verringerte die Abzugsfrist von 18 auf 16 Monate. Im Gegenzug bewegte sich Pakistan von 7 auf 8 Monate. Die Sowjets schienen weiterhin skeptisch gegenüber den Forderungen Pakistans zu sein, dem afghan. Volk das Selbstbestimmungsrecht zuzugestehen. Deshalb galt ihre Aufmerksamkeit der von Najib angestrebten nationalen Versöhnung, aus der eine Koalitionsregierung unter der Leitung der DVPA hervorgehen soll. Moskau will auch erreichen, daß vor dem Beginn seines Truppenabzugs Pakistan alle Kriegshandlungen, die von dessen Territorium aus durchgeführt werden, unterbindet.

Im Vorfeld der UNO-Vollversammlung riefen die Außenministerkonferenzen der OIK und des NAM (Non-aligned Movement/Bewegung der Blockfreien) in New York zum Abzug der sowjetischen Truppen aus A. auf. Die UNO-Vollversammlung verabschiedete seit 1980 nun zum 9. Mal eine Afghanistan-Resolution, in der zur Respektierung des Rechts des afghan. Volkes auf Selbstbestimmung der Regierungs- und Wirtschaftsform sowie des politischen und sozialen Systems aufgerufen wurde. Außerdem wurde ohne Namensnennung der Abzug der fremden Truppen aus A. verlangt.

Der UNO-Sonderberichterstatter über Menschenrechte in A. Ermacora konnte zwar von einer leichten Verbesserung der Lage in dieser Hinsicht berichten und auch davon, daß A. sich zunehmend kooperationswillig zeigte. Aber die Menschenrechtsverletzungen waren nach wie vor an der Tagesordnung. Er forderte für die Lösung des Afghanistan-Problems die Entsendung von UNO-Friedenstruppen in dieses Land. Der Vorschlag wurde sofort von Najib zurückgewiesen.

A. blieb auch in diesem Jahr außenpolitisch isoliert. Neben den Ostblockstaaten waren es lediglich Indien und Irak, mit denen ein Besuchsaustausch stattfand. Najib legte im Dezember auf dem Weg zu Vietnam und Kambodscha, wo er Staatsbesuche absolvierte, einen kurzen Aufenthalt in Neu Delhi ein und traf mit Ministerpräsident Ghandi zusammen. Kabuls Versuch, auf der im Oktober in Kathmandu stattfindenden SAARC-Tagung (South Asian Association for Regional Cooperation/Südasiatischer Verband für Regionale Zusammenarbeit) aufgenommen zu werden, wurde mit einem Stimmenverhältnis von 4 zu 3 abgelehnt. Die Beziehungen zu den unmittelbaren Nachbarn Iran, insbesondere aber zu Pakistan, blieben weiterhin gestört. Pakistan machte A. für zahlreiche Bombenattentate in den pakistanischen Städten und für eine Reihe von Grenzverletzungen, bei denen afghan. Flugzeuge pakistanisches Territorium mit Bomben angriffen, verantwortlich.

Sozioökonomische Entwicklung

A.s Wirtschaft ist von dem Bürgerkrieg in hohem Maße in Mitleidenschaft gezogen worden. Ein Drittel der Bevölkerung ist ins Ausland geflüchtet, wodurch insbesondere die Landwirtschaft betroffen wurde. Die jährliche Baumwollproduktion ist von 100.000 t vor dem Bürgerkrieg auf 27.000 t (1983) bzw. 50.000 t (1986) gesunken. Die Getreideproduktion hat am meisten gelitten, zumal Bauern ihre landwirtschaftlichen Erzeugnisse aus Angst vor bewaffneten Überfällen nicht mehr in die Städte transportieren können. Der Außenhandel ging von 1,57 Mrd. US-$ (1983) auf 1,35 Mrd. US-$ (1986) zurück. Nach Angaben der Regierung verringerte sich das Handelsdefizit von 117,4 Mio. US-$ auf 72,5 Mio. US-$, was angesichts des Rückgangs der Exporte bezweifelt werden muß. Der Bürgerkrieg soll das Land bisher über 1 Mrd. US-$ gekostet haben. Die Hälfte des Staatshaushaltes wird für den Krieg ausgegeben. Das Pro-Kopf-Einkommen sank von 195 US-$ zu Anfang des Krieges auf 156 US-$ (1986). Nach Angaben des Finanzministers stieg das BSP 1986 um 5,2 % auf 3.156 Mio. US-$ und das BIP um 3,3 %. Der Fünfjahresplan 1986-91 sieht am Ende der Planperiode bei der Industrie

einen Zuwachs um 28 %, der Landwirtschaft um 15 %, beim Binnenhandel um 150 % und beim Außenhandel um 17 % vor.
Die sowjetische Entwicklungshilfe (Kredite und Schenkungen) sollen bisher insgesamt 3 Mrd. US-$ ausmachen, wovon seit der Aprilrevolution 1978 1,1 Mrd. US-$ gegeben wurden. Während der Planperiode 1986-91 wird der sowjetische Anteil 790 Mio. US-$ betragen, was 75,3 % der gesamten Auslandshilfe entspricht. Bisher wurden 200 Projekte mit sowjetischer Hilfe in Angriff genommen, davon sind 129 bereits fertiggestellt. 75 % der Industrieproduktion A.s entstammt angeblich diesen Projekten. Die Auslandshilfe aus den Nicht-Comecon-Ländern sowie von der Weltbank ist seit acht Jahren völlig gestoppt.

Die politische Führung Afghanistans
Präsident, Generalsekretär der DVPA: Dr. Muhammad Najibullah
Regierung von Afghanistan (Stand: Dezember 1987)
Vorsitzender des Ministerrates: Sultan Ali Kishtmand, **Erster stellvertretender Vorsitzender des Ministerrates:** Generalleutnant Nazar Muhammad, **Stellvertretender Vorsitzender des Ministerrates u. Präsident des staatlichen Planungskomitees:** Mahbubullah Koshani, **Stellvertretende Vorsitzende des Ministerrates:** Muhammad Aziz, Abd al-Hamid Muhtat, Pohand Guldad, Muhammad Nasim Maihan-Parast, **Auswärtiges:** Abd al-Wakil, **Bauwesen:** Nazar Muhammad, **Erziehungswesen:** Abd al-Samad Qayyumi, **Höhere und Berufsausbildung:** Burhan al-Din Ghiyasi, **Inneres:** Muhammad Gulabzoi, **Irrigation:** Ahmad Schah Sorkhawi, **Islamische und Religiöse Angelegenheiten:** Maulavi Abd al-Jamil Zarifi, **Justiz:** Muhammad Bashir Baghlani, **Landwirtschaft/Landreform:** Koma Kiwall, **Leichtindustrie/Nahrungsmittel:** Najibullah Masir, **Minen/Industrie:** Muhammad Isa Kawa, **Präsident d. Zollamtes:** Lemar Ahmad Lemar, **Stämme/Nationalitäten** (seit dem 1.11. getrennte Ministerien): Sulaiman Laeq, **Transport:** Sherjan Mazduryar, **Verteidigung:** Generalmajor Muhammad Rafi, **Wirtschaft:** Muhammad Khan Jalalar
Vorsitzende der Staatskomitees:
Rundfunk/Fernsehen/Cinematographie: Bashir Roigar; Bakhtiar News Agency: Sarwar Yurish; Staatskontrollamt: Muhammad Scharif

Chronologie Afghanistan 1987

2.1. - Najib gibt Maßnahmen zur nationalen Versöhnung bekannt; Waffenstillstand wird vom 15.1. für sechs Monate proklamiert
5.-7.1. - Der sowjetische Außenminister Schewardnadse führt in Begleitung von Dobrynin Gespräche in Kabul
15.-16.1. - Der zweite Kongreß der Nationalen Vaterländischen Front findet statt
17.1. - Generalsekretär des indischen Nationalkongresses (I) wird von Najib empfangen
25.1. - Der Revolutionsrat verabschiedet eine Generalamnestie
8.2. - Außenminister Wakil hält sich in Neu Delhi auf
17.-19.2. - Vorsitzender des Minister-

rates Kishtmand hält sich in Moskau auf und berät mit dem Vorsitzenden des sowjetischen Ministerrats Ryschkow über Wirtschaftsbeziehungen und die Erweiterung des bilateralen Handels
25.2.-10.3. - Die indirekten Verhandlungen zwischen A. und Pakistan finden unter der UNO-Ägide in Genf statt
27.2. - Najib empfängt den sowjetischen Minister für Kommunikation Alexandrowitsch
2.3. - A. überreicht dem pakistanischen Chargé d'Affaires eine Protestnote über die Luftraumverletzung durch pakistanische Flugzeuge
12.3. - Die UNO-Menschenrechts-

kommission verurteilt A. wegen "Miß-
achtung von Menschenrechten der afghan. Zivilbevölkerung"
1.4. - Afghan. Flugzeug wird durch
pakistanische Luftwaffe abgeschossen
5.4. - Najib empfängt den sowjetischen Vizeminister für Gesundheitswesen Schepin
20.4. - Eine mit sowjetischer Hilfe ge-
baute Stahlkocheranlage wird in Janga-
lak eingeweiht
29.4. - Pakistanisches Flugzeug wird
durch die afghan. Luftabwehr abgeschossen
4.5. - Najib empfängt den indischen
Außenminister Tiwari
19.5. - Außenminister Wakil wird auf
seinem offiziellen Besuch der Tsche-
choslowakei von Präsident Husak empfangen
22.5. - Wakil stattet Polen einen
Freundschaftsbesuch ab
24.5. - Wakil wird auf seinem offiziellen Besuch Bulgariens von Zhivkow
empfangen
30.5. - Najib empfängt den stellvertretenden Vorsitzenden des Ministerrates
und Präsidenten der Planungskommis-
sion Polens Gorywoda
5.-8.6. - Kishtmand stattet dem Irak
einen offiziellen Besuch ab
8.6. - Kishtmand besucht Baku/Azer-
baidschan 14.6. - Sowjetischer Erziehungsminister Sherbakow auf Besuch
in Kabul
19.6. - Eröffnung der indischen Han-
delsshow
22.6. - Najib empfängt eine Delegation
aus Angola
23.-25.6. - Konferenz von Journalisten
aus den Blockfreien Staaten findet in
Kabul statt
28.6. - Die Oberste Kommission zur
Nationalen Versöhnung hält ihre zweite Sitzung in Kabul ab
6.7. - Die erste Jirga der afghan. No-
madenstämme wird abgehalten
7.7. - Kishtmand besucht an der Spitze
einer Delegation die Mongolei
13.7. - Das Präsidium des Revolutionsrates billigt die Verfassung
15.7. - Der Waffenstillstand wird auf
weitere sechs Monate verlängert
20.7.-10.8. - Najib hält sich in der

Sowjetunion auf; Zusammenkunft mit
Gorbatschow
7.-10.9. - Die indirekten Verhandlungen mit Pakistan unter der UNO-
Ägide finden in Genf statt
8.9. - Kishtmand besucht die Sowjetunion; Konsultationen mit Schewardnadse
16.9. - Najib empfängt den sowjetischen Minister für Energie und Elektrizität
20.-22.9. - Die erste Jirga der Hazara
findet in Kabul statt
30.9. - Najib wird zum Präsidenten
des Revolutionsrates gewählt
13.10. - Der amerikanische Industrielle
und langjährige Freund der Sowjetunion Dr. Armand Hammer hält sich
in Kabul auf
20.10. - Die zweite nationale Konferenz der DVPA wird abgehalten
1.11. - Najib leitet eine Delegation zur
Teilnahme an den Revolutionsfeierlichkeiten nach Moskau
22.11. - Najib empfängt eine sowjetische Delegation unter der Leitung des
stellvertretenden Vorsitzenden der
Staatsplanungskommission
29.-30.11. - Die 4. Loya Jirga wird in
Kabul abgehalten; die Verfassung wird
verabschiedet und Najib zum Staatspräsidenten gewählt
7.12. - Najib empfängt die Vizepräsi-
dentin des vietnamesischen Staatsrates
21.12. - Der Oberste Rat der Ulama
tagt in Kabul
22.12. - Protokoll über sowjetische
Lieferung der Erdölprodukte an A.
wird unterzeichnet
24.-29.12. - Najib stattet Vietnam und
Kambodscha Staatsbesuche ab und hält
sich am 26.12. in Neu Delhi auf, wo er
von Ministerpräsident Gandhi empfangen wird

Munir D. Ahmed

Algerien

Offizieller Name: al-Jumhuriya al-Jaza'iriya al-Dimuqratiya al-Sha'biya/Algerische Demokratische Volksrepublik; *Unabhängigkeit:* 3.7.1962; *Fläche:* 2.381.741 qkm; *Einwohner:* 22.972.000 (1987); *Hauptstadt:* Algier, Ew.: 1.483.040; *Urbanisierungsrate:* 49 % (1987), 40,7 % (1977); *Armeestärke:* 169.000 Mann; *BIP:* 58,18 Mrd. AD; *Sektoren in %:* Landwirtschaft 25,8; Industrie 13,3; Verwaltung 22,7; Dienstl. 16,2; *Pro-Kopf-Einkommen:* 2.530 US-$ (1985); *Währung:* 1 US-$ = 5,03 AD (alg. Dinar)

Innenpolitische Entwicklung

Das Jahr 1987 war für Algerien (A.) ein Jubiläumsjahr - am 5.7. beging die Bevölkerung mit großen Feierlichkeiten, insbesondere einem spektakulären Jugendfestival und einem offiziellen Staatsakt mit 3000 Gästen aus über 150 Staaten, den 25. Jahrestag der Unabhängigkeit (OJ, 6.7./M, 7.7.). Dieses Jubiläum wurde zugleich in den Periodika mit Sonderbeilagen gewürdigt, wo - wie im ELM vom 5.7. - politische Persönlichkeiten (u.a. General Mustapha Cheloufi, Generalsekretär des Verteidigungsministeriums, oder Rabah Bitat, Parlamentspräsident) Stellung nahmen, die sich ansonsten mit Äußerungen in der Öffentlichkeit zurückhalten. Als Folge dieses Jubiläums traten 1987 die normalerweise dominierenden Feierlichkeiten aus Anlaß des Ausbruchs der alg. Revolution am 1.11.1954 (vgl. ELM, 1.11.) in den Hintergrund. Zweifellos wichtigstes innenpolitisches Ereignis war die Wahl zur dritten Nationalversammlung (NV) am 26. Februar. Im Gegensatz zur politischen Konstellation 1977 (Wahl zur 1. NV) und 1982 (Wahl zur 2. NV) wurde diesmal die Wahl der 295 Deputierten (1982: 282) - bei einer Wahlmöglichkeit zwischen drei vom Front de Libération Nationale (FLN) aus den Reihen des FLN bestimmten Kandidaten pro Deputiertenplatz - als Entscheidung für oder gegen den von Präsident Bendjedid seit 1980 eingeschlagenen politischen und ökonomischen Reformkurs, der zur Zeit, nach ersten institutionellen Modifikationen Anfang der 80er Jahre (z.B. Restrukturierung der öffentlichen Unternehmen), in eine neue operative Phase mündet, angesehen, weil die NV all jene Reformgesetze zu ratifizieren hat, die vom Ministerrat in Umsetzung der präsidentiellen Direktiven (besonders Direktive Nr. 47/1.4.1986 zur Lösung der Wirtschaftskrise) beschlossen wurden.
Von den 11.329.471 Wahlberechtigten gaben 87,47 % ihre Stimme ab, ein Rekordergebnis gegenüber den Wahlen von 1977 (71,74 %) und 1982 (72,65 %), was in der Presse sofort als "Zustimmung zum Fortschritt" gewertet wurde (ELM, 27./28.2.). Allerdings war die Anzahl der ungültigen Stimmen (1.508.221 = 15 %) recht hoch und die Wahlbeteiligung nach Wilayaten sehr unterschiedlich: in Sétif und Guelma in Ostalgerien mit über 95 % am höchsten und wie üblich in den großen Agglomerationen Oran (68,61 %) und Algier (76,7 %) am niedrigsten (ELM, 26./27.2.). Ob die mit der Neuwahl der NV verknüpften politischen Erwartungen des Reformflügels des FLN um Präsident Bendjedid in Erfüllung gehen werden, wird sich erst im Laufe der Legislaturperiode herausstellen. Zumindest sitzen in der nunmehr altersmäßig verjüngten, technokratischer ausgerichteten NV nur noch 59 Delegierte aus der 2. NV, deren Delegierte verschiedenen Reformgesetzen wie z.B. dem Gesetz über gemischte Unternehmen, das Auslandsbeteiligungen über 50 % vorsah, die Zustimmung verweigerte (M, 26.2.). Ein erster Erfolg hat sich hier bereits eingestellt: am 20.7. hat die NV das zitierte

Gesetz verabschiedet, das in Einzelfällen bis zu 65 % Auslandsbeteiligung billigt
(ELM, 21.7.). Aus denselben Motiven heraus waren die Massenmedien seit April
damit befaßt, das innenpolitische Klima für die Erneuerung der FLN-Zellen, die
sich zwischen 20.4. und 15.6. abwickelte, vorzubereiten und jene dogmatische
Opposition gegen den wirtschaftlichen Liberalisierungskurs, die auch nach der
Annahme der modifizerten Nationalen Charta von 1986 (Referendum vom
16.1.86, Wahlbeteiligung 95,92 %) an den sozialistischen Idealen des algerischen
Sozialismus in der boumediennschen Ausprägung festhält, in die Defensive zu
drängen. Zur parteiinternen Opposition kommt die Opposition (KuT, 4.7.) islamischer Aktivisten und der Anhänger des ehemaligen alg. Präsidenten Ben Bella
(1962-65), der erst von Bendjedid aus der Haft entlassen wurde und heute im
Pariser Exil eine islamistisch orientierte "Bewegung für die Demokratie in Algerien" (Mouvement pour la Démocratie en Algérie) anführt, hinzu. Nach jahrelan-
gem Zögern hat die Regierung hier jedoch zu einem eindeutigen Kurs gefunden.
Nach der Zerschlagung der Islamistengruppe um Mustapha Bouiali (von Sicherheitskräften wurden Bouiali und mehrere Mitglieder seiner Gruppe in einem
Gefecht am 3.1. getötet) folgte am 15.6. vor dem Staatssicherheitsgerichtshof in
Médéa ein Prozeß gegen 202 Islamisten, die am 10.7. zu hohen Haftstrafen (sowie
4 Todesurteile) verurteilt wurden (Algérie Actualité, 25.6.). Bereits vom 3.-7.6.
fand in Médéa ein Prozeß gegen 22 "Ben-Bellistes" statt, in dem ebenfalls hohe
Haftstrafen verhängt wurden. Diese sicherheitspolitische Bedrohung war wesent-
lichster Anlaß für die Ablösung des Innenministers M'Hamed Hadj Yala am 13.6.
durch El Hadi Khediri, der seit November 1977 Chef der Polizei (Directeur
Général de la Sûreté Nationale) war (vgl. ELM, 14./17.6.). Mit seiner Kompetenz
und seinem Einfluß soll Khediri, enger Vertrauter Bendjedids und zugleich
Mitglied des ZK des FLN, auch den ökonomischen Liberalisierungskurs absichern, der sich mit der Verabschiedung des neuen Vereinsgesetzes, das gegenüber
der alten Fassung von 1971 die freie Bildung von Vereinen mit kultureller Ziel-
setzung ohne bisherige staatliche Genehmigung zuläßt, erstmals auch auf der
politischen Ebene (wenngleich in engen Grenzen) manifestiert hat (M, 16.7.). Die
Reduzierung des finanziellen Importvolumens für ausländische Presseerzeugnisse
bei der ENAMEP um 50 % ab dem 2.2. widerspricht dieser Tendenz nicht, weil
dafür in der Tat die ökonomischen Restriktionen verantwortlich zeichnen, liefert
aber oppositionellen Kräften und dem Ausland unnötige Ansatzpunkte für Kritik
(JA, 19.3.).
Die am 18.11. von Präsident Bendjedid vorgenommene Kabinettsumbildung, in
der Presse als "réarrangement technique" bezeichnet, steht angesichts ihres tech-
nokratischen Charakters und der symptomatischen Abschaffung des Planungs-
ministeriums (ersetzt durch einen direkt dem Ministerpräsidenten Ibrahimi un-
terstehenden, am 8.12. gegründeten, Conseil National de Planification) in Zusammenhang mit der sich weiter akzentuierenden Wirtschaftsreform, dem Kampf
gegen den Bürokratismus (ELM, 6.12.) und der besonders von Bendjedid in
seiner Rede zur Lage der Nation (15.12.) geforderten Abkehr vom ideologischen
Dogmatismus. Hinzuweisen ist auch auf wichtige Umbesetzungen innerhalb der
Armee (ELM, 14.6.) und die Ernennung neuer Provinzgouverneure (Walis), darunter Khelifa Bendjedid (Bruder des Präsidenten) im Wilaya Constantine, einem
der Zentren der November-Unruhen von 1986.

Außenpolitische Entwicklung

Die außenpolitischen Aktivitäten der alg. Führung vollzogen sich 1987 im Rahmen der in der Nationalen Charta von 1986 (1) formulierten Zielsetzungen und
setzten den in den Vorjahren eingeschlagenen Kurs fort. Dies betrifft insbesondere den Ausbau bilateraler Kooperationen, das Einsetzen für eine NWWO und
die Prinzipien der Blockfreiheit. In traditioneller Weise hat A. nach der Teilnah-

me am Blockfreien-Gipfel in Harare September 1986 auch 1987 vor allem anläßlich der Ministertagung der Blockfreien in New York am Rande der 42. UNO-Vollversammlung Anfang Oktober eine aktive Rolle in den Gremien der Bewegung gespielt. Zugleich hat Außenminister Taleb Ibrahimi in einem Interview betont, daß die privilegierten Beziehungen A.s sowohl zu den USA als auch der Sowjetunion auf die konsequent praktizierte Politik der Nichtpaktgebundenheit zurückzuführen seien (2). A. ist damit eines der wenigen Länder der Dritten Welt mit guten Beziehungen zu beiden Supermächten. Politisch äußerte sich dieses Gleichgewicht u.a. in zahlreichen Abkommen und Besuchen sowjetischer Delegationen in A. (z.B. am 15.1. Abschluß eines Abkommens über wissenschaftliche Kooperation; April Besuch einer Militärdelegation; Juni Besuch einer Parlamentarierdelegation; September Vereinbarung über gewerkschaftliche Kooperation usw.), die dem intensiven Stand der alg.-sowjetischen Kontakte im Anschluß an den UdSSR-Besuch von Präsident Bendjedid (25.-28.3.1986) entsprechen. Die Beziehungen zu den USA, seit 1979 u.a. wegen der alg. Vermittlung in der Teheraner Geiselaffäre im Aufschwung, haben sich ebenfalls gefestigt (JA, 3.6.:). Die anläßlich des USA-Besuchs von Präsident Bendjedid (16.-22.4.1985) vereinbarte gemischte Wirtschaftskommission, die im Februar 1986 erstmals tagte, begünstigte verschiedene Wirtschaftskontakte, die am 26.4. zum Abschluß eines Liefervertrages mit der US-Firma Panhandle über 4,5 Mrd. cbm Gas/Jahr (20 Jahre Laufzeit) führte. Zugleich erfolgte am 2.6. der Abschluß eines Kulturabkommens. Eine hochrangige alg. Militärdelegation unter Leitung von General Cheloufi besuchte vom 19.-27.9. die USA und führte zahlreiche Gespräche u.a. mit Verteidigungsminister Weinberger.
Eine positive Weiterentwicklung ergab sich auch im Bereich der Kooperation mit den südamerikanischen Staaten, eine Folge der 2. Lateinamerikareise von Präsident Bendjedid nach Argentinien, Uruguay und Brasilien (8.-15.10.1986). Die alg. Diplomatie gegenüber Lateinamerika ist insofern von Bedeutung, weil sie innerhalb des arabisch-afrikanischen Raumes, abgesehen von den angolanisch-kubanischen Beziehungen, exemplarischen Charakter hat. Zugleich ist anzumerken, daß Präsident Bendjedid seine USA-Reise April 1985 durch seinen 1. Lateinamerikabesuch (Mexiko, Kuba, Venezuela/Mai 1985) ausbalanciert hat - ein signifikantes Charakteristikum der alg. Außenpolitik (vgl. MT, 8.5.; ELM, 11.10.). Im Gefolge dieser Beziehungen tagte im September erstmals die gemischte alg.-brasilianische Wirtschaftskommission, um über die Vertiefung der wirtschaftlichen Kontakte zu beraten. Nennenswerte positive Entwicklungen gab es auf dem Gebiet der Wirtschaftskooperation 1987 aber auch mit Italien (24.6. Abkommen mit Fiat über den Bau einer Montageanlage für 30.000 PKW/Jahr in Ain Bouchekif), mit Japan (1. Tagung der gemeinsamen Wirtschaftskommission vom 14.-19.4.) und mit Schweden (4.-6.4. Tagung der gemeinsamen Wirtschaftskommission, Abschluß zahlreicher Abkommen). In diesem Fall wurde im Zusammenhang mit der Liberalisierung der Auslandsinvestitionen über ein neues gemischtes Unternehmen (SITAL) zur Herstellung elektronischer Ausrüstungen verhandelt. Das 5. Treffen der alg.-bundesdeutschen Wirtschaftskommission fand im November in Bonn statt, ohne daß dabei das frostige Klima in den bilateralen Beziehungen überwunden werden konnte, weil die alg. Seite von der Bundesregierung die Unterzeichnung eines Erdgaslieferabkommens mit unrealistisch hohen Preisen fordert (HB, 26.1.).
Was die afrikanischen Kontakte anbelangt, so haben auch 1987 zahlreiche afrikanische Staatsoberhäupter A. besucht (besonders wichtig war z.B. der Dreiergipfel Diouf-Kaunda-Bendjedid in Algier am 26.8.). Im Vordergrund der Gespräche standen hierbei die Lösung des (-->) tschadisch-libyschen Konflikts und des Westsaharakonflikts. Dabei hat sich erneut die zentrale Rolle A.s als vermittelnde Instanz gezeigt. So hat A. nicht nur eine wesentliche Rolle bei der Vermittlung von Gesprächen zwischen innertschadischen Oppositionsgruppen gespielt, besonders nachdem Ex-GUNT-Präsident Goukouni Weddeye am 8.2. aus Tripolis

kommend sich in Algier installierte, sondern auch bei der Vermittlung zwischen den diversen PLO-Fraktionen (22.2.-18.3.), um die Tagung des Palästinensischen Nationalrates in Algier (--> PLO) zu realisieren. In gleicher Weise war Außenminister Taleb Ibrahimi im September (14.-16.9.) in Teheran aktiv, wo er sich für die Annahme der UNO-Waffenstillstandsresolution vom 20.7. zur Beendigung des irakisch-iranischen Krieges einsetzte (OJ, 15.9.). Alg. Vermittlung wurde aber auch im Libanon z.B. von Nabih Birri zur Beendigung des Lagerkrieges gewünscht. Während sich die bislang beschriebenen Aktivitäten im Rahmen der seit 1962 von der alg. Diplomatie praktizierten Außenpolitik vollzogen, gab es 1987 zwei Entwicklungen, die eine darüber hinausgehende Signifikanz aufweisen: 1. die alg.-libysche Annäherung und 2. das alg.-marokkanische Gipfeltreffen unter Vermittlung des saudischen Königs Fahd. Nachdem bereits König Fahd einen ersten Staatsbesuch im Frühjahr (11./12.3.) absolvierte (vgl. AN, 12.3.), in dem der Westsaharakonflikt und der Golfkrieg im Mittelpunkt der Gespräche standen, und die im November 1986 anläßlich der Tagung der gemischten alg.-saudischen Kommission unterstützte Wirtschaftskooperation vertieft wurde (u.a. Gründung einer gemischten Bank mit einem Grundkapital von 300 Mio. US-$), diente der 2. Besuch der alg.-marokkanischen Vermittlung. Die Beziehungen zwischen beiden Maghrebstaaten, laut EG vom 13.3. "at lowest ebb in years" wegen der konfligierenden Positionen hinsichtlich der Westsahara (MD, 6.5. u. 13.5.), haben sich als Folge der saudischen Intervention (in deren Zusammenhang auch der spätere Besuch des saudischen Verteidigungsministers Prinz Sultan b. Abd al-Aziz in Algier vom 25.-31.8. stand, vgl. ELM, 1.9.) wieder verbessert und als konkretes Ergebnis des Dreiergipfels an der alg.-marokkanischen Grenze bei Akid Lotfi (vgl. al-Hawadith, 15.5.) den Austausch von 252 gefangenen Soldaten gebracht. Zugleich äußerte König Hassan den Wunsch nach Gründung gemischter alg.-marokkanischer Kommissionen (M, 26.5.). Auch in Zusammenhang mit der alg.-libyschen Annäherung sind daher 1987 die außenpolitischen Konstellationen und die Diskussion zur Verwirklichung der maghrebinischen Einheit wieder in Bewegung geraten.
Die alg.-libyschen Beziehungen haben sich seit 1986 rapide intensiviert. Nach eindeutigen Solidaritätserklärungen A.s zugunsten Libyens in dessen Auseinandersetzung mit den USA (Luftangriff 15.4.1986) und anläßlich neuer US-Manöver vor Libyen im August 1986 sowie vielfältigen politischen Kontakten besuchte Präsident Bendjedid am 3.-4.12.1986 den libyschen Revolutionsführer Qaddafi zu einem Freundschafts- und Arbeitstreffen in Sirte, wo auch über die Vertiefung der bilateralen Zusammenarbeit und die Möglichkeit einer Union zwischen beiden Staaten gesprochen wurde. Zahlreiche Gegenbesuche, darunter der Aufenthalt des Stellvertreters von Qaddafi, Stabsmajor Jallud, in Algier (14.-17.6.) und der überraschende Staatsbesuch Qaddafis in A. (28.-30.6.) sowie der Abschluß von bislang acht Kooperationsabkommen (darunter die Bereiche Industrie, Transportwesen, Berufsbildung, Sozialversicherung, Information, vgl. ELM, 5.11.) kennzeichneten das Jahr 1987. Wenngleich es dabei nicht zu der von Qaddafi gewünschten politischen Union mit A. zum 1.11., sondern nur zur "union dans la coopération" (JA, 9.12.) kam, so liegt dies an den Veränderungen in der inneralg. Meinungsbildung (Dominanz der Fraktion des Außenministers über die FLN-Fraktion um Messaadia) auch als Folge ausländischen Drucks, denn noch auf der 18. Sitzung des ZK des FLN am 16.7. verabschiedete dieses Gremium eine Resolution, in der die Einheit zwischen A. und Libyen als "dringend notwendig und der Logik der Geschichte entsprechend" bezeichnet wurde. Das ZK beschloß zugleich, den notwendigen Vertragsentwurf den Volksmassen zur Erörterung und Abstimmung vorzulegen (MD, 17.7.). Neben den damit zusammenhängenden innermaghrebinischen Kontakten (z.B. Besuch Bendjedids beim damaligen tunesischen Präsidenten Bourguiba in Monastir am 7.7., die Visite von Außenminister Taleb Ibrahimi in Casablanca bei König Hassan am 11.7. sowie des marokkani-

schen Außenministers Filali bei Bendjedid am 21.11.) ist auf die negative Reaktion der USA hinsichtlich dieser Unionstendenzen hinzuweisen, weil diese eine Befreiung Qaddafis/Libyens aus seiner Isolation bringe und durch die außenpolitischen Implikationen eine Gefährdung westlicher Interessen in Nordafrika bedeute (SWB, 10.10./JA, 4.11.).

Sozioökonomische Entwicklung

Nachdem 1986 für A. das erste Jahr war, in dem die Finanzierungskrise nicht wie bisher abgeschwächt, sondern voll zur Wirkung kam, was A. zur Finanzierung seiner Ausgaben zwang, 1986 für 1,234 Mrd. US-$ (gegenüber noch 690,9 Mio. 1984) Kredite im Ausland aufzunehmen (MEED, 10.1.), so daß die gesamte Auslandsverschuldung 1987 auf rund 18,5 Mrd. US-$ anstieg, gilt für die alg. Presse 1987 als "année de remise en ordre de l'économie" (ELM, 24.12.1986). Maßgebend für die Wirtschaftspolitik des Jahres 1987 und darüber hinaus sind dabei die auf der 4. Konferenz zur nationalen Entwicklung (Algier 21./22.6.1986) und auf der 17. Sitzung des ZK des FLN (Algier 28./29.12.1986, vgl. ELM, 31.12.1986) gefaßten Resolutionen, die Austeritätspolitik einerseits weiter zu verschärfen (z.B. durch Beschränkung des Importvolumens auf 7 Mrd. US-$ bei voraussichtlichen Erdöl-/Erdgasdeviseneinnahmen von nur 3,08 Mrd. US-$) und andererseits die eingeleiteten Reformen zu intensivieren. Am 1.10. starteten so die Restrukturierungsmaßnahmen im Agrarsektor (Aufgabe des rigiden Kollektivierungskurses aus der Ära Boumedienne durch Aufteilung von zunächst 200 Großfarmen, Gewährung von mehr autonomen Entscheidungsbefugnissen und großzügige Förderung der neuen "Groupements des producteurs agricoles") mit dem Ziel, die Agrarproduktion zu erhöhen und die deviseaufzehrenden Nahrungsmittelimporte (z.B. 1986: 300.000 Tonnen Öl, 40.000 Tonnen Butter, 75.000 Tonnen Tomatenmark, vgl. ELM, 2./3.1.) zu reduzieren. Die Reform im Agrarsektor soll die Reform des öffentlichen Sektors ergänzen, die ab Januar 1988 (ELM, 28./29.8.) in ein neues Stadium treten und über 1.500 Unternehmen betreffen wird. Sechs in diesem Zusammenhang ausgearbeitete Gesetze, die finanzielle Umstrukturierungen bringen und der Entscheidungsfreiheit der Manager der staatlichen Unternehmen bedeutend größeren Spielraum einräumen (vgl. Details MEED, 12.9.), wurden am 2.9. vom Ministerrat verabschiedet. Die ökonomischen Schwierigkeiten, d.h. primär auf mikroökonomischer Ebene die periodisch immer wieder auftretenden Versorgungsengpässe und das damit verbundene Schlangestehen vor Geschäften, die zu hohe Belegung von Wohnungen (1966: 6,6 Pers./ Wohnung; 1989 voraussichtlich 7,76 Pers./Wohnung) als Folge der ungebrochenen Bevölkerungszunahme (Anzahl der Kinder pro Familie 1986: 7,2), Wassermangel usw. werden sich dadurch aber nur langfristig in Korrelation mit weiteren Umstrukturierungsmaßnahmen (Handel, Bankensektor) reduzieren lassen. An dieser nicht gerade optimistischen Ausgangskonstellation kann auch die innerhalb des 5-Jahresplanes für das 3. Planungsjahr vorgesehene Priorität für Investitionen im Industriesektor (14 %) und Bausektor (13 %) wenig ändern (3).

Anmerkungen

1 Die revidierte Charta ist abgedruckt in: Journal Officiel de la République Algérienne, Nr. 7, 16.2.1986, S. 94-188.
2 Vgl. Auszüge des Interviews, in: Horizont (Berlin), Nr. 4, 1987, S. 26/27.
3 Zum Verwaltungs- und Entwicklungshaushalt (auch für das Jahr 1986) vgl. Arab Oil and Gas (Paris), Nr. 367, 1.1.1987 und Nr. 374, 16.4.1987 sowie ELM, 4.1. und 5.1.1987.

Die politische Führung Algeriens
Staatspräsident (und Verteidigungsminister): Chadli Bendjedid (seit 1979)
Algerische Regierung vom Januar 1987
Ministerpräsident: Abdelhamid Brahimi, **Arbeit:** Aboubakr Belkaid*, **Äußeres:** Ahmed Taleb Ibrahimi, **Energie/Chemische Industrie:** Belkacem Nabi, **Finanzen:** Abdelaziz Khellaf, **Handel:** Mostefa Benamar*, **Hochschulen:** Rafik Abdelhak Brerhi*, **Information:** Bachir Rouis, **Inneres:** M'Hamed Hadj Yala (ab 13.6. El Hadi Khediri), **Jugend/Sport:** Kamal Bouchama*, **Justiz:** Mohamed Chérif Kharroubi, **Kultur/Tourismus:** Boualem Bessaieh, **Landwirtschaft/Fischerei:** Kasdi Merbah, **Leichtindustrie:** Zitouni Messaoudi, **Moudjahidun (Kriegsveteranen):** Mohamed Djeghaba, **Nationale Erziehung:** Z'Hour Ounissi*, **Öffentliche Arbeiten:** Ahmed Benfreha, **Planung:** Ali Oubouzar* (Ministerium abgeschafft 18.11.), **Post/Telekommunikation:** Mostefa Benazza, **Religiöse Angelegenheiten:** Boualem Baki, **Schwerindustrie:** Faycal Boudraa, **Soziales:** Mohamed Nabi* (Ministerium integriert in Arbeitsm. 18.11.), **Transport:** Rachid Benyelles, **Wasserwirtschaft/Umwelt:** Mohamed Rouighi, **Wohnungsbau/Regionalentwicklung:** Abdelmalek Nourani, **Kanzler des Präsidialamtes:** Mohamed Ben Ahmed Abdelghani, **Vizeminister für Verteidigung:** General Abdellah Belhouchet
* tangiert von Kabinettsumbildung am 18.11.1987

Chronologie Algerien 1987

3.1. - Mustapha Bouiali, Anführer einer alg. Islamistengruppe, wird von Sicherheitskräften erschossen
26.2. - Wahlen zur Nationalversammlung
11.-12.3. - Offizieller Staatsbesuch des saudischen Königs Fahd
20.3. - Beginn des 3. Wohungs- und Bevölkerungszensus
11.4. - Gründung einer Ligue Algérienne de Droit de l'Homme
22.4. - Amnestie für 186 Personen, die im Zusammenhang mit Unruhen in Constantine im November 1986 verurteilt wurden
4.5. - Treffen von Bendjedid und König Hassan II. in Akid Lotfi unter Vermittlung von König Fahd
27.-28.5. - Präsident Bendjedid in Mauretanien
3.-7.6. - Prozeß gegen 22 Anhänger Ben Bellas vor dem Staatssicherheitsgerichtshof
13.6. - Ablösung des Innenministers Hadj Yala durch Khediri
14.-17.6. - Der libysche Stabsmajor Jallud in Algerien (Gespräche über Wirtschaftskooperation)
15.6.-10.7. - Prozeß gegen 202 muslimische Aktivisten vor Staatssicherheitsgerichtshof
28.-30.6. - Der libysche Revolutionsführer Qaddafi auf Staatsbesuch in Algerien

7.7. - Präsident Bendjedid zu Gesprächen bei Habib Bourguiba
11.7. - Alg. Außenminister Ibrahimi bei König Hassan II.
August - Wilfried Hofmann neuer Botschafter der BRD in A.
26.8.-1.9. - 21. Seminar zum islamischen Denken in Mascara
26.8. - Dreier-Treffen der Präsidenten Bendjedid, Kaounda, Diouf in Algier
September - Beginn der Reform der staatlichen Agrardomänen
1.9. - Einführung eines fälschungssicheren Passes
19.-27.9. - General Cheloufi zu Gesprächen in den USA
6.10. - Präsident Bendjedid kündigt Reform des Justizwesens an
14.-25.10. - 4. nationale Produktionsmesse in Algier
15.10. - Wahl A.s in den Weltsicherheitsrat für 1988
18.11. - Regierungsumbildung
19.-20.11. - 5. Tagung der deutsch-alg. gemischten Kommission
8.12. - Gründung eines nationalen Planungsrates
15.12. - Rede Bendjedids zur Lage der Nation

Hanspeter Mattes

Golfstaaten

Bahrain

Offizieller Name: Daulat al-Bahrain/Staat Bahrain Unabhängigkeit: 14.8.1971 Fläche: ca. 662 qkm Einwohner: 420.000 Hauptstadt: al-Manama, Ew.: 150.000 Urbanisierungsrate: ca. 75 % Armeestärke: 2.300 Mann BSP: ca. 4 Mrd. US-$ Sektoren in %: Landwirtschaft 1, Industrie 45, Dienstl. 54 Pro-Kopf-Einkommen: ca. 9.000 US-$ (1985) Währung: 1 US-$ = 0,377 BD (Bahrain Dinar) Dezember 1987

Die Anbindung Bahrains über eine 25 km lange Brücke an Saudi-Arabien Ende 1986 hatte nicht nur wirtschaftliche Auswirkungen (Anstieg des Tourismus, Warenkonkurrenz für einheimische Händler) sondern auch politische Aspekte: das Herrscherhaus ist sich des noch 1979 geäußerten iranischen Anspruches auf die Insel sowie des Umstandes, daß über die Hälfte der Nationalbahrainis Schiiten sind, wohl bewußt. Im Dezember wurde der Plan von Iran ausgebildeter Terroristen aufgedeckt, die Bahrain Petroleum Co. in die Luft zu jagen. Während mit dem Iran Konsultationen auf unterer Ebene durchgeführt wurden, um Kontakt und Dialog nicht abreißen zu lassen, verhielt sich das Emirat in der Affaire der amerikanischen Fregatte Stark sehr kooperativ.

Auf arabischer Ebene sind gute Kontakte v.a. zu Jordanien (Besuch Husains in Manama am 30.9.) sowie zum Königreich Saudi-Arabien zu nennen.

35 % der Bevölkerung sind ausländischer Herkunft. Eine Arbeitslosigkeit von (inoffiziell geschätzt) 10 % macht die Schaffung von Arbeitsplätzen dringlich, Prestige fördernde industrielle Großanlagen werden nicht mehr ins Auge gefaßt (hier hatte sich die Arab Iron and Steel Co. unrühmlich hervorgetan). Die Rezession des Vorjahres machte eine Rücknahme der Ausgaben seitens der Öffentlichen Hand notwendig, um - bei einer Deflation von 0,6 % - einen ausgeglichenen Staatshaushalt von 1,46 Mrd. US-$ zu erreichen. Der Handelsüberschuß betrug 177,4 Mio. US-$. Wichtigste Handelspartner waren die EG mit 38,5 %, die USA mit 18 % und Japan mit 11,3 %.

Die politische Führung Bahrains
Staatschef: Emir Isa b. Salman Al Khalifa, **Kronprinz u. Verteidigung:** Hamad b. Isa Al Khalifa
Die Regierung von Bahrain (Stand: Dezember 1987)
Premier: Khalifa b. Salman Al Khalifa, **Arbeit/Soziales:** Khalifa b. Salman b. Muhammad Al Khalifa, **Äußeres:** Muhammad b. Mubarak Al Khalifa, **Entwicklung/Industrie:** Yusif Ahmad al-Shirawi, **Erziehung:** Ali Fakhru, **Finanzen/Wirtschaft:** Ibrahim Abd al-Karim, **Gesundheit:** Jawad al-Arayid, **Handel/Landwirtschaft:** Habib Qasim, **Information:** Tariq Abd al-Rahman al-Mu'ayid, **Inneres:** Muhammad b. Khalifa Al Khalifa, **Justiz/Religion:** Abdallah b. Khalid Al Khalifa, **Öffentliche Arbeiten/Energie/Wasser:** Majid Jawad al-Jishi, **Transport:** Ibrahim Humaidan, **Wohnungsbau:** Khalid b. Abdallah Al Khalifa, **Staatsminister:** Husain Muhammad al-Baharina (Justiz), Yusif Rahman al-Dausari (Protokoll), Isa b. Muhammad Al Khalifa (Generalsekretär des Obersten Rates f. Jugend u. Sport)

Kuwait

Offizieller Name: Daulat al-Kuwait/Staat Kuwait Unabhängigkeit: 19.6.1961
Fläche: 17.818 qkm Einwohner: 1,8 Mio. Hauptstadt: Kuwait, Ew.: 1.112.000
Urbanisierungsrate: 87 % (1982-83) Armeestärke: 13.000 Mann (Oktober 1986)
BIP: ca. 20 Mrd. US-$ Sektoren in %: Landwirtschaft 1, Industrie 60, Dienstl. 39
Pro-Kopf-Einkommen: ca. 14.000 US-$ (1985) Währung: 1 US-$ = 0,273 KD
(Kuwait. Dinar) Dezember 1987

Außenpolitische Entwicklung

Die kuwaitische Außenpolitik wurde 1987 von zwei Faktoren bestimmt, die sich praktisch in Hörweite voneinander abspielten: die Teilnehmer des von Kuwait (K.) ausgerichteten 5. Islamischen Gipfels konnten nachts die iranischen Kanonen der Südfront des Golfkrieges (Fao) grollen hören. Die Ausrichtung des Islamischen Gipfels war für den kleinen Golfanrainer K. ein erstrangiges Ereignis seit Erlangung der Unabhängigkeit 1961. Es ermöglichte dem an Erdöl und Petrodollar reichen Emirat eine adäquate Selbstdarstellung und die Intensivierung seiner internationalen Kontakte. Zum anderen konnte K. vor geeignetem Forum seine Golf-Politik vortragen; K. unterstützt nolens volens seinen irakischen Nachbarn, ohne jedoch die Beziehungen zu Iran abzubrechen, wie es nach den persischen Versuchen, Druck auf K. auszuüben, zu erwarten gestanden hätte. So wurden iranische Seeminen vor K.s Ölhafen al-Ahmadi gefunden. Den Raketenangriffen auf kuwait. Schiffe und Territorien begegnete das Emirat geschickt durch eine Internationalisierung des Konfliktes: die Umflaggung kuwait. Tanker unter Sternenbanner und Union Jack (mit einem ähnlichen Ansinnen hatte sich K., obzwar erfolglos, auch an Frankreich und die VR China gewandt) sowie das Chartern russischer Tanker führte planmäßig zur Einfahrt westlicher wie sowjetischer Marineverbände in den Golf. Ohne etwa durch die Einräumung militärischer Stützpunkte einer der Supermächte den Vorzug geben zu müssen, gelang es dem Emirat, sich des Schutzes beider zu versichern und somit dem iranischen Nachbarn ein gewisses, wenn auch nur geliehenes Abschreckungspotential zu signalisieren. In seinem Bestreben, den Golfkrieg vor seiner Haustür zu stoppen, verstärkte das Emirat seine Ostblockkontakte; zu verzeichnen sind hier die Besuche der sowjetischen Vizeaußenminister Worontzow und Petrowski sowie des kuwait. Außenministers Sabah al-Ahmad als Leiter einer Delegation der Arabischen Liga in Moskau (September), aber auch ein auf unterer Ministerebene angesiedelter Besuchsaustausch mit der VR China oder der Besuch des jugoslawischen Verteidigungsministers. Zu nennen sind im gleichen Zusammenhang auf arabischer Ebene die Besuche der Außenminister Libyens, al-Talhi, und Marokkos, al-Filali (beide September) sowie des kuwait. Staatsministers Usaimi in Bagdad, Damaskus und Amman (Juni), ferner in westeuropäischen Staaten (Juli). Ein weiteres Medium der kuwait. Außenpolitik stellt dabei der extensive Briefwechsel dar, den der Emir mit den Staatschefs der Groß- und Mittelmächte sowie afroasiatischer Staaten führte (z.B. Evren, Bourguiba, Hassan II., Zia ul-Haq).
Zur Vorbereitung des Arabischen Gipfels in Amman (November) versuchte K., Qaddafi, der nicht am Islamischen Gipfel teigenommen hatte, in den arabischen Dialog einzubinden. Letztlich ist jedoch K.s Spielraum dem Iran gegenüber sehr begrenzt.

Innenpolitische Entwicklung

K.s Innenpolitik ergibt sich zu einem erheblichen Teil aus ihrer Verzahnung mit der Außenpolitik des Emirates sowie seiner Bevölkerungsstruktur. Von den ca. 1,8 Mio. Einwohnern besitzen nur 40 % die kuwait. Staatsbürgerschaft, 40 % sind Gastarbeiter aus arabischen, 20 % aus asiatischen Ländern. Ein Drittel der Einwohner ist schiitischer Glaubensrichtung, teilweise persischen Ursprungs, von

denen es heißt, sie sprächen zwar arabisch, ihre Herzen schlügen aber auf Persisch. Da Khomeinis Iran den allein- und allseligmachenden Gottesstaat anstrebt, entbehren in seinen Augen (nicht nur) die (weltlichen) Herrscher der arabischen Golfstaaten jeglicher Legitimität. Sie müssen also destabilisiert und/oder in den iranischen Einflußbereich eingebunden werden. Waren es bisher meist irakische oder libanesische islamische Fundamentalisten, die ihrer Regimekritik tatkräftigen Ausdruck verliehen (so etwa durch den Versuch eines Attentates auf den Emir am 25.5.1985), so bestand der Täterjahrgang 1987 v.a. aus Schiiten kuwait. Staatsangehörigkeit, eine für das Emirat gefährliche Entwicklung, als deren Meilensteine folgende Ereignisse angesehen werden können:
Januar: Jihad Islami und zwei weitere Organisationen drohen mit der Sabotage des Islamischen Gipfels; 19.1.: die "revolutionären Organisationskräfte des Propheten Muhammad" setzen drei Bohrstellen in Brand und legen eine Bombe vor dem städtischen Hauptsitz der kuwait. Erdölgesellschaft (KPC). Im Zusammenhang damit endet der Prozeß (4.4.-6.6.) gegen 16 kuwait. Schiiten mit sechs Todesurteilen, woraufhin die genannte Organisation tags darauf mit Repressalien droht. Bereits im April waren in al-Ahmadi acht Sprengsätze simultan gezündet worden, am 26.4. ging zudem eine Autobombe vor dem dortigen Sitz der KPC hoch, am 22.5. wurde daselbst eine Propangasanlage in Brand gesetzt. Bombenanschläge gibt es ferner auf die lokalen Vertretungen von TWA (11.5.), PanAm (24.10.) sowie einer französisch-kuwait. Bank (Paris, 10.9.) und auf das Innenministerium (3.11.). Bei den Legern der Autobombe vom 15.7. im Stadtteil Salihiya handelt es sich um in Iran trainierte Kuwaitis. Wegen Aufrufs zu Aufruhr sowie Widerstand gegen die Staatsgewalt ergehen am 25.7. vor dem Staatssicherheitsgericht die Urteile gegen eine Gruppe von acht sowie eine andere von 25 Kuwaitis und einem Saudi. Die Folge dieser Vorfälle besteht darin, daß zum einen die Schiiten nach Möglichkeit langsam aus Schlüsselpositionen entfernt werden und daß zum anderen Schiiten dem Emirat ihre Loyalität in Zeitungsannoncen versichern. Sicherlich nicht völlig davon zu trennen ist die Ausgabe eines neuen Personalausweises (incl. Fingerabdrücke und Blutgruppe) mit Priorität für die Gastarbeiter (bis Oktober) sowie die Aktion der (zumeist durch Ausreise erfolgenden) Regelung illegaler Aufenthalte infolge abgelaufener Aufenthaltsgenehmigungen. Seit Juli brauchen Kuwaitis zur Heirat von Ausländerinnen eine Genehmigung des Außen- sowie Justizministeriums.
Ein Ansatz von Umweltbewußtsein kann in dem am 20.6. erlassenen Gesetz zur Sauberkeit öffentlicher Plätze und Zerstörung von Pflanzen gesehen werden.

Sozioökonomische Entwicklung

K. befindet sich mit dem Finanzjahr 7/87-7/88 bei der Halbzeit eines von 1985-90 laufenden Fünfjahresplanes, dessen Ziele der Ausgleich kuwait. und ausländischer Arbeitnehmer unter Entwicklung eines nationalkuwait. Arbeitskräftepotentials (Ende Oktober bestanden 53 % der Belegschaft der KPC aus Kuwaitis), die Modernisierung der Verwaltung sowie die Steigerung der Produktivität sind. So rief der Verteidigungsminister am 27.4. die Hochschulabgängerinnen (sic) auf, verstärkt in der Armee Dienst zu tun. Am 19.5. erließ der Emir ein Dekret zur Bildung eines Obersten Planungsrates (25 Mitglieder für drei Jahre).
Die langsame Erholung von der Vorjahresrezession wirkte sich vor allem auf den Bausektor (und hier für lokale Firmen) aus. Das Budget von 10,53 Mrd. US-$ wies ein Defizit von über 4 Mrd. US-$ auf. Der zuvor künstlich schwach gehaltene Dinar durfte gegenüber dem US-$ leicht steigen. Der Zinssatz sank leicht, die Inflationsrate von geschätzten 2,5 % konnte niedrig gehalten werden.
Bei den Angaben zu Handels- u. Leistungsbilanz trifft man auf Werte, die bis zu mehreren Mrd. US-$ differieren. Handelsüberschuß 1985 (geschätzt 1986/1987) 0,103 (0,17/1,98) Mrd. US-$; Leistungsüberschuß 4,815 (3,42/6,16) Mrd. US-$. Die Handelspartner stammten 1986 zu 36,6 % aus der EG, zu 24 % aus Japan und zu 12,8 % aus den USA.

Die politische Führung Kuwaits
Staatschef: Emir Jabir al-Ahmad al-Sabah
Die Regierung von Kuwait (Stand: Dezember 1987)
Kronprinz u. Premier: Sa'd Abdallah al-Salim al-Sabah, **Äußeres:** Sabah al-Ahmad al-Jabir al-Sabah, **Elektrizität/Wasser:** Muhammad al-Saiyid Abd al-Muhsin al-Rifa'i, **Erdöl:** Ali al-Khalifa al-Sabah, **Erziehung:** Anwar Abdallah al-Nuri, **Finanzen:** Jasim Muhammad al-Khurafi, **Gesundheit:** Abd al-Rahman Abdallah al-Awadi, **Handel/Industrie:** Faisal Abd al-Razzaq al-Khalid, **Information:** Nasir Muhammad al-Ahmad al-Jabir al-Sabah, **Inneres:** Nawwaf al-Ahmad al-Jabir al-Sabah, **Justiz:** Dhari Abdallah al-Uthman, **Nachrichtenwesen:** Khalid Salim al-Jumai'an, **Öffentliche Arbeiten:** Abd al-Rahman Ibrahim al-Huti, **Planung:** Muhammad Sulaiman Saiyid Ali, **Religion:** Khalid Ahmad al-Jassar, **Soziales/Arbeit:** Jabir Mubarak al-Hamad al-Sabah, **Verteidigung:** Salim Sabah al-Salim al-Sabah, **Staatsminister:** Sa'ud Muhammad al-Usaimi (Äußeres), Isa Muhammad Ibrahim al-Mazidi (Dienstleistungen), Rashid Abd al-Aziz al-Rashid (Kabinett), Abd al-Rahman Khalid al-Ghunaim (Stadtverwaltung), Nasir Abdallah al-Raudan (Wohnungsbau)

Oman

Offizieller Name: Saltanat Uman/Sultanat Oman Unabhängigkeit: in der Neuzeit formal nie Kolonie Fläche: 212.457 qkm Einwohner: 1,42 Mio. Hauptstadt: Maskat, Ew.: 30.000 Urbanisierungsrate: 28 % (teilweise unrealist. Angaben bis 80 %) Armeestärke: 21.500 Mann BIP: 7,27 Mrd. US-$ Sektoren in %: Landwirtschaft 58, Industrie 10, Dienstl. 32 Pro-Kopf-Einkommen: 7.080 US-$ (1985) Währung: 1 US-$ = 0,385 OR (Oman. Riyal) Dezember 1987

Außenpolitische Entwicklung

Ist innerhalb des GCC Kuwait für die Beziehungen zum nachbarlichen Irak zuständig und kümmern sich die VAE um diejenigen zur EG, so scheint Oman die Aufgabe zuzufallen, den Kontakt zu Teheran aufrecht zu erhalten und von Iran auch als Ansprechpartner im GCC gewertet zu werden. Oman unterstrich verschiedentlich die historischen Beziehungen beider Länder (24.11.), deren "konstruktiver und positiver" Charakter gestärkt (Außenminister b. Alawi in Teheran, 16.-19.5.) und erweitert werden müsse (Außenminister Velayati in Maskat, 15.8.). Eine vermittelnde Rolle spielte das Sultanat auch in der Affaire des von den USA im Golf aufgebrachten Schiffs Iran Ajr, dessen Besatzung es aufnahm. Besondere Bedeutung kommt Omans v.a. von Briten ausgebildeten Streitkräften als "Hüter von Hormuz" zu, da die Tankerroute hier durch omanische Gewässer verläuft.

Die Normalisierung der Beziehungen zum Südjemen konnte von dem blutigen Grenzzwischenfall am 11.10. nicht beeinträchtigt werden. Nachdem der südjemenitische Außenminister im Januar Gespräche in Maskat über Grenzmarkierungen und die Eröffnung von Botschaften geführt hatte - eine weitere Gesprächsrunde fand am 28.2.-2.3. in Aden statt -, konnte Anfang November ein Grenzabkommen geschlossen werden; Oman ernannte seinen ersten Botschafter mit Residenz in Aden seit Aufnahme der diplomatischen Beziehungen. Einen Monat zuvor hatte das Sultanat seinen ersten Botschafter in der UdSSR ernannt; dem war im April ein Besuch des sowjetischen Vizeaußenministers Petrowskis vorausgegangen. Die Beziehungen zu Jordanien sind traditionell gut, Schwerpunkt ist der militärische und der kulturelle Bereich. Das Kontingent von 1.000 in Oman arbeitenden jordanischen Lehrern wurde um 13 % aufgestockt (7.9.), bereits im Februar war ein Abkommen über eine Zusammenarbeit in der Medienpolitik geschlossen worden.

Sozioökonomische Entwicklung

Nach dem Angriff auf die amerikanische Fregatte Stark richtete Sultan Qabus einen neuen ministeriellen Geschäftsbereich ein und ernannte Mu'tasim b. Hamad al-Busa'idi zum Staatsminister für Verteidigung (10.6.). Der Entscheidung vom 16.4., bis 1990 alle pakistanischen Gastsoldaten aus der Armee auszugliedern, entspricht die bewußte Omanisierung gewisser Berufe und Dienststellen (so etwa auch der Marketingorganisation für Agrarprodukte). 1987 dürften 50.000 Gastarbeiter in ihre Heimatländer zurückgekehrt sein. Ein besonderer Akzent wird zudem auf die Unabhängigkeit in der Lebensmittelversorgung gelegt ("food security" neuerdings im arabischen Osten): der im Vergleich zu anderen Golfstaaten hohe Beschäftigungsanteil der Landwirtschaft soll ausgebaut werden.
Das Budget wies 1986 bei 4,9 Mrd. US-$ ein Defizit von 1,818 Mrd. US-$ auf. Die Landesverteidigung schluckte 27 % des Staatshaushaltes, Investitionen wurden v.a. in den Bereichen Ölförderung, Ausbildung, Gesundheit und Wohnungsbau sowie Transportwesen getätigt. Der Handelsüberschuß betrug 208 Mio. US-$, das Leistungsdefizit etwa 1 Mrd. US-$. Die Handelspartner stammten zu 43,2 % aus der EG, zu 11,7 % aus Japan und zu 6,4 % aus den USA. Die seit alters besonderen Beziehungen zu Großbritannien dokumentiert ein Anteil von 23,6 %. Japan nahm 60 % der Ölexporte ab (steigende Tendenz). Obwohl kein OPEC-Mitglied, reduzierte das Sultanat aus Solidarität seine Förderung um 5 % auf 0,55 Mio. Barrel/Tag, verfolgte aber eine eigene Preispolitik.

Die politische Führung Omans
Staatschef u. Premier: Sultan Qabus b. Sa'id
Die Regierung von Oman (Stand: Dezember 1987)
Erdöl/Bergbau: Sa'id Ahmad al-Shanfari, **Erziehung/Jugend:** Yahya b. Mahfuz al-Mundhiri, **Gesundheit:** Mubarak al-Khaduri, **Handel/Industrie:** Salim b. Abdallah al-Ghazzali, **Information:** Abd al-Aziz b. Muhammad Ruwas, **Inneres:** Badr b. Sa'ud b. Harib, **Justizangelegenheiten:** Fahd b. Mahmud al-Sa'id*, **Justiz/Religion:** Hilal b. Hamad al-Busa'idi, **Landwirtschaft/Fischerei:** Muhammad b. Abdallah b. Zahir al-Hina'i, **Nachrichtenwesen:** Hamud b. Abdallah al-Harithi, **Nationales Erbe/Kultur:** Faisal b. Ali al-Sa'id, **PTT:** Ahmad al-Suwaidan al-Balutshi, **Regionale Stadtverwaltung:** Muhammad b. Ali al-Qatabi, **Sicherheit/Verteidigung:** Fakhr b. Taimur al-Sa'id*, **Soziales:** Mustahail b. Ahmad al-Ma'ashini, **Umwelt/Wasser:** Shabib b. Taimur al-Sa'id, **Wirtschaft/Finanzen:** Qais Abd al-Mun'im al-Zawawi*, **Wohnungsbau:** Abdallah b. Saif al-Busa'idi, **Staatsminister:** Yusif b. Alawi b. Abdallah (Äußeres), Hilal b. Sa'ud b. Harib al-Busa'idi (Gouverneur von Zufar), Mu'tasim b. Hamud al-Busa'idi (Verteidigung)
* zugleich stellvertretender Premierminister

Qatar

Offizieller Name: Daulat Qatar/Staat Qatar Unabhängigkeit: 1.9.1971 Fläche: 11.437 qkm Einwohner: 372.000 (1986) Hauptstadt: Doha, Ew.: 218.000 Urbanisierungsrate: 82 % (80-83) Armeestärke: 6.000 Mann BSP: ca. 5 Mrd. US-$ Sektoren in %: Landwirtschaft 1, Industrie 70, Dienstl. 29 Pro-Kopf-Einkommen: ca. 14.500 US-$ (1985) Währung: 1 US-$ = 3,64 QR (Qatar Riyal) Dezember 1987

Qatars Außen- wie Innenpolitik wird von einem wahhabitischen, sehr traditonell eingestellten Herrscherhaus bestimmt. Die Außenpolitik beschränkte sich 1987 auf Konsultationen mit Frankreich (Juni), Iran (Besuch Velayatis am 1.6.), Großbritannien (16.3.: Besuch des engl. Staatsministers für Verteidigung, Trefgarne) sowie epigonische Mitarbeit im GCC. Am 6.4. wurde für Drogenschmuggel die Todesstrafe eingeführt.

Der Haushalt 1986-87 wies bei 2,715 Mrd. US-$ ein Defizit von 756 Mio. sowie einen Handelsüberschuß von 744 Mio. auf. Wichtige Handelspartner sind die EG mit 42,9 %, Japan mit 17 % und die USA mit 8,5 %.

Die politische Führung Qatars
Staatschef: Emir Khalifa b. Hamad Al Thani, **Kronprinz u. Verteidigung:** Hamad b. al-Khalifa Al Thani
Die Regierung von Qatar (Stand: Dezember 1987)
Arbeit/Soziales: Ali b. Ahmad al-Ansari, **Äußeres:** N.N. (Ahmad b. Saif Al Thani, Staatsminister), **Elektrizität/Wasser:** Jasim b. Muhammad Al Thani, **Erziehung:** Muhammad b. Hamad Al Thani, **Finanzen/Erdöl:** Abd al-Aziz b. Khalifa Al Thani, **Gesundheit:** Khalid b. Muhammad Al-Thani, **Industrie/Landwirtschaft:** Faisal b. Thani Al Thani, **Information:** Isa Ghanim al-Kuwari, **Inneres:** Khalid b. Hamad Al Thani, **Öffentliche Arbeiten:** Khalid b. Abdallah al-Atiya, **Transport/Nachrichtenwesen:** Abdallah b. Nasir al-Suwaidi, **Sprecher des Beratungsstabes:** Abd al-Aziz b. Khalid al-Ghanim

Vereinigte Arabische Emirate

Offizieller Name: al-Imarat al-Arabiya al-Muttahida/Vereinigte Arabische Emirate Unabhängigkeit: 2.12.1971 Fläche: 83.600 qkm Einwohner: 1,53 Mio. Hauptstadt: Abu Dhabi, Ew.: 92.000 Urbanisierungsrate: 81 % (1979-85) Armeestärke: 43.000 Mann BIP: 21,3 Mrd. US-$ Sektoren in %: Landwirtschaft 2, Industrie 73, Dienstl. 25 Pro-Kopf-Einkommen: 14.000 US-$ (1986) Währung: 1 US-$ = 3,673 Dirham Dezember 1987

Außenpolitische Entwicklung

Von der GCC-Entscheidung abgesehen, ein Angriff auf einen der ihren werde als Angriff auf alle gewertet, verhielten sich die VAE im Golfkrieg relativ neutral: "low profile" war die Losung. Eine Umflaggung kam für sie nicht in Frage; eine direkte auswärtige Einmischung, etwa durch die amerikanische Flotte, lehnten sie ab, da dies Teheran zusätzlich isoliere; immerhin waren sie bereit, ausländische Minenräumer mit Nachschub zu versorgen. Da Staatschef Zayids auf dem Arabischen Gipfel zu Amman gemachter Vermittlungsvorstoß ohne Echo blieb, forderte er den Einsatz von UNO-Truppen im Golf (25.12.). Er rief zu panislamischer Einheit auf, der Iran sei schließlich näher (geographisch/strategisch?) als manch anderer islamischer Staat - tatsächlich unterhält das Emirat Dubai besonders florierende Handelsbeziehungen mit der anderen Golfseite. Sollte der Irak als eventueller Aggressor seine Kriegsschulden nicht bezahlen können, sicherte Zayid Garantien zu.
Parallel zu einem langsamen Ankurbeln der Ostblockkontakte (UdSSR-Vizeaußenminister Petrowski in den VAE, Außenminister Rashid Abdallah Anfang April in der VR China) versuchten die VAE, die EG zu einem stärkeren Engagement hinsichtlich einer Golfkriegsregelung zu motivieren, wobei zumeist Frankreich die Weiche zur EG bildete: zu nennen sind die Besuche Raimonds in den VAE, einer VAE-Militärdelegation in Paris (9.6.) sowie daselbst des Außenministers der VAE (17.11.). Gesprächspartner waren aber auch der iranische Außenminister Velayati (Mai, November) und Pakistans Premier Junejo (Dezember). Mit Oman besteht ein reger Besuchsaustausch auf höchster Ebene.
Den palästinensischen Hanggleiterangriff auf ein nordisraelisches Militärlager kritisierte Zayid unter dem Gesichtspunkt möglicher negativer Folgen für Syrien.

Innenpolitische Entwicklung

In den Blickpunkt der Öffentlichkeit geriet die Innenpolitik des Emirates Sharja, als am 17.6. Abd al-Aziz seinen Bruder Sultan b. Muhammad al-Qasimi während dessen Aufenthalts in London stürzen wollte. Während Abu Dhabi den Staatsstreich zu unterstützen schien, gewährte Dubai dem Heimkehrer Aufenthalt in Sichtweite seines verlorenen Thrones (die Entfernung zwischen Dubai und Sharja-Stadt beträgt 16 km) und Legitimität, indem es seine vom Bruder fingierte Abdankung nicht anerkannte. Der VAE-Staatsrat wurde eingeschaltet; eine Abstimmung unter 56 (von 58) Mitgliedern des Herrscherhauses von Sharja sprach sich am 20.6. für Sultan aus, der tags darauf in al-Ain die Herrschaft von Abd al-Aziz zurückerlangte. Der zwischen den beiden (und wohl auch zwischen den rivalisierenden Teilen des Herrscherhauses) geschlossene Kompromiß übertrug Abd al-Aziz Thronfolge, Regentschaft sowie eine aktivere Rolle bei der Verwaltung des Staatshaushaltes, hatte er doch Sultan gravierende Fehler in der Finanzpolitikplanung angekreidet. Allerdings dürfte sich das angesprochene Defizit in Sharjas Haushalt auch aus dem 1986 erfolgten Preisverfall von Butan und Propan erklären, aus Ölfördermengen, die geringer als erwartet ausfielen, aus Verrechnungsschwierigkeiten zwischen der Emirates General Petroleum Corp., Amoco, Abu Dhabi und Sharja sowie aus dem Ausbleiben des Massentourismus (mit kräftigen Zahlungen sowie dem Geschenk einer Moschee hatte Saudi-Arabien 1985 ein Alkoholverbot und die Anwendung der Scharia durchgesetzt). Wichtige Faktoren emiratischer Innenpolitik sind die finanzielle Abhängigkeit der kleinen, nicht oder kaum ölfördernden Emirate von Abu Dhabi und Dubai; Abu Dhabi ist sowohl flächenmäßig als auch in Hinsicht auf Bevölkerung, Förderung und Ressourcen fossiler Energie der stärkste unter den sieben Partnern der Föderation. Zu beachten ist ferner, daß die Nationalemiratis nur ca. 25 % der Bevölkerung ausmachen.

Sozioökonomische Entwicklung

Das Staatsbudget von 1987 wurde wie bereits in den Vorjahren mit beträchtlicher Verspätung und zwar erst im Dezember verabschiedet. Es weist bei 3,92 Mrd. US-$ ein Defizit von 0,913 Mrd. US-$ auf. Zwar hielten sich die VAE an den von der OPEC beschlossenen Barrelpreis von 18 US-$, jedoch nicht an die Fördermengenbegrenzung - hier war eine Überproduktion zu verzeichnen.
Negativ wirkte sich die Kopplung des Dirham an den US-$ aus, die Importe aus der EG und Japan verteuerte, den wichtigsten Handelspartnern der VAE (1986): EG 40,2 %, Japan 17 %, USA nur noch 8 % (1984: 12,1 %).
Während Abu Dhabi Verteidigungsanlagen sowie Schulen und Entsalzungsanlagen finanzierte, eröffnete Fujaira den fünften internationalen Flughafen der Emirate. Die Freihandelszone Jabal Ali setzte ihre positive Entwicklung auch 1987 fort.

Die politische Führung der VAE
Staatsrat (= Herrscher der einzelnen Emirate): **Abu Dhabi:** Zayid b. Sultan Al Nahayan (Staatspräsident), **Ajman:** Humaid b. Rashid al-Nu'aimi, **Dubai:** Rashid b. Sa'id al-Maktum (Premier), **Fujaira:** Hamad b. Muhammad al-Sharqi, **Ras al-Khaima:** Saqr b. Muhammad al-Qasimi, **Shariqa** (Sharja): Sultan b. Muhammad al-Qasimi, **Umm al-Qaiwain:** Rashid b. Ahmad al-Mu'alla
Die Regierung der VAE (Stand: Dezember 1987)
Arbeit/Soziales: Khalfan Muhammad al-Rumi, **Elektrizität/Wasser:** Humaid Nasir al-Uwais, **Erdöl:** Mana' b. Sa'ud al-Utaiba, **Erziehung/Jugend:** Faraj Fadil al-Mazrawi, **Finanzen/Industrie:** Hamdan b. Rashid al-Maktum, **Gesundheit:** Hamad Abd al-Rahman al-Madfa', **Information/Kultur:** Ahmad b. Hamid, **Inneres:** Mubarak b. Muhammad Al Nahayan, **Justiz:** Abdallah Humaid al-Mazrawi, **Landwirtschaft/Fischerei:** Sa'id Muhammad al-Raghabani, **Öffentliche Arbeiten/ Woh-

nungsbau: Muhammad Khalifa al-Kindi, **Religion:** Muhammad b. Hasan al-Khaz-raji, **Verteidigung:** Muhammad b. Rashid al-Maktum, **Wirtschaft/Handel:** Saif Ali al-Jarwan,**Staatsminister:** Rashid Abdallah al-Nu'aimi (Äußeres), Ahmad Humaid al-Tayir (Finanzen/Industrie), Hamud b. Ali Zahiri (Inneres), Sa'id al-Ghaith (Kabinett), Abd al-Aziz b. Humaid al-Qasimi (Oberster Rat), Ahmad b. Sultan al-Qasimi (ohne Geschäftsbereich)

Chronologie Golfstaaten 1987

8.-12.1. - Dänischer Außenminister Uffe Ellerman-Jensen in Oman
11.1. - Südjemenitischer Außenminister Abd al-Aziz al-Dali in Oman; VAE-Präsident Zayid privat in Pakistan
26.-29.1. - 5. Islam. Gipfel in Kuwait
1.2. - Oman senkt Ölförderung um 5 %
21.2. - VAE-Präsident Zayid in Oman
21.-23.3. - Der französ. Außenminister Raimond in Oman und Abu Dhabi
24.3. - Jugoslawiens Verteidigungsminister Branco Mamula in Kuwait
29.3. - PLO-Chef Arafat in Bahrain
8.4. - US-Vizepräsident Bush in Bahrain; Omans Außenminister Yusuf b. Alawi b. Abdallah in Jugoslawien
20.-23.4. - Der Vizeaußenminister der UdSSR, Wladimir Petrowski, besucht die VAE und Oman
6.5. - PLO-Chef Arafat in Bahrain
Mitte Mai - Frankreich verweigert Kuwait Tankerumflaggung
17.5. - Der erste von Kuwait gecharterte Tanker unter sowjetischer Flagge läuft in den Golf ein
31.5. - Velayati (Iran) in den VAE
Juni - Beginn der Umflaggung von 11 kuwaitischen Tankern unter amerikanische Flagge
10.6. - Besuch einer chinesischen Delegation in den VAE
15.-18.6. - Qatars Kronprinz und Verteidigungsminister Hamad b. Khalifa Al Thani in Frankreich
8.7. - Oman nimmt diplomatische Beziehungen zu Irland auf
10.7. - Omanischer Außenminister in London
25.7. - 9 Kuwaitis und ein Ausländer wegen staatsfeindlicher Umtriebe in Kuwait verurteilt
Ende Juli - Bahrain nimmt als einziges arabisches Land am WHO-Kongreß über AIDS teil
15.-16.8. - Velayati (Iran) in Oman
25.8. - VAE-Präsident privat in der BRD, Treffen mit Außenminister Genscher
31.8. - VAE-Präsident privat in der Türkei, Treffen mit T. Özal
Anfang September - Der 1. kuwaitische Tanker unter dem Union Jack
9.9. - Kuwaits Außenminister al-Jabir in Moskau; am 19.9. in London
15.-17.9. - Bahrains Kronprinz und Verteidigungsminister Hamad b. Isa Al Khalifa sowie Außenminister Muhammad b. Mubarak in London
24.9. - Ernennung des 1. omanischen Botschafters in der UdSSR seit Aufnahme der diplomat. Beziehungen 1985
30.9. - Besuch des jordanischen Königs Husain in Bahrain
8.-11.10. - Besuch des VAE-Präsidenten in Oman
20.10. - Der 2. kuwaitische Tanker unter dem Union Jack
25.-26.10. - Der libanesische Präsident Gemayel besucht die VAE und Bahrain
31.10. - Schreiben Gorbatschows an den Emir von Kuwait, al-Sabah
18.11. - Qatar nimmt die diplomat. Beziehungen zu Ägypten wieder auf
16.11. - Der Außenminister der VAE Rashid Abdallah in Frankreich
23.11. - Velayati (Iran) in Abu Dhabi
1.-7.12. - Pakistans Premier Junejo in Saudi-Arabien, Kuwait und den VAE

Harald List

Irak

Offizieller Name: al-Jumhuriya al-Iraqiya/Republik Irak; *Unabhängigkeit: 1932;*
Fläche: 438.446 qkm; Einwohner: 16,3 Mio.; Hauptstadt: Bagdad, Ew.: 3,8 Mio.;
Urbanisierungsrate: 70 %; Armeestärke: 845.000 Mann; BSP: 25 Mrd. US-$
(1983); Sektoren in %: Landwirtschaft 12; Industrie 58; Dienstl. 30; Pro-Kopf-
Einkommen: 1.800 US-$ (1983); Währung: 1 US-$ = 0,312 Dinar (ID)

Innenpolitische Entwicklung

Der Irak (I.) ist laut Artikel 1 seiner Verfassung eine demokratische Volksrepublik, deren Ziel die Verwirklichung des gesamtarabischen einheitlichen Staates ist.
In diesem Verfassungsauftrag und in den Grundsätzen der angewandten Wirt-
schafts- und Sozialpolitik kommt die Ideologie der regierenden Arabischen Sozialistischen Ba'th-Partei (ASBP) zum Ausdruck. Sie fordert die Befreiung aller
arabischen Länder von der Kolonialherrschaft und die Errichtung einer pan-ara-
bischen demokratisch-sozialistischen Grundordnung im Rahmen eines säkulari-
sierten Staatswesens und unter Berücksichtigung des kulturellen und religiösen
Erbes der Nation. Die anfänglich zu stark ideologisierte Ausrichtung der Ba'th-
Bewegung wurde in den letzten Jahren zunehmend in eine pragmatische Politik
transformiert, die den Gesetzen einer Präsidialrepublik gehorcht. Dieser Trans-
formationsprozeß, der teils auf zunehmende Erfahrungen in der praktischen
Politik und teils auf Sachzwänge zurückzuführen ist, wurde 1987 fortgesetzt. Alle
politisch wichtigen Entscheidungen trifft der Präsident, wobei er sich vor allem
auf die Abstimmungen im Revolutionsführungsrat (Revolution Command Coun-
cil/RCC) und in der regionalen Führung der ASBP stützt. Die (erstmals am
20.6.1980 gewählte und aus 250 Abgeordneten bestehende) Nationalversammlung,
deren Rolle anfänglich über Verbeserungsvorschläge zu den ihr vorgelegten
Gesetzesvorhaben nicht hinausging, hat in den letzten Jahren an Profil gewonnen.
Dieser Prozeß setzte sich 1987 fort. Die straff organisierte ASBP, deren Mitgliederzahl auf mehr als eine Million geschätzt wird, spielte nach wie vor die gesell-
schaftspolitisch führende Rolle. Ihre Mitglieder dominieren das Parlament und
sind in fast allen politisch wichtigen Leitungsfunktionen der staatlichen Administration vertreten. Hinsichtlich der sensiblen Frage der Politisierung der Religion
verfolgte die Regierung eine spezifische Politik, nämlich einerseits systematische
Bekämpfung des politischen Sektierertums und des Konfessionalismus, andererseits aber eine religionsfreundliche Politik, die sich u.a. in der aktiven Kulturpolitik, im verstärkten Bau von Moscheen, in der Pflege der heiligen Stätten in
Najaf und Karbala ausdrückte. Diese Religionspolitik, die allen drei Hauptrich-
tungen (Schiiten, Sunniten, Christen) Glaubensfreiheit und freie Religionsausü-
bung garantiert, war und ist ein wirksamer Faktor der gesellschaftlichen Stabilität. Die angewandte Wirtschafts-, Sozial- und Innenpolitik hat den Oppositionsparteien viel Wind aus den Segeln genommen. Ein nur noch kleiner Kern der
Irakischen Kommunistischen Partei und der schiitischen pro-iranischen Da'wa-
Partei existiert im Untergrund, hat aber kaum noch Einfluß. Die kriegsbedingte
Verschlechterung der Versorgungslage hat an dieser Konstellation nichts Wesentliches geändert. In den ersten Kriegsjahren gelang es der Regierung, den Lebensstandard der Bevölkerung anzuheben bzw. auf gleichem Niveau zu halten. Allerdings haben die seit 1983 verfolgte Austeritätspolitik und der Ölpreisverfall von

1985/86 zu Engpässen und zur Senkung des Lebensstandards geführt. Die aufgrund des Devisenmangels betriebene Sparpolitik bedeutete Kürzungen der staatlichen Sozialleistungen. Trotzdem blieb die Versorgung mit Grundnahrungsmitteln auch 1987 gesichert. Das besagt freilich nicht, daß die Bevölkerung unter dem Krieg nicht leidet oder daß innenpolitische Spannungen nicht bestehen würden. Die iranische Großoffensive vom Februar 1987 konnte zwar zurückgeschlagen werden, forderte aber Tausende von Toten und Verletzten. Viele Wohnhäuser und Teile der Infrastruktur wurden zerstört. Besonders stark betroffen war die Stadt Basra und andere grenznahe Städte. Ein Teil der Bevölkerung von Basra mußte in nördliche Gebiete umziehen. Allein am 13.10. tötete eine iranische Rakete in Bagdad 32 Personen, darunter 29 Grundschulkinder, und verletzte 218 Personen, darunter 169 Schulkinder und 11 Frauen. Die Rakete zerstörte eine Grundschule mitten in einem dichtbevölkerten Gebiet sowie ein Jugendzentrum und 16 Häuser.

Die 1987 eingetretenen Verbesserungen der außenpolitischen und wirtschaftlichen Lage verstärkten die innenpolitische Stabilität und das Selbstvertrauen der politischen Führung. Dabei spielten fünf Faktoren eine wichtige Rolle: (a) die Zurückschlagung des iranischen Großangriffes auf Basra im Februar 1987, (b) die von iranischen Demonstranten verursachten Unruhen während der Pilgerfahrt in (-->) Mekka, die ein für den Iran vorwiegend negatives Echo in der islamischen Welt fanden, (c) die verstärkte Solidarität der arabischen Staaten mit dem I., (d) die zunehmende Internationalisierung des Konfliktes am und im Golf, (e) die Erhöhung des irakischen Ölexports.

Saddam Husain blieb auch 1987 der unumstrittene Führer des Landes. Der Eindruck, daß das Überleben des I. mit seiner Führung verbunden ist, verfestigte sich weiter. In dieser Position konnte er 1987 weitreichende Reformen in Gang setzen, die auf Bekämpfung des Bürokratismus, Erhöhung der Produktivität, bessere Nutzung der vorhandenen Ressourcen und Entlastung des Devisenhaushalts abzielen. Weniger produktive Dachorganisationen wurden aufgelöst, Ministerien und Staatsunternehmen wurden reorganisiert. Bei vielen Leitungsfunktionen wurden Politiker durch qualifizierte Fach- und Führungskräfte ersetzt. Fachminister und Direktoren erhielten mehr Befugnisse und mehr Anreize zu Eigeninitiative. Das Lohnsystem wurde in Richtung mehr Leistungsgerechtigkeit reformiert. Durch grundlegende Änderungen der Arbeitsgesetze wurden die rechtlichen Unterschiede zwischen Beamten und Arbeitern im öffentlichen Sektor beseitigt, d.h. der Stellenwert der Arbeiter angehoben. Das ermöglichte den produktivitätsorientierten Transfer ausgewählter Mitarbeiter von einem Ministerium in ein Wirtschaftsunternehmen und umgekehrt. Am 29.9. wurde das Ministerium für Jugend aufgelöst. Bereits im März 1987 wurden mehrere "State Organizations" aufgelöst und den ihnen unterstellten Unternehmen mehr Spielraum und Selbständigkeit gegeben. Die Ministerien für Landwirtschaft und Bewässerung wurden zusammengelegt.

Der Privatisierungsprozeß wurde fortgesetzt. Ineffiziente staatliche Betriebe, Farmen und Gesellschaften (einschließlich der nationalen Fluggesellschaft) wurden nach privatwirtschaftlichen Gesichtspunkten reorganisiert; ein Teil ihrer Aktien wurde dem privaten Sektor angeboten. All diese Reformen reflektierten sich u.a. in weitverzweigten Umbesetzungen in Schlüsselministerien. Die Minister für Öl, Finanzen, Leicht- und Schwerindustrie, Handel, Transport und Verbindungswesen sowie Inneres wurden ausgewechselt. Die neuen jungen Technokraten sollen nun die Restrukturierungsprozesse in den einzelnen Ministerien und Verwaltungsapparaten fachmännisch durchführen und beaufsichtigen.

Die kurdischen Unruhen im Norden des I. haben nach dem Scheitern der Verhandlungen zwischen der Zentralregierung und der "Patriotischen Union Kurdistans"(PUK) zugenommen. Die Zusammenarbeit aufständischer Kurden mit dem Kriegsgegner Iran verhärteten die Fronten zur Regierung. Seit Ende 1986 stehen

Kampfeinheiten der PUK und KDP (Kurdisch-Demokratische Partei unter Führung der beiden Söhne von Barazani) in bewaffneter Auseinandersetzung mit den
irakischen Sicherheitsstreitkräften. Die Art dieses Kampfes reicht von einzelnen
Überfällen bis hin zu koordinierten Einsätzen mit Einheiten der iranischen
Armee bzw. Pasdaran. Demgegenüber arbeitet die "Kurdistan Democratic Party"
(KDP) mit der Regierung in Bagdad zusammen und wirft den beiden obengenannten Parteien Verrat an der nationalen Sache vor. Sie hielt am 8.12. ihren
elften Parteitag in Arbil ab, wo ein neues neunköpfiges Zentralkomitee gewählt
und das Bündnis mit der ASBP bestätigt wurde.

Außenpolitische Entwicklung

Die größten Bedrohungen für die nationale Sicherheit des I. sind mit dem seit
über sieben Jahren andauernden Krieg mit Iran verbunden. Daher ist die höchste
Priorität in der irak. Außenpolitik die rasche Beendigung dieses Krieges im Rahmen einer "umfassenden, gerechten Lösung des Konfliktes mit Iran" und die
Schaffung einer dauerhaften Friedensordnung in der Golfregion. An diesem
Grundziel wird die Politik der Staaten gemessen und beurteilt, mit denen der I.
Beziehungen unterhält. In einem an Iran gerichteten offenen Brief schlug Präsident Saddam Husain am 2.8.1986 folgenden Friedensplan vor: (1) Beendigung
aller militärischen Operationen zu Lande, zu See und in der Luft, (2) vollständiger und bedingungsloser Rückzug der Streitkräfte beider Länder zu den international anerkannten Grenzen, (3) vollständiger Austausch der Kriegsgefangenen,
(4) Unterzeichnung eines Vertrages über Frieden und Nichtangriff zwischen
beiden Staaten sowie Nichteinmischung in die inneren Angelegenheiten und
Respektierung ihrer Lebensform, für die sie optiert haben, (5) aktive Rolle
beider Staaten bei der Herstellung von Stabilität und Sicherheit in der Gesamtregion und in der Golfregion im besonderen. Dieser Friedensplan basiert auf der
Erkenntnis, daß eine militärische Lösung des Konfliktes angesichts der eingetretenen und verfestigten Pattsituation für beide Seiten nicht möglich ist. Der I. ist
bestrebt, einen längerfristigen Abnutzungskrieg zu verhindern und Iran zu einer
Verhandlungslösung zu bewegen. Tatsächlich blieb Iran bisher ein entscheidender
militärischer Durchbruch trotz aller Anstrengungen und Blutopfer versagt. Die
gegenseitigen Geländegewinne sind gering geblieben. Das gilt auch für die Front-
verschiebung nach den schweren Abwehrkämpfen vor Basra im Februar 1987.
Dieses Ergebnis erklärt sich u.a. aus der Tatsache der technischen Überlegenheit
der irak. Seite. Die Luftüberlegenheit ermöglicht dem I. nicht nur die wirksame
Frontunterstützung seiner Streitkräfte, sondern auch einen Luftkrieg gegen Ziele
im iranischen Hinterland. Die Wirksamkeit der irak. Luftwaffe wurde 1987
weiter verbessert. Die nationale Rüstungsindustrie wurde wesentlich erweitert und
qualitativ fortentwickelt. Sie umfaßt nunmehr auch die Herstellung von Boden-
Boden-Raketen. Die Erprobung einer solchen Rakete mit einer Reichweite von
650 km wurde am 4.8. bekanntgegeben.
Hinsichtlich der Entwicklung des Krieges entstand 1987 eine qualitativ neue
Situation. Unmittelbar nach Beendigung des "Städtekrieges" (Iran beschoß Bagdad
mehrmals mit Raketen; die irak. Luftwaffe griff Teheran und andere Städte an)
durch UNO-Vermittlung begannen die Iraner ihre Großoffensive im Januar 1987,
die den Krieg entscheiden sollte. Diese Offensive wurde zwar blutig zurückgeschlagen, intensivierte jedoch die Bedrohung der Golfregion, insbesondere
Kuwaits. (--> Golfkrieg) Die einstimmig verabschiedete Resolution des Weltsicherheitsrates Nr. 598 vom 20.7., die zur Beendigung des Krieges aufrief,
verkörperte internationalen Konsens und entsprach weitgehend irak. Vorstellungen. Während Bagdad seine Bereitschaft zur Befolgung der Resolution innerhalb
weniger Tage zum Ausdruck brachte, entzog sich Teheran einer klaren Stellung-

nahme und setzte seine militärischen Aktionen (einschließlich der Vorbereitung einer neuen Offensive) fort. Der I. appellierte an den Weltsicherheitsrat, Teheran durch internationale Sanktionen zum Friedenschluß zu bewegen. Dazu reichte aber das begrenzte Ausmaß der Kooperation der beiden Supermächte, das die Resolution 598 zustande brachte, nicht aus. Auch das Gipfeltreffen Reagan-Gorbatschow im Dezember 1987 brachte hinsichtlich der Beendigung des Golfkrieges keine deutlichen Zeichen einer verstärkten Kooperation. Angesichts dieser Situation nahm der I. den Wirtschaftskrieg, den er als Geste des guten Willens 45 Tage lang eingestellt hatte, wieder auf. Die diplomatischen Beziehungen zu Iran, die ohnehin auf ein Minimum beschränkt waren, wurden am 2.10. offiziell abgebrochen und die Türkei als Vertretung eingeschaltet.

Hinsichtlich der Entwicklung der irak. Beziehungen zu den arabischen Staaten ist zunächst darauf hinzuweisen, daß der I. in erster Linie von Jordanien und Ägypten tatkräftige Unterstützung und politischen Rückhalt erhielt. Hier sind die Beziehungen freundschaftlich und eng. Auch zu den Golfstaaten bestehen freundschaftliche Beziehungen, wobei Kuwait und Saudi-Arabien den I. durch Kriegssubsidien unterstützen. Ferner stehen Marokko, Tunesien und Nordjemen eindeutig auf irak. Seite. Die Beziehungen zu Algerien, Sudan und Südjemen verbesserten sich in den letzten zwei Jahren zunehmend. Nur Syrien und Libyen hatten sich mit Iran verbündet, waren aber im arabischen Raum mehr oder weniger isoliert. Diese Konstellation verbesserte sich 1987 weiter zugunsten des I. Die Aufdeckung geheimer amerikanischer und israelischer Waffenlieferungen an Iran belastete die iranischen Beziehungen zu Libyen und anderen Staaten. Das führte im Oktober 1987 zur Wiederaufnahme der (seit Mitte 1985) abgebrochenen diplomatischen Beziehungen zwischen Libyen und dem I. Nur Syrien blieb ein Grundproblem. Aber selbst dieses schwierige Problem konnte entschärft werden. Angesichts der Eskalation am Golf und der verstärkten iranischen Angriffe auf Kuwait und Saudi-Arabien sowie der ablehnenden Haltung Teherans gegenüber der Resolution 598 berieten die arabischen Außenminister am 20.9. in Tunis über gemeinsame Aktionen gegen Iran. Der Druck auf Syrien wuchs. Das, zusammen mit der Vermittlungstätigkeit König Husains und anderer Politiker sowie der zunehmenden Flexibilität der irak. Außenpolitik, ermöglichte eine Kompromißlösung auf der arabischen Gipfelkonferenz in Amman (8.-11.11.): Der I. begnügte sich mit der Erfüllung eines Mindestmaßes seiner Forderungen gegenüber Syrien, solange die besonderen syrischen Beziehungen zu Iran eine gemeinsame arabische Strategie nicht behindern, die auf die Verwirklichung der Resolution 598 und Beendigung des Krieges abzielt. Damit begann ein Prozeß des Abbaus der Spannungen und der Normalisierung der Beziehungen. Die Gipfelkonferenz in Amman ermöglichte dem I. auch die Formalisierung seiner guten Beziehungen zu Ägypten. Die irak. Beziehungen zur PLO unter der Führung von Yasir Arafat sind ausgesprochen freundschaftlich. Sie wurden seit der Verlagerung ihres Hauptquartiers von Tunis nach Bagdad (1986) fortentwickelt. Das Exekutivkomitee der PLO tagt regelmäßig in Bagdad, und es finden häufig Konsultationen statt. Dabei unterstützte der I. die Zusammenarbeit zwischen der PLO und Jordanien.

In seinem Verhältnis zu den beiden Supermächten verfolgt der I. prinzipiell eine Politik der Paktungebundenheit und der positiven Neutralität. Er ist bestrebt, die Rivalität der Supermächte im arabischen Raum und die Bipolarität des internationalen Systems durch verstärkte Zusammenarbeit mit anderen Mächten (wie z.B. Frankreich) abzubauen. Allerdings ist die strikte Anwendung dieser Politik in der Praxis angesichts der besonderen geostrategischen Lage des I. und seiner Konflikte mit Iran und Israel nicht einfach. Die Beziehungen zur UdSSR wurden im Rahmen des Freundschaftsvertrages von 1972 in vielen wichtigen Bereichen (Ölsektor, Schwerindustrie, Bau von Staudämmen und Kraftwerken usw.) entwickelt. Die Sowjetunion blieb lange Zeit der größte Rüstungslieferant des I. Am

9.4. wurde der 15. Jahrestag dieses Vertrages gefeiert. Allerdings kritisierte der I. die Appeasement-Politik der UdSSR gegenüber Teheran und warnte immer wieder vor Illusionen. Er kritisierte die sowjetische Haltung in der Frage der Verhängung internationaler Sanktionen gegen Iran zwecks Durchführung der Resolution 598 des Weltsicherheitsrates. Der I. könne nicht akzeptieren, daß der Wettbewerb der Supermächte um Einfluß in Iran auf seine Kosten geschehe. Am 13.12. wurde ein Abkommen über technisch-wissenschaftliche Zusammenarbeit bei gemeinsamen Vorhaben in den Bereichen Wasservorkommen, Ölindustrie und "space projects" unterzeichnet.

Die diplomatischen Beziehungen zu den USA wurden nach 17jähriger Unterbrechung am 26.11.1984 wiederaufgenommen. Sie werden als Gegengewicht zur Bindung an die UdSSR benötigt und haben sich trotz des "Irangate"-Rückschlages bis heute kontinuierlich weiterentwickelt. Daran hat auch der irrtümliche Angriff irak. Flugzeuge auf die amerikanische Fregatte "Stark" am 17.5. nichts geändert und letztlich zu einer intensivierten Zusammenarbeit zur Vermeidung von Zwischenfällen geführt. Am 26.8. wurde ein Handelsabkommen mit fünfjähriger Laufzeit abgeschlossen. Die technische und wirtschaftliche Zusammenarbeit wurde gefördert. Die USA gewährten umfangreiche Kredite zur Finanzierung ihrer Nahrungsmittelexporte in den I. (1986: 500 Mio. US-$; für das am 1.10. begonnene Wirtschaftsjahr 961 Mio. US-$). Delegationen des amerikanischen Kongresses besuchten den I. im Februar, Juli und August. Bagdad steht allerdings nach wie vor einer stark pro-israelischen Ausrichtung der amerikanischen Politik ablehnend gegenüber, zumal es Israel nach dem Angriff auf den irak. Kernreaktor 1980 auch als eine unmittelbare Bedrohung empfindet. Die geheimen Waffenlieferungen an Iran (Irangate), bei denen Israel eine große Rolle spielte, haben die Glaubwürdigkeit der amerikanischen Nahostpolitik erschüttert und wurden vom I. als ein Versuch zur Verlängerung des Golfkrieges und zur Verwirklichung egoistischer Interessen kritisiert. In diesem Zusammenhang erklärte der irak. Vizepremier Taha Yasin Ramadan am 15.4. "wir haben seit eineinhalb Jahren mit einer organisierten Verschwörung der USA, Israels und Irans zu tun. Die gelieferten amerikanischen Hawk- und Tow-Raketen wurden von Iran bei seiner Offensive gegen Basra Anfang 1987 zur Überwindung der Überlegenheit der irak. Luft- und Panzerwaffe benutzt". Er wiederholte den Vorwurf, irreführende amerikanische Informationen, die dem I. zugespielt worden waren, hätten zur Besetzung des irak. Hafens Fao durch iranische Truppen im Februar 1986 geführt.

Die Beziehungen zur VR China wurden 1987 auf Regierungs- und Parteiebene weiterentwickelt. Vizepremier Ramadan, Außenminister Aziz und Parlamentssprecher Hammadi führten Gespräche in Peking im Februar, Mai und September. Im Juni wurde in Bagdad ein Kooperationsabkommen zwischen der KP Chinas und der ASBP unterzeichnet. China ist für den I. besonders im Hinblick auf seine Rolle als ständiges Mitglied des Weltsicherheitsrates, als Waffenlieferant und als eine Möglichkeit zur Diversifizierung der außenpolitischen Beziehungen wichtig. So waren die direkten und indirekten (via Nordkorea und Schwarzmarkt) chinesischen Lieferungen von Silkwormraketen an Iran immer wieder Gegenstand von Gesprächen zwischen dem I. und der chinesischen Führung, wobei die chinesische Seite ihre Neutralität im Golfkonflikt betonte.

In den irak. Beziehungen zu den EG-Staaten ist Frankreich privilegiert. Die französische Regierung unterstützt den I. seit Ausbruch des Krieges militärisch, vor allem im Bereich der Luftwaffe, und entwickelte sich zum zweitwichtigsten Waffenlieferanten. Die Grundlagen dieser besonders engen und freundschaftlichen Beziehungen wurden bereits Anfang der siebziger Jahre gelegt, als der I. bei der Nationalisierung der ausländischen Ölgesellschaften die französischen Interessen in positiver Weise behandelte. Für die französische Nahostpolitik besitzt der I. mit seinem Ölreichtum und seiner potentiell steigenden Macht einen hohen strategischen Wert. Mit seiner Hilfe kann Frankreich seine Präsenz in der angelsächsisch dominierten Golfregion ausbauen. Frankreich ist auch an der Eindämmung des sowjetischen Einflusses und der Gefahren des Fundamentalismus in den Mashriq-Ländern interessiert. Trotz dieser Grundposition will Frankreich keine Feindschaft zu Iran.

Sozioökonomische Entwicklung

Das Jahr 1987 war durch grundlegende Verwaltungsreformen zur Erhöhung der Produktivität und durch verstärkte Privatisierung bestimmter Staatsunternehmen sowie durch eine relative Verbesserung der außenwirtschaftlichen Situation des I. gekennzeichnet. Der nationale Entwicklungsplan 1986-90 wurde auf drei Jahre begrenzt und in "Framework and General Trends of National Development" umbenannt. Seine Durchführung wurde weiter flexibilisiert; sie erfolgt durch Kabinettsentscheid und nicht durch Gesetz. Durch Steigerung des Öl- und Nichtöl-Exports bei gleichzeitiger 40%iger Senkung des Imports konnte das Leistungsbilanzdefizit abgebaut werden. Die Öleinnahmen haben sich im Vergleich zum Vorjahr auf 11 Mrd. US-$ verdoppelt. Die zweite Ölleitung durch die Türkei wurde im August in Betrieb genommen und ermöglichte die Steigerung der Ölproduktion auf 2,75 Mio. b/d; der Bau einer dritten wurde vereinbart. Die Durchführung der zweiten Baustufe des Pipelineprojektes zum Ölexport via Saudi-Arabien wurde im Dezember in Angriff genommen und wird die Exportkapazität auf das Vorkriegsniveau (3,2 Mio. b/d) anheben. Zahlreiche Entwicklungsprojekte, vor allem in den Bereichen Öl- und Gasindustrie, Kraftwerke, Staudämme, städtische Wasserversorgung, Düngemittelindustrie, Nahrungsmittelindustrie, Textil und Baustoffe wurden fertiggestellt bzw. in Angriff genommen. Dabei wurde der Spielraum für die Beteiligung inländischer Unternehmen wesentlich erweitert. Durch verstärkte Prospektion konnten umfangreiche Rohstoffvorkommen entdeckt werden wie z.B. Phosphate im Umfang von 3,5 Mrd. t. Diese gesamtwirtschaftliche Entwicklung erleichterte die Rückzahlung bzw. Umschuldung fälliger ausländischer Kredite. Entsprechende Vereinbarungen konnten mit allen wichtigen Handelspartnern (Frankreich, Bundesrepublik Deutschland, England, Italien, Japan, USA, UdSSR) getroffen werden.

Die politische Führung des Irak
Staatspräsident u. Regierungschef/Ministerpräsident: Saddam Husain (seit 1979)
Irakische Regierung (Stand: Dezember 1987)
Erster Stellvertreter des Ministerpräsidenten: Taha Yasin Ramadan, **Stellvertreter des Ministerpräsidenten/Äußeres:** Tariq Aziz, **Stellvertreter des Ministerpräsidenten/Verteidigung:** General Adnan Khairallah, **Arbeit/Soziales:** Bakr Mahmud Rasul, **Erdöl:** Isam Abd al-Rahim al-Shalabi, **Erziehung:** Abd al-Qadir Izz al-Din, **Finanzen:** Hikmat Umar Mikhailif, **Gesundheit:** Dr. Sadiq Hamid Alwash, **Handel:** Dr. Muhammad Mahdi Salih, **Inneres:** Samir Muhammad Abd al-Wahhab, **Justiz:** Dr. Munthir Ibrahim, **Kultur/Information:** Latif Naif al-Jasim, **Landwirtschaft/Bewässerung:** Karim Hasan Rida, **Leichtindustrie:** Hatim Abd ar-Rashid, **Örtliche Verwaltung:** Adnan Dawud Salman, **Planung:** Dr. Samal Majid Faraj, **Religiöse Stiftungen:** Abdallah Fadil Abbas, **Schwerindustrie:** Abd al-Tawwab Abdallah al-Mulla Huwaish, **Transport/Verbindungswesen:** Muhammad Hamza al-Zubaidi, **Wohnungsbau:** Muhammad Fadil Husain, **Staatsminister:** Abdallah, Isma'il, Hashim Hasan Aqrawi, Arshad al-Zaibari, General Abd al-Jabbar Shanshal (Militärangelegenheiten)

Chronologie Irak 1987

10.2. – Außenminister Tariq Aziz führt Gespräche mit der französischen Regierung in Paris

20.2. – Der Erste Stellvertreter des Ministerpräsidenten Taha Yasin Ramadan unterzeichnet in Peking ein Abkommen über wirtschaftliche und technische Zusammenarbeit

21.2./23.3. – Kabinettsumbildung: neue Minister für die Ministerien Schwerindustrie, Leichtindustrien, Erdöl, Transport und Verbindungswesen

25.2. – Tiefgreifende Reorganisation des staatlichen Industriesektors; Abschaffung aller "State Organizations", die den Ministerien für Schwerindustrie und Leichtindustrien unterstellt waren, und Übernahme ihrer Rechte und Pflichten durch die einzelnen Staatsunternehmen

1.4. – Gasexport-Pipeline nach Kuwait fertiggestellt

8.4. – Der stellvertretende Vorsitzende des Obersten Sowjets Dimichew führt Gespräche mit Präsident Saddam Husain in Bagdad

16.4. – Unterzeichnung eines Vertrags mit der Türkei über den Bau einer neuen (dritten) Ölleitung

25.4. – Gespräche des stellv. Außenministers der UdSSR Petrowski in Bagdad

1.5. – Grundlegende Änderung der Arbeitsgesetze

12.5. – Beginn der Reorganisation des Ölsektors

13.5. – König Husain in Bagdad

17.5. – Die US-Fregatte "Stark" wird im Golf irrtümlich von zwei irakischen Raketen getroffen (37 Tote)

4.6. – Der afghanische Ministerpräsident Kishtmand führt Gespräche mit der irakischen Regierung in Bagdad

18.6. – Der Erste Stellvertreter des sowjetischen Außenministers Worontzow erörtert in Bagdad Fragen des Golfkonflikts mit Präsident Saddam Husain; erneutes Gespräch am 30.7.

30.6. – König Husain in Bagdad

20.7. – Der Weltsicherheitsrat verabschiedet einstimmig die Resolution Nr. 598, die den I. und Iran zur Beendigung des Krieges und Beilegung ihres Konflikts auf dem Verhandlungswege auffordert; der I. erklärt einige Tage später seine Bereitschaft, die Resolution zu befolgen, wenn sie auch von Iran angenommen würde

27.7. – Außenminister Tariq Aziz führt Gespräche mit US-Außenminister Shultz in Washington

4.8. – Der seit 1977 amtierende Innenminister Sa'dun Shakir wird durch Samir Muhammad Abd al-Wahhab abgelöst; Muhammad Mahdi Salih neuer Handelsminister; Karim Hasan Rida wird an die Spitze des zusammengelegten Ministeriums für Landwirtschaft und Bewässerung ernannt

6.8. – Der syrische Pilot, dessen MIG 21 am 28.7. über irak. Territorium abgeschossen wurde, wird den syrischen Behörden übergeben

17.8. – Auf der Tagung der deutsch-irak. Wirtschaftskommission in Bonn werden Hermes-Deckungen für den I. wiederaufgenommen (Plafond: 300 Mio. DM)

19.8. – Inbetriebnahme der zweiten Ölleitung durch die Türkei, durch die erstmals auch Basra-Öl exportiert werden kann

8.9. – Gespräche des libyschen Sekretärs für Auswärtige Beziehungen al-Talhi mit Präsident Saddam Husain

15.9. – Friedensmission des UNO-Generalsekretärs im I. und in Iran

19.9. – Unterzeichnung eines 1,5 Mrd. US-$-Abkommens zum Bau der zweiten Stufe der Ölleitung durch Saudi-Arabien

2.10. – Abbruch der diplomatischen Beziehungen zu Iran und Einschaltung der Türkei als Interessenvertretung für beide Länder

2.10. – Für das am 1.10. begonnene Wirtschaftsjahr gewähren die USA dem I. einen 961 Mio. US-$-Kredit für die Finanzierung amerikanischer Nahrungsmittellieferungen

17.10. – Durchführung einer Volkszählung; sie ergibt eine Bevölkerungszahl von 16,3 Mio.

13.11. – Wiederaufnahme der diplomatischen Beziehungen zu Ägypten

Aziz Alkazaz

Iran

Offizieller Name: Jumhuri-ye Islami-ye Iran/Islamische Republik Iran; Fläche:
1.645.000 qkm; Einwohner: 49.765 Mio.; Hauptstadt: Teheran, Ew.: 6,022 Mio.;
Urbanisierungsrate: 54,5 %; Armeestärke: 555.000 Mann; BIP: 917,7 Mrd. Rial
(1984/85), 8.000 Mrd. Rial (1986/87 proj.); Sektoren in %: Landwirtschaft 12,5;
Industrie 35,3; Dienstl. 53,2; Pro-Kopf-Einkommen: 2.000 US-$ (1982, zuletzt
verfügbare Angabe); Währung: 1 US-$ = 68,5 Rial; 1 DM = 40,95 Rial

1987 ist für die Führung in Teheran ein schwieriges Jahr gewesen. Im Zusammenhang mit den Enthüllungen um die heimlichen Waffenlieferungen der USA
1985/86 waren Spannungen zwischen einigen führenden Repräsentanten des
Regimes unübersehbar; und offensichtlich warf die Frage der Nachfolge Ayatollah Khomeinis ihre Schatten voraus. Im Krieg mit dem Irak konnten zwar Anfang des Jahres in der Offensive "Kerbela 5" kleinere Geländegewinne erzielt
werden, doch blieb der Durchbruch, der namentlich an der Südfront gesucht
wurde, aus; der für das iranische Jahr 1365 (21.3.1986-20.3.1987) angekündigten
Entscheidung im Krieg waren die iran. Truppen nicht näher gekommen. Mit dem
Aufbau der Militärpräsenz der USA (und einiger NATO-Verbündeter) im Golf
drohte der Krieg vielmehr eine internationale Dimension anzunehmen; zugleich
zeigte die Verabschiedung der Resolution 598 durch den Sicherheitsrat der UNO
an, daß die Bereitschaft beider Supermächte gewachsen war, gemeinsam in
Richtung auf eine Beilegung des Krieges zu wirken. Im wirtschaftlichen Bereich
schließlich wurde offenkundig, daß sich die wirtschaftlichen Aktivitäten Irans (I.)
angesichts knapper Öleinnahmen im wesentlichen nurmehr auf das für den Krieg
Erforderliche und für die Versorgung der Bevölkerung Notwendigste beschränken
mußten.

Innenpolitische Entwicklung

Die Turbulenzen innerhalb der Führung in Teheran waren bereits im Oktober
1986 mit der Verhaftung Mehdi Hashemis zutage getreten. Dieser leitete in Qum
das Büro zur Unterstützung islamischer Befreiungsbewegungen (M, 29.10.1986;
6.11.1986; KuT, 25.10.1986; 29.10.1986) und war mithin eine Schlüsselfigur der
Ausbreitung der islamischen Revolution, die von einem breiten Spektrum der
iran. Geistlichkeit noch immer befürwortet wird. Die Angelegenheit, die als
solche bereits aufsehenerregend genug war, wurde dadurch brisanter, daß es sich
bei dem Verhafteten um den Bruder des Schwiegersohns und Leiter des Büros des
designierten Nachfolgers Khomeinis, Husain Ali Montazeri, handelte. Auf Anfrage des für den Fall zuständigen Ministers für das Nachrichtenwesen (entspricht
z.T. dem Geheimdienst), Hujjat ul-Islam Muhammadi Raishahri, hatte darüber
hinaus Ayatollah Khomeini selbst eine Untersuchung angeordnet. In seiner Anfrage hatte der Minister die Anklage erhoben, einige Parteigänger der Gruppe um
Hashemi hätten den Versuch gemacht, Zwietracht und Unruhe im Lande zu säen.
Die Gruppe - ihre Zahl wird unterschiedlich angegeben, dürfte aber z.T. hochrangige Angehörige der Pasdaran und der Verwaltung umfaßt haben (M,
6.11.1986) - wurde ferner beschuldigt, vor und nach der Revolution Morde be-
gangen und Entführungen durchgeführt zu haben, illegal im Besitz von Waffen
und staatlichen Dokumenten gewesen zu sein und geheime Operationen durchgeführt zu haben. Trotz wiederholter Erklärungen Montazeris, mit den Aktivitäten

Hashemis in keiner Weise in Verbindung zu stehen, war dieser gleichwohl durch die Angelegenheit unter Druck geraten, und die Vermutung, es handele sich dabei um einen Teil eines Machtkampfes zwischen Parlamentspräsident und "starkem Mann" Hujjat ul-Islam Hashemi Rafsanjani und Ayatollah Montazeri, ist denn auch nie verstummt. Mehdi Hashemi selbst hatte im Dezember 1986 im Fernsehen vor der Öffentlichkeit ein Geständnis abgelegt.

Der Verdacht der Verknüpfung der Affäre Hashemi mit einer inneriranischen Machtrivalität schien sich zu erhärten, als Anfang November 1986 bekannt wurde, daß es etwa über die zurückliegenden anderthalb Jahre Kontakte zwischen Washington und einigen herausragenden politischen Führern in Teheran gegeben hatte. Wesentlicher Inhalt dieses amerikanisch-iran. Deals, der als "Irangate" bekannt geworden ist und 1987 die amerikanische öffentliche Meinung in Atem gehalten hat, waren - von I. bezahlte - amerikanische Waffenlieferungen mit dem doppelten Ziel, eine Annäherung zwischen einer als pro-amerikanisch eingestuften Gruppe des iran. Regimes im Hinblick auf das Ableben Khomeinis und die sich anschließende Auseinandersetzung um die Macht in Teheran einzuleiten und zugleich über diese die Freilassung der in Beirut festgehaltenen Geiseln zu erwirken. Dem lag in Washington die Überzeugung zugrunde, daß Teheran dort über einen entsprechenden Einfluß auf die pro-iranischen Gruppen verfüge. Herausragender Kopf dieser Gruppe, zu der nach Lage der Quellen u.a. der Sohn von Ayatollah Khomeini, Ahmad, Staatspräsident Khamenei, Ministerpräsident Musawi, der Vorsitzende des Hohen Justizrats, Ardabili, und ein Schwager Ahmads, Sadeq Tabatabai, gehörten, war Parlamentspräsident Rafsanjani.

Wenn auch unsicher sein mag, daß die Verhaftung von Mehdi Hashemi bereits mit dem "deal" zu tun hatte, so kann kaum ein Zweifel bestehen, daß es Anhänger von diesem waren, die die Angelegenheit der Beiruter Zeitschrift ash-Shira' zutrugen, die sie dann an die Öffentlichkeit brachte. Nicht nur waren Mehdi Hashemi und seine Gruppe gegen ein solches Geschäft mit dem "großen Satan"; vielmehr - dies zeigte sich im Laufe der folgenden Zeit - stieß es auf das Befremden bzw. den Widerstand weiterer Kreise namentlich in der Geistlichkeit, die in der Ablehnung der USA ein wesentliches Element der politischen und ideologischen Identität der "Islamischen Republik" sehen. Die Aufdeckung dieses Geschäfts kann mithin als Versuch verstanden werden, die Gruppe um Rafsanjani zu diskreditieren, deren politisches Prestige zu mindern und Mehdi Hashemi Entlastung zu verschaffen (M, 9.4.; JoT, 30.11.1986). Die Affäre um Hashemi hat die Innenpolitik I.s über weite Teile des Jahres 1987 überschattet. Zwar ist keine öffentliche Diskussion über sie geführt worden; doch die Irritation in Teilen der Geistlichkeit über die Art, wie mit einem der ihren verfahren wurde, war unübersehbar. Verkörperte er doch in seiner Funktion den Anspruch auf Umgestaltung der ganzen islamischen Welt nach den Prinzipien des Islams. Und es ist noch immer dieser Anspruch, der in den Augen vieler Geistlicher und ihrer Gefolgsleute aus der Revolution in I. eine wahrhaft islamische Revolution macht. Mitte Juni wurde auf Weisung Ayatollah Khomeinis ein Sondergericht zur Aburteilung von Vergehen von Geistlichen gegründet, dessen spezifische Aufgabe darin bestehen sollte, gemäß den Regeln der Scharia Vergehen von "Pseudo-Geistlichen" und solchen, die ihre weltlichen Interessen der Religion überordneten, zu ahnden (Iran Press Digest/IPD, Teheran, 24/1987, 23.6.). Von diesem wurde Mehdi Hashemi im September zum Tode verurteilt; das Urteil wurde am 28.9. vollstreckt.

Die einsetzende Diskussion über den Handel mit Washington wurde durch Ayatollah Khomeini selbst unterbunden. Parlamentspräsident Rafsanjani ergriff die Flucht nach vorn, nachdem die Affäre erst einmal ans Licht gekommen war. Er bestritt, daß es direkte Kontakte mit den USA gegeben habe, und unterstellte Washington, seinerseits eine Annäherung an I. gesucht zu haben. Nach seiner Darstellung erschienen die USA in einer Position der Demütigung. Die bald einsetzende Flut von Enthüllungen aus Washington über die Verwicklungen von

"Irangate" haben es ihm dann erleichtert, die amerikanische Administration in ein schräges Licht zu bringen. Rafsanjani konnte 1987 seine Position als derzeit nach Khomeini stärkster politischer Akteur in Teheran festigen. Am 14.6. wurde er zu seiner achten jeweils auf ein Jahr befristeten Amtszeit als Parlamentspräsident wiedergewählt.

Daß aber gleichwohl tiefgreifende Meinungsverschiedenheiten in der politischen Führungsschicht I.s fortbestanden, hat die Auflösung der "Partei der Islamischen Republik" im Juni gezeigt. Die Partei war kurz nach der Revolution ins Leben gerufen worden. Zu ihren Gründern gehörten führende Geistliche um Ayatollah Khomeini (der auch seine Zustimmung zur Parteigründung erteilte), doch scheint der treibende Kopf Seyyid Muhammad Beheshti gewesen zu sein. Er war es auch, der als Vorsitzender der Verfassungsgebenden Versammlung im Herbst 1979 das Konzept der "Islamischen Republik" in Form einer Verfassung im Zeichen der "Herrschaft des anerkannten Gottesgelehrten" (wilayat-i faqih) zu verwirklichen und als erster Generalsekretär der Partei bis zu seiner Ermordung im Sommer 1981 zur führenden Gruppierung zu machen verstand, aus der bald alle wichtigen Staatsämter - nach Ablösung Banisadrs (Juni 1981) auch das des Staatspräsidenten - besetzt wurden. Dieser Entwicklung ging eine Unterdrückung der anderen Gruppierungen, zuletzt der kommunistischen Tudeh-Partei (Anfang 1983), parallel.

Die IRP ist nie eine Partei im westlichen Sinn des Wortes gewesen. Sie war lediglich ein Interessenverbund der Anhänger des Konzepts der "Islamischen Republik", der freilich verschiedene Gruppen umfaßte, die namentlich hinsichtlich des gesellschaftlichen Konzepts einer solchen durchaus konträre Standpunkte vertraten. Auch wurden die Abgeordneten des Parlaments (majlis) nicht über eine Parteiliste, sondern nur durch persönliche Kandidatur über ihre jeweiligen Wahlkreise gewählt. Die Meinungsverschiedenheiten zwischen verschiedenen "Parteimitgliedern" bzw. Angehörigen der unterschiedlichen Gruppierungen in ihr waren auf dem Forum des Majlis stets mit bemerkenswerter Offenheit und großem Nachdruck ausgetragen worden. Zu den (vagen) programmatischen Punkten, wie sie in der ersten Erklärung der IRP enthalten waren, gehörten u.a. die Errichtung eines islamischen Systems auf spirituellem, kulturellem, wirtschaftlichem, politischem und militärischem Gebiet; die Gewährleistung grundlegender Freiheiten; die Umformung des korrupten bürokratischen Systems in ein System von Glauben und Kompetenz; die Beendigung der wirtschaftlichen Beherrschung durch Fremde etc. (Iran Almanac, 18. ed., 1987, Teheran: Echo of Iran, S. 78 f.).

Angesichts der Bedeutung, die die IRP für die innere Entwicklung I.s in den ersten Jahren nach der Revolution gehabt hat, war die Auflösung Gegenstand intensiver Spekulationen in der iran. Öffentlichkeit. Unterschiedliche Interpretationen wurden gegeben: Deren Spektrum reichte von der Annahme, daß die Partei als Organisation zur Durchsetzung der islamischen Prinzipien ihren Zweck erfüllt und damit in Zukunft keine Aufgabe mehr habe, über die Annahme, daß die führenden Mitglieder der Partei ihre Meinungsverschiedenheiten nicht hätten überbrücken können, bis zur Spekulation, daß die Auflösung Folge einer Auseinandersetzung zwischen konkurrierenden Gruppen - dazu gehörte auch die Gruppe um Mehdi Hashemi oder das "Büro für die Konsolidierung der Einheit" bei den "Islamischen Universitätsgesellschaften" (die nach wie vor für eine Radikalisierung der Revolution eintreten) - sei. Man könne nicht andere Gruppierungen bekämpfen, ohne nicht zunächst einmal den Grundsatz parteilicher Organisation überhaupt durch Auflösung der eigenen Partei aufgegeben zu haben (IPD, 30 und 31/1987). Auffallend war, daß die Auflösung der Partei von Mahnungen Khomeinis begleitet war, nicht miteinander über "kleine Dinge" in Fehde zu liegen (AN, 4.6.).

1987 war Ayatollah Khomeini noch immer der Mittelpunkt des machtpolitischen Kraftfelds in I. Sein Eingreifen hat wiederholt zur Beruhigung innerer Spannungen beigetragen, und noch immer bewirkt er durch eine umsichtige Verteilung des Gewichts seines Wortes eine Balance zwischen den verschiedenen Machtpolen. Die geschilderten Entwicklungen, namentlich im Zusammenhang mit der Affäre Hashemi, lassen freilich vermuten, daß Khomeini 1987 eine politische Achse zwischen seinem Sohn Ahmad und Parlamentssprecher Rafsanjani favorisiert hat. Am 10.12. hat er in einem öffentlichen, vom Fernsehen übertragenen Auftritt verkündet, daß er sein vor fünf Jahren verfaßtes Testament neu abgefaßt habe. Welcher Art die Änderungen sind, ist nicht bekannt. Es wird spekuliert, er könne u.a. seine Nachfolge dahingehend neu geregelt haben, daß an die Stelle des designierten Ayatollah Husain Ali Montazeri nun ein von der Verfassung vorgesehenes Gremium aus mehreren Geistlichen trete.

Außenpolitische Entwicklung

Die Außenpolitik I.s stand auch 1987 im Zeichen einer anhaltenden relativen Isolierung, die sich, was die islamische Welt betrifft, mit dem blutigen Zusammenstoß in Mekka (31.7.) noch vertiefte, da nach weitverbreiteter Ansicht iran. Pilger an dem Heiligen Ort bewußt Provokationen hervorgerufen haben. Und international wurde die Situation in dem Maße schwieriger, in dem deutlich wurde, daß I. nicht wirklich bereit war, die Resolution 598 des UNO-Sicherheitsrates vom 20.7. zu akzeptieren. Im übrigen waren die Außenbeziehungen I.s in weiten Teilen (doch keineswegs ausschließlich) von den Erfordernissen des Krieges bestimmt.
Der Krieg hatte auch deutlich hinter dem amerikanisch-iran. Waffendeal gestanden, der 1985/86 abgelaufen war. I. hatte - dies ist der Kern der im einzelnen äußerst verwickelten Affäre - seit 1985 amerikanische Waffen erhalten (z.T. durch israelische Vermittlung). Zumindest in einem Fall, demjenigen des Reverend Benjamin Weir, der am 14.9.1985 von seinen Entführern in Beirut entlassen worden war, war ein unmittelbarer Zusammenhang zwischen den Waffenlieferungen und dem Schicksal amerikanischer Geiseln erkennbar. Wenn damit auch ein Teil der politischen Führung zunächst innerpolitischen Belastungen ausgesetzt war (s.o.), war diese doch bemüht, die Beziehungen nicht wieder vollständig zu unterbrechen bzw. wieder in eine Konfrontation mit Washington zu geraten. So schwankte der Ton der Verlautbarungen zwischen Aggressivität und Versöhnlichkeit. Den Tenor solcher Äußerungen reflektiert etwa die Erklärung Rafsanjanis, I. werde wieder normale Beziehungen zu Washington aufnehmen, "sobald wir sicher sein können, daß die USA keine Bedrohung für die islamische Revolution mehr darstellen" (MD, 7.4.). Im Mai anerkannte das State Department die Entscheidung des Schiedsgerichts, das in Den Haag über die Regelung von etwa 4.000 amerikanischen Ansprüchen auf Entschädigung von Verstaatlichungen entscheidet, die gegen 1 Mrd. US-$ iran. Vermögens, das 1979 in den USA eingefroren wurde, aufgerechnet werden. Danach sollte Washington 451 Mio. US-$ an I. rückerstatten (AN, 7.5.; M, 7.5.). Wenn sich auch die Rhetorik - namentlich von iran. Seite - mit dem amerikanischen Flottenaufmarsch in der zweiten Jahreshälfte (--> Golfkrieg) verschärfte, waren doch beide Seiten trotz militärischer Zusammenstöße um Zurückhaltung sichtlich bemüht. Die Verhängung eines Importverbots für alle Einfuhren aus I. als Reaktion auf den iran. Angriff auf eine kuwaitische Ölverladeeinrichtung war weder für die eine noch die andere Seite von großer wirtschaftlicher Bedeutung. (1986 hatten die Einfuhren I.s in die USA einen Wert von 600 Mio. US-$; in den ersten 7 Monaten lag dieser bereits - Öleinfuhren eingeschlossen - bei etwa 1 Mrd.; FAZ, 23.10.).
Die Beziehungen I.s zu der benachbarten Supermacht, der Sowjetunion, haben demgegenüber im Berichtszeitraum eine spürbare Dynamisierung erfahren. Mit der Geiselnahme an der amerikanischen Botschaft im November 1979 und der damit gegebenen Spannung mit den USA war es für die geistliche Führung in Teheran zwingend notwendig geworden, mit Moskau gute Arbeitsbeziehungen zu unterhalten. Mit dem Ausbruch des Krieges mit dem Irak (September 1980) war

die Bedeutung dieser Beziehung noch gewachsen. Aufgrund des Vorgehens gegen die kommunistische Tudeh-Partei (Anfang 1983) war es in den bilateralen Beziehungen zu einem Einbruch gekommen, der aber im Laufe des Jahres 1984 überwunden wurde. Auch Moskau war und ist an guten Beziehungen zu I. aus mehr als einem Grunde (einer ist sicher die potentielle Rolle I.s in Afghanistan) interessiert.

Im Februar 1986 war es mit der Visite des stellvertretenden sowjetischen Außenministers Kornienko in Teheran zum ranghöchsten Besuch eines sowjetischen Vertreters nach der Revolution gekommen. Dieser wurde im August durch eine ranghohe iran. Delegation unter dem stellvertretenden Außenminister Jawad Larijani erwidert. Bereits Ende 1986 wurden Gespräche über engere wirtschaftliche Zusammenarbeit, namentlich die Wiederaufnahme der Erdgaslieferungen, die 1979 abgebrochen worden waren, geführt (HB, 2.12.1986). Im Dezember 1986 nahm nach 6-jähriger Unterbrechung der ständige iran.-sowjetische Ausschuß für Wirtschaftszusammenarbeit seine Tagungen wieder auf (MD, 2.12.1986). Schließlich haben sich Berichte, daß Moskau auch Waffen an I. liefere, seit Kriegsbeginn hartnäckig gehalten und sind auch 1987 gelegentlich hochgekommen.

Zwar ist auch der Berichtszeitraum nicht frei von Rückschlägen in den bilateralen Beziehungen. Diese hatten z.T. in der fortgesetzten militärischen Unterstützung des Irak und der kritischer werdenden Haltung Moskaus zum Golfkrieg ihre Ursache. Namentlich aber der Angriff auf einen sowjetischen Frachter durch iran. Schnellboote im Mai bedeutete einen Rückschlag für die Beziehungen. Insgesamt aber haben sich die beiden Länder erheblich einander angenähert, was sich in einer raschen Folge hochrangiger Besuche manifestierte. Im Februar hatte Außenminister Velayati Moskau besucht; dies erbrachte zwar keine konkreten Ergebnisse, aber trug zur weiteren Klimaverbesserung bei. Als die amerikanischen Vorbereitungen der Eskortierung unter amerikanischer Flagge fahrender kuwaitischer Schiffe Gestalt gewannen, stattete der stellvertretende Außenminister Worontzow Teheran einen Besuch ab, auf dem regelmäßige Konsultationen vereinbart wurden (MD, 16.6.). Wenige Tage später trafen sich Worontzow und der stellvertretende iran. Außenminister Larijani (zuständig für Wirtschaft und internationale Fragen) am Rande einer Konferenz in Genf; und bereits Mitte Juli hielt sich Larijani wieder in Moskau auf, um die Eskalation der Spannung am Golf zu erörtern, woraufhin Worontzow Anfang August wieder Teheran besuchte. Bei diesem Besuch ging es zugleich um die Ausweitung der wirtschaftlichen Zusammenarbeit. Der September sah wiederum Larijani in Moskau, der November Worontzow in Teheran, nachdem im Oktober der Ölminister, Gholamreza Aghazadeh, in Moskau Gespräche geführt hatte. Im Herbst kam das Gerücht auf, die beiden Länder seien dabei, einen Freundschaftsvertrag abzuschließen. Diese Spekulation dürfte angesichts der Verschiedenheit der weltanschaulichen Grundlagen haltlos sein. Ob sich überhaupt und wohin sich die Beziehungen weiterentwickeln, wird sich zeigen, wenn zwei Besuche zustande kommen, zu denen - mit positiver Reaktion - Einladungen ausgesprochen worden sind: derjenige des sowjetischen Außenministers Schewardnadse in Teheran und derjenige von Parlamentspräsident Rafsanjani in Moskau. Die Tatsache, daß letzterer, obwohl bereits für Ende 1987 vorgesehen, zum Jahresende noch nicht zustande gekommen ist, läßt darauf schließen, daß noch nicht alle Differenzen überwunden sind.

Im übrigen war das Rapprochement mit der Sowjetunion auch in I. nicht unumstritten. Während Parlamentspräsident Rafsanjani selbst eine Annäherung nicht zuletzt mit dem Argument anstrebte, daß Moskau gegen eine US-Militärpräsenz im Golf auftrete, stellten die Konservativen die anhaltende Unterstützung des Irak heraus und beschuldigten Moskau, mit der Annäherung an I. letzten Endes nichts anderes als Konzessionen von den USA anzustreben (IPD, 46/1987).

Ende 1987 sind es die Wirtschaftsbeziehungen, die noch die konkretesten Konturen haben. Im Mittelpunkt stehen Vereinbarungen im Erdölbereich: Es ist vorgesehen, daß I. der UdSSR täglich 100.000 Barrel Rohöl liefert und dafür jährlich 2

Mio. t raffinierte Produkte erhält. Ferner wird der Bau einer Ölpipeline von den
iran. Ölfeldern an die sowjetische Grenze geprüft. Auch an die Wiederaufnahme
der Erdgaslieferungen durch die IGAT-Pipeline, die 1979 eingestellt wurden, ist
gedacht. Neben diesem Vorhaben sind eine Eisenbahnverbindung zwischen dem
Golf und der sowjetischen Grenze und andere Infrastruktur- sowie Industrieprojekte im Gespräch. Ganz Konkretes aber hat sich bis Ende 1987 noch nicht
ergeben.
Die Beziehungen I.s zu anderen größeren Mächten waren erheblichen Schwankungen unterworfen. Dies gilt vor allem für Frankreich. Der Prozeß der Normalisierung der Beziehungen, der seit der Regierungsübernahme durch Jacques Chirac
eingeleitet worden war, erhielt einen ersten Rückschlag, als im März ein Netz
pro-iran. Personen ausgehoben und unter dem Vorwurf der "Störung der öffentlichen Ordnung durch Einschüchterung oder Terror" (bei der Mehrheit handelte es
sich um Tunesier) verhaftet wurde (M, 28.3.). Wenig später (Ende Juni/Anfang
Juli) trieben die Entwicklungen rasch auf den Abbruch der Beziehungen zu, als
die französischen Sicherheitsbehörden aufgrund eines richterlichen Beschlusses
Wahid Gorji, einen Angehörigen der iran. Botschaft in Paris, im Zusammenhang
mit den Terroranschlägen in Paris im Jahre 1986 zum Verhör vorluden. Gorji
(inoffiziell die Nummer zwei der Botschaft), dessen Diplomatenstatus von französischer Seite bestritten wurde, bestand auf seiner diplomatischen Immunität und
suchte in der Botschaft Zuflucht. Diese wurde durch französische Sicherheitskräfte umstellt, und Mitte Juli wurden die diplomatischen Beziehungen abgebrochen. Als die iran. Regierung ihrerseits nunmehr einen französischen Diplomaten
der Spionage beschuldigte, dieser sich in der französischen Botschaft einschloß
und iran. Sicherheitskräfte diese abriegelten, erwuchs die Affäre zu einem regel-
rechten "Krieg um die Botschaften", der die "Beziehungen" beider Seiten bis in
den Herbst bestimmte. Ihr Ende läßt auf komplexe und schwierige Verhandlungen schließen: Ende November wurden zwei französische Geiseln aus der Hand
libanesischer Geiselnehmer entlassen. Zugleich wurde beiden beschuldigten
Diplomaten nach formalen Verhören die Ausreise gestattet und die Abriegelung
in Paris und Teheran aufgehoben. Die internationale Presse kommentierte diesen
"deal", bei dem auch noch die Zahlung von Lösegeld im Spiel sein soll, mit
Bitterkeit. Noch mehr ins Zwielicht geriet die französische Iran-Politik (früherer
Jahre) schließlich durch die Aufdeckung der Lieferung von Artilleriemunition
durch das französische Unternehmen Luchaire, die zwischen 1982 und 1986 mit
Wissen höchster Regierungsinstanzen abgewickelt worden sein soll. Nach Abschluß der Affäre Gorji befanden sich die französisch-iran. Beziehungen Ende
1987 auf dem Wege der Verbesserung.
Die Beziehungen mit der Bundesrepublik Deutschland haben sich auch 1987 als
relativ stabil bis gut erwiesen. Zwar gab es im Februar zunächst einen tiefen
Einbruch, als nach einer Fernsehsendung, die Ayatollah Khomeini in despektier-
licher Weise aufs Korn nahm, die iran. Regierung zwei deutsche Diplomaten
auswies und das Goethe-Institut, das bis dato noch einzige arbeitende ausländische Kulturinstitut, schloß. Doch erholten sich die Beziehungen davon schnell. Im
Juli besuchte Außenminister Velayati Bonn; bei dieser Gelegenheit wurde er
nicht nur von seinem deutschen Kollegen, sondern auch Bundeskanzler Kohl und
Bundespräsident von Weizsäcker wahrgenommen. Eine spektakuläre Geste in
Richtung I. machte Herr Genscher nach der Abreise des iran. Ministers: In einem
Radiointerview stellte er unumwunden und öffentlich fest, daß der Irak den
Krieg begonnen und in seinem Verlauf Giftgas eingesetzt habe. Damit ging er als
erster Politiker einer Regierung von internationalem Gewicht auf eine Forderung
ein, deren Erfüllung I. als eine Voraussetzung für eine Beilegung des Krieges
ansieht. Bereits in den langwierigen Verhandlungen im Sicherheitsrat der UNO,
die schließlich zur Annahme der Resolution 598 führten, hatte die Bundesrepublik als nicht-ständiges Mitglied auf für I. "akzeptablere" Formulierungen hinge-

wirkt, als sie in früheren Resolutionen enthalten gewesen waren. (Sie waren deswegen von I. als "pro-irakisch" rundweg zurückgewiesen worden; zur Resolution --> Dokument.) Wiederholt hat Bonn Teheran 1987 auch im Zusammenhang mit den im Januar in Beirut entführten deutschen Geiseln einzuschalten versucht. Inwieweit Teheran schließlich einen Anteil an der im September erfolgten Freilassung von Alfred Schmidt gehabt hat, ist kaum feststellbar. Jedenfalls hat die Bundesregierung Teheran (und Damaskus) im Zusammenhang damit Dank ausgesprochen (JoT, 9.9.).

Unter den Beziehungen zu anderen "westlichen" Nationen waren lediglich diejenigen zu Japan und Italien störungsfrei. Im Mittelpunkt der ersteren standen die anhaltend guten Wirtschaftsverbindungen, die durch wechselseitige Besuche auf der Ebene der Außenminister (bzw. Stellvertreter) untermauert wurden. Turbulent dagegen gestalteten sich die Beziehungen mit Großbritannien. Wie im Falle Frankreichs wurden die Spannungen z.T. über das diplomatische Personal ausgetragen. Im Juni wurde das iran. Konsulat in Manchester geschlossen, gefolgt von Ausweisungen von Diplomaten auf beiden Seiten. Ein Attentat in London gegen einen ehemaligen Minister des Schah und ein Angriff auf einen unter britischer Flagge fahrenden Tanker im Golf (September) steigerten die Spannung. Dies führte schließlich zur Schließung des "Military Procurement Office" in London am 23.9.

Naturgemäß lag der Schwerpunkt des Geflechts der außenpolitischen Beziehungen I.s auch 1987 bei den Supermächten und den anderen politisch und/oder wirtschaftlich einflußreichen Staaten in West und Ost. Demgegenüber sind die Beziehungen zur Dritten Welt, zu den Blockfreien etc., denen in den ersten Jahren der Islamischen Republik unter dem Slogan "nicht Ost, nicht West" große Aufmerksamkeit eingeräumt worden war, auf symbolische Gesten reduziert worden. So hat der iran. Außenminister in Mittelamerika Kuba und Nikaragua besucht (Oktober) und Indien einen Besuch abgestattet. Bei all diesen Kontakten wurden Abkommen über wirtschaftliche Zusammenarbeit und kulturelle Beziehungen abgeschlossen, denen freilich kaum Gehalt zukommt. Wirkliches Gewicht hat unter diesen Ländern nur die VR China. Auch hier kam es zu Besuchen der Außenminister (bzw. Vize-) im Juni bzw. August. Die Volksrepublik ist in den letzten Jahren zu einem der führenden Waffenlieferanten I.s aufgestiegen und scheint I. militärisches Know how vermittelt zu haben, das diesem eine wesentliche Hilfe beim Aufbau einer eigenen Rüstungsindustrie ist.

Einen relativ hohen Stellenwert haben naturgemäß die Beziehungen zu den benachbarten Staaten (--> Golfkrieg). Die Beziehungen mit der Türkei erscheinen 1987 nicht mehr so problemfrei wie in den früheren Jahren. Bereits im Februar sorgte ein Statement Rafsanjanis für Aufsehen, das der Türkei bald eine islamische Revolution in Aussicht stellte. Im März zog sich Ankara den Unwillen I.s zu, als türkische Flugzeuge einen Angriff über irakischem Gebiet flogen und vermutete Stellungen kurdischer Terroristen bombardierten. Dabei scheint es sich um eine Region pro-iran. Kurden gehandelt zu haben. Einen Aufruhr in weiten Kreisen der türkischen Öffentlichkeit rief die Weigerung des iran. Ministerpräsidenten Mir Husain Musawi anläßlich seines Besuchs in Ankara im Juni hervor, den von der Mehrheit der Türken als geziemend empfundenen Besuch am Grabmal des Staatsgründers Atatürk zu machen. Zur gleichen Zeit kursierten Flugschriften, in denen dieser gehässig beschimpft wurde. Atatürk ist für die religiöse Führung in Teheran namentlich wegen der Durchsetzung des Säkularismus ein rotes Tuch.

Im übrigen schuf die Präsenz von wahrscheinlich etlichen hunderttausend iran. Flüchtlingen der Türkei wachsende Probleme. Mehr und mehr wurden die Auseinandersetzungen zwischen Regimegegnern und -anhängern auf türkischem Territorium ausgetragen, was auch 1987 wiederholt zu Gewaltsamkeiten und Attentatsversuchen geführt hat. Insgesamt freilich waren beide Seiten bemüht, insbesondere die wirtschaftliche Zusammenarbeit fortzusetzen. So wurden u.a. Gespräche über den Bau einer Ölpipeline von I. durch die Türkei geführt. Verglichen mit den Beziehungen zur Türkei traten diejenigen zu Pakistan deutlich zurück. Anläßlich des Besuchs Außenminister Velayatis in Islamabad im Dezember wurde eine Reihe von Abkommen und Memoranden - darunter ein Grenzabkommen - unterzeichnet.

Sozioökonomische Entwicklung

1987 hat sich der Verfall der iran. Volkswirtschaft fortgesetzt. In zunehmendem Maße hat der Krieg die begrenzten finanziellen Ressourcen zu Lasten aller Wirtschaftsbereiche absorbiert, die nicht in der einen oder anderen Weise für die Kriegführung von Belang waren. Allein aus der Bundesrepublik Deutschland sind die Importe in den ersten neun Monaten um weitere 20 % zurückgegangen (gegenüber 1986 -32 % und 1985 -26 %; tips aus teheran, Offizielle Deutsch-Iranische Industrie- und Handelskammer, 10/87). Die Öleinnahmen, mit Abstand die wichtigste Einnahmequelle des Landes, die 1986 auf knapp 7 Mrd. US-$ geschrumpft waren, dürften Ende des Berichtszeitraums zwar über den Vorjahreseinnahmen liegen. Der Tiefpunkt war im Juli 1986 erreicht, als die iran. Ölausfuhren bei einem Exportvolumen von etwa 1,3 Mio. b/d noch gerade einen Preis von 7,5 US-$ pro barrel erzielen konnten. Seitdem hat sich die Lage geringfügig verbessert. Unabhängige Schätzungen gehen für die ersten neun Monate des Berichtszeitraums von einer durchschnittlichen Exportmenge von 1,7 Mio. b/d zu einem Durchschnittspreis von 17 US-$ pro barrel aus. Bereits im August hatten die Öldeviseneinnahmen somit den Ölerlös des gesamten Vorjahres überschritten. Damit kann für den gesamten Berichtszeitraum von Einnahmen um 10 Mrd. US-$ ausgegangen werden, obwohl der Absatz iran. Öls aufgrund des französischen und amerikanischen Embargos schwieriger wurde und Rabatte von 2-3 US-$ pro barrel eingeräumt wurden. Hinzu kommen die Einnahmen aus Nichtölexporten, die 1987 etwa auf der Vorjahreshöhe von 618 Mio. DM liegen dürften. Diese (geschätzten) Einnahmen waren freilich kaum ausreichend, um die Importe von Lebensmitteln (ca. 2 Mrd.), Pharmazeutika (ca. 1 Mrd.), Ölprodukten (ca. 200.000 b/d aufgrund der Zerstörungen iran. Raffinerien) und Industrieinputs, d.h. Rohstoffen, Ersatzteilen und Halbfertigwaren (ca. 6-7 Mrd. US-$) sowie von Waffenimporten vorzunehmen, deren Wert auch 1987 bei 4-5 Mrd. US-$ liegen dürfte. Deshalb haben sich im Berichtszeitraum die Devisenreserven, die Mitte des Jahres bei 5,3 Mrd. US-$ lagen (M., 11.12.) weiter vermindert. (Anfang des Jahres hatte Frankreich einen Anteil von 330 Mio. eines vom Schah zur Verfügung gestellten Kredits von 1 Mrd. US-$ zurückgezahlt. Daß die USA einen Betrag von 451 Mio. US-$ zurückgezahlt haben, wurde oben bereits erwähnt.)
Obwohl naturgemäß keine präzisen Informationen vorliegen, hat sich der Eindruck verdichtet, daß I. auch 1987 seine Rüstungsproduktion vorangetrieben hat. (Berichten zufolge soll I. im Rüstungsbereich zu annähernd 70 % autark sein.) Während seit längerem bekannt ist, daß I. zur Produktion von Gewehren, Maschinengewehren und Granatwerfern sowie Infanterie- und Artilleriemunition in der Lage ist, werden in neueren Berichten auch schwere und technologisch komplizierte Systeme genannt: So etwa die Entwicklung bzw. Kopierung von Boden-Boden-Raketen, Boden-Luft-Raketen, Panzern, Propellerflugzeugen, Unterseebooten und Hubschraubern. Naturgemäß sind solche Meldungen mit äußerster Vorsicht zu betrachten. Es kann nicht ausgeschlossen werden, daß sie Teil einer Propaganda sind, die durch die Darstellung eigener Stärke den (die) Gegner zu beeindrucken und namentlich auch die Verhängung eines Embargos als von vornherein unwirksam darzustellen sucht.
Zu den sozialen Kosten des Krieges gehört die Arbeitslosigkeit, die auch 1987 in dem Maße gestiegen ist, in dem die industrielle Produktion eingeschränkt werden

mußte. Zur Zuspitzung der wirtschaftlichen Lage eines Großteils der Bevölke-
rung hat schließlich auch die Inflation, die 1987 bei ca. 30 % lag, beigetragen.
Unterdessen gingen die Diskussionen über die soziale und wirtschaftliche Ordnung der Islamischen Republik im Parlament (majlis), aber z.T. auch in der
Presse weiter. Angesichts der durch den Krieg bedingten wirtschaftlichen
Schwierigkeiten und sozialen Notlage haben sich diejenigen besonders lautstark zu
Wort gemeldet, die für eine stärkere Rolle des Staates im Wirtschaftsleben und
bei der Verteilung der Güter eintreten. Praktisch-politische Konsequenzen hat
diese Diskussion nicht gehabt. Immerhin aber wurden 1987 zum erstenmal gesetzliche Regelungen verabschiedet, die es ermöglichen, schärfer gegen Spekulanten
und Preistreiber vorzugehen. Entsprechende Maßnahmen wurden bislang freilich
eher selektiv und zurückhaltend angewandt.

Die politische Führung Irans
Staatspräsident: Ali Khamenei (seit 1981)
Iranische Regierung (Stand: Dezember 1987)
Ministerpräsident: Mir Husain Musawi, **Arbeit:** Abulqasim Sarhadizadeh, **Auswär-
tiges:** Ali Akbar Velayati, **Bergwerk/Metalle:** Muhammad Reza Ayatullahi, **Ener-
gie:** Abulhassan Khamushi, **Erziehung:** Muhammad Akrami, **Gesundheit:** Ali
Reza Marandi, **Handel:** Hassan Abedi Jafari, **Industrie:** Ghulamreza Shafei,
Information: Hujjat al-Islam Muhammadi Reyshahri, **Inneres:** Hujjat al-Islam Ali
Akbar Muhtashami, **Islamische Führung:** Muhammad Khatami, **Islamische Revo-
lutionsgarden:** Muhsin Rafikdust, **(Kreuzzug für den Wiederaufbau):** Bijan Nam-
dar Zanganeh, **Kultur/Höhere Bildung:** Muhammad Farhadi, **Landwirtschaft/
ländliche Angelegenheiten:** Abbas Ali Zali, **Öl:** Ghulamreza Aghazadeh, **Plan/
Budget-Organisation:** Masud Rughani Zanjani, **Post/Telefon/Telegraf:** Muhammad
Gharazi, **Recht:** Hassan Habibi, **Schwerindustrie:** Behzad Nabawi, **Straßen/Trans-
port:** Muhammad Saidi Kiya, **Verteidigung:** General Muhammad Husain Jalali,
Wirtschaft/Finanzen: Muhammad Jawad Irawani, **Wohnungsbau:** Serrajeddin
Kazeruni, **Parlamentssprecher:** Hujjat al-Islam Hashemi Rafsanjani

Chronologie Iran 1987

29.1. - Staatspräsident Ali Khamenei
weist den Appell der islamischen Konferenz zur Beendigung des Golfkrieges
zurück
10.2. - Ayatollah Khomeini erklärt in
einer öffentlichen Ansprache, das iran.
Volk fordere "den Krieg bis zum Sieg"
im Kampf gegen den Irak
13.-14.2. - Besuch Außenminister
Velayatis in Moskau
17.2. - Ausweisung von zwei bundes-
deutschen Diplomaten und Ankündigung der Schließung des Goethe-Insti-
tuts in Teheran nach der Ausstrahlung
einer satirischen Sendung im deutschen
Fernsehen
22.3. - Staatspräsident Khamenei bestätigt die Installation von auf den
Golf gerichteten iran. Raketen

20.4. - Parlamentspräsident Rafsanjani
spricht sich auf einer Pressekonferenz
gegen einen dauerhaften Bruch der
Beziehungen seines Landes zu den
USA aus
22.4. - I. beschuldigt den Irak, chemische Waffen eingesetzt zu haben
24.4. - Staatspräsident Khamenei warnt
Kuwait davor, die Sowjetunion oder
die USA in den Golf einzuladen
12.5. - Besuch des syrischen Außenministers Faruq al-Shar'(erneut am
13.7.; 5.8.; 16.-17.9.; 22.-23.12.); er
überbringt Staatspräsident Khamenei
eine Botschaft vom syr. Präsidenten
Asad, in der die bilateralen Beziehungen trotz jüngster Meinungsverschiedenheiten als "freundlich und brüder-
lich" bezeichnet werden

16.5. - Ein Vertreter des Außenministeriums Omans besucht Teheran

2.6. - Die Zeitung "Islamische Republik" gibt bekannt, daß sich die größte politische Gruppierung des Landes, die "Islamische Republikanische Partei", nach langen inneren Diskussionen "einstimmig" aufgelöst habe

7.-9.6. - Besuch des libyschen Sekretärs für Auswärtige Beziehungen al-Talhi; er überbringt Khamenei eine Botschaft Qaddafis, in der dieser die Islamische Republik in ihrer Haltung gegen Imperialismus und den "auferlegten Krieg" unterstützt

12.-15.6. - Besuch des ersten stellvertretenden Außenministers der Sowjetunion Worontzow

13.6. - Außenminister Velayati erklärt in Peking, daß China die Quelle der "Seidenraupen"-Raketen sei

14.6. - Rafsanjani wird zu seinem 8. Jahresturnus als Sprecher des Parlaments wiedergewählt

15.-16.6. - Der japanische Außenminister Tadashi Kuranari besucht Teheran

17.6. - Die Regierung teilt mit, daß sie alle Diplomaten bis auf einen aus ihrer Botschaft in London abzieht

19.6. - Masud Rajawi, der Führer des "Nationalen Iranischen Widerstandsrates", gibt die Gründung der "Nationalen Iranischen Befreiungsarmee" bekannt

5.7. - Ministerpräsident Musawi unterstützt den sowjetischen Vorschlag zum Rückzug aller ausländischen Kriegsschiffe aus dem Golf

22.7. - Staatspräsident Khamenei erklärt zur Resolution des Sicherheitsrates der UNO vom 20.7. zur Beendigung des Golfkrieges: I. werde diese Resolution "niemals" annehmen

11.8. - Die Regierung nimmt formell zur Resolution des UNO-Sicherheitsrats Stellung

20.8. - Der Leiter des Kriegsinformationsamtes, Kamal Kharrazi, räumt auf einer Pressekonferenz ein, daß im Golf Minen auf Veranlassung der iran. Führung verlegt worden seien

11.-13.9. - Besuch des Generalsekretärs der UNO, Perez de Cuellar; im Mittelpunkt seiner Gespräche steht die Durchsetzung der Resolution 598 des UN-Sicherheitsrats zur Beendigung des irakisch-iran. Konflikts

15.-16.9. - Besuch des algerischen Außenministers Ibrahimi

28.9. - Mehdi Hashemi wird in Teheran hingerichtet

3.10. - Die Regierung gibt bekannt, daß sie endgültig die diplomatischen Beziehungen zum Irak abbreche

1.11. - Besuch des ersten stellvertretenden Außenministers der Sowjetunion Worontzow; Themen der Unterredung bes. die Entwicklungen in der Golfregion, die amerikanisch-sowjetischen Abrüstungsverhandlungen und bilaterale Beziehungen

12.11. - Das Außenministerium verurteilt den Gipfel der Arabischen Liga in Amman

17.11. - Die amtliche Nachrichtenagentur IRNA meldet einen irakischen Luftangriff auf ein im Bau befindliches Kernkraftwerk in der Nähe von Bushehr; dabei kamen 11 Menschen ums Leben

19.11. - Parlamentssprecher Rafsanjani erklärt in einem Interview, I. und die Sowjetunion hätten "einen neuen Kontakt" aufgenommen, um über einen Verteidigungspakt zu verhandeln

12.12. - Nach IRNA haben Vertreter des I. und der Sowjetunion am Vortag ein Abkommen über wirtschaftliche Zusammenarbeit (Bereiche Handel, Bank- und Transportwesen, Fischerei, Technologie, (Konstruktion von Stahl- und Kraftwerken) unterzeichnet

30.12. - Ministerpräsident Musawi erklärt die Bereitschaft seiner Regierung, einen Gesandten der Golfstaaten zu empfangen

Udo Steinbach

Israel

Offizieller Name: Medinat Yisrael/Staat Israel; *Unabhängigkeit:* 14.5.1948;
Fläche: 20.770 qkm; *Einwohner:* 4,45 Mio.; *Hauptstadt:* Jerusalem, Ew.: 480.000;
Urbanisierungsrate: 90 %; *Armeestärke:* 150.000 (Männer und Frauen); *BIP:* 20,27
Mrd. US-$ (1986); *Sektoren in %:* Landwirtschaft 7; Industrie 36; Dienstl. 57;
Pro-Kopf-Einkommen: 4.990 US-$ (1986); *Währung:* 1 US-$ = 1,50 Neue Israel.
Schekel (NIS) Anfang 1987

Innenpolitische Entwicklung

Die Innenpolitik Israels (I.) wurde 1987 vor allem von zwei Faktoren bestimmt:
nämlich der Entscheidungsunfähigkeit einer Großen Koalition, deren Partner sich
gegenseitig blockierten und neutralisierten, sowie einer engen Verflechtung und
gegenseitigen Beeinflussung wesentlicher Aspekte der Innenpolitik mit der
Außenpolitik. Die Protagonisten der als Dauerbrenner erfolgreich schwelenden
Regierungskrise waren nachgerade gezwungen, diese nach außen zu verlagern und
sich von dort Unterstützung und Munition zu beschaffen.
Die "Regierung der nationalen (Un-)Einheit", seit September 1984 im Amt, wird
entsprechend der von den Koalitionsvereinbarungen vorgesehenen Rotation bis
Herbst 1986 von Shimon Peres (Außenminister: Shamir), dann von Yitzhak Sha-
mir (Außenminister: Peres) geleitet, wobei sich um die Parteiblöcke Ma'arach
(sozialistisch angehaucht) und Likud (konservativ) kleinere Parteien wie etwa die
Religiösen gruppieren und ihre Zünglein-an-derWaage-Stellung auszunutzen
versuchen. Streitpunkt ist dabei der Umgang mit den 1967 Besetzten Gebieten
(BG): Sind sie noch (wenn auch nur in gewissem Rahmen - keinesfalls einbezogen wird die Jerusalemer Altstadt mit Tempelberg und dem jüdischen Viertel)
Verhandlungsobjekt im Sinne der 1967 angebotenen Rückgabe von Gebieten
gegen Frieden (Ma'arach) oder integraler territorialer Bestandteil (Likud) des I.s,
das als "2. Republik" im Juni 1967 entstanden war und von der Wiederherstellung
der politischen Souveränität über das biblische Land Israel (erets Yisrael) ausgeht?
Von zentraler Bedeutung ist ebenfalls die Frage nach dem Verhandlungspartner:
Während die Ma'arach eine internationale Konferenz anstrebt, zieht der Likud
unter Shamir bi- oder oligolaterale Verhandlungen (möglichst unter Ausschluß
der Palästinenser) vor. Die Kabinettsquerelen gehen so weit, daß Regierungschef
Shamir seinem Vorgänger und Außenminister Peres das Mandat abspricht, eine
internationale Konferenz in die Wege zu leiten.
Nach monatelangem Hin und Her fiel Anfang September dank der Stimmenthal-
tung der Gesundheitsministerin Shoshana Arbeli-Almoslino (Ma'arach) die Kabi-
nettsentscheidung, das Kampfflugzeug Lavi, von dem schon zwei Prototypen
Testflüge erfolgreich absolviert hatten, nicht weiterzubauen. Die Gründe lagen
zum einen im Druck der USA (Mission Dov Zakheim), die die Kostenkalkulation
des von den USA finanziell unterstützten Projektes für erheblich zu niedrig
hielten und zudem die an I. für militärische Zwecke geleistete Hilfe lieber in den
USA ausgegeben sahen. Widerstand gegen das Projekt regte sich zum anderen
nicht nur in den Reihen des Ma'arach, sondern auch seitens Tsahal (israel. Streitkräfte), dessen neuer Generalstabschef Dan Shomron (seit April) vor allem aus
Kostengründen die Prioritätenliste anders schrieb: der Kauf einer entsprechenden

Anzahl amerikanischer F-16C ermögliche auch die (Weiter-) Entwicklung anderer Waffensysteme (Panzer, Flugzeugelektronik, U-Boot-Projekt "Dolphin", Modernisierung der Hubschrauber etc). Für den Likud war es eine Frage nicht nur der Arbeitsplätze der israel. Flugzeugindustrie, sondern auch des nationalen Prestiges und des Anschlusses an die Entwicklung von Hochtechnologie.

Im Unterschied zum Vorjahr verlief der Parteitag der Cherut (Protagonist des Likud) am 29.3. ohne größere Störungen. Wie alle Jahre wieder gab es Stellungskämpfe zwischen den Aspiranten auf die Führungsnachfolge David Levy, der sich als "Nummer 2" (also gleich nach Parteichef Shamir) sieht, Ariel Sharon und dem Shamir-Kandidaten Moshe Arens; dieser gewann die Wahl zum Vorsitzenden des Parteisekretariates gegen den Levy-Anhänger (und früheren Finanzminster) Yoram Aridor. Shamirs Wiederwahl zum Parteichef erfolgte problemlos, Stellvertreter ist Levy.

Die evergreen-Frage, wer Jude sei (seit der Staatsgründung eine Kontroverse), erfuhr mit der Shoshana Miller-Affaire Anfang des Jahres eine Neuauflage. Miller, in Colorado Springs bei einem Reform-Rabbiner zum Judentum übergetreten und dann nach Israel eingewandert, war zunächst von Innenminister Rabbi Yitzhak Peretz die Ausstellung eines Personalausweises mit der Begründung verweigert worden, ihr Übertritt sei, da nicht bei einem orthodoxen Rabbiner erfolgt, nicht ohne weiteres anzuerkennen. Da Peretz nicht bereit war, sich einer entsprechenden Anordnung des Obersten Gerichtshofes zu fügen, trat er zurück. Seinen Posten übernahm kommissarisch Shamirs Staatssekretär Ronni Milo.

Die Entscheidung zweier Kinos in Jerusalem, auch am Sabbat Filme zu zeigen, führte zum sog. "Kino-Krieg": an mehreren Wochenenden (August, September, Anfang November) setzte die Polizei gegen demonstrierende ultraorthodoxe Aktivisten (Charedim, 25 % der jüdischen Bevölkerung Jerusalems) Wasserwerfer und Tränengas ein. Damit wurde das Problem des Status quo zwischen (Ultra-)Religiösen und Nichtreligiösen in der Stadt angesprochen, den die fundamentalistischen Charedim selbst auf Kosten gewisser Grundwerte der israel. Demokratie zu ihren Gunsten zu verändern suchen.

Das Vertrauen der Öffentlichkeit in den Inlandsgeheimdienst Shin Bet (auch "Shabak", GSS) war bereits durch die Affaire des am 12.4.1984 entführten Egged-Bus Nr. 300 erschüttert worden (es hatte sich herausgestellt, daß Shin Bet-Angehörige die Gerichte wiederholt belogen hatten); so sorgte der Fall des aufgrund vom Geheimdienst erpreßter Aussagen 1981 zu Unrecht verurteilten tscherkessischen Offiziers Izzat Nafsu nicht nur für weiteres Aufsehen, sondern auch zu Spannungen zwischen Shin Bet und Tsahal. Nafsu wurde Ende Mai rehabilitiert. Um einer weiteren gerichtlichen Untersuchung allgemeiner Tragweite zu den Praktiken des Shin Bet zuvorzukommen, setzte Shamir im Juni eine Kommission ein, die aus dem früheren Leiter des Auslandsgeheimdienstes Mossad ("Institution") Tsvi Zamir und dem früheren Ombudsman Yitzhak Tunik bestand, doch ohne Erfolg; denn der Präsident des Obersten Gerichtshofes M. Shamgar setzte kurz darauf eine derselben Aufgabe nachgehende Kommission ein. Sie bestand aus einem anderen ehemaligen Mossad-Leiter (Yitzhak Hofi), einem anderen früheren Ombudsman (Ya'aqov Maltz) sowie dem früheren OGH-Präsidenten Moshe Landau und legte ihren Bericht Anfang November vor (JPW, 7.11.). Wenige Tage später ergab sich der nächste Skandal, als die Todesumstände des am 19.7. vom Shin Bet verhafteten Awad Hamdan aus Rumman (BG) starken Zweifeln unterworfen wurden.

Am 27.11. endete ein 52-tägiger Streik der öffentlichen Rundfunk- und Fernsehanstalt (ausgenommen der Militärsender Galei Tsahal).

Außenpolitische Entwicklung

Die Beziehungen zu I.s wichtigstem Verbündeten - den USA - wurden im ersten Halbjahr von der Iran-Contra-Affaire überschattet. Ein erster Kongreßreport (29.1., 64 S.) folgte weitgehend der Version des im November 1986 entlassenen Oberst Oliver North, es sei I.s Idee gewesen, aus dem Waffen-gegen-Geiseln-Geschäft mit dem Iran an die nikaraguanischen Contras Gelder umzuleiten. Der Schilderung des israel. Waffenhändlers Ya'aqov Nimrodi zufolge kam die Dreierverbindung zustande, als der Iraner Manucher Ghorbanifar als Gegenleistung für die amerikanische Erlaubnis zum Export in den Iran von 500 TOW-Raketen aus israel. Besitz den am 16.4.1984 verschwundenen William Buckley (CIA-Resident in Beirut) anbot (und den Israelis einen russischen, an der irakischen Front erbeuteten T 72-Panzer).
Mitte Februar erklärte Rabin, September-November 1985 seien zwei Schiffsladungen Waffen nach Erhalt einer mündlichen Zustimmung des Direktors des Nationalen Sicherheitsrates Robert McFarlane in den Iran abgegangen. Peres bestritt, I. habe beim Geldtransfer an die Contras irgendeine Rolle gespielt, McFarlane nahm seinerseits Anschuldigungen I. gegenüber zurück, und Ende Februar wies ein Bericht des Weißen Hauses die Verantwortung für den "deal" North zu. Dieser wiederholte seine Beschuldigungen u.a. gegen Amiram Nir (Berater des israel. Premiers); doch nachdem I. im August mit einem 70seitigen Bericht dem Kongreß Kooperationswilligkeit demonstriert hatte, lobte bei der Vorlage ihres Abschlußberichtes die Daniel Inouye-Kommission die vorbildliche israel. Zusammenarbeit und schob den Schwarzen Peter wieder North zu.
Nachteilig für die Beziehungen I.-USA wirkte sich auch die Pollard-Affaire aus (der Marinenachrichtenoffizier hatte bis zu seiner Verhaftung am 24.11.1985 anderthalb Jahre über 1.000 geheime Dokumente teilweise erheblicher Länge an I. geliefert). Die USA verlangten, die Verantwortlichen sollten in I. zur Rechenschaft gezogen werden und empfanden die Beförderung von Pollards Führungsoffizier Oberst Aviem Sella als Ohrfeige. Am 25.5. legten zwei israel. Kommissionen ihre Berichte vor: die eine (RA Yehoshua Rotenstreich, Gen.-Major Tsvi Tsur) machte das Kabinett kollegial verantwortlich und entlastete so die betroffenen Minister; der von Abba Ebban geleitete Knesset-Untersuchungsausschuß hielt die Minister Arens, Peres, Rabin (der schweren Nachlässigkeit beschuldigt) und Shamir für verantwortlich. Rücktritte erfolgten darauf keine: Rabin etwa hatte sich zwar bereits im Namen I.s bei den USA entschuldigt, war aber noch nicht bereit, eigenes Verschulden zuzugestehen. Mehr noch als die Iran-Contra-Affaire belastete der Fall Pollard auch das oft etwas problematische Verhältnis zwischen I. und den amerikanischen Juden.
Die Beziehungen zur anderen Großmacht, der UdSSR, erfuhren Mitte Juli mit der Ankunft einer konsularischen Delegation in I. eine deutliche Verbesserung. Die Sowjetunion mochte wohl eingesehen haben, daß eine Beziehung auch zu I. bei einer internationalen Konferenz conditio sine qua non ist. Einer entsprechenden israel. Delegation stimmte Moskau allerdings mit der einer Großmacht anstehenden Gelassenheit erst ein halbes Jahr später zu (Januar 1988).
Shamirs Westafrikareise setzte einen wichtigen Akzent in den israel.-afrikanischen Beziehungen: der Beschluß, die guten Beziehungen zur Republik Südafrika zu reduzieren, dürfte eher "for show" als von Überzeugung getragen sein.
Von Bedeutung im Verhältnis I.-EG war sicherlich Peres' Besuch in Spanien (ein Jahr nach Aufnahme der diplomatischen Beziehungen) und der Besuch des griechischen Außenministers Ende November: Griechenland unterhielt bislang aus Rücksicht zu seinen arabischen Handelspartnern keine diplomatischen Beziehungen zu I.
Das Thema einer Internationalen Konferenz (über Frieden und BG) kam bei verschiedenen Reisen israel. Politiker zur Sprache, wobei Peres wie Shamir für

ihre jeweiligen Standpunkte warben: Peres vertritt die Idee einer solchen Konferenz, er wurde darin von seinen bzw. Shamirs wichtigsten Gesprächspartnern weltweit unterstützt (Thatcher, Mitterrand, Chirac, Mubarak etc.). Shamirs Staatssekretär Yossi Ben-Aharon sowie sein Anhänger M. Arens trugen im Mai des Premierministers Standpunkt vor. Shamirs Mitte des Jahres gemachter Vorschlag, einen israel.-jordanisch-ägyptischen Dreiergipfel zu bilden, lehnte Mubarak erwartungsgemäß ab, würde ein solcher doch seine Bemühungen, Ägypten in der arabischen Welt zu rehabilitieren, zunichte machen. Auch die Besuche von US-Sonderbotschafter Charles Hill (August) und Außenminister G. Shultz (Oktober) konnten Shamir nicht umstimmen.

Sozioökonomische Entwicklung

1987 gilt als "das beste Jahr seit 1972" (M. Nissim). Zieht man etwa die Inflationsraten früherer Jahre (1985: 450 %) in Betracht, kann man die bisherigen Ergebnisse des Wirtschaftsplanes vom Juli 1985 als beachtlichen Erfolg werten: ein austerity-Programm, das zum einen den langjährigen Imperativ der Vollbeschäftigung (93,8 %) ad acta legte, dem zum anderen Dollar-Abwertung, Rohölpreisrückgang und US-Finanzhilfe zugute kamen. Die austerity äußerte sich sowohl im Budget 1987 (1.4.1987-1.4.1988) wie im (angenommenen) Budget 1988 durch Kürzungen in den Bereichen Erziehung, Gesundheit, Wohnungsbau und Industrie. Der Posten öffentlicher Gehälter wurde praktisch eingefroren (was zu einem fast zweimonatigen Streik der Sendeanstalten führte). Das Budget betrug 1987 39,3 Mrd. NIS (1988: 48,55 Mrd.). Davon standen den öffentlichen Ausgaben 9 %, dem Verteidigungsministerium 22 % zur Verfügung, für Kreditrückzahlung wurden ebenfalls 22 % und für Zinstilgung 18 % angesetzt.
Die Devisenreserven des hochverschuldeten Landes waren im Januar 1988 auf 5,5 Mrd. US-$ gestiegen. Der nicht mehr an den US-$, sondern an einen Devisenkorb gebundene Schekel wurde am 13.1. um 10 % abgewertet, konnte sich aber trotz des Druckes der Exporteure halten, die infolge der Talfahrt des Dollars weitere Devaluationen forderten. (Im Gegensatz zu Finanzminister Nissim möchte Peres zur Bindung an den Dollar zurückkehren.)
Auf dem Gebiet der Steuerpolitik wurde 1987 die Einkommensschere um 4 % auf 52 % erweitert. Diese Erhöhung ist für 1988 zurückgenommen worden.
Die Geldpolitik des Ministeriums wurde von der Zentralbank kaum unterstützt: Sie hob den Zinssatz am 12.2. um 1 % an, um ihn im April um 0,4 % zu senken. Betrug die Inflation 1986 19,7 %, so konnte sie 1987 auf 16,1 % gesenkt werden. Das BSP stieg 1987 um 4,6 %.
Die israel. Wirtschaft findet ihre Absatzmärkte immer noch vor allem in den USA und der EG - erst langsam beginnt man, sich Gedanken um die ostasiatischen Märkte zu machen: Exporte Januar-Oktober 1987 (Januar-Oktober 1986) in die USA: 2,17 (1,89) Mrd. US-$, in die EG: 2,16 (1,81) Mrd. US-$. Die Importe betrugen aus den USA 1,51 (1,46) Mrd. US-$, aus der EG 5,19 (4,0) Mrd. US-$.

Besetzte Gebiete

Ende September reichte Brig.-Gen. Efraim Sneh, Chef der Zivilverwaltung der Westbank, mit dem Fazit, es gäbe keine "aufgeklärte" Besatzung, seinen Rücktritt ein.
Unruhewellen gab es in den BG im Februar, April, August, Oktober und im Dezember, wobei sich die schwersten Unruhen (wie schon 1986) gegen Jahresende Bahn brachen. Auslöser war die Erdolchung eines israel. Zivilisten in Gaza und der kurz darauf erfolgte Straßenunfall, bei dem ein israel. Lkw zwei arabische Pkw samt Insassen schrottete. Zusätzlich mag auch der Hanggleiterangriff (25.11.) auf ein nordisrael. Tsahal-Lager eine Rolle gespielt haben. Es dürfte zutreffen, daß auch die im März 1988 noch andauernden Unruhen nicht von der

PLO ausgelöst wurden (die sich eher als Trittbrettfahrer anhängte), sondern von islamischen Fundamentalisten, wobei sich die Paarung von Fundamentalismus und Nationalismus als ein äußerst explosives Gemisch herausstellen sollte. Der Konflikt zwischen Jugendlichen, brennenden Reifen und Steinen sowie Ausgangssperren und scharfer Munition führte im Dezember zu 25 Toten auf arabischer Seite sowie 2.000 Festnahmen und 400 Schnellverfahren vor Militärgerichten.
Noch Mitte Oktober hatte anläßlich einer Pressekonferenz der Befehlshaber des Kommandos Zentrum, Generalmajor Amran Mitsna, erklärt: "There is no clearcut trend towards spontaneous popular resistance" in den BG (JPW, 24.10.).
Auch gemäßigte Politiker wie Hanna Siniora oder Muhammad Awad ("ziviler Ungehorsam") versuchten, auf den Zug aufzuspringen und ihr Profil zu retten. Die Schließung der Geschäfte durch ihre Besitzer war weniger von Überzeugung getragen als von anonymem Druck (Steine in Schaufenster etc.).
Von großer Bedeutung für die Wirtschaft der BG ist der Umstand, daß sie ihre landwirtschaftlichen Produkte seit Dezember in der EG direkt vermarkten können, ohne sich israel. Exportmittler wie der Agrexco bedienen zu müssen.

Die politische Führung Israels
Staatspräsident: Haim Herzog (seit 5.5.1983)
Israelische Regierung vom Dezember 1987
Premier: Yitzhak Shamir, Arbeit/Soziales: Moshe Katsav, Äußeres: Shimon Peres, Einwanderung: Ya'aqov Tsur, Energie: Moshe Shahal, Erziehung/Kultur: Yitzhak Navon, Finanzen: Moshe Nissim, Gesundheit: Shoshana Arbeli-Almoslino, Industrie/Handel Ariel Sharon, Inneres: bis 6.1. Yitzhak Peretz, dann Shamir (R. Milo kommissarisch), Justiz: Avraham Sharir, Landwirtschaft: Arye Nehamkin, Nachrichtenwesen: Gad Ya'aqobi, Polizei: Haim Bar-Lev, Religion: Zevulun Hammer, Tourismus: A. Sharir, Verkehr: Haim Corfu, Verteidigung: Yitzhak Rabin, Wirtschaft/Planung: G. Ya'aqobi, Wissenschaft: Gideon Patt, Wohnungsbau: David Levy, Ohne Geschäftsbereich: Yigal Hurvits, Ezer Weizmann, Yitzhak Moda'i, Yosef Shapira

Chronologie Israel 1987

Anfang Januar - 1. Testflug des Lavi
Mitte Januar - I. beantragt US-Finanzhilfe in Höhe von 3 Mrd. US-$
21.-25.1. - Außenminister Shimon Peres auf einwöchiger "Privatreise" in Großbritannien, Frankreich und Belgien
26.-29.1. - Australiens Premier Hawke in I.
6.2. - Israel. Marine stoppt Boot mit 50 Fatah-Kämpfern zwischen Larnaka und Khalde
9.2. - I. ernennt erstmals Araber (Muhammad Masarwa) zum Leiter einer diplomatischen Vertretung (Konsulat Atlanta, Georgia)
17.-20.2. - Ministerpräsident Yitzhak Shamir in den USA
25.-27.2 - Peres in Ägypten

27.3. - Staatssekretär des Äußeren Avraham Tamir trifft den UNO-Botschafter der VR China in New York
1.-2.4. - Staatspräsident Haim Herzog in der Schweiz
6.-10.4. - Herzog in der Bundesrepublik Deutschland
6.4. - Peres in Spanien
27.-30.4. - Shamir in Frankreich
28.4. - Israel. Quellen sprechen von einem kurz zuvor stattgefundenen Treffen Peres' mit dem jordanischen König Husain
17.5. - Peres trifft den sowjetischen Botschafter bei den USA, Juri Dubinin, in New York
31.5.-2.6. - Der französische Außenminister Jean Bernard Raimond zu Gast in I.
9.6. - Togo nimmt diplomatische Be-

ziehungen zu I. wieder auf
9.-10.6. - Peres trifft den jugoslawischen Staatspräsidenten Lazar Mojsov
sowie den ägyptischen Präsidenten
Husni Mubarak in Genf (Mitte September eröffnet die jugosl. Nachrichtenagentur Tanjug ein Büro in Tel
Aviv)
15.-20.6. - Westafrikatour von Shamir
(Togo: 15.-17.; Liberia: 18.-19.; Elfen-
beinküste: 19.-20.6.)
23.6. - Peres trifft in London die britische Premierministerin Margaret
Thatcher
25.6. - Shamir besucht den Gazastreifen
30.6. - Verteidigungsminister Yitzhak
Rabin in den USA
Juli - Wiederholt warnt die UdSSR I.,
die Rakete Gabriel 2 mit Atomspreng-
köpfen auszustatten
12.7. - Ankunft einer sowjet. konsularischen Delegation in Tel Aviv (Chef:
Jewgeni Antipow, stellv. Leiter der
Konsularabt. des sowjet. Außenministeriums; abgelöst Mitte Januar von
Georgi Martirosow, Nahostspezialist im
sowjet. Auswärtigen Amt)
20.-22.7. - Der ägyptische Außenminister Ismat Abd al-Majid besucht I.
17.-20.8. - Shamir besucht Rumänien
7.-10.9. - Rabin zu Gast in der Bundesrepublik
8.9. - Tamir trifft Li Luye (vgl. 27.3.)
14.9. - Wiederaufnahme der diplomatischen Beziehungen mit Ungarn
16.9. - Kabinettsbeschluß zur Reduzierung der Beziehungen zur Republik
Südafrika
23.9. - Peres trifft den sowjet.
Außenminister Schewardnadse in New
York (kurz darauf wird das Visum der
in I. weilenden sowjet. Delegation verlängert, vgl. 12.7.)
30.9. - Peres trifft den rotchinesischen
Außenminister Wu Xueqian in New
York
Ende September - Rücktritt von
Brig.-General Ephraim Sneh, Chef der
Zivilverwaltung der Westbank
2.10. - Ende von Peres' Besuch in den
USA
4.10. - Der japanische Vizeaußenminister Takeshi Hamano stattet I. ei-
nen dreitägigen Besuch ab

1.-3.11. - Besuch des französischen
Premierministers Jacques Chirac
9.11. - Herzog beginnt einwöchigen
Besuch in den USA
Mitte November - Besuch einer japa-
nischen Wirtschaftsdelegation
16.-18.11. - Der amerikanische
Außenminister George Shultz zu Gast
in I. (am 17.11. in Saudi-Arabien)
18.-20.11. - Peres reist nach Belgien,
Großbritannien und Frankreich
23.11. - Das Verbot, in Jerusalem am
Sabbatabend Filme vorzuführen, wird
gerichtlich für ungültig erklärt
24.11. - Shamir kehrt aus den USA
zurück
25.11. - Hanggleiterangriff der Gruppe
von Ahmad Jibril auf ein israel.
Armeelager bei Qiryat Shmona (6 Tote, 9 Verletzte; Angreifer gefallen. Die
Piloten der Hanggleiter waren in
Syrien ausgebildet worden.)
30.11.-2.12. - Besuch des griechischen
Außenministers Karolos Papoulias
(bisher zwar konsular. Vertretung, jedoch keine griechische Anerkennung
I.s)
Anfang Dezember - Israel. und kuba-
nische Diplomaten treffen sich in
Mexiko
6.12. - Israel. Zivilist in Gaza ersto-
chen
7.12. - Peres schlägt "Entmilitarisie-
rung" des Gazastreifens "unter israel.
Aufsicht" vor
8.12. - Landau-Kommission legt Bericht zum Geheimdienst (Shin Bet) vor.
12.12. - Neuer Geheimdienstskandal
(Shin Bet) führt zur Einsetzung einer
weiteren Untersuchungskommission
15.12. - Handels- u. Industrieminister
Ariel Sharon bezieht eine Wohnung im
arabisch-muslimischen Viertel der Altstadt Jerusalems
Mitte Dezember - Beginn der schweren Unruhen im Gazastreifen und in
Cisjordanien (ca. 20 Tote auf ara-
bisch-palästinensischer Seite)
14.-15.12. - Peres in Brasilien
13.-22.12. - Rabin in den Vereinigten
Staaten

Harald List

Jemen (Nord)

Offizieller Name: al-Jumhuriya al-Arabiya al-Yamaniya/Jemenitische Arabische Republik; Unabhängigkeit: 30.10.1918; Fläche: 195.000 qkm; Einwohner: 9,1 Mio.; Hauptstadt: Sana, Ew.: 427.000; Urbanisierungsrate: 10 %; Armeestärke: 36.550 Mann; BIP: 4,14 Mrd. US-$; Sektoren in %: Landwirtschaft 26; Industrie 17; Dienstl. 57; Pro-Kopf-Einkommen: 550 US-$ (1986); Währung: 1 US-$ = 9,8 Riyal (YR)

Innenpolitische Entwicklung

Nach einer längeren Periode der innenpolitischen Ruhe kam es im Jemen (J.) in der ersten Jahreshälfte wiederholt zu Bombenanschlägen (1). Am 9.6. gab die Regierung die Aufdeckung eines Sabotageringes und die Verhaftung mehrerer Personen bekannt. Teils wurden fundamentalistische Kräfte dafür verantwortlich gemacht. Ihre Aktivitäten seien gegen die Regierung gerichtet, weil ihnen diese nicht islamisch genug sei. Teils wurden hinter diesen Anschlägen Vertreter der Stämme vermutet, die mit der Regierung unzufrieden sind. Nach einer anderen Version könnte auch die vom Südjemen unterstützte Nationaldemokratische Front (NDF) hinter den Aktionen stehen, so daß die Bombenanschläge eine Reaktion auf die politischen Aktivitäten des gestürzten Präsidenten Ali Nasir Muhammad wären.

Außenpolitische Entwicklung

Die Außenpolitik des J. wird in hohem Maße von seiner strategisch wichtigen Lage am Ausgang des Roten Meeres sowie seiner Nachbarschaft zum pro-westlichen Saudi-Arabien im Norden und dem pro-östlichen Südjemen im Süden bestimmt. Der J. bemüht sich um eine Politik der Neutralität und Blockfreiheit, er kann sich den Einflüssen der beiden Nachbarstaaten jedoch nur schwer entziehen. Von Saudi-Arabien erhält der J. umfangreiche Finanzhilfe, auf die er dringend angewiesen ist, die aber auch zu einem gewissen Wohlverhalten verpflichtet. Zur Sitzung des saudisch-jem. Kooperationsrates kam im Juli der stellvertretende saudische Ministerpräsident Prinz Sultan nach Sana, um die Politik beider Regierungen aufeinander abzustimmen.

Wegen der engen Beziehungen zwischen den beiden Staaten des J. haben politische Veränderungen in einem Teil stets Rückwirkungen auf den anderen, zumal es in beiden Teilen starke Kräfte gibt, die auf eine Änderung des politischen Systems im anderen Teil drängen. Die nordjem. Führung widerstand jedoch der Versuchung, angesichts der Krise im Süden zugunsten des gestürzten Präsidenten Muhammad zu intervenieren. Für die Zurückhaltung in Sana dürfte auch die Warnung der Sowjetunion vor einer Einmischung in die inneren Angelegenheiten des Südjemen ausschlaggebend gewesen sein. Mit der Flucht des gestürzten Präsidenten Muhammad und rund 8.000 bewaffneter Gefolgsleute nach dem Nordj. sowie dem Anschwellen des Flüchtlingsstromes auf über 30.000 Personen wurden die beiderseitigen Beziehungen erheblich belastet. (2) Im Norden vertrat man

jedoch die Auffassung, daß auch die Südjemeniten im Norden ein Heimatrecht
besäßen und sich dort niederlassen könnten. Da die Regierung in Sana für die
Unterkunft und Verpflegung der Flüchtlinge beträchtliche Mittel bereitstellen
mußte, ergaben sich daraus spürbare finanzielle Belastungen. Deshalb drängte
Sana die südjem. Regierung zu Maßnahmen, um die Rückkehr möglichst vieler
Flüchtlinge zu ermöglichen.

Im Juni traf der südjem. Generalsekretär der Jemenitischen Sozialistischen Partei
Ali Salim al-Baid in Sana mit dem jem. Staatspräsidenten Ali Abdallah Salih
zusammen. Beide Seiten bekräftigten ihr Festhalten am Ziel der Einheit des J.,
und al-Baid betonte die "Bedeutung des Kontaktes zwischen den Führungen der
beiden Teile des Heimatlandes für die Lösung aller Probleme und die Ausmer-
zung anderer Probleme" (MD, 24.7.). Während für Aden die Koordination der
Wirtschafts- und Sozialpolitik Vorrang besaß, wünschte Sana die Lösung des
Flüchtlingsproblems (AN, 25.7.). Anläßlich der Feiern zum Jahrestag der Revolution am 26.9. besuchte der südjem. Präsident al-Attas Sana. Die hohen Strafen
gegen die Anhänger Muhammads haben die Hoffnungen auf eine baldige Lösung
des Flüchtlingsproblems erheblich gedämpft.

Sozioökonomische Entwicklung

Mit dem Beginn der Erdölexporte Anfang Dezember von dem neuen Ölfeld bei
Ma'rib setzte im J. das Ölzeitalter ein. Die Förderung soll 1988 200.000 b/d und
Einnahmen in Höhe von 700 Mio. US-$ erreichen. Von den Ölerlösen erhofft
sich das Land eine spürbare Steigerung der Deviseneinnahmen und einen Auf-
trieb für die wirtschaftliche Entwicklung. Bisher setzten sich die Deviseneinnahmen fast ausschließlich aus den Gastarbeiterüberweisungen (1987: 600 Mio. US-$)
zusammen.

Die schwierige Finanzlage zwang die Regierung zu einschneidenden finanzpoliti-
schen Maßnahmen. So wurde für Einreisende der Umtausch von 150 US-$ vorge-
schrieben. Ausreisende dürfen nicht mehr als 2.000 US-$ mit sich führen
(MEED, 18.4.). Durch die Aufwertung des Riyal sowie die Einschränkung des
Geldwechsels auf dem Schwarzmarkt und des Schmuggels konnte die Währung
stabilisiert werden. Die Haushaltsausgaben stiegen gegenüber dem Vorjahr um
"nur" 9 % auf 11,83 Mrd. YR. Bei Einnahmen in Höhe von 8,3 Mrd. YR liegt das
Defizit von 3,5 Mrd. YR um 36 % über dem des Vorjahres. Die Handelsbilanz ist
stark defizitär, da das Land kaum exportiert. 1986 beliefen sich die Einfuhren
auf 900 Mio. US-$, die Ausfuhren auf 19 Mio. US-$. (3)

Anmerkungen

1   Vgl. "Vielerlei Mutmaßungen nach Bombenanschlägen in Nordjemen", in:
    FAZ, 6.7.1987.
2   Die Zahlenangaben über die Flüchtlinge schwanken zwischen 30.000, die
    allgemein genannt werden, und 85.000, nach Angaben des gestürzten Ali N.
    Muhammad (FAZ, 1.7.1987). Die Zahlen über die bewaffneten Personen
    schwanken zwischen 6.000 und 8.000.
3   Zur wirtschaftlichen Lage vgl. North Yemen pins hopes on exchange rate
    stability, in: MEED (London), Nr. 16, 18.4.1987, S. 34-35, An IMF policy
    without the IMF, in: FT, 28.10.1987 und North Yemen special report, in:
    MEED, Nr. 45, 7.11.1987, S. 16-24.

Die politische Führung Nordjemens

Staatspräsident: Ali Abdallah Salih (seit 18.7.1978), **Vizepräsident:** Abd al-Karim al-Arshi

Jemenitische Regierung (Stand: Dezember 1987)

Ministerpräsident: Dr. Abd al-Aziz Abd al-Ghani, **Stellvertr. Ministerpräsident:** Hasan al-Makki, Mujahid Abu Shawarib (Inneres), Abd al-Karim al-Iryani, **Äußeres:** Abd al-Karim al-Iryani, **Elektrizität/Wasser:** Muhammad Hasan Sabra, **Entwicklung:** Muhammad Sa'id al-Attar, **Erdöl/Bodenschätze:** Ahmad Ali al-Muhani, **Erziehung:** Muhammad Abdallah al-Ja'ifi, **Finanzen:** Alawi al-Salami, **Gemeinde-/Wohnungswesen:** Ahmad Muhammad Luqman, **Gesundheit:** Dr. Muhammad Ahmad al-Kabbab, **Information/Kultur:** Hasan al-Lauzi, **Inneres:** Abdallah Husain Barakat, **Justiz:** Ahmad Muhammad al-Jaubi, **Kommunikation/ Transport:** Ahmad Muhammad al-Anisi, **Landwirtschaft/Fischerei:** Dr. Husain Abdallah al-Amri, **Öffentl. Dienst/Verwaltungsreform:** Isma'il al-Wazir, **Öffentl. Arbeit:** Abdallah al-Kurshumi, **Religiöse Stiftungen(Auqaf):** Ali Bin Ali al-Samman, **Soziales/Arbeit:** Muhsin Muhammad al-Ulfi, **Wirtschaft:** Muhammad Khadim al-Wazir

Chronologie Nordjemen 1987

6.-7.1. - Besuch des dänischen Außenministers Uffe Ellemann-Jensen

15.-17.3. - Präsident Ali Abdallah Salih besucht Libyen

29.3. - Außenminister al-Iryani in Kuwait; kuwait. Vermittlung wegen südjemenitischer Flüchtlinge

28.4. - Saudi Press Agency dementiert Berichte über Grenzzwischenfall mit J.

29.4. - In Bonn empfängt Außenminister Genscher al-Iryani

9.6. - Regierung gibt die Aufdeckung eines Sabotagerings und die Verhaftung seiner Mitglieder bekannt

22.-23.6. - Besuch des somalischen Präsidenten Siad Barre; Abkommen über wirtschaftliche, soziale und kulturelle Zusammenarbeit

4.-6.7. - Zehnte Sitzung des jem.-saudischen Kooperationsausschusses in Sana

21.-24.7. - Besuch des Generalsekretärs der JSP Ali Salim al-Baid

22.-29.7. - Besuch einer Delegation der Volksversammlung in der UdSSR

5.9. - Präsident Salih empfängt den Bundesmin. für Wirtschaftliche Zusammenarbeit Hans Klein; Unterzeichnung eines Handelsabkommens

6.9. - König Fahd empfängt Außenminister al-Iryani

26.9. - Teilnahme des saudischen Innenministers Prinz Nayif und des süd-jemenitischen Präsidenten al-Attas an den Revolutionsfeiern

10.10. - Ministerpräsident Abd al-Ghani besucht den Irak

11.-12.11. - Präsident Salih trifft im Anschluß an die Amman-Gipfelkonferenz König Fahd in Tabuk

6.12. - Außenminister al-Iryani dementiert Berichte über Grenzzwischenfall mit dem Südjemen

3.-6.12. - Ministerpräsident Abd al-Ghani besucht Libyen; Abkommen über die Förderung der Zusammenarbeit

9.12. - Präsident Salih nimmt die Ölpipeline vom Ölfeld Ma'rib zum Roten Meer in Betrieb

20.-22.12. - Besuch Präsident Salihs in den VAE

22.-24.12. - Besuch Präsident Salihs in Pakistan

24.-27.12. - Staatsbesuch Präsident Salihs in der Volksrepublik China

Thomas Koszinowski

Jemen (Süd)

Offizieller Name: Jumhuriyat al-Yaman al-Dimuqratiya al-Sha'biya/Demokratische Volksrepublik Jemen; Unabhängigkeit: 30.11.1967; Fläche: 333.000 qkm; Einwohner: 2,1 Mio.; Hauptstadt: Aden, Ew.: 250.000; Urbanisierungsrate: 37 %; Armeestärke: 27.500 Mann; BIP: 1,07 Mrd. US-$ (1985); Sektoren in %: Landwirtschaft 12; Industrie 22; Dienstl. 66; Pro-Kopf-Einkommen: 530 US-$ (1986); Währung: 1 US-$ = 0,345 Riyal (SYR)

Innenpolitische Entwicklung

Die nach den bürgerkriegsähnlichen Kämpfen und dem Sturz des Staatspräsidenten Ali Nasir Muhammad im Januar 1986 im Südjemen (S.) an die Macht gelangte neue Führung des linken Flügels der Jemenitischen Sozialistischen Partei (JSP) konnte ihre Stellung innen- und außenpolitisch absichern und festigen. Sowohl der neue Staatspräsident Haidar Abu Bakr al-Attas als auch der neue Generalsekretär der JSP Ali Salim al-Baid gelten als gemäßigt und verfolgen eine vorsichtige Öffnung nach außen und eine gewisse Liberalisierung in der Innen- und Wirtschaftspolitik, um das Vertrauen der Bevölkerung wiederzugewinnen und die wirtschaftlichen Aktivitäten zu mobilisieren. Diesem Kurs scheinen sich die Vertreter einer ideologisch strengen Linie zu widersetzen, wie der stellvertretende Generalsekretär der JSP Salim Salih Muhammad sowie Muhammad Abdallah Sa'id, genannt Muhsin, Sekretär des ZK und früherer Sicherheitchef. Beide gelten als "hart, rücksichtslos und persönlich ehrgeizig" (1). Auf dem 4. Parteitag der JSP vom 20.-21.6. wurde die Partei- und Regierungsspitze in ihren Ämtern bestätigt, was als Stärkung der gemäßigten Kräfte gewertet wurde.

Für alle Flüchtlinge, die sich keiner krimineller Vergehen schuldig gemacht hatten, wurde eine Amnestie ausgesprochen, gleichzeitig jedoch ein Prozeß gegen 142 Anhänger Muhammads eröffnet. Bei Säuberungsaktionen wurden angeblich Hunderte von Personen liquidiert und Tausende inhaftiert (A, 24.1.). Aus diesem Grund machten nur relativ wenig Flüchtlinge von der Amnestie Gebrauch und kehrten nach Aden zurück. Vielmehr stieg die Zahl der Flüchtlinge nach Nordjemen weiter an. (2) Am 12.12. wurden Muhammad und 34 weitere Personen, davon 18 in Abwesenheit, zum Tode verurteilt. Damit waren Versuche einer Aussöhnung zwischen den beiden verfeindeten Gruppen, wie sie von Muhammad wiederholt gefordert worden war, endgültig gescheitert (MD, 14.12.).

Außenpolitische Entwicklung

Auf außenpolitischem Gebiet sah die neue Führung ihre wichtigste Aufgabe in der Festigung ihrer Beziehungen zur Sowjetunion. In einer Rede Ende November 1986 hatte al-Attas die Verbesserung dieser Beziehungen als einen "Eckstein der Außenpolitik unseres Landes und der Partei" genannt (EG, 1.12.1986). Während eines offiziellen Freundschaftsbesuches Ali Salim al-Baids in der Sowjetunion Anfang Februar sagte Gorbatschow dem S. weitere Hilfe zu und warnte zugleich vor neuen Machtkämpfen (MD, 11.2.). Bei der Festigung der Position der gemä-

ßigten Kräfte in der neuen Führung in Aden dürfte die Einflußnahme der So-
wjetunion den entscheidenden Ausschlag gegeben haben. Aber auch die DDR
intervenierte gegen ein zu hartes Vorgehen gegen die Anhänger des gestürzten
Muhammad (3).
Der S. bemühte sich um gutnachbarliche Beziehungen zu den Staaten auf der
Arabischen Halbinsel. Bei einem Besuch in Maskat vereinbarte der südjem.
Außenminister al-Dali die Aufnahme diplomatischer Beziehungen mit Oman
(AN, 16.1.). Im März besuchte Staatspräsident al-Attas die VAE und Bahrain und
vom 30.10.-1.11. Dschibuti sowie vom 1.-2.11. Somalia. Mit Äthiopien, das
anfangs den gestürzten Präsidenten Muhammad unterstützt hatte, konnten die
Beziehungen durch ein "Protokoll zur Stärkung der Zusammenarbeit" vom 19.2.
normalisiert werden (SWB, 21.2.). Im Golfkrieg rückte Aden von seiner pro-ira-
nischen Haltung ab. In einem Interview forderte al-Attas Iran zur Annahme des
UNO-Beschlusses 598 auf und sagte Kuwait im Falle eines iranischen Angriffs
Unterstützung zu (KuT, 13.12.).

Sozioökonomische Entwicklung

Durch die Kämpfe vom Januar 1986 wurden Schäden, vor allem in Aden, in
Höhe von rund 120 Mio. US-$ verursacht, das sind 10 % des Sozialprodukts
(FAZ, 24.8.). Die wirtschaftliche Entwicklung des Landes, das mit 530 US-$
Pro-Kopf-Einkommen zu den ärmsten Ländern der Welt zählt, erlitt dadurch
einen Rückschlag. Aufgrund der innenpolitischen Krise gingen auch die Gastarbeiterüberweisungen, die wichtigste Devisenquelle, auf 260 Mio. US-$ (1983: 451
Mio. US-$) zurück. Aus ideologischen Gründen lehnt die Führung die Aufnahme
von Krediten auf dem internationalen Kapitalmarkt ab. Sie war jedoch zu wirtschaftspolitischen Konzessionen gezwungen, um die Wirtschaft wieder anzukur-
beln und die Folgen des Bürgerkrieges zu überwinden. In der Landwirtschaft
wurde privatwirtschaftlichen Aktivitäten im Rahmen von Genossenschaften ein
größerer Spielraum gegenüber den Staatsfarmen, die teilweise mit hohen Verlusten arbeiten, eingeräumt. Zur Förderung der Initiative auf lokaler Ebene wurde
die zentrale Planung gelockert und den Provinzbehörden ein Teil der Haushalts-
planung übertragen.
Um den Rückgang der Einnahmen auszugleichen, wurden die Ausgaben für die
Entwicklungsplanung auf 149 Mio. SYR gegenüber den geplanten 176 Mio. SYR
gekürzt. Da auch die Importe beschränkt wurden, konnte das Zahlungsbilanzdefizit von 310 Mio. US-$ (1985) auf 250 Mio. US-$ (1986) verringert werden. Die
Industrieproduktion sank 1986 infolge der Zerstörungen um 10 %. Die Auslandsschulden werden auf 1,4 Mrd. US-$ geschätzt, von denen drei Viertel auf die
Sowjetunion und China entfallen. (4) Eine Besserung der Wirtschaftslage wird
vom Ölexport nach Fertigstellung einer Pipeline (100.000 b/d) durch die Sowjetunion erwartet (Förderung z.Z. ca. 10.000 b/d).

Anmerkungen

1 Graz, Liesl, South Yemen's new leaders seeking legitimacy, in: MEI (London),
  Nr. 311, 24.10.1987, S. 13-14.
2 Vgl. Flüchtlingsstrom aus Südjemen dauert an, in: FAZ, 26.2.1987.
3 Erich Honecker appellierte in einem Telegramm an Ali S. al-Baid, die Todesurteile nicht zu vollstrecken (SWB, 18.12.1987).
4 Vgl. South Yemen encourages its private sector, in: MEED (London), Nr. 1,
  3.1.1987, S. 29

Die politische Führung Südjemens
Staatspräsident: Haidar Abu Bakr al-Attas (seit 8.2.1986)
Südjemenitische Regierung vom 8.2.1986
Ministerpräsident: Yasin Sa'id Nu'man, **Äußeres:** Dr. Abd al-Aziz al-Dali, **Arbeit/Dienstleistungen:** Uthman Abd al-Jabbar Rashid, **Einheitsfragen:** Rashid Muhammad Thabit, **Energie/Bodenschätze:** Salih Abu Bakr Bin Husainun (1), **Erziehung:** Dr. Salim Abu Bakr Ba Salim, **Finanzen:** Dr. Ahmad Nasir al-Danani (2), **Fischerei:** Uthman Abd al-Jabbar, **Gesundheit:** Dr. Sa'id Sharaf, **Industrie/Handel/Versorgung:** Abdallah Muhammad Uthman, **Inneres:** Salih Munassar al-Siyaili (1), **Justiz/Auqaf:** Abd al-Wasi Ahmad Sallam, **Kultur/Information:** Dr. Muhammad Jarhum, **Landwirtschaft:** Dr. Ahmad Ali Muqbil, **Planung:** Dr. Faraj Bin Ghanim, **Staatssicherheit:** Sa'id Salih Salim, **Transport:** Salim Abdallah Muthanna, **Verteidigung:** Salih Ubaid Ahmad, **Wohnungs-/Bauwesen:** Abd al-Qawi Muthanna Hadi (2)
(1) stellvertr. Ministerpräsident; (2) seit 4.11.1987

Chronologie Südjemen 1987

11.-14.1. - Außenminister al-Dali in Oman; Abkommen über Verbesserung der Beziehungen und Eröffnung von Botschaften
9.-11.2. - Besuch Ali Salim al-Baids, Generalsekretär der JSP, in der Sowjetunion
19.2. - Abkommen mit Äthiopien über die Stärkung der Zusammenarbeit
28.2.-2.3. - Vierte Sitzung des südjemenit.-omanischen gemeinsamen technischen Komitees zur Regelung von Grenzfragen
21.-23.3. - Besuch von Präsident al-Attas in den VAE und 25.3. in Bahrain
1.4. - Besuch des stellvertretenden sowjetischen Verteidigungsministers Iwanowski
13.4. - Außenminister al-Dali wird vom syrischen Präsidenten Asad empfangen
13.5. - Abkommen mit der Sowjetunion über wirtschaftliche Kooperation; Erstellung einer Studie über die Entwicklung des S. bis zum Jahre 2000
16.5. - Kurzbesuch al-Baids, Generalsekretär der JSP, in Damaskus
17.5. - Verteidigungsmin. Ahmad führt in der Sowjetunion Gespräche über die militärische Zusammenarbeit
20.-21.6. - Konferenz der JSP
28.7. - Unterzeichnung eines Abkommens mit der Sowjetunion über die Erschließung der Ölvorkommen
22.8. - Besuch des Sonderbotschafters des iranischen Präsidenten; Botschaft Khameneis an Präsident al-Attas
11.10. - Acht Tote bei Grenzzwischenfall mit Oman
30.10.-01.11. - Besuch von Präsident al-Attas in Dschibuti
31.10. - Kurzbesuch des iranischen Außenministers Velayati
1.-2.11. - Besuch von Präsident al-Attas in Somalia
4.11. - Präsident al-Attas ernennt zwei neue Minister: Abd al-Qawi Muthanna Hadi für Wohnungswesen und Dr. Ahmad Nasir al-Danani für Finanzen
9.11. - Protokoll mit Kuba über wirtschaftliche und techn. Kooperation
1.12. - Unterzeichnung eines Fischereiabkommens mit der Sowjetunion
12.12. - Gericht verurteilt den gestürzten Präsidenten Muhammad und 34 Anhänger zum Tode; am 27.12. vom Obersten Volksrat bestätigt
16.12. - Erich Honecker (DDR) appelliert an Ali Salim al-Baid, das Leben Ali Nasir Muhammads zu schonen
29.12. - Fünf Hinrichtungen; u.a. des früheren Luftwaffenchefs Ahmad Husain Musa und des stellvertr. Sicherheitschefs Alawi Husain Farhan

Thomas Koszinowski

Jordanien

Offizieller Name: al-Mamlaka al-Urdunniya al-Hashimiya/Haschemitisches Königreich Jordanien; Unabhängigkeit: 22.3.1946; Fläche: 97.740 qkm; (Ostjordanland: 89.206 qkm); Einwohner: 3,7 Mio. (1987) (Ostjordanland: 2,8 Mio.); Hauptstadt: Amman, 1,2 Mio. Ew. (1986); Urbanisierungsrate: ca. 72 %; Armeestärke: 72.800 Mann, Paramilitär. Einh.: 3.500 Mann Bewegliche Einsatzpolizei, 7.500 Mann Zivilmiliz; BIP (1986, zu lauf. Preisen): 1.400,2 Mio. JD; Sektoren in % (1986): Landwirtschaft 8,3; Industrie 17,6; Dienstl. 63,4; Pro-Kopf-Einkommen: 1.560 US-$ (1986); Währung: 1 US-$ = 0,343 JD (Jord. Dinar) Mittelwert 1987

Innenpolitische Entwicklung

In seiner Thronrede zur Eröffnung des Repräsentantenhauses im Oktober verlängerte König Husain dessen 5. Sitzungsperiode um weitere zwei Jahre und sagte damit die geplanten Neuwahlen für dieses Jahr offiziell ab. Die Verschiebung der Wahlen war offensichtlich als eine Geste des Entgegenkommens an die PLO gedacht, um für den arabischen Gipfel im November schwelende Konflikte zu entschärfen (FAZ, 12.10.). Das amtierende Repräsentantenhaus war im April 1967 aus Wahlen im Ost- und Westjordanland hervorgegangen, wobei jeder Landesteil 30 Abgeordnete gestellt hatte. Nach der Besetzung des Westjordanlandes durch Israel im Juni 1967 konnten dort keine Abgeordneten mehr gewählt werden. 1976 hatte der König die Abgeordnetenkammer aufgelöst und erst 1984 auf vier Jahre wieder in ihrer alten Zusammensetzung eingesetzt (1). Nötige Nachwahlen wurden nur im Ostjordanland durchgeführt, Ersatzvertreter für das Westjordanland wurden vom Repräsentantenhaus ernannt. Ein neues Wahlgesetz vom März 1986 sah folgende Regelung vor: Die Hälfte von insgesamt 142 Abgeordneten sowie 11 Vertreter für das Westjordanland sollten im Ostjordanland und in den dort befindlichen Flüchtlingslagern direkt gewählt werden. Diese 71 + 11 Abgeordneten sollten dann ein erstes Kontingent von 30 Vertretern für das Westjordanland ernennen und anschließend alle zusammen die restlichen 30 Abgeordneten für das Westjordanland. Die PLO hatte erhebliche Einwände gegen dieses Verfahren. Sie befürchtete, im jordanischen Parlament unterrepräsentiert zu sein. Ihrer Ansicht nach hat im Ostjordanland kein Oppositionspolitiker eine Wahlchance und bei einer Auswahl der Vertreter für den Westen durch die aus dem Osten würden wiederum nur königstreue Politiker und keine PLO-Mitglieder ins Parlament berufen werden. Der Wahlaufschub gab den (ost)jordanischen Behörden gleichzeitig Gelegenheit, ihre Kampagne zur Wählerregistrierung fortzuführen. Im Frühjahr hatten sich von 1,2 Mio. geschätzten Wahlberechtigten nur 0,9 Mio. registrieren lassen.

Außenpolitische Entwicklung

In der ersten Jahreshälfte setzte König Husain seine intensiven Bemühungen um eine internationale Nahostfriedenskonferenz fort und besuchte mehrere europäische Hauptstädte. Seinen fast schon traditionellen Jahresbesuch in den USA sagte er hingegen aus Verärgerung über die "Irangate"-Affäre und über nicht genehmigte jord. Waffenkäufe ab. Im Laufe des Jahres traten die Vorbereitungen zum Gipfeltreffen der (-->) Arabischen Liga in Amman mehr und mehr in den Vordergrund der diplomatischen Tätigkeiten des Königs. Durch eine aufreibende Reisediplomatie brachte er die untereinander zerstrittenen Mitglieder der Liga dazu, sich auf eine Tagesordnung zu einigen, die eine Teilnahme aller arabischen Staatsoberhäupter am Gipfel ermöglichte. Besonders intensiv betrieb König Husain eine Vermittlung zwischen Syrien und Irak sowie die Rückkehr Ägyptens in die Liga (2). Eigene jord. Beiträge zur arabischen Einigung waren die Wiederherstellung der unterbrochenen diplomatischen Beziehungen zu Libyen im September und eine erneute Aufnahme des Dialogs mit der PLO. Durch die Vermittlung des irakischen Staatspräsidenten Saddam Husain trafen sich König Husain und Yasir Arafat zu einem längeren Gespräch am Rande des Gipfels. Sie kamen überein, gemeinsam eine Lösung des Nahostkonflikts anzustreben (KuT, 11.11.). Ob dies eine Erneuerung der am 19.2.1986 von J. ausgesetzten und im April 1987 von der PLO aufgekündigten jord.-palästinensischen Vereinbarung vom 11.2.1985 (3) beinhaltete, wurde nicht deutlich. Kern jener Vereinbarung war die Teilnahme der PLO an der angestrebten Nahostfriedenskonferenz als integrierter Bestandteil einer jord. Delegation gewesen. Die "Aussöhnung" zwischen König Husain und Arafat ebnete auch den Weg für weitere Sitzungen des jord.-palästinensischen Komitees. Auf dem Programm des Komitees steht - nach einer ergebnislosen Zusammenkunft im Februar - noch immer eine Einigung über die Verwendung der von Saudi-Arabien bereits im Vorjahr für die besetzten Gebiete zur Verfügung gestellten 9,5 Mio. US-$.

Sozioökonomische Entwicklung

Der Erdölpreisverfall hatte sich indirekt auf die jord. Wirtschaft ausgewirkt. Die Hilfeleistungen aus den arabischen Golfstaaten (4) waren seit 1985 konstant zurückgegangen, zahlreiche jord. Arbeitskräfte waren aus ihnen zurückgekehrt, und die Auslandsüberweisungen hatten abgenommen. Gewisse Anzeichen deuteten jedoch auf einen "Marsch aus der Talsohle" hin (HB, 23.7.). Für 1987 wurde ein Anstieg des BIP auf über 3,7 % und damit nahe der Bevölkerungszunahme von 3,9 % liegend erwartet.
Spezielle Probleme waren die Arbeitslosigkeit, das Außenhandelsdefizit und Planungsfehler bei der Industrieentwicklung. Im inländischen Arbeitsmarkt des Ostjordanlandes kamen auf 480.000 jord. Erwerbstätige ca. 130.000 ausländische Arbeitnehmer. Etwa 318.000 Jordanier befanden sich als Gastarbeiter im Ausland, über 83 % davon in den arabischen Golfstaaten. Mitte des Jahres waren fast 8 % der Arbeitsbevölkerung im Inland als arbeitslos gemeldet, 90 % davon mit Ober- bzw. Hochschulabschluß (JoT, 17. u. 22.7.). Besonders Ingenieure und Akademiker konnten vom Arbeitsmarkt nicht länger absorbiert werden. Dagegen herrschte ein Defizit an jord. Arbeitskräften in der Landwirtschaft sowie im Bau- und Dienstleistungsgewerbe. In diesen Bereichen waren schätzungsweise 70.000 Ägypter und 10.000 Syrer illegal beschäftigt. Im Juli wurden die Maßnahmen gegen illegale Fremdarbeiter im Lande verschärft. An ihrer Wirksamkeit bestanden Zweifel. Ägyptische und syrische Staatsangehörige benötigen keine Einreise- oder Aufenthaltsvisa, und ihr Zustrom ist daher kaum zu kontrollieren.
Im Laufe des Jahres vollzog sich ein deutlicher Wandel von der bisherigen liberalen Außenpolitik hin zu Importrestriktionen und Schutzzöllen. Die Zölle für

Textilimporte wurden im April erhöht, bestimmte Nahrungs- und Genußmittel mit Importzöllen belegt und die Liste der hoch zu verzollenden Luxusgüter wesentlich erweitert. Die traditionellen Dünge- und Nahrungsmittelexporte konnten zwar erhöht werden, blieben aber durch den starken Konkurrenzdruck auf den internationalen Märkten insgesamt hinter den Erwartungen zurück. Für die Rückzahlung von Auslandsschulden, die sich insgesamt auf ca. 4 Mrd. US-$ beliefen, wurden rund 13 % aller Deviseneinnahmen benötigt.
Von den im Haushalt 1987 für Entwicklungsprojekte vorgesehenen 143,8 Mio. JD sollten fast 50 % durch private und ausländische Investitionen abgedeckt werden. Die Bemühungen um Anleger aus dem Ausland stießen auf Grenzen. Potentielle Anleger, z.B. aus Kuwait, erwarteten, daß die Benachteiligung ausländischer Investoren gegenüber einheimischen durch Änderung der Investitionsgesetze aufgehoben würden. Auch wurden für die Projekte Rentabilitätsstudien durch anerkannte Fachleute gefordert. Ein Teil der bisher durchgeführten Industrieentwicklungsprojekte war unrentabel geblieben, z.B. die defizitär arbeitenden Kali-, Phosphat- und Düngemittelwerke am Toten Meer. Um die Arbeitsplätze in solchen Projekten zu erhalten, mußten erhebliche Mittel zur Weiterfinanzierung und Umstrukturierung bereitgestellt werden. Insgesamt blieb die jord. Industrie trotz Förderung und Subvention sanierungsbedürftig (allein 1986 hatte ihr Verlust 122 Mio. US-$ betragen).
Das im Haushaltsansatz für 1987 mit 39,6 Mio. JD veranschlagte Defizit war weit unterschätzt. Im Sommer wurde ein Zusatzhaushalt von 141,4 Mio. JD eingebracht, wovon allerdings 82 % für die Armee vorgesehen waren, vorwiegend, um unautorisierte Ausgaben der Jahre 1972-85 zu decken. Zusammen mit dem Haushaltsentwurf 1988 wurde im Dezember ein Nachtragshaushalt von 61,4 Mio. JD gebilligt.

Haushaltsentwurf 1988 (JoT, 8.12.):
Ausgaben nach Verwendungsseite: Wirtschaftsentwicklung: 256,1 Mio. JD; **Verteidigung und Sicherheit:** 256,0 Mio. JD; **Öffentliche Verwaltung und Finanzen:** 243,2 Mio. JD; **Kreditdienste:** 177,7 Mio. JD; **Soziale und kulturelle Entwicklung:** 142,4 Mio. JD; **Insgesamt:** 1.075,4 Mio. JD, davon: als laufende Kosten: 623,8 Mio. JD, für Kapitaldienste: 305,3 Mio. JD, für Entwicklungsprojekte: 146,3 Mio. JD; **Einnahmen: Lokales Aufkommen:** 610,9 Mio. JD **Finanzhilfen:** 225,0 Mio. JD; **Darlehen:** 26,3 Mio. JD; **Entwicklungsprojekthilfen u. -darlehen:** 146,3 Mio. JD; **Insgesamt:** 1.008,5 Mio. JD **Defizit:** 66,9 Mio. JD
Das Defizit von 66,9 Mio. JD soll durch In- und Auslandsverschuldungen, Ausgabenkontrollen und Einnahmeerhöhungen abgedeckt werden.

Anmerkungen

1 Neben dem Repräsentantenhaus besteht seit 1964 ein vom König berufener Senat aus 30 Mitgliedern.
2 Mitgliedschaft 1979 wegen des Camp David-Abkommens suspendiert.
3 Text s.: "Jordanische Initiative für ein gemeinsames Vorgehen mit der PLO", in: Auswärtiges Amt, Bonn (Hrsg.): Die Bundesrepublik Deutschland und der Nahe Osten, Dokumentation, Bonn 1987, S. 245.
4 Im Abkommen von Bagdad 1978 waren J. als "Frontstaat" gegen Israel jährliche Zuwendungen von insges. 1,25 Mrd. US-$ zugesichert worden.

Die politische Führung Jordaniens
Staatsoberhaupt: König Husain bin Talal (seit 1953)
Jordanische Regierung vom Oktober 1986
Ministerpräs., Verteidigungsmin.: Zaid al-Rifa'i, Stellvertr. **Ministerpräs.:** Abd al-Wahhab al-Majali, **Arbeit/Soz. Entwicklung:** Khalid Hajj Hasan, **Äußeres:** Tahir al-Masri, **Bildungswesen:** Dhukan al-Hindawi, **Finanzwesen:** Hanna Auda, **Gesundheitswesen:** Zaid Hamza, **Handel/Industrie/Tourismus:** Raja'i al-Ma'shir, **Hochschulwesen:** Nasr al-Din al-As'ad, **Informationswesen:** Muhammad al-Khatib, **Inneres:** Raja'i Dajani, **Islamische Angelegenheiten:** Abd al-Aziz al-Khaiyat, **Israelisch Besetzte Gebiete:** Marwan Dudin, **Jugendfragen:** Id al-Dahiyat, **Justiz:** Ri'ad Shak'a, **Kommunalangeleg./Umweltschutz:** Yusuf al-Hamdan al-Jabir, **Kultur/Archäologie:** Tahir Hikmat, **Landwirtschaft:** Marwan al-Hamud, **Nachrichtenwesen:** Muhy al-Din al-Husaini, **Öffentliche Arbeiten:** Mahmud Hawamda, **Planung:** Tahir Kana'an, **Verkehrs-/Transportwesen:** Ahmad Dakhqan, **Versorgung:** Ibrahim Aiyub, **Staatsminister:** Sami Jauda

Chronologie Jordanien 1987

6.-8.1. - Richard Murphy, Nahostbeauftragter des US-Außenministeriums, zu Gesprächen in Amman
7./8.1. - König Husain in Bagdad; erneut 8.3.; 13./14.5.;30.6.; 6.9.; 5./6.10.; 30.11.
12.-17.1. - Offizieller Besuch König Husains in Frankreich (bis 14.1.) und in Italien
23.-25.1. - Besuch des australischen Premierministers Bob Hawke in Amman
26.-29.1. - Teilnahme König Husains am (-->) OIK-Gipfel in Kuwait; am Rande u.a. Gespräche mit Yasir Arafat (26.1.)
4.-6.2. - Besuch des libanesischen Staatspräsidenten Gemayel
10./11.2. - König Husain in Damaskus; erneut 3.4.; 14./15.5.; 24./25.6.; 1.9.; 24.9.; 25.11.
4.-6.3. - König Husain in Österreich (4.3. - erster Staatsgast seit der Präsidentschaft von Waldheim) und in der BRD (5./6.3.)
7.3. - Mikhail Sytenko, Nahostbeauftragter des Obersten Sowjets der UdSSR, zu Gesprächen in Amman
22.3. - König Husain in Kairo; erneut 12.5.; 3.9.; 11.10.; 6.12.
3.-8.4. - König Husain in Marokko (4./5.4.), in den Niederlanden (6.4.), in Belgien (7./8.4.); anschließend Privatbesuch in Großbritannien

15.-18.4. - Leo Tindermans, EG-Ministerratsvorsitzender und belgischer Außenminister, zu Gesprächen in Amman
19.4. - Aufkündigung der Vereinbarung König Husain-Arafat vom Februar 1985 durch das Exekutivkomitee der PLO (--> PLO)
5.5. - Besuch des ägyptischen Ministerpräsidenten Sidqi in Amman
23.-25.5. - König Husain in Saudi-Arabien
3.6. - Besuch des ägyptischen Staatspräsidenten Mubarak in Amman
10.-13.6. - Besuch des syrischen Ministerpräs. al-Kasm in Amman
24.-30.6. - König Husain in der Türkei (26.-29.6.), in Frankreich (29.6.)
1.-4.7. - Besuch des österreichischen Staatspräsidenten Waldheim
Juli - Längerer Privatbesuch König Husains in Großbritannien (Gespräche mit Premierministerin Thatcher 13.7., Zusammenkunft mit König Hassan II. von Marokko, Rückkehr 28.7.)
23.8. - König Husain von der Dag Hammarskjöld-Akademie in Brüssel zum "Mann des Friedens 1987" gewählt (Übergabe des Preises 26.8. in Amman)
3.9. - Jordanisch-syrisches Abkommen über den Bau des "al-Wahda"-(Einigkeits-)Staudammes am Yarmuk-Fluß in Syrien durch J. für 150

Mio. JD und über gemeinsame Wassernutzung

3.-5.9. - Besuch des syrischen Ministerpräsidenten al-Kasm in Amman
September - Privatbesuch König Husains in Großbritannien (Gespräche mit Premierministerin Thatcher 11.9.)
17./18.9. - König Husain in der Schweiz
23.9. - Wiederherstellung der am 22.2.1984 unterbrochenen diplomatischen Beziehungen zu Libyen angekündigt
25.-30.9. - König Husain in Oman, den VAE, Saudi-Arabien, Bahrain und Kuwait
4.-6.10. - Besuch des pakistanischen Präsidenten Zia ul-Haq in J.
10.10. - Eröffnung des Repräsentantenhauses nach der Sommerpause durch König Husain, Verlängerung der Sitzungsperiode um zwei Jahre
14.-21.10. - König Husain in Finnland (14.10.), anschließend Privatbesuch in Großbritannien (Gespräche mit US-Außenminister Shultz 19. u. 20.10. sowie mit dem stellvertr. sowj. Außenmin. 20.10.)
18.-21.10. - Reiner Neumann, Mittelostreferent des DDR-Außenministeriums, zu Gesprächen in Amman
1.-3.11. - Sir Geoffrey Howe, britischer Außenminister, zu Gesprächen in Amman
8.-11.11. - Gipfeltreffen der Arabischen Liga in Amman (am Rande u.a. Gespräche zwischen König Husain und Yasir Arafat)
19.11. - Besuch des ägyptischen Staatspräs. Mubarak in Amman
19./20.11. - Außenminister Genscher auf Nahosttour in Amman
22.-24.11. - Besuch des amtierenden libanesischen Ministerpräsidenten al-Huss
7./8.12. - König Husain in Saudi-Arabien
9.12. - Jord. Vorlage zur "New International Humanitarian Order" von der UNO-Vollversammlung angenommen
12.-14.12. - König Husain in Kuwait, Bahrain, den VAE, Qatar und Oman

19.12. - Haushaltsentwurf 1988 vom Repräsentantenhaus gebilligt (am 29.12. vom Senat ratifiziert)
21.-23.12. - König Husain in der UdSSR

Erhard Franz

Libanon

Offizieller Name: al-Jumhuriya al-Lubnaniya/Libanesische Republik; Unabhängigkeit: 21.12.1946 (Abzug der franz. Truppen); Fläche: 10.400 qkm; Einwohner: ca. 2,67 Mio. (1986) (ohne 350.000-500.000 palästinensische Flüchtlinge); Hauptstadt: Beirut, Ew.: 1-1,5 Mio.; Urbanisierungsrate: ca. 33 %; Armeestärke: ca. 17.000 Mann (1986); BIP: z.Z. nicht ermittelbar; Sektoren in %: Landwirtschaft 11; Industrie 20; Dienstl. 69 (1982); Pro-Kopf-Einkommen: z.Z. nicht ermittelbar; Währung: 1 US-$ = 82,5 Libanesische Pfunde (Lℒ) Jan. 1987/452 Lℒ Dez. 1987

Innen- und außenpolitische Entwicklung

Seit Ausbruch des Bürgerkrieges 1975 mit seinen bisher über 130.000 Todesopfern gibt es de facto keinen libanesischen Staat mit eigener Entscheidungsgewalt mehr. Im Süden wird eine 10 km breite "Sicherheitszone" von der israelischen Armee zusammen mit ca. 2.500 Mann der "Südlibanesischen Armee" (SLA) kontrolliert. Sie überlappt z.T. mit dem Einsatzgebiet der dort seit 1978 stationierten "United Nations Interim Forces in Lebanon" (UNIFIL). Im Norden und Osten stehen 25.000 Mann syrische Truppen, 1976 auf Ersuchen des damaligen Staatspräsidenten Franjiya einmarschiert und nachträglich als Kontingent einer "Arabischen Friedenstruppe" im Auftrag der Arabischen Liga ausgewiesen. Mit Syrien liiert, aber außerhalb einer direkten Kontrolle durch syrische Truppen, ist das Drusengebiet in den Shuf-Bergen, das die etwa 3.500 Mann der "Volksarmee" der Sozialistischen Fortschrittspartei des Drusen Walid Junblat beherrschen. Den Mont Liban, das maronitische Kernland nordöstlich von Beirut, halten ca. 8.000 Mann "Libanesische Streitkräfte" der maronitischen Kata'ib-Partei, und in Ostbeirut stehen dem Staatspräsidenten loyal ergebene Einheiten der libanesischen Armee (ca. 10.000 Mann, 80 % davon Christen). Um Saida (Sidon) dominiert die nasseristische "Volksbefreiungsarmee". Südlich davon befindet sich das etwa 5.000 Mann umfassende Hauptkontingent der Parteimiliz der schiitischen Amal; im gleichen Gebiet sind auch starke Kampfgruppen des "Islamischen Jihad" (al-Jihad al-Islami) der pro-iranischen schiitischen "Hizballah" (Partei Gottes) anzutreffen, die im gesamten Libanon (L.) auf 2.200-3.000 Mann geschätzt werden. Darüber hinaus halten sich nach israelischen Schätzungen noch an die 10.000 palästinensische Widerstandskämpfer im L. auf, allein 3.500 resp. 2.500 des Arafatflügels der PLO bei Saida und in Westbeirut sowie 1.500 pro-syrische Palästinenser bei Damur und weitere 1.400 im Bekaatal (vgl. Karte).

Im Februar setzte Syrien über 7.000 Mann zur Befriedung von Westbeirut ein, nachdem es den seit Juli 1986 dort stationierten 400 syrischen Soldaten nicht gelungen war, in Zusammenarbeit mit muslimischen Einheiten der liban. Armee die anhaltenden Kämpfe zwischen den muslimischen Fraktionen in der Stadt zu unterbinden. Diesem massiven syrischen Truppeneinsatz in Westbeirut wurde der größte Widerstand von Hizballah-Milizen im südlichen Vorort Basta entgegengesetzt, bei dem am 24.2. 23 Milizionäre der Hizballah fielen.

Der liban. Staatspräsident, traditionell ein maronitischer Christ, bemühte sich in der ersten Jahreshälfte durch Unterhändler intensiv, den persönlichen Dialog mit

dem syrischen Präsidenten Asad wieder herzustellen. Er war im Januar 1986 abgebrochen worden, als Staatspräsident Gemayel seine Zustimmung zu einem unter syrischer Vermittlung zustandegekommenen Abkommen zwischen den Führern der wichtigsten Milizen des Landes verweigert hatte. Auch nach einem Gespräch zwischen Gemayel und Asad am 28.1. am Rande des OIK-Gipfels in Kuwait und trotz der Vermittlungsbemühungen des jordanischen Königs Husain kam es zu keinem offiziellen Treffen zwischen dem syrischen und dem liban. Staatsoberhaupt. Dagegen waren die muslimischen Minister al-Huss, Junblat, Birri und, bis zu seinem Tode, auch Karami sowie Parlamentspräsident Husaini fast ständige Gäste in Damaskus. Ihre Initiative führte Anfang März zur Vorlage eines neuen syrischen Lösungsplans für den Konflikt im L. Gemayel begrüßte nach anfänglichem Zögern diesen Plan und stimmte in einigen Kernpunkten zu: 1. Aufgabe des Vetorechts des Präsidenten gegen Kabinettsbeschlüsse, 2. Wahl des Ministerpräsidenten durch das Parlament statt wie bisher Ernennung durch den Staatspräsidenten und 3. Aufhebung des Konfessionalismus, d.h. der Ämter- und Funktionsverteilung nach einem auf der Volkszählung von 1932 beruhenden Proporzschlüssel. In Detailfragen hinsichtlich der tatsächlichen Machtbefugnisse des Präsidenten, des Ministerpräsidenten und des Kabinetts kam es jedoch zu erneuten Meinungsverschiedenheiten. Nachdem Gemayel in einer Rede vor der UNO-Vollversammlung in New York am 24.9. den Abzug der syrischen Truppen aus dem L. gefordert hatte ("keine syrische Lösung, aber auch keine Regelung ohne Syrien"; OJ, 25.9.), erreichten seine Beziehungen zu Syrien einen erneuten Tiefpunkt. Während des Gipfeltreffens der Arabischen Liga im November in Amman kam es daher zu keiner persönlichen Aussprache oder gar Aussöhnung zwischen ihm und Asad.
Das Chaos im L. wurde durch den das ganze Jahr über schwelenden "Lagerkrieg" zwischen Amal und palästinensischen Widerstandskämpfern verstärkt. 1985 hatte die PLO unter Arafat begonnen, ihre durch den israelischen Einmarsch 1982 im Süden sowie in den südlichen Außenbezirken von Beirut verlorenen Stellungen wieder zu besetzen. Die mit Syrien eng liierte schiitische Amal-Organisation riegelte daraufhin im September/Oktober 1986 die Palästinenserlager Rashidiya südlich von Sur (Tyrus) sowie Shatila und Burj al-Barajna im Süden von Beirut von der Außenwelt ab. Im Gegenzug eroberten palästinensische Kämpfer von der Amal gehaltene strategische Hügelkuppen bei den Lagern al-Miya Miya und Ain al-Hilwa südlich von Saida. Ende Januar 1987 zogen sich die Palästinenser aus einigen Hügelstellungen wieder zurück, und die Amal lockerte die strikte Blockade von Shatila, die 107 Tage gewährt hatte. Zwei Tage später ließ sie Lebensmittelkonvois nach Burj al-Barajna und Rashidiya durch. Amal-Führer Birri ordnete am 17.2. die Aufhebung der Blockade von Rashidiya an. Die beiden anderen Lager bei Beirut blieben abgeriegelt, nur gelegentlich wurden Versorgungskonvois in sie hineingelassen. Nachdem am 6.4. syrische Truppen Posten an den Lagerzufahrten bezogen hatten, konnten sich auch hier Frauen und Kinder tagsüber wieder frei in der Umgebung der Lager bewegen. Der Ab- oder Zuzug von Männern sowie Nachschub an Waffen und Munition wurde weiterhin in allen drei Lagern von der Amal unterbunden. Bis zu diesem Zeitpunkt hatte der Lagerkrieg bereits 880 Todesopfer gefunden.
Sporadische Feuergefechte zwischen Lagerbesatzung und Amal und Artillerieduelle in den Hügeln bei Saida flammten trotz zahlreicher Verhandlungsrunden immer wieder auf. Hauptstreitpunkt blieb die Anwesenheit von ca. 3.000 PLO-Kämpfern in den Hügeln oberhalb von Ain al-Hilwa, deren Abzug die Amal zur Vorbedingung für die vollständige Aufhebung ihrer Blockade machte. Eine weitere Nuance erhielt der Lagerkrieg, als israelische Flugzeuge am 5.9. Zentralen der al-Fatah und des al-Fatah Revolutionären Rats (Abu Nidal-Gruppe) im Lager Ain al-Hilwa bombardierten und dabei 41 Personen töteten.

Sozioökonomische Entwicklung

Bereits 1986, im 11. Jahr des Bürgerkrieges, war die Wirtschaft völlig zusammengebrochen. Die Industrie arbeitete nur noch mit 25 % ihrer Kapazität, 85 % aller Bedarfsgüter mußten importiert werden. 1987 waren die Devisenreserven auf ein kaum noch erwähnenswertes Minimum zusammengeschrumpft, die Staatseinnahmen fast auf Null gesunken. Die Zentralbank zeigte sich immer weniger bereit, der Öffentlichen Hand weitere Kredite einzuräumen, Kredite, die für Soldzahlungen der Streitkräfte und für die Einfuhr von Getreide und Kraftstoff benötigt wurden. Die Versorgung der Bevölkerung mit Brot und Kraftstoff gestaltete sich zu einem täglichen Problem. Besonders in Westbeirut herrschten durch die nicht mehr funktionierenden Verteilungsorganisationen z.T. katastrophale Engpässe. Protestkundgebungen am 27./28.8. in Westbeirut weiteten sich zu einer "Hungerrevolte" (NZZ, 30./31.8.) aus. Auch mehrtägige vom Gewerkschaftsverband CGTL (Confédération générale des travailleurs du Liban - 300.000 Mitglieder, Vorsitzender Antoine Bishara) ausgerufene Generalstreiks vom 24.-27.4. und vom 5.-10.11. hatten nicht genügend Signalwirkung auf die zerstrittenen Politiker. Als sich im April die Minister nach sieben Monaten wieder einmal zu einer (dreistündigen) Kabinettssitzung zusammenfanden, faßten sie zwar eine Reihe von Beschlüssen, die jedoch durch den Widerstand der CGTL und führender maronitischer Politiker unwirksam blieben.
Der im August vom amt. Ministerpräsidenten gemachte Vorschlag, ein Fünftel der auf 3,5-4 Mrd. US-$ geschätzten Goldreserven des Landes zur Stützung der Währung zu veräußern, scheiterte an der Uneinigkeit des Kabinetts.

Die politische Führung des Libanon
Staatsoberhaupt: Amin Gemayel (al-Jumaiyil), Maronite, 1982 auf sechs Jahre gewählt
Libanesische Regierung vom 30.4.1984 (Mitglieder und Zuständigkeiten 1987)
Ministerpräsident und amt. Außenminister (bis 1.6.): Rashid Karami, Sunnite (ermordet 1.6.), **Amtierender Ministerpräs. und amt. Außenminister** (seit 1.6.) sowie **Arbeit/Erziehung/Kultur u. Künste:** Salim al-Huss, Sunnite, **Finanzen/ Wohnungsbau/Kooperationswesen:** Camille Chamoun (Sham'un), Maronite (gest. 7.8.), **Informationswesen:** Joseph Skaff (Sakkaf), griech. kath. Christ, **Inneres:** Abdallah al-Rasi, griech. orth. Christ, **Justiz/Wasser/Elektrizität/Angelegenheiten des Südens/Wiederaufbau:** Nabih Birri, Schiite, **Öffentl. Arbeiten/Verkehr/ Tourismus:** Walid Junblat, Druse, **Post- u. Fernmeldewesen/Gesundheit/Sozialwesen; amtierender Finanzminister seit 7.8.:** Joseph Hashim, Maronite, **Verteidigung/Landwirtschaft:** Adil Osseyran (Usairan), Schiite, **Wirtschaft/Handel/Industrie/Erdölfragen:** Victor Cassir (Qasir), griech. orth. Christ

Chronologie Libanon 1987

12.1. - Die dem Islamischen Jihad zugeordnete "Organisation der Unterdrückten der Erde" gibt die Hinrichtung des im Februar 1986 entführten liban. Juden Yehuda Benesti bekannt
13.1. - Entführung des französischen Journalisten Roger Auque
17.1. - Entführung des Hoechst-Managers Rudolf Cordes

20.1. - Entführung des Siemens-Ingenieurs Alfred Schmidt; Terry Waite, Sonderbeauftragter des Bischofs von Canterbury, bei einem Treffen mit Geiselnehmern des Islamischen Jihad in eine Falle gelockt
24.1. - Entführung der Lehrer Robert Polhill, Mithileshwar Singh, Alann Steen und Jesse Turner vom Beirut

University College durch den "Islamischen Jihad zur Befreiung Palästinas"
26.-29.1. - Präs. Gemayel beim (-->) OIK-Gipfeltreffen in Kuwait, am 28.1. 55minütiges Gespräch mit dem syrischen Präs. Asad
1.2. - Einstellung des Flugverkehrs nach Beirut durch die liban. MEA (einzige noch anfliegende Gesellschaft) der anhaltenden Artillerieduelle wegen (christliche Milizen beschießen den Flughafen Beirut als Vergeltung für den Beschuß des Privatflughafens Halat im christl. Sektor durch muslimische Milizen)
4.-6.2. - Präs. Gemayel in Jordanien, Gespräche mit König Husain in Aqaba
12.-18.2. - Präs. Gemayel in Belgien, Frankreich und Großbritannien
12.2. - Amal-Blockade des Palästinenserlagers Shatila nach 107 Tagen gelockert, am 14.2. erreichen Versorgungskonvois auch die Lager Burj al-Barajna und Rashidiya
22.2. - 7.500 Mann syrische Truppen rücken in Westbeirut ein, um die Kämpfe zwischen den muslimischen Fraktionen zu beenden
6.4. - Syrische Truppen beziehen Stellungen um die Lager Shatila und Burj al-Barajna
23.4. - Zusammenkunft des seit 17.10.1986 nicht mehr zusammengetretenen Kabinetts (abwesend lediglich Verkehrsmin. Junblat, z.Z. in Damaskus) - erste und letzte Sitzung des Jahres
24.-27.2. - Generalstreik des liban. Gewerkschaftsverbandes (CGTL) gegen den Preisverfall
4.5. - Rücktrittserklärung von Ministerpräs. Karami vor der Presse
10.5. - Wiederaufnahme des Flugverkehrs nach Beirut durch die MEA (Ausbau des Flughafens Halat soll durch eine Kommission unter Min. Junblat geprüft werden)
17.5. - Landung einer Maschine der Syrian Arab Airlines in Beirut, die ab 1.6. eine wöchentliche Verbindung nach Damaskus plant
21.5. - Aufkündigung des Kairoer Abkommens vom 3.11.1969 mit der PLO sowie des Friedensvertrags mit

Israel vom 17.5.1983 durch die Nationalversammlung, einstimmiges Votum der 44 Anwesenden (der Friedensvertrag mit Israel war bereits 1984 durch Präs. Gemayel ausgesetzt worden)
1.6. - Ermordung des Ministerpräs. Rashid Karami; Einsetzung von Arbeitsmin. al-Huss zum amtierenden Ministerpräs. durch den Staatspräs.
17.6. - Entführung des amerikanischen Journalisten Charles Glass zusammen mit dem Sohn von Verteidigungsmin. Osseyran und einem Chauffeur (letztere werden am 24.6. wieder freigesetzt)
19.6. - Die Organisation der Unterdrückten der Erde gibt die Hinrichtung des im März 1985 entführten Vorsitzenden der jüdischen Gemeinde im L., Eli Surur, bekannt
22.7. - Auf syrische Initiative hin Gründung der "Front der Vereinigung und Befreiung des Libanon" (FUL) nach mehrmonatigen Vorverhandlungen, Teilnehmer an der Programmberatungssitzung: Nabih Birri (Amal), Ali Id (Arab. Dem. Partei), Georges Hawi (KP-Libanon), Walid Junblat (Progress. Soz. Partei), Asim Kansu (Ba'th-Libanon) und Mustafa Sa'd (Nasseristische Volkorganisation)
24.7. - Flugzeugentführung durch einen Libanesen zur Freipressung der in der BRD verhafteten Brüder Hamadi, Überwältigung des Luftpiraten bei Zwischenlandung in Genf
31.7. - Verlängerung des UNIFIL-Mandats um sechs Monate durch den UNO-Sicherheitsrat
7.8. - Camille Nemr Chamoun, Parteipräs. der maronitischen Libanesischen Front, Staatspräs. 1952-1958, zuletzt Finanzminister, im Alter von 87 verstorben
18.8. - Freilassung von Charles Glass auf intensives Bemühen Syriens hin durch die "Organisation zur Verteidigung des Freien Volkes"
27./28.8. - Protestkundgebungen in Westbeirut gegen die hohen Lebenshaltungskosten weiten sich zur "Hungerrevolte" aus
30.8.-7.9. - Präs. Gemayel in Algerien, am 31.8. über Paris nach Kanada und Teilnahme am Kongreß der franko-

phonen Staaten 2.-4.9. in Quebec (Ansprache 2.9.), anschließend in Montreal u.a. Gespräche mit dem französischen Präs. Mitterrand

5.9. - Ein israelischer Luftangriff auf PLO-Zentralen im Lager Ain al-Hilwa bei Saida fordert mit 41 Toten die höchsten Opfer aller israelischen Aktionen im Libanon während des Jahres

7.9. - Alfred Schmidt von den "Heiligen Kämpfern für die Freiheit" in Westbeirut freigelassen (diese mit Abd al-Hadi Hamadi, dem Bruder der beiden in der BRD inhaftierten Hamadi, liierte Organisation, hält Rudolf Cordes weiterhin fest; über Abd al-Hadi bestehen offenbar Verbindungen dieser Gruppe zur pro-iranischen schiitischen Bewegung der Hizballah im L.)

22.9.-4.10. - Präs. Gemayel reist über Paris nach New York zur 42. UNO-Vollversammlung, Forderung nach Abzug der syrischen Truppen aus dem L. vor der UNO am 24.9., Gespräch mit US-Außenminister Shultz am 29.9., Arbeitsbesuch in der Schweiz 2./3.10.

20.10. - Wiederwahl des schiitischen Parlamentspräs. Husain Husaini zum vierten Mal für ein weiteres Jahr

23.10. - US-Mittelostbeauftragter Richard Murphy in Beirut

24.-26.10. - Präs. Gemayel in Ägypten, den VAE und Bahrain

29.10. - Ermordung von zwei Franzosen (Botschaftspolizisten) in Ostbeirut

5.-10.11. - Generalstreik der CGTL gegen den Preisverfall

7.-12.11. - Präs. Gemayel in Jordanien, Teilnahme am Gipfeltreffen der (-->) Arabischen Liga in Amman 8.-11.11.

23.-25.11. - Besuch des amt. Ministerpräs. al-Huss in Jordanien

23.-27.11. - Präs. Gemayel in der BRD

26.11. - Rücktritt von Informationsmin. Skaff; Freilassung des im Januar 1986 verschleppten südkoreanischen Diplomaten Shea Sung-Do gegen 1,15 Mio US-$ Lösegeld durch die "Revolutionären Kommandozellen", einer Organisation, die mit dem Islamischen Jihad in Verbindung gebracht wird

28.11. - Freilassung von Roger Auque

sowie des bereits im März 1986 entführten französischen Kameramanns Jean-Paul Normandin durch die "Revolutionäre Gerechtigkeitsorganisation", die als eine weitere Gruppe des schiitischen Islamischen Jihad gilt (sie hält noch seit September bzw. Oktober 1986 die Amerikaner Joseph Ciccipio und Edward Austin Tracy sowie den Briten Terry Waite gefangen)

Dezember - Weitere folgende Personen aus den USA und Westeuropa werden festgehalten: die Amerikaner Terry Anderson und Thomas Sutherland seit März bzw. Juni 1985 sowie die französischen Diplomaten Marcel Cartoon und Marcel Fontaine seit März 1985 durch den Islamischen Jihad; der Amerikaner Frank Reed seit September 1985 durch die "Revolutionären Arabischen Zellen"; der Brite John MacCarthy seit April 1986, der Franzose Jean-Paul Kauffmann seit Mai 1985, der Ire Brian Keenan seit April 1986, der Italiener Alberto Molinari seit September 1985; der Amerikaner syrischer Herkunft Faik Wareh wird seit Juni 1986 vermißt; der im März 1985 entführte Brite Alec Collet ist von seinen Entführern für tot und der im Mai 1985 entführte Franzose Michel Seurat vom Islamischen Jihad 1986 für hingerichtet erklärt worden

Erhard Franz

Karte: Regionale Verteilung der Streitkräfte und Milizen im Libanon (1987)

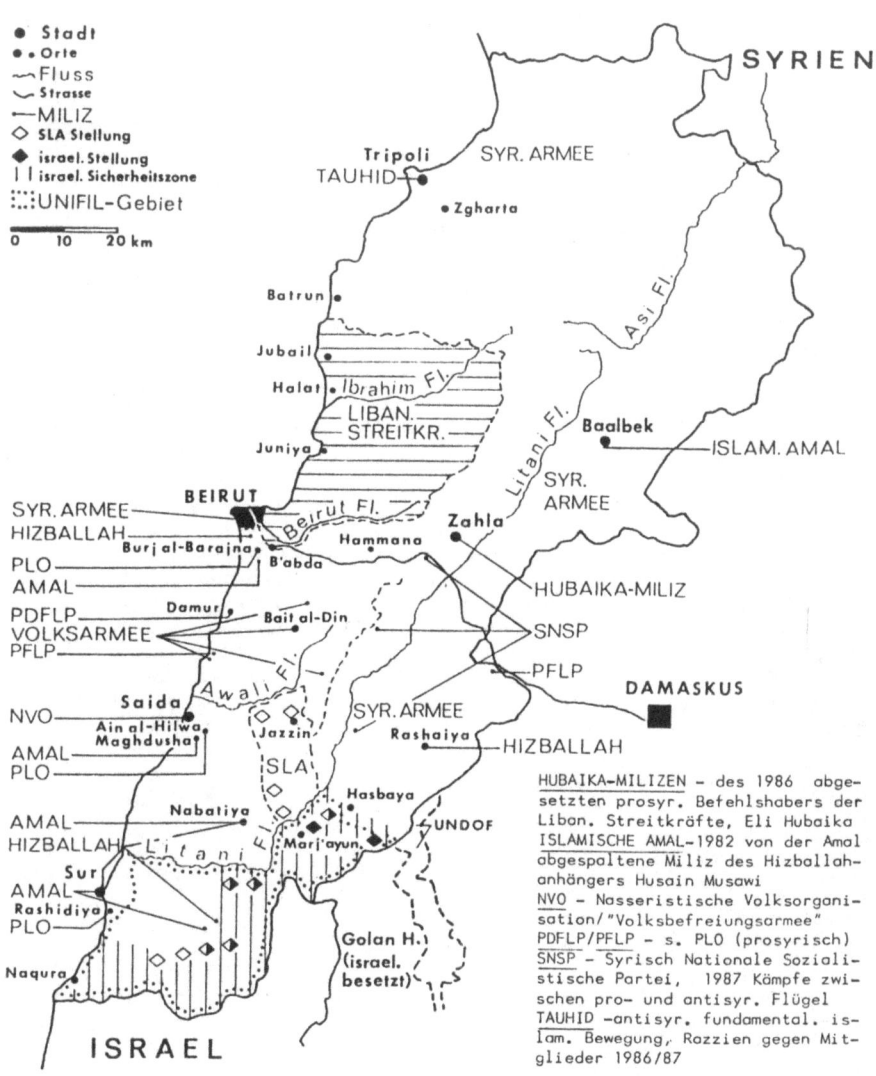

● Stadt
●·Orte
⌒Fluss
⌣Strasse
▬MILIZ
◇ SLA Stellung
◆ israel. Stellung
| | israel. Sicherheitszone
⸬UNIFIL-Gebiet

0   10   20 km

SYRIEN

Tripoli
TAUHID
● Zgharta

SYR. ARMEE

Batrun
Jubail
Halat Ibrahim Fl.
LIBAN.
STREITKR.
Juniya

Asi Fl.

Baalbek
ISLAM. AMAL

SYR. ARMEE
HIZBALLAH
Burj al-Barajna
PLO
AMAL

BEIRUT
Beirut Fl.
B'abda
Hammana

Zahla

SYR. ARMEE

HUBAIKA-MILIZ

PDFLP
VOLKSARMEE
PFLP

Damur
Bait al-Din

SNSP
PFLP

DAMASKUS

NVO
AMAL
PLO

Saida
Ain al-Hilwa
Maghdusha
Jazzin

SLA

Rashaiya
HIZBALLAH

SYR. ARMEE

AMAL
HIZBALLAH
Sur
AMAL
Rashidiya
PLO

Nabatiya
Litani Fl.
Marj'ayun

Hasbaya

UNDOF

Naqura

ISRAEL

Golan H.
(israel.
besetzt)

HUBAIKA-MILIZEN – des 1986 abgesetzten prosyr. Befehlshabers der
Liban. Streitkräfte, Eli Hubaika
ISLAMISCHE AMAL–1982 von der Amal
abgespaltene Miliz des Hizballah-
anhängers Husain Musawi
NVO – Nasseristische Volksorgani-
sation/"Volksbefreiungsarmee"
PDFLP/PFLP – s. PLO (prosyrisch)
SNSP – Syrisch Nationale Sozialistische Partei, 1987 Kämpfe zwischen pro- und antisyr. Flügel
TAUHID –antisyr. fundamental. islam. Bewegung, Razzien gegen Mitglieder 1986/87

Entwurf: Erhard Franz

Libyen

Offizieller Name: al-Jamahiriya al-Arabiya al-Libiya al-Sha'biya al-Ishtirakiya
al-Uzma/*Große Sozialistische Libysche Arabische Volksjamahiriya; **Unabhängigkeit:** 24.12.1951; Fläche: 1.759.540 qkm; **Einwohner:** 3.637.488 (Zensus 1984),
3,9 Mio. (Schätzung 1987); **Hauptstadt:** Tripolis (1987 zeitweise al-Jufra), Ew.:
990.697 (Zensus 1984); **Urbanisierungsrate:** 52 %; **Armeestärke:** 71.500 und Miliz
40.000; BIP (Faktorkosten zu Preisen von 1986): 5.903,5 Mio. LD; Sektoren in %:
Landwirtschaft 5,3; Erdöl 26,1; Industrie 8,7; Dienstl. 46; **Pro-Kopf-Einkommen:**
10.654 (1980) 5.021 (1986) US-$; **Währung:** 1 US-$ = 0,296 Libysche Dinar (LD)
(1986)*

Innenpolitische Entwicklung

In der Berichterstattung der Weltpresse, aber auch den libyschen Medien selbst,
haben 1986 und 1987 zwei zentrale außenpolitische Themen, der US-Angriff auf
Tripolis und Benghazi vom 15.4.1986 bzw. im Berichtsjahr die überraschenden
Niederlagen der lib. Streitkräfte im Nordtschad, die innenpolitischen Ereignisse
Libyens (L.) gänzlich in den Hintergrund treten lassen, obwohl diese zumindest
was die Reaktion gegenüber oppositionellen Kräften, die Steuerung des innenpolitischen Geschehens durch die Revolutionsführung um Qaddafi und die sich am
Horizont abzeichnende Lockerung des dogmatischen Zugriffs auf die Wirtschafts-
struktur anbelangt, mit den außenpolitischen Abläufen korreliert sind. Die Steuerung der innenpolitischen Entwicklung vollzog sich 1987 primär durch Qaddafi
selbst, sei es in Form von direkten Interventionen in die institutionalisierten
mehrwöchigen Debatten der Basisvolkskonferenzen/BVK (Januar/Februar, April,
Juli/August), seine Reden aus Anlaß der diversen Jahrestage mit außenpolitischem (28.3. Räumung der britischen Militärstützpunkte 1970; 7.10. Ausweisung
der Italiener 1970; 23.5. ägyptische Revolution 1952) bzw. innenpolitischem Bezug
(2.3. Jahrestag der Proklamation der Volksherrschaft 1977; 7.4. Studentenrevolu-
tion 1976; 1.9. Jahrestag der Septemberrevolution 1969), Reden vor Studenten und
Professoren (Vorlesungszyklus über "Die strategische Lösung zur Rettung der
arabischen Existenz" am 27.5., 20.6. u. 21.6.) oder seine (innenpolitisch bedeut-
samsten) Reden vor den versammelten Mitgliedern der lib. Exekutivorgane (Allgemeines Volkskomitee, Volkskomitees der Baladiyat am 2.1., 26.3., 23.5.; Allgemeines Volkskomitee für Information 27.4.) bzw. dem obersten Legislativorgan,
der Allgemeinen Volkskonferenz/AVK (2.3. u. 21.11.). Inhaltlich dokumentieren
diese Reden (ergänzt durch entsprechende Auftritte von Stabsmajor Jallud) den
Willen der lib. Revolutionsführung zur Einflußnahme u.a. auf eine Diversifizierung der Bildungsinstitutionen, zur Festigung des spezifischen lib. Islamverständ-
nisses (mehr religiöse Bildungsprogramme in den Medien), zur Stärkung der Rolle
der BVK als zentrale Entscheidungsorgane (bes. Rede vom 22.11.) oder zur
Ausweitung von Beschäftigungsmöglichkeiten für Frauen. Neben sichtbaren
positiven Konsequenzen dieser Interventionen wie z.B. die Schaffung von Arbeitsplätzen für Frauen in Rundfunk und Fernsehen (Ende 1987) gab es andererseits auch Rückschläge für Qaddafi, die zeigen, daß nicht alle von ihm kommenden Vorschläge durchsetzbar sind. So erklärte Qaddafi am 2.1., daß Tripolis seine
Funktion als Hauptstadt mit Sitz aller zentralen Institutionen verloren habe (SWB,
5.1.) und diese auf die neue Hauptstadt al-Jufra übergegangen sei bei gleich-

zeitiger regionaler Dezentralisierung der ministeriellen Fachressorts, doch spätestens seit Herbst ist davon keine Rede mehr, da angesichts der fehlenden Infrastruktur und Versorgungseinrichtungen in al-Jufra sowohl der Generalstab der Armee als auch die AVK und andere Organe nach kurzer Zeit ihren Rücktransfer nach Tripolis durchsetzten. Eindeutig zugunsten Qaddafis Vorstellungen fiel dagegen die Neuwahl des Allgemeinen Volkskomitees ("Ministerrat") am 2.3. anläßlich der 12. ordentlichen Tagung der AVK (26.2.-2.3.) - die zugleich den 10. Jahrestag der Verankerung des direktdemokratischen politischen Systems der Volksmacht markierte - aus, wo enge Vertraute Qaddafis, zum Teil frühere Kader der Revolutionskomiteebewegung wie Dr. Zaidi oder des Weltzentrums für das Studium des Grünen Buches wie Dr. Bu Dabbus, Dr. Farhat oder Dr. Sharnana die Leitung von Fachsekretariaten übernahmen und damit den dogmatischen Zugriff auf die Exekutive weiter stärkten (M, 3.3.). Insgesamt wurden am 2.3. von den elf Posten des Allgemeinen Volkskomitees neun neu besetzt. Außergewöhnlich war die Sondertagung der AVK vom 21.-22.11., weil sie ausschließlich einberufen wurde, um die Tagesordnung für die Diskussionen der BVK (Januar-Februar 1988) und die 13. ordentliche Tagung der AVK Frühjahr 1988 festzulegen. Auch hier zeigt sich die dahinter stehende Steuerungsabsicht, denn Qaddafi hielt auf der Eröffnungssitzung am 21.11. eine zweieinhalbstündige Rede (SWB, 24.11.), in der er die aus seiner Sicht notwendigen Reformmaßnahmen erläuterte, u.a. angesichts rückgehender Deviseneinnahmen aus dem Erdölexport eine Öffnung L.s für den Tourismus und die Einsetzung eines dafür zuständigen Organs (AdG, 22.11.), die Überwindung der von ihm konstatierten Mängel im Ausbildungsbereich (MD, 24.11.), und die gesetzliche Regelung von Kollektivbesitz im Zusammenhang mit dem bereits in seinen beiden wirtschaftlichen Grundsatzreden (26.3., 23.5.) geforderten Ausbau privater partnerschaftlicher Produktionsbetriebe und einer Umstrukturierung der Wirtschaft (besonders des Industriesektors). Die Produktion müsse sich, so die (berechtigte) Kritik Qaddafis, mehr an der Nachfrage orientieren. Im Widerspruch zu diesem Wirtschaftspragmatismus steht allerdings die Ernennung des Dogmatikers Lutfi Farhat zum Planungsminister, so daß sich die Hoffnung auf schnelle und tiefgreifende Reformen kaum erfüllen dürfte. Zugleich kündigte Qaddafi in seiner Rede vom 26.3. an, daß in Zukunft neu geschaffene revolutionäre Gerichte Sorge für die Ausführung der von den BVK verabschiedeten Beschlüsse tragen sollen, statt mit dieser Aufgabe z.B. bestehende verwaltungsrechtliche Kontrollinstanzen zu beauftragen. Qaddafi stärkt damit gerade jene Kräfte, deren Aktionsradius sowohl von der regulären Armee als auch generell von der Bevölkerung mit Mißtrauen beobachtet wird. Dieser Schritt zeigt aber, daß trotz der Anfeindungen von seiten des Militärs intern die Revolutionskomitees immer noch eine tragende Säule des politischen Systems sind, was auch bei ihrem 10. Jahrestreffen (durchgeführt in vier Regionaltreffen in Tripolis, Jufra, Zawiya und Jabal Akhdar im Oktober, an denen Qaddafi zeitweise persönlich teilnahm) zum Ausdruck kam. Diesen Treffen gingen bereits im Frühsommer zahlreiche Tagungen lokaler Revolutionskomitees in ganz L. voraus, wobei insbesondere seit dem Frühjahr im "al-Zahf al-Akhdar" (Organ der Revolutionskomitees) verbreitete Aufruf "zur Bildung einer Partei" (obwohl Parteien im Grünen Buch als diktatorisches Herrschaftsinstrument abgelehnt werden) eine verstärkte Organisation und Kaderarbeit der Revolutionskomitees ankündigte.

Auch 1987 sind die Revolutionskomitees wieder als interne Sicherungsorgane aufgetreten: am 17.2. richteten Mitglieder der Revolutionskomitees (Fernsehübertragung) sechs Mitglieder der Organisation "Heiliger Krieg" durch den Strang hin, während drei weitere Verurteilte aus den Reihen des Militärs erschossen wurden. Alle neun Mitglieder waren vom Revolutionsgericht in Benghazi als "Feinde Gottes" und wegen ihrer "Konspiration gegen das System der Volksherrschaft in der Jamahiriya", fünf Angeklagte zusätzlich wegen geplanten Attentaten auf sowjetische Militärangehörige, zum Tode verurteilt worden (SWB, 19.2.; MD, 19.2.). Angesichts dieser harten Haltung gegenüber der internen (islamistischen) Opposition kann sich die (nur) von der Zeitschrift "al-Yaum al-Sabi'a" (20.7.) verbreitete Meldung, Qaddafi habe sich anläßlich seines Besuches in Algerien dort mit lib. Oppositionskräften (darunter das Mitglied des ehemaligen Revolutionsrates, al-Huni) getroffen, lediglich auf die nichtislamistische Opposition beziehen. Demgegenüber wird von den aus L. stammenden Juden, die 1967 fast vollständig das Land verließen, berichtet, daß sie wieder in einen "Dialog mit Qaddafi" treten wollen (M, 19.6.). Noch nicht näher analysierbare Änderungen gab es 1987 innerhalb des Militärs. Nach den Niederlagen lib. Einheiten, insbesondere von Revolutionskomitees und von Kampfverbänden aus Milizionären, teilweise auch aus afrikanischen Staaten (u.a. Mali, Niger, Sudan), im Nordtschad (--> lib.-tschadischer Konflikt), haben die regulären bewaffneten Streitkräfte diese Niederlagen benutzt, um den Einfluß der Revolutionskomitees innerhalb der Armee zu begrenzen und ihre Dominanz via Generalstabschef Jabir, Kommandant Kharrubi und Kommandant Khuwildi wieder zu festigen. Während zugleich 800 libanesische Drusen ab Oktober vor allem für Einsätze im Aouzou-Streifen angeworben wurden (SWB, 28.11.), hat die AVK mit Verabschiedung des neuen Wehrpflichtgesetzes am 6.12. (das zuvor von den BVK diskutiert wurde) die allgemeine Wehrpflicht gelockert (maximal zwei Jahre statt wie bisher teilweise vier Jahre) und präzise Ausnahmeregelungen u.a. für Studenten festgelegt (SWB, 8.12.). Ob damit generell die schlechte Moral in der lib. Armee (wegen der möglichen Einsätze in Südlibyen/Aouzou-Streifen) überwunden werden kann, ist angesichts der Unpopularität des lib.-tschadischen Konflikts mehr als fraglich.

Außenpolitische Entwicklung

Die außenpolitische Entwicklung L.s ist 1987 durch einige tendenzielle Neuorientierungen gekennzeichnet, entspricht aber ansonsten dem üblichen lib. Anwendungsmuster der Instrumente der Außenpolitik. So hat L. seine Außeninvestitionspolitik in fünfzehn arabischen Staaten (zur Zeit 363,3 Mio. US-$ = 37 % der gesamten Auslandsinvestitionen), aber auch afrikanischen Staaten fortgesetzt (MEED, 24.10.), seine Kontakte zu revolutionären Staaten und Befreiungsbewegungen in der Karibik (Surinam), im Pazifikraum (Unterstützung der Kanaken auf den Fidschi-Inseln; Ankündigung, die britische Hilfe für die Fidschi-Inseln zu ersetzen; MD, 30.9.), in Afrika (besonders Uganda, Ghana, Burkina Faso) intensiviert (Staatsbesuche von Museveni, Rawlings, Sankara bzw. Campaoré in Tripolis). L. war ferner - trotz Dementis - Lieferant von Waffen an die IRA (Aufbringung der Eksund Ende Oktober vor der bretonischen Küste mit 150 Tonnen Waffen; NZZ, 27.11.). Die von lib. Revolutionskomitees ausgeübte "länderübergreifende Revolutionsgerichtsbarkeit" beschäftigte 1987 vor allem die italienischen Behörden in Rom, wo am 26.6. Yusuf Kharbish (Führer der Kairoer Abteilung der National Front for the Salvation of Libya/NFSL) ermordet wurde (OJ, 28.6.). Die gegenseitigen Destabilisierungsaufrufe, u.a. von Qaddafi der Aufruf zum Sturz des "verräterischen Regimes" in Ägypten und zu mehr "covert arab opposition" gegen die "Agenten des amerikanischen Imperialismus" (SWB, 24.12.) bzw. Aufrufe der NFSL zu Angriffen auf Revolutionskomiteemitglieder innerhalb L.s (SWB, 19.2.) oder der Aufforderung der ägyptischen Medien an das lib. Militär, Qaddafi zu stürzen (AdG, 17.12.1986; SWB, 7.9. u. 12.9.), hielten sich im üblichen Rahmen der letzten Jahre. Dies trifft auch auf das bipolare Verhältnis L.s zu den beiden Supermächten zu: einerseits die auf formaler Ebene bestehende Freundschaft mit der Sowjetunion, nach wie vor wichtigster Waffenlieferant (zahlreiche gegenseitige Besuche 1987), andererseits die Konfrontation mit den USA, die sich 1987 jedoch auf die rhetorische Ebene zurückverlagert hat. Zahlreich waren die von lib. Institutionen 1987 organisierten internationalen Konferenzen, u.a. der Islamischen Missionsgesellschaft (z.B. Konferenz der afrikanischen Missionare Westafrikas in Tripolis im Januar; Rede Qaddafis vor den Missionaren am 11.1.), des Weltzentrums zum Studium des Grünen Buches (2. Weltsymposium in Sabha, März; Konferenzen in Ghana und auf den Philippinen), des Internationalen Zentrums zum Kampf gegen Imperialismus, Reaktion und Zionismus (eine große internationale Solidaritätskonferenz in Tripolis vom 14.-17.4. aus Anlaß des 1. Jahrestages des US-Angriffs); eine Konferenz revolutionärer Gruppen und Befreiungsbewegungen aus dem pazifischen Raum vom 18.-21.4. (die in diesem Zusammenhang stehenden Aktivitäten L.s führten zum Abbruch der diplomatischen Beziehungen mit Australien am 19.5.; KuT, 20.5.). Ein stark beachtetes Treffen der arabischen Oppositionsparteien fand in Tripolis vom 12.-15.12. (SWB, 15.12.) statt. Außenpolitisch bedeutend weitreichender war die Modifizierung der Haltung L.s zum Golfkrieg weg von der intransigenten Unterstützung des Iran. Dies führte zur Wiederaufnahme der diplomatischen Beziehungen zum Irak (22.10.) und im Vorfeld der arabischen Gipfelkonferenz von Amman auch zu Jordanien (23.9.). Die Erfüllung der tunesischen Forderungen nach Schadensersatz, resultierend aus der Ausweisung der Gastarbeiter 1985, hat im Dezember zum erneuten Botschafteraustausch mit Tunesien geführt, wodurch die außenpolitische Isolation L.s weitgehend überwunden wurde. Andererseits haben Qaddafis Forderungen nach einer arabischen Atombombe (Rede vom 21.6.; AdG, 21.6.) oder seine Drohungen gegen Italien wegen der unerfüllten Reparationsleistungen (Rede vom 7.10.) das generelle Mißtrauen gegenüber der von Qaddafi geprägten Außenpolitik nicht einschlafen lassen.

Sozioökonomische Entwicklung

Die lib. Wirtschaft, die seit 1981 unter dem Rückgang der Deviseneinnahmen aus dem Erdölexport leidet (1981 über 20 Mrd. US-$), hat zwar 1987 mit rund 6 Mrd. US-$ eine Besserung gegenüber 1986 (5,03 Mrd. US-$) zu verzeichnen, doch bringt der Verfall des US-$ neue Probleme. Da die Einnahmen aus dem Rohölexport trotz steigender Exporte von Derivatprodukten aus den petrochemischen Komplexen im Golf von Sirt nach wie vor das Finanzaufkommen der lib. Budgets dominieren, sind 1987 von der AVK die Ausgaben des Verwaltungshaushaltes (1,243 Mio. LD), des Entwicklungshaushaltes (1,450 Mio. LD) und des Außenhandelskontingents (1,372 Mio. LD) gegenüber 1986 nochmals um insgesamt 12,2 % auf 2,693 Mio. LD (= 8,7 Mrd. US-$) gekürzt worden (Arab Oil & Gas, Nr. 373, 1.4.). Da andererseits hohe Beträge für das "Große Künstliche Flußprojekt" (das 1988 in seine zweite Phase gehen wird), diverse Industrieprojekte (an erster Stelle der Stahlkomplex Misurata) und das Militär reserviert sind, bleibt für den Konsum wenig Spielraum. Im Bereich der Entwicklungsfinanzierung kommt es durch fehlende Mittel seit 1985/86 immer häufiger zu Zahlungsverzögerungen, Projektverzögerungen oder Barter-Geschäften (Türkei, Indien). Demgegenüber sind die Effekte des auch 1987 gültigen US-Handelsboykotts minimal. L. hat im September sogar den Prozeß gegen die Londoner Filiale von Bankers Trust (USA) gewonnen, die 300 Mio. US-$ lib. Kapital im Zusammenhang mit der lib.-amerikanischen Konfrontation 1986 blockiert hatte. Der ideologische Zugriff auf die lib. Wirtschaft, die seit 1978 sukzessive durch die sog. "Produzentenrevolution" (Grünes Buch Teil 2) umstrukturiert wurde (Abschaffung quasi aller Privatunternehmen und des privaten Handels) mit der Folge von Mißmanagement und permanenten Versorgungsengpässen, zuletzt im November für Winterkleidung, hat sich nach den beiden zentralen Reden Qaddafis zur Durchführung einer Wirtschaftsreform (März, Mai) und einer Modifizierung der Investitionspolitik im Industriesektor gelockert und Verbesserungen in Teilbereichen nach sich gezogen (Brotversorgung, Handel mit Agrarprodukten). Eine Restrukturierung der lib. Wirtschaft nach algerischem oder tunesischem Vorbild ist aber noch längst nicht in Sicht, da Pragmatismus, nicht ideologische Einsicht dafür ursächlich waren.

Die politische Führung Libyens
Revolutionsführer: Mu'ammar al-Qaddafi (seit 1.9.1969)
Generalsekretariat der Allgemeinen Volkskonferenz, Stand 1.3.1987
Generalsekretär: Muftah Usta Umar, Vizegeneralsekretär: Abd al-Raziq al-Sausi, Sekretär für Angelegenheiten der Volkskonferenzen: Umar Ishkal, Sekretär für Angelegenheiten der Volkskomitees: Ibrahim Bukhizam, Sekretär für Berufskonferenzen und Berufsorganisationen: Bashir Huwaj
Allgemeines Volkskomitee vom 1.3.1987
Generalsekretär: Umar al-Muntasir*+, Sekretär für Planung: Dr. Muhammad Lutfi Farhat*, Finanzen: Muhammad al-Madani al-Bukhari*, Verkehr und Marine: Mubarak al-Shamikh+, Volksbüro für auswärtige Beziehungen: Jadallah Azuz al-Talhi*+, Öffentlicher Dienst: Fawzi Shakshuki*+, Wirtschaft und Handel: Dr. Farhat Sharnana*, Industrie: Ahmad Fathi Ibn Shatwan*, Gesundheit: Dr. Mustafa Muhammad al-Zaidi*, Erziehung und wissenschaftliche Forschung: Ahmad Muhammad Ibrahim+, Information und Kultur: Dr. Rajab Muftah Bu Dabbus*/ Vizesekretäre: Ali Milad Abu Jaziya*, Fawzia Shalabi*
* Neubesetzung des Sekretariats gegenüber 1986; + bereits Sekretär im Allgemeinen Volkskomitee vom 2.3.1986

Chronologie Libyen 1987

1.1. - Qaddafi erklärt al-Jufra zur neuen Hauptstadt; Rücknahme dieser Entscheidung im Sommer wegen zu großen Widerstandes
7.1. - Verlängerung des US-Boykotts gegen Libyen
26.-28.1. - Qaddafi boykottiert Islamische Gipfelkonferenz in Kuwait
17.2. - Hinrichtung von neun Islamisten (Fernsehübertragung)
24.2. - Rückkehr Jalluds von dreimonatigem Aufenthalt in Syrien (Vermittlung im libanesischen Lagerkrieg)
26.2.-1.3. - 12. ordentliche Sitzung der Allgemeinen Volkskonferenz
2.3. - Wahl eines neuen Allgemeinen Volkskomitees
26.3. - Rede Qaddafis zur Wirtschaftsreform
6.-7.4. - Staatsbesuch von Thomas Sankara (Burkina Faso)
14.-17.4. - Veranstaltung einer internationalen Solidaritätskonferenz aus Anlaß des 1. Jahrestages des US-Angriffs 1986
18.-21.4. - Konferenz revolutionärer Bewegungen des Südpazifik in Tripolis
23.5. - Rede Qaddafis zu Reformen in Industrie und Landwirtschaft
7.6. - Azuz al-Talhi zu Gesprächen in Teheran (Vermittlung im Golfkrieg)
15.-19.6. - 5. Treffen des Weltrates für islamische Mission in Tripolis
28.6.-1.7. - Qaddafi diskutiert in Algier die angestrebte Union zwischen beiden Staaten
23.7. - Qaddafi ruft am 35. Jahrestag der ägyptischen Revolution zur "Befreiung Ägyptens" auf
1.9. - Rede Qaddafis zum 18. Jahrestag der lib. Revolution
10.9. - Besuch von al-Talhi in Bagdad
21.9. - Erste Gruppe von 800 Drusen trifft aus dem Libanon ein; Übernahme von Sicherungsfunktionen und Einsatz im Aouzou-Streifen
23.9. - Wiederaufnahme der diplomatischen Beziehungen zu Jordanien
Oktober - 10. Treffen der Revolutionskomitees
22.10. - Wiedereröffnung des lib. Volksbüros in Bagdad
7.10. - Rede Qaddafis zum 17. Jahrestag der Ausweisung der Italiener; erneute Reklamation von Reparationen
22.-23.11. - Außerordentliche Sitzung der Allgemeinen Volkskonferenz
6.12. - Neues Militärdienstgesetz
12.-15.12. - Konferenz arabischer Oppositionsparteien in Tripolis
18.12. - Kenia ordnet Schließung des lib. Volksbüros wegen Spionageaktivitäten an
28.12. - Wiederaufnahme der diplomatischen Beziehungen mit Tunesien

Hanspeter Mattes

Marokko

*Offizieller Name: al-Mamlaka al-Maghribiya/Königreich Marokko; **Unabhängigkeit:** 2.3.1956; **Fläche:** 458.730 qkm (ohne Westsahara); **Einwohner:** 23,3 Mio. (1987); **Hauptstadt:** Rabat, Ew.: 501.000 (mit Salé: 1 Mio.); **Urbanisierungsrate:** 45 %; **Armeestärke:** 205.000 Mann (mit Gendarmerie); **BIP** (zu Marktpreisen von 1986): 134,3 Mrd. DH; **Sektoren in %:** Landwirtschaft 13,5; Industrie 25,0; Dienstl. 61,5; **Pro-Kopf-Einkommen:** 560 US-$ (1986); **Währung:** 1 US-$ = 8,2 DH (Dirham) 19.12.1987*

Innenpolitische Entwicklung

1987 war für Marokko (M.) ein stabiles Jahr ohne Erschütterungen, große politische Prozesse oder soziale Unruhen. Das seit dem 30.9.1986 von Premierminister Laraki geführte Kabinett blieb nach einer geringfügigen Umbesetzung am 9.3. unverändert. Es besteht überwiegend aus Fachleuten, die entweder keiner politischen Gruppierung oder einer der vier Mitte-Rechts-Parteien angehören, die bei den Parlamentswahlen von 1984 die Mehrheit errangen (nächste Wahl zur "Repräsentantenkammer": 1990). Drei dieser Parteien wurden erst in den letzten Jahren mit dem Ziel gegründet, die königliche Politik zu unterstützen (Union Constitutionnelle 1983; Rassemblement National des Indépandants 1978; Parti National Démocrate 1981). Lediglich ein Minister gehört einer der alten Formationen an (dem berberischen Mouvement Populaire, gegründet 1957). Die übrigen Parteien befinden sich in der parlamentarischen Opposition (Istiqlal-Partei von 1944; Union Socialiste des Forces Populaires, eine Abspaltung der 1959 gegründeten Union Nationale des Forces Populaires; Parti du Progrès et du Socialisme, die Nachfolgerin der 1934 gegründeten KPM).

Beherrschendes - und alle nationalen Kräfte einigendes - Thema blieb die "territoriale Integrität", worunter König Hassan II. und alle legalen politischen Kräfte, auch die Opposition, den Wiedererwerb verlorengegangener, ehemals marokk. Gebiete verstehen, vor allem der früher spanischen (-->) Westsahara, die sich seit der Fertigstellung des sechsten "Mauer"-Abschnittes im April effektiv zum größten Teil in marokk. Besitz befindet, allerdings weiterhin mit hohem finanziellem Aufwand und menschlichen Verlusten gegen die Polisario-Front verteidigt werden muß. Für ihre wirtschaftliche und soziale Entwicklung wendete M. bisher 6 Mrd. DH auf (Le Matin du Sahara, 14.11.). Beansprucht werden auch die am Mittelmeer gelegenen spanischen Enklaven ("Presidios") Ceuta und Melilla, wie der König nach Unruhen unter der muslimischen Bevölkerung, vor allem in Melilla, am Jahrestag seiner Thronbesteigung am 3.3. erneut bekräftigte. Von organisatorischen Veränderungen war wieder das Schulsystem betroffen, das trotz mehrfacher Reformen und Retuschen den sozioökonomischen Gegebenheiten M.s immer noch nicht angepaßt ist (und bislang nur etwa die Hälfte der halben Million jährlich neu einzuschulender Kinder erfaßt). Während 1979 noch 43 % der Kandidaten das Abitur bestanden, waren es bei der Hauptprüfung im Juni nur 11 %. Darauf beschloß der König, ab Schuljahr 1987/88 die Reifeprüfung durch je drei Trimesterprüfungen in den drei Oberstufenjahren zu ersetzen. Organisation und Abnahme dieser Prüfungen ist eine der Aufgaben, die den im Rahmen der Regionalisierung und Dezentralisierung am 16.11. eingerichteten 14 "Akademien"

(Außenstellen des Ministeriums für Primar- und Sekundarschulwesen) zufällt.
Am 28.12. wurden zwei Personen zu zwölf bzw. zehn Jahren Haft wegen Zugehörigkeit zur illegalen Organisation "Ilal Amam" (Vorwärts) verurteilt, einer
linken Absplitterung der KPM/PPS und einzigen politischen Gruppierung M.s,
die sich von Anfang an für die Selbstbestimmung der westsaharischen Bevölkerung aussprach. 1978 und 1986 zu langen Freiheitsstrafen verurteilte "Ilal-
Amam"-Anhänger sowie verurteilte Islamisten und an den "Brotunruhen" von
1984 Beteiligte traten wie in den vergangenen Jahren auch 1987 zeitweilig in den
Hungerstreik, um als politische Gefangene anerkannt zu werden und/oder bessere
Haftbedingungen zu erlangen. Die Amnestierung aller politischen Gefangenen
und Exilierten forderten u.a. der im Juli begnadigte sozialistische Regimegegner
Mohammed Basri, der 1971 und 1974 zum Tode verurteilt worden war, sowie der
4. Kongreß der kommunistischen Partei PPS (17.-19.7.) (bei dem Ali Yata zum
Generalsekretär wiedergewählt wurde).

Außenpolitische Entwicklung

M.s Diplomatie stand auch 1987 weitgehend im Dienst der "territorialen Integrität". Die Frage der spanischen Enklaven will der König auf dem Verhandlungsweg lösen. Seinen Vorschlag, dazu ein bilaterales Gremium zu gründen, lehnte
Madrid jedoch unter Hinweis auf die jahrhundertelange Zugehörigkeit dieser
Gebiete zu Spanien ab. Bei seinem Besuch in Rabat (3.-4.7.) zeigte sich der
spanische Außenminister Ordóñez indessen dialogbereit. Spanien, zu dem M. im
Prinzip ausgezeichnete Beziehungen unterhält, ist für seine Fischer dringend auf
die marokk. Fischgründe angewiesen. Es hat durch seine ungeschickte Ausländerpolitik im übrigen selbst dafür gesorgt, daß die Muslime in den Enklaven ihren
ursprünglichen Wunsch, die spanische Nationalität zu erwerben, aufgaben und
nun die "Marokkanisierung" der Gebiete fordern.
M. trat zwar 1984 aus der OAU aus, weil die Demokratische Arabische Republik
Sahara (DARS) Mitglied geworden war, pflegte aber erfolgreich Kontakte zu
schwarzafrikanischen Staaten (u.a. Kooperationsabkommen mit der Zentralafrikanischen Republik, Besuch der Präsidenten von Äquatorialguinea und Kamerun),
z.B. auch solchen, die die DARS anerkennen (Kooperationsabkommen mit Mali,
Besuche des kapverdischen Präsidenten und des tschadischen Außenministers).
Mit dem amtierenden OAU-Vorsitzenden, dem kongolesischen Präsidenten Sassou-Nguessou, führte der König am 21.2. ein Gespräch über das von OAU und
UNO geforderte und von den Konfliktparteien im Prinzip bejahte Selbstbestimmungsreferendum in der Westsahara, über dessen Modalitäten allerdings keine
Einigkeit besteht. Eine "technische Mission" der OAU/UNO hielt sich zur Klärung dieser Frage im November auch in M. und in der (-->) Westsahara auf. Der
Erklärung des marokk. Standpunktes in der Westsahara-Frage dienten auch Kontakte, vor allem auf parlamentarischer Ebene, zu südamerikanischen Ländern
(Brasilien, Uruguay, Argentinien, Chile, Peru und Kolumbien - die beiden letztgenannten Staaten erkennen die DARS an).
Durch zahlreiche Begegnungen, auch mit der neuen Staatsführung, wurden die
guten Beziehungen zu Tunesien gepflegt, das für M. ein Bindeglied zum 1983
geschlossenen Bündnis zwischen Tunesien, Algerien und Mauretanien darstellt.
Das Verhältnis zu (-->) Mauretanien war 1987 vorübergehend gespannt. Das zu
Algerien, zu dem wegen der Westsahara-Frage seit 1976 keine diplomatischen
Beziehungen bestehen, entkrampfte sich erheblich nach dem Treffen (4.5.) des
Königs mit dem algerischen Präsidenten im Beisein des saudischen Königs
(Saudi-Arabien, das nach Frankreich M.s größter öffentlicher Gläubiger ist und
damit den Krieg in der Westsahara mitfinanziert, vermittelt seit Jahren zwischen
M. und Algerien). Es folgten ein Austausch gefangener Soldaten, Gespräche der

Außenminister mit Hassan und Bendjedid (Ibrahimi am 11.7. in M.; Filali am 21./22.11. in Algerien), ein Treffen der Innenminister in Tunis (3.12.) sowie der Besuch einer algerischen Delegation aus dem Innenministerium in M. (16.-18.12.). Enge Kontakte bestanden weiterhin vor allem zu den gemäßigten Staaten der arabischen und islamischen Welt (seit dem 14.11. auch wieder offiziell zu Ägypten). So waren die Staatsoberhäupter von Saudi-Arabien, den VAE, Jordanien und der Türkei, z.T. privat, in M. zu Besuch. Nach den iranisch-saudischen Zusammenstößen in Mekka rief der König zur Abhaltung einer außerordentlichen Gipfelkonferenz aller OIK-Staaten auf (29.8.), und angesichts der Unruhen in den von Israel besetzten Gebieten lud er am 21.12. in seiner Eigenschaft als Präsident des Jerusalem-Komitees der OIK die Außenminister aller Komitee-Mitgliedstaaten zu einer Sonderkonferenz Anfang 1988 nach M. ein. Besonders intensiv war die Zusammenarbeit auch 1987 mit den traditionell befreundeten und wichtigsten westlichen Geberländern Frankreich (u.a. Besuch von Staatspräsident Mitterrand) und USA (Besuch von Finanzminister Baker, Veranstaltungen anläßlich des 200jährigen Bestehens des Friedens- und Freundschaftspaktes usw.) sowie mit anderen westlichen Industrieländern (Großbritannien, wo der König einen Staatsbesuch machte; weiteren EG-Staaten wie der Bundesrepublik; Japan und Kanada, wo mehr Absatzmärkte für marokk. Produkte erschlossen werden sollen). Auch die guten Beziehungen zum Ostblock (Rumänien, Bulgarien, Polen, Sowjetunion, China) wurden gepflegt.

Sozioökonomische Entwicklung

M. setzte 1987 sein 1983 begonnenes Austeritäts- und Anpassungsprogramm fort, um gemäß den Auflagen des IWF durch Strukturreformen (Liberalisierung und Privatisierung) sowie Abbau öffentlicher Leistungen seine Wirtschaft konkurrenzfähiger zu machen. Die Reduzierung der staatlichen Rolle ist auch in Regierungskreisen nicht unumstritten. Nach mehreren Dürrejahren (1981-84), in denen das reale Wirtschaftswachstum durchschnittlich nur 2,5 % betrug, wurden 1985 und 1986, u.a. wegen außergewöhnlich guter Ernten, Zuwächse von 4,3 bzw. 5,8 % erreicht (Bevölkerungszuwachs: durchschnittlich 2,57 % 1971-1982); 1987 wird, u.a. wegen mäßiger Ernten und anhaltend niedriger Preise für das Hauptexportprodukt Phosphat, nur mit 1 % gerechnet; das Haushaltsdefizit sank von 9,5 % des BIP (1985) auf 6,5 % (1986) (Prognose des Finanzministers für 1987: 6,5 %), das Zahlungsbilanzdefizit von 6 % des BIP (1985) auf 2,6 % (1986) (1987 voraussichtlich weniger als 2 %), während die Inflationsrate von 8,8 % (1986) unter 4 % sinken dürfte (Le Matin du Sahara, 25.9. u. 18.11.). Negativ ist nach wie vor die hohe Auslandsverschuldung (1973: 1,3 Mrd. US-$; 31.12.1986: 15,7 Mrd. US-$, Schuldendienst: rund 40 % der Exporterlöse), die neue Umschuldungen bzw. Umschuldungen der Umschuldungen erforderlich machte und auch in Zukunft erforderlich machen wird. Nach der Bewilligung eines Standby-Kredits durch den IWF Ende 1986 erreichte M. im März die Zustimmung der öffentlichen Geldgeber ("Pariser Klub") zur Umschuldung von 900 Mio. US-$ und im September die von rund 300 privaten Gläubigerbanken ("Londoner Klub") zur Umschuldung von etwa 2,4 Mrd. US-$. Das umfangreiche Engagement der Weltbank (u.a. Gewährung eines 240 Mio. US-$-Kredits im Mai) hat dazu beigetragen, das Vertrauen der Bankiers wiederherzustellen. Im Sinne der Liberalisierung wird der neue Fünfjahresplan für wirtschaftliche und soziale Entwicklung (1988-92), den der Fachminister am 12.11. dem Parlament vorstellte, nur ein "Orientierungsplan" sein (Verabschiedung am 10.12.). Dessen Hauptziele sind: Vorrang landwirtschaftlicher und ländlicher Entwicklung, Ermunterung der kleinen und mittleren Unternehmen und der Privatinitiative, Schaffung von Arbeitsplätzen (offiziell gibt es 10,7 %, tatsächlich wohl 20-25 %

Arbeitslose), verbesserte Allgemein- und Berufsbildung, Regionalplanung (Dezentralisierung und Entflechtung) sowie Rentabilisierung der öffentlichen und halböffentlichen Unternehmen. Der Plan sieht ein jährliches Wachstum des BSP von 4 % vor, wofür Investitionen in Höhe von 205 Mrd. DH erforderlich sind (zwei Drittel für den ländlichen, ein Drittel für den städtischen Bereich). Diese sollen zu 52 % vom Privatsektor, zu 17,5 % vom Staat, zu 19 % von den öffentlichen Unternehmen und zu 11,5 % von den Gebietskörperschaften aufgebracht werden (Le Matin du Sahara, 14.11.).

Der Beitritt zur EG, M.s wichtigstem Handelspartner (1986: 58,2 % der marokk. Exporte und 53 % der Importe), wurde am 20.7. offiziell beantragt und am 1.10. "aus juristischen Gründen" (M. sei kein europäischer Staat) abgelehnt. Diese Ablehnung betrachtet der König jedoch nicht als endgültig. Hinter dem Beitrittsgesuch, das M. auch als Bekräftigung seiner politischen und strategischen Option für den Westen gewertet wissen will, steht der Gedanke, nach dem EG-Beitritt Spaniens und Portugals, der M. besonders hart trifft, für das Anpassungsprotokoll an den Kooperationsvertrag von 1976 bessere Bedingungen als die anderen Mittelmeer-Drittländer auszuhandeln, d.h. vor allem, den Absatz seiner Agrarexporte zu sichern. Das bilaterale Fischereiabkommen mit Spanien lief am 31.7. aus (Interimsabkommen bis 31.12.). Neuverhandlungen mit der EG als nun zuständigem Partner, die nach marokk. Wunsch in eine globale Neuregelung der Kooperation M.-EG münden sollen, wurden am 31.12. ergebnislos unterbrochen, und M. forderte die EG-Flotten (im wesentlichen spanische Boote) auf, die marokk. Gewässer zu verlassen. M. möchte nicht nur die eigene Fischwirtschaft ausbauen, sondern auch durch vertragliche Einbeziehung der besonders fischreichen westsaharischen Küstengewässer erstmals eine implizite internationale Anerkennung seiner Gebietserweiterung erreichen.

Die politische Führung Marokkos
Staatsoberhaupt: König Hassan II. (seit 1961), Berater: Ahmed Reda Guedira, Ahmed Bensouda, Mohammed Aouad, Hofminister: General Moulay Abdelhafid Alaoui
Marokkanische Regierung (Stand: 31.12.1987)
Premierminister (PM): Azzedine Laraki (parteilos), **Staatsminister:** Hadj Mohammed Bahnini (parteilos), Moulay Ahmed Alaoui (RNI), **Äußeres/Zusammenarbeit:** Abdellatif Filali (parteilos), **Arbeit:** Hassan Abbadi (RNI), **Energie/Bergbau:** Mohammed Fettah, **Entwicklung der Saharaprovinzen** (beim PM): Khali Henna Ould Er-Rachid (PND), **Erziehung:** Mohammed Hilali, **Finanzen:** Mohammed Berrada, **Fremdenverkehr:** Moussa Saadi (PND), **Generalsekretär der Regierung:** Abbès Kaissi (parteilos), **Gesundheit:** Tayeb Bencheikh (RNI), **Handel/Industrie:** Abdallah Azmani (seit 9.3.), **Handwerk/Soziales:** Mohammed Labied, **Hochseefischerei/Handelsmarine:** Bensalem Smili (parteilos), **Infrastruktur/Berufsausbildung/Ausbildung von Führungskräften:** Mohammed Kabbaj (parteilos), **Inneres/Information:** Driss Basri (parteilos), **Jugend/Sport:** Abdellatif Semlali (UC), **Justiz:** Moulay Mustapha Belarbi Alaoui (parteilos), **Kultur:** Mohammed Benaissa (RNI), **Landwirtschaft/Landreform:** Othmane Demnati (parteilos), **Planung** (beim PM): Rachidi Ghazouani, **Post/ Fernmeldewesen:** Mohand Laenser (MP), **Religiöse Stiftungen/Islamische Angelegenheiten:** Abdelkebir Alaoui Medaghri (parteilos), **Transport:** Mohammed Bouamoud (RNI), **Verbindungen zum Parlament** (beim PM): Abdessalam Baraka (seit 9.3.), **Verwaltungsangelegenheiten** (beim PM): Abderrahim Benabdeljalil, **Wirtschaft** (beim PM): Moulay Zine Zahidi (parteilos), **Wohnungsbau:** Abderrahmane Boufettas, **Staatssekretär im Außenministerium für die Verbindungen zur EG:** Mohammed Sekkat

Chronologie Marokko 1987

15.1. - Besuch des italienischen Innenministers (Kooperationsabkommen: Bekämpfung von Terrorismus, Drogen und Kriminalität)

20.-21.1. - Besuch des spanischen Innenministers (2 Kooperationsabkommen: Zivilschutz und Bekämpfung von Terrorismus und Drogen)

1.-2.2. - Schwere Unruhen zwischen Muslimen und spanischen Ordnungskräften in Melilla

9.-11.2. - Besuch des zentralafrikanischen Außenministers (Kooperationsabkommen: Luftfahrt und Gesundheit)

9.-12.2. - Besuch des kapverdischen Staatspräsidenten Pereira (Westsahara, Kooperation im Fischereisektor)

3.-5.3. - Besuch von Finanzminister Baker, USA (Kooperation, Entwicklungshilfe, Fürsprache bei internationalen Kreditgebern)

6.3. - Umschuldung von 900 Mio. US-$ (1.3.1986-30.6.1987) auf Juni 1988 durch den "Pariser Klub"

8.3. - Beginn des Staatsbesuchs von Kronprinz Sidi Mohammed in Japan

9.3. - Regierungsumbildung: Handel und Industrie: A. Azmani (für T. Masmoudi), Verbindungen zum Parlament: A. Baraka (für T. Afifi)

30.3.-2.4. - Besuch des türkischen Staatspräsidenten Evren (Wirtschaftskooperation)

5.4. - Besuch des jordanischen Königs Husain

12.4. - Besuch des senegalesischen Staatspräsidenten Diouf (Westsahara, Wirtschaftskooperation)

14.-17.4. - Besuch des kamerunischen Staatspräsidenten Biya (Westsahara, wirtschaftliche und kulturelle Kooperation)

16.4. - Fertigstellung des 6. Militärwalls der Marokkaner in der Westsahara

22.-23.4. - Besuch des französischen Staatspräsidenten Mitterrand

30.4. - Die französische Menschenrechtsliga FDH schätzt die Zahl der verschwundenen Häftlinge auf 400

1.5. - Kritik der Gewerkschaften an der Beschäftigungs-, Schul-, Wohnungsbau- und Gesundheitspolitik

4.5. - Treffen von Hassan II., dem algerischen Präsidenten Bendjedid und dem saudischen König Fahd an der algerisch-marokk. Grenze

9.5. - Weltbankkredit (240 Mio. US-$)

17.6. - Beitritt zum GATT

17.-19.6. - Besuch des westdeutschen Innenministers (Kooperationsabkommen: Bekämpfung des internationalen Terrorismus, Drogenhandels und organisierten Verbrechens)

14.-17.7. - Staatsbesuch des Königs in Großbritannien (Kooperation, M.-EG)

25.7. - Laut A. Bouabid (USFP) liefert Libyen der Polisario-Front wieder Waffen

16.-18.9. - Besuch des malischen Außenministers (Kooperationsabkommen, u.a. Linienflugverkehr Casablanca-Bamako ab 27.10.)

23.-26.9. - Besuch des rumänischen Ministerpräsidenten Dascalescu (Langzeitabkommen: technische und wirtschaftliche Kooperation)

23.9. - Umschuldung von 2,4 Mrd. US-$ (fällig 1985-88) durch den "Londoner Klub" auf 10 Jahre

1.10. - EG lehnt Beitrittsgesuch M.s vom 20.7. ab

2.10. - Beginn einer Impfkampagne (Schutz von 1,5 Mio. Kleinkindern vor sechs Krankheiten)

30.10.-8.11. - Erste internationale Buchmesse in Casablanca

13.11. - Einführung materieller Erleichterungen für marokk. Journalisten (kostenlose Eisenbahnbenutzung, 50 % Ermäßigung auf Hotels und Auslandsflüge der RAM usw.)

14.11. - Wiederaufnahme diplomatischer Beziehungen zu Ägypten

16.11. - Verleihung des "Goncourt"-Preises an Tahar Ben Jelloun

20.11. - Empfang der "technischen UNO/OAU-Mission" durch Hassan II.

31.12. - Vorläufiger Abbruch der Fischerei-Neuverhandlungen mit der EG; Sperrung der marokk. Gewässer für die EG-Fischereiflotten

Ursel Clausen

Mauretanien

Offizieller Name: al-Jumhuriya al-Islamiya al-Muritaniya/Islamische Republik Mauretanien; *Unabhängigkeit:* 28.11.1960; *Fläche:* 1.030.700 qkm; *Einwohner:* 2 Mio. (UNO-Schätzung 1987); *Hauptstadt:* Nouakchott, Ew.: 500.000 (Schätzung); *Urbanisierungsrate:* 34 %; *Armeestärke:* 13.470 Mann (inkl. Paramilitär); *BIP:* 600 Mio. US-$ (1986); *Sektoren in %:* Landwirtschaft inkl. Fischerei 35,5; Industrie 18,9; Dienstl. 45,6; *Pro-Kopf-Einkommen:* 420 US-$ (1986); *Währung:* 1 US-$ = 74,38 Ouguiya (UM) Durchschnitt 1986

Innenpolitische Entwicklung

Die - ethnisch und politisch-ideologisch bedingten - inneren Spannungen in Mauretanien (M.), die Staatschef Oberst Taya nach seiner Machtergreifung im Dezember 1984, u.a. durch die Freilassung fast aller politischen Gefangenen, zunächst erfolgreich abgebaut hatte, nahmen 1986 wieder zu und erreichten 1987 einen vorläufigen Höhepunkt. Angehörige der aus dem Süden stammenden schwarzafrikanischen Bevölkerung (Schätzungen ihres Anteils: 25-50 %) äußerten 1986 besonders radikal ihre Opposition gegen die maurische Führungsschicht, die ihre Belange nicht ausreichend wahrnehme, ja, ein Apartheidssystem praktiziere. Einige Personen, Politiker, Lehrer, Journalisten, Militärs usw., wurden zu mehrjährigen Freiheitsstrafen verurteilt, was zu Ausschreitungen in Nouakchott und Nouadhibou und zu weiteren Verhaftungen von Schwarzafrikanern führte: 13 davon wurden am 5.3. zu mehrjährigen Haftstrafen verurteilt. Den Widerstand organisierte eine Anfang 1985 gegründete linksradikale Vereinigung, "Front de Libération des Africains de Mauritanie" (FLAM), der vor allem Tukulör angehören, die die Mehrheit der schwarzafrikanischen Mauretanier bilden und auch südlich des Senegalflusses in Senegal leben. Tukulör waren es auch, Armeeangehörige, z.T. aus der unmittelbaren Umgebung des Staatschefs, die laut Regierung einen Aufstand gegen das Regime planten. Dieser wurde am 20.10. vorzeitig aufgedeckt. 51 Tukulör (darunter drei Zivilisten) hatten sich vom 18.11. an wegen "versuchten Umsturzes des Regimes und geplanter Massaker und Verhaftungen von Zivilisten" vor dem Sondergerichtshof zu verantworten. Am 3.12. ergingen die Urteile: Todesstrafe in drei Fällen und langjährige Freiheitsstrafen (nur sechsmal mit Bewährung). Unter den sieben Freigesprochenen war der wegen der FLAM-Agitation im August 1986 abgesetzte schwarzafrikanische Innenminister Anne Amadou Babaly. Die Todesurteile wurden am 6.12. vollstreckt. Die Regierung machte keine Angaben darüber, ob eine oder welche Organisation hinter dem Putschversuch stand und welche Ziele die Putschisten konkret verfolgten. Aus unterrichteten Kreisen in Nouakchott verlautete, die Aufrührer hätten die Errichtung einer "Republik Walo" (nach der Landschaft am Fluß, aus der sie stammen) geplant. Die seit der Staatsgründung bestehenden Spannungen zwischen maurischen und schwarzafrikanischen Mauretaniern verstärkten sich in den letzten Jahren auch deshalb, weil wegen der Dürrekatastrophe zunehmend auch Mauren von der Landverteilung in den Bewässerungsprojekten im Senegaltal, aus dem die Schwarzmauretanier stammen, profitieren wollen. Dabei können die bewässerten und von der Regierung verteilten Landflächen z.Z. höchstens um etwa 1.500 ha jährlich erweitert werden.
Verhaftungen und Verurteilungen gab es, wie schon 1986, auch unter maurischen Opponenten. Am 22.9. wurden sechs von acht Angeklagten, offiziell als pro-

irakische Ba'thisten eingestuft, von einem ordentlichen Gericht wegen Zugehörigkeit zu einer unerlaubten Organisation verurteilt, allerdings zu überraschend
milden Strafen (Geldbußen und sechs Monate Haft mit Bewährung), obwohl der
Staatsanwalt lebenslänglichen Freiheitsentzug gefordert hatte.
Die Regierung wurde 1987 mehrmals umgebildet. Ihr gehörten Ende des Jahres
vier Mitglieder des Militärausschusses (CMSN) an, der die eigentliche Macht
ausübt, darunter der als einflußreich und energisch geltende Innenminister,
Oberstleutnant Ould Abdallahi (französischer Abstammung; bis 1983: Gabriel
Cimper). Aufsehen erregte die Ernennung von Khadijetou Mint Ahmed zur
Ministerin für Industrie und Bergbau. (Unter Präsident Ould Daddah hatte es
eine Sozialministerin gegeben.) Die am 21.9. abgesetzten Minister für Wirtschaft
und Fischerei sowie der Zentralbankgouverneur wurden am 11.10. wegen Verwicklung in einen Finanzskandal im Fischereisektor verhaftet.
An ihrer deklarierten Absicht, demokratische Institutionen schrittweise wieder-
einzuführen, hielten die Militärs fest. Vom 16. bis 21.1. wurden in Nouakchott
und den Hauptstädten der 12 Regionen die Bürgermeister gewählt und die Räte
eingesetzt, die aus den ersten mauret. Gemeindewahlen vom Dezember 1986
hervorgegangen waren. Am 17.12. begann der Wahlkampf für die für Januar 1988
angesetzten Gemeindewahlen in den Hauptorten der 32 Départements. Durch die
Ausgabe von Personalausweisen sollte diesmal Wahlbetrug verhindert werden. Wie
schon 1986 bewarben sich vier Listen um die jeweils 11-21 Ratssitze. Die Listen
durften auch diesmal weder nach politischen (Parteien sind nicht zugelassen) noch
nach tribalen oder ethnischen Merkmalen zusammengestellt werden.
Im ganzen Jahr liefen die Vorbereitungen für die auf Dezember angesetzte
Volks- und Wohnungszählung (die letzte hatte 1976/77 stattgefunden).

Außenpolitische Entwicklung

Das zweite bei der Machtergreifung 1978 deklarierte Ziel der Militärs, M.s Engagement im Konflikt um die (-->) Westsahara zu beenden und gute Beziehungen
sowohl zu Algerien und der Polisario-Front als auch zu Marokko herzustellen,
wurde zwar erreicht, geriet aber immer wieder in Gefahr. So protestierte die
Regierung im April in Rabat gegen den Bau des 6. Militärwalls, der nur 400 m
vom mauret. Dorf Inal entfernt die mauret.-westsaharische Grenze erreicht und
von dort, in 2-10 km Abstand von der mauret. Eisenbahnlinie Zouerate-Noua-
dhibou, parallel zu dieser auf einer Strecke von 220 km zum Atlantik verläuft.
Auf dieser Eisenbahnlinie wird M.s Eisenerz, neben Fisch der wichtigste Export-
artikel, in den Hafen von Nouadhibou gebracht, den jetzt nur 40 km von der
"Mauer" trennen. CMSN-Mitglied Ould Abdallahi teilte die mauret. Befürchtungen, wieder in den Krieg hineingezogen zu werden, auch in Paris mit (12.-18.4.),
wo ihm die französische Regierung Hilfszusicherungen gab. Diese garantiere M.s
aus der Kolonialzeit stammenden Grenzen und unterstütze die Neutralitätspolitik
der Taya-Regierung, so der französische Botschafter in M. zu einem späteren
Zeitpunkt. Solidaritätserklärungen erhielt M. auch von Algerien, mit dem es (wie
mit Tunesien) seit Dezember 1983 ein Freundschaftsvertrag verbindet. Staatspräsident Bendjedid reiste demonstrativ nach Nouakchott (Besichtigung der von
Algerien gebauten Flaschengasabfüllanlage) und Nouadhibou (Wiedereröffnung
der mit algerischer Hilfe errichteten, zeitweilig stillgelegten Erdölraffinerie)
(26.-27.4.). Im Herbst schien das gute Einvernehmen zwischen Marokko und M.
wiederhergestellt, zumal Zwischenfälle an "Mauer" und Eisenbahnlinie offenbar
ausblieben. Im Dezember tagte die große gemischte Kommission zum vierten Mal,
und M. äußerte den Wunsch nach noch mehr marokkanischen Fachkräften und
Stipendien für mauret. Studenten. Ein marokkanisches Kulturzentrum in Nouakchott war am 31.1. eröffnet worden.
M. unterhält auch gute Beziehungen zu Ländern des arabischen Ostens, besonders
zu den Finanzhilfe gewährenden Erdölstaaten der Arabischen Halbinsel, aber

auch zum Irak und zu Syrien. Zur Demonstration seiner Solidarität mit dem Irak und den von der iranischen Revolution bedrohten Golfstaaten brach es am 28.6. die diplomatischen Beziehungen zu Iran ab. Die zu Ägypten nahm es am 17.11. wieder auf. Schon am 28.9. hatte es mit Kairo ein Programm über multisektorale Kooperation unterzeichnet.

Als Bindeglied zwischen den Ländern nördlich und südlich der Sahara ist M. gleichermaßen an guten Beziehungen zu letzteren und dort, historisch bedingt, besonders zu den frankophonen interessiert. Präsident Diouf aus Senegal, der der schwarzafrikanischen Opposition in M. weniger Sympathien als sein Vorgänger Senghor entgegenbringt, machte am 10.1. einen Staatsbesuch; Außenminister Ould N'Diayane unterzeichnete im Dezember in Dakar ein Kulturaustauschprotokoll sowie ein Abkommen über Kooperation in verschiedenen Bereichen. Auch mit Mali ist die Zusammenarbeit eng (u.a. Übereinkunft über Kooperation im Straßenverkehr und in der Verwaltung im April). M., Senegal und Mali sind in der "Organisation pour la Mise en Valeur du Fleuve Sénégal" (OMVS) zusammengeschlossen, die für M. u.a. wegen der Ackerlandgewinnung immer wichtiger wird. Die drei Staatschefs besprachen im Januar Finanzhilfefragen einmal am Rande der 5. OIK-Konferenz in Kuwait mit König Fahd von Saudi-Arabien sowie mit den Emiren der VAE und Kuwaits und zum anderen in Dakar mit dem kanadischen Premierminister. Auf der 9. OMVS-Gipfelkonferenz in Bamako im Oktober wurde Taya der neue amtierende Präsident der Organisation.

Im April beherbergte Nouakchott die 12. Gipfelkonferenz der "Wirtschaftsgemeinschaft Westafrikas" (CEAO) und die 8. Gipfelkonferenz des "Nichtangriffs- und Beistandpaktes" (ANAD). Taya gab die seit März 1986 - mit Erfolg - ausgeübte CEAO-Präsidentschaft an Staatschef Kérékou von Benin ab, behielt aber dieses Amt im ANAD für weitere zwei Jahre.

In der EG, dem wichtigsten Handelspartner, unterhält M. besonders enge Beziehungen zu Frankreich (u.a. 350 Fachkräfte in M.), aber auch zur Bundesrepublik Deutschland, die beide auch als Geber eine Rolle spielen. Als Geber sind auch die USA (Nahrungsmittelhilfe) und, von M. besonders geschätzt, die VR China zu erwähnen (2. Wasserleitung Idini-Nouakchott im April eröffnet, Einrichtung einer Chinesisch-Abteilung an der Universität Nouakchott geplant).

Sozioökonomische Entwicklung

Ihrem dritten Ziel, der Sanierung der Wirtschaft, kamen die Miltiärs näher. M. ist inzwischen als "least developed country" eingestuft, und der laufende "Plan de redressement économique et financier" (PREF) (Ende 1985-1988) wird von der Weltbank und dem IWF unterstützt. So nahm das Wachstum des BIP von -2,4 % (1984) auf 3,1 % (1985) bzw. 4,0 % (1986) zu, reduzierte sich das Haushaltsdefizit (in % des BIP) von 7,9 % (1984) auf 4,5 % (1985) bzw. 1,9 % (1986), reduzierte sich das Zahlungsbilanzdefizit (in % des BIP) von 26,0 % (1984) auf 12,8 % (1985) bzw. 9,0 % (1986). Die Inflationsrate konnte mit 7 % (1984), 13,6 % (1985) und 7,8 % (1986) in Grenzen gehalten werden (Economist Intelligence Unit, London: Country Report Nr. 4, 1987, S. 4). Das Bevölkerungswachstum wird auf 2,7 bis 3 % geschätzt.

1985 betrugen die Auslandsschulden 1,9 Mrd. US-$ (Schuldendienst 1987: 7 Mrd. UM, bei einem Gesamthaushalt von knapp 20 Mrd. UM). Im April gewährte der IWF einen 13-Mio.-US-$-Standby-Kredit (wie schon 1986 und 1985) und im Mai die Weltbank einen 50-Mio.-US-$-Strukturanpassungskredit. Im Juni stimmte der Pariser Klub zum dritten Mal einer Umschuldung der Fälligkeiten (März 1987 bis Mai 1988), diesmal auf 15 Jahre, zu.

Wie schon 1985 erbrachte Fisch 1986 höhere Exporterlöse als Eisenerz (205 bzw. 141 Mio. US-$). Diese Einnahmen lagen 1986 um 11 % niedriger als im Vorjahr, so daß der Handelsbilanzüberschuß auf 135 Mio. US-$ zurückging. Die für 1987 geplante Wiedereröffnung der Kupfermine von Akjoujt wurde wegen der niedrigen Weltmarktpreise aufgeschoben (IHT, 8.12.). Im April formulierte die Regierung neue Richtlinien für den Fischfang (Begrenzung der Fangmengen zum Schutz der Bestände, Bevorzugung der mauret. Flotte und gemischter Gesellschaften, keine Lizenzen mehr für ausländische Flotten, Priorität für die artisanale Fischerei gegenüber der industriellen). Etwa 30 % aller Mauretanier bedürfen laut Regierung staatlicher Unterstützung. Nahrungsmittel wurden seit dem 19.1. zunehmend im Rahmen der Aktion "Nahrung gegen Arbeit" und nicht mehr nur gratis verteilt (5-6 kg Getreide und 500 g Milchpulver/Tag gegen Straßenreinigungs- und Entsandungsarbeiten/Person). Mit der Agrarsaison im August begann wieder die einen Monat dauernde Kampagne "Rückkehr der Bauern auf ihr Land", in deren Verlauf Landflüchtige, ausgestattet mit Saatgut und Startkapital, von den Stadträndern in ihre Heimat zurückgebracht werden (1985: 10.000 Freiwillige, 1986: 11.000, 1987: 8.000). Die Getreideernte, die bestenfalls ein Drittel des Bedarfs deckt, fällt 1987/88 vermutlich niedriger als 1986/87 (116.000 t) aus.

Die politische Führung Mauretaniens
Präsident des Militärausschusses für Nationales Heil (CMSN), Staatschef, Verteidigung: Oberst Maaouya Ould Sid' Ahmed Taya (seit Dezember 1984); **Ständiger Sekretär des CMSN:** Oberst Mohamed Sidina Ould Sidya
Regierung von Mauretanien (Stand: Dezember 1987)
Äußeres: Major Mohamed Lemine Ould N'Diayane (CMSN), **Ausrüstung:** Hamoud Ould Ely (seit 13.8.), **Erziehung/Ausbildung von Führungskräften:** Hasni Ould Didi, **Fischerei/Fischwirtschaft:** Dah Ould Cheikh (seit 21.9.), **Gesundheit/ Soziales:** Major Dr. med. N'Diaye Kane (CMSN), **Handel/Transport:** Hamdi Samba Diop (seit 21.9.), **Industrie/Bergbau:** Khadijetou Mint Ahmed (seit 27.5.), **Information (seit 21.9.):** Mohamed Haibetna Ould Sidi Haiba, **Inneres/Post/ Verbindungswesen (vom 9.3. bis 21.9. auch Information):** Oberstleutnant Djibril Ould Abdallahi (CMSN), **Justiz:** Cheikh Mohamed Salem Ould Mohamed Lemine (seit 21.9.), **Kultur/Islamische Orientierung:** Mohamed Salem Ould Abdel Weddoud (seit 9.3.), **Ländliche Entwicklung:** Messaoud Ould Boukheir, **Öffentlicher Dienst/Arbeit/Jugend/Sport:** Hauptmann Dia El Hadj Abderrahmane (CMSN) (seit 21.9.), **Wasser/Energie:** Soumaré Oumar, **Staatssekretär für die Bekämpfung des Analphabetismus:** Isselmou Ould Mohamed, **Generalsekretär der Regierung:** Baro Abdoulaye, **Kommissar für Ernährungssicherung (im Präsidialamt, mit Ministerrang):** Mohamed Sidya Ould Bah

Chronologie Mauretanien 1987

10.1. - Präsident Diouf von Senegal in M. (bilaterale Kooperation, OMVS, CEAO, ANAD)
16.-21.1. - Bürgermeisterwahlen und Einsetzung der Ende 1986 gewählten Gemeinderäte in 13 Städten
19.1. - Beginn der Aktion "Nahrung gegen Arbeit"
21.1. - Schaffung eines "Nationalen Alphabetisierungsrates" (Beratung und Evaluierung)
24.1. - Taya in Tunis
31.1. - Eröffnung des marokkanischen Kulturzentrums in Nouakchott

6.-9.2. - Besuch des kapverdischen Präsidenten Pereira (Schiffsverbindung Nouadhibou-Praia, bilaterale Kooperation)
28.2. - Verleihung des Großen Preises und zwei weiterer Auszeichnungen an "Sarrounia" des mauret. Regisseurs Med Hondo beim Panafrikanischen Filmfestival von Ouagadougou
9.3. - Kabinettsumbildung: Information vom Kultur-ins Innen-, Islamische Orientierung vom Justiz- ins Kulturministerium eingegliedert; Kultur und Islam. Or.: Mohamed Salem

Ould Abdel Weddoud, Justiz: Hamdi Samba Diop

24.-25.3. - Spanischer Außenminister in M. (regelmäßige Treffen, techn. Kooperation, Abkommen über Nahrungsmittelhilfe)

5.-9.4. - Innenminister in Rabat

8.4. - Neue Fischfang-Politik

12.4. - Kommuniqué des Außenministers: M. fühlt sich durch die 6. marokkanische "Mauer" bedroht

14.-16.4. - Fischerei-Minister in Bagdad (Abkommen über wirtschaftliche Kooperation)

12.-18.4. - Innenminister in Paris

20.-21.4. - 12. CEAO- und 8. ANAD-Gipfelkonferenz in Nouakchott

26.-27.4. - Besuch des algerischen Staatspräsidenten Bendjedid

27.-29.4. - Außenminister in Mali (Kooperation in Verwaltung und Straßenverkehr)

3.5. - Zusage über 50-Mio.-US-$-Kredit durch die Weltbank

9.-11.5. - Beschluß des CMSN, das Mandat der Instanzen der "Structures d'Education des Masses" um ein Jahr zu verlängern

16.5. - Fertigstellung der ersten in M. gebauten Boote für die artisanale Fischerei

23.-24.5. - PLO-Chef Arafat in M.

27.5. - Kabinettsumbildung: Bergbau und Energie: Khadijetou Mint Ahmed, Kommandant der Nationalgendarmerie: Oberstleutnant Ney Ould Abdel Malick, Präsident des Sondergerichts: Oberst Cheikh Ould Boida (CMSN)

5.6. - Pariser Klub sagt Umschuldung zu

11.6. - Fischerei-Rahmenabkommen mit Algerien über 10 Jahre

28.6. - Abbruch der Beziehungen zu Iran

28.6.-7.7. - Wirtschaftsminister in Saudi-Arabien, Abu Dhabi und Kuwait (bilaterale Kooperation)

1.7. - Aufnahme diplomatischer Beziehungen zu Kolumbien (als 5. lateinamerikanischer Staat)

1.7. - Inkrafttreten des Fischereiabkommens mit der EG (3 Jahre), das Portugal neu verhandeln möchte

17.-19.7. - Teilnahme an der CEDEAO-Gipfelkonferenz in Nigeria

23.7. - Kulturabkommen mit Syrien (3 Jahre)

29.7. - Erstmals Arzneimittelgesetz

10.8. - Beginn der Agrarsaison und der Aktion "Rückkehr der Bauern auf ihr Land"

13.8. - Kabinettsumbildung: Ausrüstung: Hamoud Ould Ely für Oberstleutnant Brahim Ould Alioune N'Diaye (CMSN), der Kommandant der Nationalgarde wird

27.8. - Annahme des bis zum Jahr 2000 ausgerichteten "Plan directeur" von Nouakchott

2.-4.9. - Taya bei der 2. Konferenz der frankophonen Staats- und Regierungschefs in Québec

21.9. - Kabinettsumbildung: Justiz: Cheikh Mohamed Salem Ould Mohamed Lemine, Wirtschaft/Finanzen: Cheikh Ould Ahmed Louly, Fischerei/Fischwirtschaft: Dah Ould Cheikh, Handel/Transport: Hamdi Samba Diop, Information: Mohamed Haibetna Ould Sidi Haiba, Öffentl. Dienst/Arbeit/ Jugend/Sport: Hauptmann Dia El Hadj Abderrahmane, Gouverneur der Zentralbank: Mohamed Ould Nani

21.-24.9. - Rahmenabkommen über Kooperation in der Fischwirtschaft mit Rumänien

3.10. - Unterrichtsbeginn für 152.000 Primar- und 36.464 Sekundarschüler sowie 8.147 Studenten (davon 2.085 im Ausland)

7.10. - Rahmenabkommen über bilaterale Kooperation mit Italien

13.-14.10. - PLO-Chef Arafat in M.

26.-27.10. - 9. OMVS-Gipfelkonferenz in Bamako (Taya neuer amtierender Präsident)

28.10. - Mitteilung, daß am 22.10. ein Umsturzplan aufgedeckt wurde

17.11. - Wiederaufnahme der diplomatischen Beziehungen zu Ägypten

3.12. - Urteile im seit 18.11. laufenden Prozeß gegen 51 der Verschwörung angeklagte schwarzafrikanische Mauretanier: 3 Todesurteile (vollstreckt am 6.12.), 41 Freiheitsstrafen, 7 Freisprüche

3.-5.12. - Außenminister in Senegal (verschiedene Kooperationsabkommen)

16.12. - Fischerei- und Handelsmarineabkommen mit Frankreich

Ursel Clausen

Pakistan

Offizieller Name: Islami Jumhuriya Pakistan/Islamische Republik Pakistan;
Unabhängigkeit: 15.8.1947; Fläche: 796.095 qkm; Einwohner: 99.163.000 (Schät-
zung 1986); Hauptstadt: Islamabad, Ew.: 370.000; Urbanisierungsrate: 28 %;
Armeestärke: 480.000 Mann (1986); BIP: 537,7 Mrd. Rs.; Sektoren in %: Land-
wirtschaft 25,8; Industrie 19,9; Dienstl. 45,6; Pro-Kopf-Einkommen: 380 US-$
(1986); Währung: 1 US-$ = 17,35 Rupien Dezember 1987

Innenpolitische Entwicklung

Das Jahr 1987 begann unter dem Vorzeichen schwerer Unruhen in Karatschi und
Hyderabad. Daran beteiligt waren die Muhajirs (Flüchtlinge aus Indien, die seit
1947 im Zuge der Unabhängigkeit nach Pakistan einwanderten und Urdu als
Muttersprache sprechen) und Paschtunen aus der Nordwest-Grenzprovinz und
Belutschistan. Die Paschtunen haben das städtische Transportwesen weitgehend
monopolisiert. Die Kommunalbehörden hatten sich aus dem Transportsektor
bereits vor langen Jahren teilweise zurückgezogen, weil sie der rapide anwach-
senden Bevölkerung (Karatschi dürfte gegenwärtig ca. 14 Mio. Einwohner haben)
und ihren Transportbedürfnissen nicht gewachsen waren. Die Privatisierung des
städtischen Pendlertransportwesens hatte einen unerbittlichen Kampf zwischen
den Muhajirs und den Paschtunen zur Folge, der mit einer unerhörten Brutalität
ausgefochten wird. Fast täglich werden Passanten von den Bussen zu Tode gefahren, die mit überhöhter Geschwindigkeit versuchen, sich gegenseitig die Passagie-
re abzujagen. Da die Polizei nicht energisch genug dagegen vorgeht, werden
Busse von der aufgebrachten Menschenmenge in Brand gesteckt. Die Transport-
unternehmer haben ihre Leute bewaffnet, damit sie sich besser verteidigen können. Im Herbst 1986 griffen mehrfach Paschtunen die Muhajirsiedlungen an, um
sich für den Schaden zu rächen, der ihnen durch die Zerstörung ihrer Busse
entstanden war. Die Muhajirs organisierten sich ebenfalls, und es kam zu regel-
rechten Straßenschlachten.
Die Provinzregierung von Sind beschloß, diesen Kämpfen durch drastische Maßnahmen ein Ende zu setzen. Hinzu kam die Erkenntnis, daß immer mehr afghanische Flüchtlinge in den Paschtunensiedlungen Karatschis Unterschlupf gefunden hatten. Sie waren meistens bewaffnet und angeblich in den Drogenhandel
verwickelt. Die Brutalisierung des kommunalen Konflikts wurde ihnen zuge-
schrieben. Im Dezember 1986 wurde auf Veranlassung der Behörden die Paschtu-
nensiedlung Sohrab-Goth dem Erdboden gleichgemacht, nachdem den Bewohnern
eine kurze Frist eingeräumt worden war, die Häuser zu verlassen und ihre Habse-
ligkeiten fortzuschaffen. Die Drogenhändler waren wohl vorgewarnt gewesen,
weil man so gut wie keine Drogen fand.
Diese brutale behördliche Maßnahme goß Öl in das Feuer, und die Paschtunen
zogen mordend und brandschatzend durch die Muhajirsiedlungen Karatschis. Die
inzwischen in Bürgerwehren organisierten Muhajirs verteidigten sich und griffen
ihrerseits die Paschtunen an. Karatschi kam 1987 nicht mehr zur Ruhe. Alle paar
Wochen wurde irgendwo in der Stadt gekämpft, ohne daß die Sicherheitskräfte
dagegen etwas tun konnten. Zum zweiten Mal griff die Regierung im April ein
und ließ 462 Familien aus der Surjani Town umsiedeln. Immer häufiger wurde
das Militär zur Herstellung von Ruhe und Ordnung eingesetzt.

Die Muhajirs fühlten sich von der Regierung und von den politischen Parteien alleingelassen. Lediglich der Führer der JST (Jiye Sind Tehrik/Langlebe-Sind-Bewegung), G. M. Syed, der seit Jahren für die Provinz Sind die Unabhängigkeit fordert, zollte ihnen Beifall. Er, der bis vor kurzem noch wollte, daß die Muhajirs nach Indien abgeschoben werden, damit aus Sind stammende Hindus von dort in ihre alte Heimat zurückkehren können, erklärte sich bereit, nun die Muhajirs als Sindhis zu akzeptieren. Sie sollten sich mit der JST verbünden und die Paschtunen, aber vor allem Dingen die Pandschabis aus Sind verdrängen.

Die Muhajir-Organisation MQM (Muhajir Qaumi Movement/Nationale Muhajir-Bewegung) begann sich nun sehr zum Verdruß der Regierung und der politischen Parteien als eine politische Kraft zu entfalten. Sie schürte ihrerseits Unruhen und forderte die Staatsmacht heraus, die im August zurückschlug und den MQM-Führer Altaf Husain und eine Reihe seiner Mitstreiter festnehmen ließ. Dies verhalf der MQM endgültig dazu, sich als die Vertreterin der Muhajirs zu etablieren. Sie versteht sich inzwischen als eine politische Partei und hat als solche an den Kommunalwahlen vom 30.11. mit Erfolg teilgenommen. Die Regierung denkt bereits laut darüber nach, ob es überhaupt statthaft sei, eine politische Partei auf ethnischer Grundlage zuzulassen.

Ähnlich kompliziert ist die Sachlage im Falle einer weiteren Partei, die im Juli 1987 auf der Grundlage religiöser Zugehörigkeit zur schiitischen Konfession entstand. Die Schiiten sind ebenfalls der Meinung, daß keine der bestehenden Parteien sich für ihre Belange einsetzt. Angesichts der Bestrebungen in Pakistan, das islamische Recht in sunnitischer Auslegung zum Staatsrecht zu machen, versuchen sie mit Hilfe der Schiiten-Partei TNFJ (Tehrik-i Nifaz-i Fiqh-i Ja'fariya/Bewegung zum Einsatz des Ja'fari-Rechts) durchzusetzen, daß für sie das islamische Recht in schiitischer Auslegung gelten soll. In der Außenpolitik will sie die Einflußnahme durch fremde Mächte ausschalten und brüderliche Beziehungen zu den Nachbarstaaten aufbauen, mit Ausnahme solcher Staaten, die eine anti-islamische, rassistische und imperialistische Politik betreiben. Sie will Verträge mit dem Ausland über militärische, politische, wirtschaftliche und kulturelle Zusammenarbeit kritisch durchleuchten. Ebenso soll der Einsatz des pakistanischen Militärpersonals im Ausland im Hinblick auf die nationalen Interessen überprüft werden. Pakistans Militärpersonal darf nicht zum Schutze diktatorischer Herrschaft bereitgestellt werden. Der Hinweis gilt Saudi-Arabien, wo in den letzten Jahren bis zu 20.000 pakistanische Soldaten stationiert gewesen sind. Die TNFJ will Jerusalem und die anderen heiligen Stätten des Islams befreien. Die letzteren befinden sich in Saudi-Arabien, wo die von Iran befehdete Saud-Familie herrscht.

Die Auseinandersetzungen zwischen der sunnitischen Mehrheit und der schiitischen Minderheit (sie dürfte 15-20 % der Bevölkerung stellen) gingen auch 1987 weiter. In Kurram-Agency, im Stammesgebiet zwischen Pakistan und Afghanistan gelegen, tobten Ende Juli tagelang schwere Kämpfe zwischen den Angehörigen beider Konfessionen. Es soll über 200 Tote und unzählige Verletzte gegeben haben. Ganze Schiiten-Dörfer wurden zerstört und die Einwohner vertrieben. Darin sollen auch die afghanischen Flüchtlinge verwickelt gewesen sein.

Die Regierung bemühte sich, die Muharram-Feierlichkeiten der Schiiten optimal zu sichern, damit sich keine unerfreulichen Vorfälle wie im Jahr zuvor wiederholten. In Karatschi wollten einige sunnitische Klerikale Gegenveranstaltungen abhalten, die sicherlich zu gewalttätigen Auseinandersetzungen geführt hätten. Daher wurde eine beträchtliche Anzahl von Angehörigen einer radikalen religiösen Gruppe, die sich Vertreterin der Mehrheit (Sawad-i A'zam) nennt, in Vorbeugehaft genommen. Nur so konnte ein friedlicher Ablauf des Schiitenumzuges sichergestellt werden. Unter den religiösen Führern gibt es viele, die die Schiiten als Kafir (Ungläubige) betrachten und diese aus dem Staatsdienst entfernt sehen wollen. Eine Anfrage im Provinzparlament von Pandschab nach den höheren Beamten schiitischer Konfession verfolgte diese Absicht. Pandschabs Ministerpräsident Mian Nawaz Sharif soll die Anfertigung einer entsprechenden Liste angefordert haben (Dn, 23.1.).

Die Regierungspartei PML (Pakistan Muslim League) konnte sich weiter konsolidieren. Sie besitzt sowohl in der Nationalversammlung als auch in allen vier Provinzparlamenten die absolute Mehrheit. Deshalb hatte sie keinerlei Schwierigkeiten, ihre gesetzgeberischen Vorhaben durchzusetzen, außer bei der Verabschiedung des Haushaltes, das die Einführung einer neuen Steuer vorsah. Diese löste Proteste und gewalttätige Unruhen in fast allen Großstädten des Landes aus, worauf die Steuer zurückgenommen werden mußte.

Proteste gab es in einer anderen Sache auf Veranlassung der Jama'at-i Islami (JI), die zwar der Regierungsfraktion nicht angehört, aber sich auch nicht zur Opposition zählt. Sie war neben der PML die Stütze des Militärregimes gewesen und wird auch heute noch von Präsident Zia ul-Haq hofiert. Sie hatte 1985 eine Gesetzesvorlage im Senat eingebracht, um per Gesetz festzulegen, daß die "Scharia" (Islamisches Recht) das oberste Recht in Pakistan bildet und die Gesetzgebung sich danach zu richten habe. Die verbindliche Interpretation der "Scharia" wird dem "Bundesschariatsgerichtshof" und dem "Council of Islamic Ideology" (Islamischer Ideologierat) übertragen. Die Regierung hatte bei der ersten Lesung ihre Unterstützung zugesagt, aber später festgestellt, daß die Sache nicht konsensfähig war. Die Frauenverbände waren auf die Straße gegangen, weil die Gesetzesvorlage ihre Entfernung aus dem Justizbereich vorsah. Außerdem würde die Verabschiedung des Gesetzes die beiden genannten Institutionen über das Parlament stellen und ihre gesetzgeberische Tätigkeit in unerträglichem Maße beschneiden. Proteste gab es auch von seiten der anderen religiösen Gruppen, die die Gesetzesvorlage ablehnten, um zu verhindern, daß die JI sich als die eigentliche Verfechterin des islamischen Staates ausgeben kann. Die Regierungsfraktion war der Meinung, daß sie selbst in dieser Sache tätig werden sollte. Man ließ bereits 1986 vom Senat eiligst eine Verfassungsänderung verabschieden, wodurch der Bundesschariatsgerichtshof ermächtigt wird, darüber zu befinden, ob ein Gesetz gegen die Bestimmungen des Korans und der Sunna verstößt. Wird ein Verstoß festgestellt, gilt das betreffende Gesetz als annulliert. Als aber klar wurde, daß eine Reihe von Gesetzen, z.B. Family Laws Ordinance (1961), darunter fallen würde, stoppte man ihre Behandlung in der Nationalversammlung. Es bleibt abzuwarten, wie die Sache ausgeht. Präsident Zia ul-Haq unterstützt die Initiative der JI und hat mehrfach dazu aufgerufen, Druck auf das Parlament auszuüben.

Auch 1987 gelang es den Oppositionsparteien, die sich 1981 in der MRD (Movement for the Restoration of Democracy/Bewegung zur Wiederherstellung der Demokratie) zusammengeschlossen und 1985 die Wahlen boykottiert hatten, nicht, sich als eine Alternative zur Regierung anzubieten. Einige Parteien haben bereits die MRD wieder verlassen, und die anderen tun sich schwer, gemeinsame Aktionen zu unternehmen. Eine Konferenz der oppositionellen Parteien im August brachte keine greifbaren Ergebnisse. Die PPP (Pakistan People's Party) befindet sich am Scheideweg. Ghulam Mustafa Jatoi und Ghulam Mustafa Khar haben sich von der Mutterpartei getrennt und die NPP (National People's Party) gegründet. Mumtaz Bhutto und Hafiz Pirzada haben sich abgesetzt und werben nun mit ihrer SBPF (Sindhi Baluch Pakhtoon Front) für die Umwandlung Pakistans in eine Konföderation. Der ANP (Awami National Party) von Wali Khan ist ebenfalls die Spaltung nicht erspart geblieben. Sherbaz Khan Mazari verließ die ANP aus Verärgerung über Wali Khans separatistische Politik und belebte seine ehemalige NDP (National Democratic Party). Asghar Khans Tehrik-i Istiqlal verliert ebenso wie die anderen Parteien ambitionierte Politiker an die PML. Sogar der

Wortführer der kleinen, aber sehr effektiven Opposition im Parlament Haji Saifullah wechselte zur PML über und wurde mit einem Ministeramt belohnt.
Am 30.11. fanden die Kommunalwahlen statt, die ebenso, wie die Parlamentswahlen 1985, ohne Parteibeteiligung stattfanden. Den Parteien war es aber gestattet, sich für Kandidaten einzusetzen. Dadurch wurde es möglich, die Popularität
der Parteien zu testen. Außer der PPP boykottierten die anderen MRD-Parteien
auch dieses Mal die Wahlen. Die PML gewann landesweit. Die PPP wurde sogar
in ihren ehemaligen Hochburgen vernichtend geschlagen. Sieger in Karatschi und
Hyderabad war die MQM, die fast die Hälfte aller Mandate gewann und zahlreiche Bürgermeister stellen konnte. Sie hat sich damit als politische Partei eta-
bliert.
Die blutigen Unruhen werden dadurch womöglich nur noch angeheizt. Die Politiker in Sind stellen bereits Überlegungen an, ob und wie der Zuzug von Paschtunen und insbesondere der afghanischen Flüchtlinge in diese Provinz gestoppt
werden kann. Aber ob man dadurch auch die Bombenleger, die vermutlich vom
afghanischen Geheimdienst Khad geschickt werden, stoppen kann, muß bezweifelt werden. Auf das Konto dieser Agenten gingen 1987 Dutzende von Attentaten
in zahlreichen Städten Pakistans, denen Hunderte von Menschen zum Opfer fielen. Man wollte Unruhe schaffen und dadurch die pakistanische Regierung zum
Einlenken bei den Verhandlungen in der Afghanistan-Frage zwingen.
Einen weiteren Unruheherd bildeten die iranischen Flüchtlinge, von denen alleine
in Karatschi über 10.000 leben. Bei den Kämpfen im Juli zwischen den Mujahi-
din-i Khalq und iranischen Revolutionswächtern in Quetta und Karatschi gab es
zahlreiche Tote und Verletzte. Die Regierung beschloß daraufhin, die iranischen
Flüchtlinge in Lagern unterzubringen, wo sie besser unter Kontrolle gehalten
werden können. Die aus Iran eingereisten Revolutionswächter wurden nach Iran
abgeschoben.

Außenpolitische Entwicklung

Die Lösung des Afghanistan-Problems stand im Mittelpunkt der pakistanischen
Außenpolitik. Obwohl Afghanistan und Pakistan (P.) miteinander unter UNO-
Vermittlung in indirekten Gesprächen, die seit 1982 in Genf stattfinden, verhandeln und dabei gewisse Fortschritte erzielt haben, stehen sie sich unversöhnlich
gegenüber. P. erkennt nach wie vor die Regierung in Kabul nicht an und dürfte
nicht bereit sein, einen Vertrag mit ihr zu unterzeichnen. Die Euphorie, die
Anfang 1987 durch die Ankündigung einer prinzipiellen Bereitschaft der Sowjetunion, ihre Truppen aus Afghanistan abzuziehen, aufgekommen war, verflog sehr
bald. Bei den Genfer Verhandlungen vom 25.2.-10.3. stellte es sich heraus, daß
Moskau für den Abzug einen Zeitraum von 18 Monaten veranschlagte. P. wollte
dafür lediglich 7 Monate zugestehen. Als Afghanistan im August dringend darum
bat, die Genfer Verhandlungen sofort aufzunehmen, glaubte man abermals, daß
Moskau ein Signal zum Einlenken setzen wollte. Aber bei den Verhandlungen
vom 7.-10.9. wurde lediglich eine Frist von 16 Monaten angeboten. P. schlug 8
Monate vor. Die Differenz zwischen den beiden Terminvorstellungen war immer
noch beträchtlich, weshalb die Verhandlungen vertagt werden mußten.
Beide Länder werfen der Gegenseite Einmischung in ihre inneren Angelegenheiten vor. Afghanistan beklagt sich über die Duldung der Mujahidin-Aktivitäten
durch P., die von seinem Territorium aus Angriffe auf Afghanistan ausführen. Es
wird sogar behauptet, daß P. diese Gruppen mit Waffen und anderem Kriegsma-
terial versorgt oder zumindest zuläßt, daß die USA und andere Staaten pakistan.
Territorium als Nachschublager für die Mujahidin benutzen.
P. seinerseits führt Beschwerde über mehr als 500 Angriffe afghanischer und
sowjetischer Militärverbände auf die Grenzregion P.s seit 1979. Die Luftangriffe

nahmen derart zu, daß der pakistan. Luftwaffe erlaubt wurde, angreifende afghanische Flugzeuge abzuschießen. 1987 verlor Afghanistan dadurch mehrere Flugzeuge; in einem Fall war allerdings die Rede davon, daß die Pakistanis ein Transportflugzeug mit Zivilpersonen an Bord abgeschossen hätten. Dies wurde von P. bestritten. Wegen der häufigen Luftangriffe wandte sich P. an die USA, um das Frühwarnsystem AWACS zu erwerben.

P. wirft ferner Afghanistan vor, Bombenleger nach P. eingeschleust zu haben. P. hat sowohl bei dem OIK-Gipfel als auch bei der UNO-Generalversammlung Afghanistan-Resolutionen vorgelegt, die den Abzug der sowjetischen Truppen verlangen, und fordert, daß das afghanische Volk selbst über sein Schicksal entscheiden soll.

Die Beziehungen zur Sowjetunion leiden weiterhin unter der Präsenz sowjetischer Truppen in Afghanistan. Die sowjetischen Medien warfen P. vor, unter dem Druck der USA keinen Erfolg der Genfer Verhandlungen zu wollen. Von Moskau wurde besonders P.s Versuch negativ vermerkt, das AWACS-Frühwarnsystem zu erwerben. Dies wurde als eine Gefahr für die Sowjetunion, Indien und Afghanistan hingestellt. Kritisiert wurden US-Pläne, P. AWACS-Flugzeuge mit amerikanischen Piloten zur Verfügung zu stellen.

P.s Beziehungen zu den USA waren 1987 schweren Belastungen unterworfen. Dabei spielten die AWACS-Flugzeuge, die die USA ursprünglich an P. liefern wollten, aber später die Zusage zurückzogen, nicht die entscheidende Rolle. Es ging vielmehr darum, ob die USA die in Aussicht gestellte Finanzhilfe in Höhe von 4,2 Mrd. US-$ bewilligen oder nicht. Der US-Kongreß hatte vor einigen Jahren beschlossen, die Fortsetzung der Finanzhilfe an P. nur zu gestatten, wenn nachgewiesen wird, daß P. keine Atomwaffen baut. Ausgerechnet der pakistan. Chef des Kahuta-Atomforschungszentrums Abd al-Qadir Khan war es jedoch, der in einer Privatunterhaltung einem indischen Journalisten gegenüber zugab, Uran bis zu dem für die Bombenherstellung notwendigen Grad angereichert zu haben. Damit war angeblich der Beweis gelungen, daß P. entgegen seinen Zusicherungen doch an der Herstellung einer Atombombe arbeite. Der US-Kongreß verzögerte die Bewilligung monatelang. Zwischendurch wurde erwogen, die Finanzhilfe für zwei Jahre auszusetzen und P. zum Öffnen seiner Nuklearanlagen für internationale Inspektionen zu gewinnen. P. war bereits sechs Jahre lang von einem Gesetz ausgenommen gewesen, das Hilfe an Länder verbietet, die Material zur Entwicklung von Kernwaffen einführen und internationale Kontrollen nicht zulassen. Pakistan weigerte sich, diese Bedingungen zu akzeptieren und war auch nicht bereit, den Atomwaffen-Sperrvertrag zu unterschreiben. Der Grund für diese Weigerung ist, daß der Erzrivale Indien ebenfalls bis heute diesen Vertrag nicht unterschrieben hat. P. gab allerdings eine Zusicherung hinsichtlich des friedlichen Charakters seiner Nuklearforschungen ab. Erst im Dezember wurde die auf sechs Jahre verteilte Finanzhilfe durch den US-Kongreß gebilligt.

Die Beziehungen zu Indien nahmen eine unerwartete Wende, nachdem beide Staaten im Herbst 1986 noch Truppen an die gemeinsame Grenze verlegt hatten. Der Grund war die Khalistan-Bewegung der Sikhs, die angeblich von P. unterstützt wurde. Gespräche hatten bereits Ende Dezember 1986 zwischen den beiden Staaten begonnen, die Anfang Februar zu einem Truppenabzugsabkommen führten. Aber dies bedeutete keinesfalls die Normalisierung der Beziehungen. In Kaschmir lieferten sich beide Armeen im Bereich des Siachen-Gletschers seit Jahren blutige Gefechte. Indien hat dort eine pakistan. Militärstation überrannt, die die Pakistaner wiedererobern möchten. Die Kampfhandlungen sind anscheinend eingestellt, aber die beiden Militärposten stehen nur wenige Meter voneinander entfernt.

Die Beziehungen zur Volksrepublik China waren auch 1987 harmonisch; dies wurde durch den Staatsbesuch des chinesischen Premierministers Zhao Ziyang zum Ausdruck gebracht. Dies gilt auch für weitere Nachbarstaaten, insbesondere für Iran, Sri Lanka sowie für Saudi-Arabien, obwohl sich im Falle des letzteren eine Wende anzubahnen scheint. Saudi-Arabien hat angesichts der Bedrohung durch Iran und die Schiiten beschlossen, sich nicht mehr auf das pakistan. Militärpersonal zu verlassen, das seit Jahren dort stationiert ist und dessen Gesamtstärke mit 20.000 Mann angegeben wird. Jeder fünfte von ihnen dürfte schiitischer Konfession sein. Bereits 10.000 pakistan. Soldaten und Offiziere wurden zurückgeschickt.

Sozioökonomische Entwicklung

Die wirtschaftliche Entwicklung mit hohen Zuwachsraten hielt auch 1986/87 an. Somit wurde der Trend fortgesetzt, der sich in den ersten drei Jahren des 6. Fünfjahresplans (1983/84-1987/88) herausgebildet hatte. Dadurch stellte die pakistan. Wirtschaft ihre Fähigkeiten unter Beweis, eine anhaltende Wirtschaftsexpansion realisieren zu können. Sektoral betrachtet, betrug der Zuwachs in der Landwirtschaft trotz Ernteschäden bei Weizen (Rückgang von 13,6 % gegenüber dem Vorjahr) um 5,9 % (1985/86 betrug er 6,5 %). Prozentual stieg die Produktion von Reis um 19,5 %, von Zuckerrohr um 7,4 % und Baumwolle um 8,4 %. Der Export stieg um 18,9 % (3,498 Mio. US-$), und der Import ging um 3,4 % zurück (5,782 Mio. US-$). Obwohl die Geldüberweisungen der Pakistaner im Ausland um 12 % gegenüber dem Vorjahr zurückgingen, machte das Leistungsbilanzdefizit lediglich 750 Mio. US-$ oder 2,4 % des BSP aus. 1985/86 betrug das Defizit 1.200 Mio. US-$. Das BSP wuchs mit 6,1 % langsamer als im Vorjahr (1985/86 betrug die Wachstumsrate 7,3 %). Das Pro-Kopf-Einkommen stieg um 2,9 % (1985/86 lag die Zuwachsrate bei 4,2 %).
Das verarbeitende Gewerbe erzielte ein Wachstum von 7,4 % (1985/86 lag die Zuwachsrate mit 7,8 % höher). Die Massenwarenproduktion war daran mit 6,7 % und die Kleinindustrie gar mit 9,4 % beteiligt. Die Investitionen stiegen 1986/87 mit 15 % rascher an als im Vorjahr (1985/86: 12 %). Die nationale Sparrate stieg um 28,8 %, in erster Linie durch Privatsparer.
Eingeleitete Maßnahmen zur Beseitigung von strukturellen Ungleichgewichten greifen noch nicht. Das Staatshaushaltsdefizit stieg von 6 % 1985/86 auf 8,8 % (= 572 Mio. US-$) des BIP 1986/87 an. Dem Zuwachs von 17,8 % der Staatsausgaben stand lediglich ein Zuwachs der Staatseinnahmen von 10,8 % gegenüber. Die Verteidigungsausgaben machten 1986/87 26 % aus. Der Versuch, eine Sondersteuer dafür einzuführen, schlug fehl und mußte angesichts heftiger Proteste zurückgezogen werden.
Eine neue Außenhandelspolitik für den Zeitraum von 1987-90 verspricht mehr Liberalisierung. Die beiden Hauptexportgüter Baumwolle und Reis dürfen künftig auch von der Privatwirtschaft ausgeführt werden. Es ist ferner beabsichtigt, Importe aus dem Ausland mit der Lieferung von Fertigwaren aus P., insbesondere Maschinen, zu koppeln.
Trotz anfänglicher Bedenken hinsichtlich der Erfolgsaussichten des 6. Fünfjahresplans (1983/84-1987/88) hat er weitgehend seine Ziele bereits jetzt erreicht. Während der ersten drei Jahre seiner Laufzeit konnten Zuwachsraten von 6,8 % (BIP) erzielt werden. Es wurden 3,64 Mio. neue Arbeitsplätze geschaffen. Die Inflationsrate ging während des 5. Fünfjahresplans von 8,8 % auf 6 % zurück. Beim Export konnte eine jährliche Zuwachsrate von 12,5 % und beim Import von 5,3 % erzielt werden. Die Einschulungsrate wurde um 36,8 % erhöht, und die Kindersterblichkeit konnte von 93,5 Personen pro 1.000 Einwohner 1982/83 auf 30 im Jahr 1987/88 gesenkt werden. Die Trinkwasserversorgung wurde von 38 % der Bevölkerung 1982/83 auf 53 % erhöht. Die Elektrifizierung der Dörfer wurde um 100 % gesteigert.

Das von Premierminister Junejo bei seiner Amtsübernahme verkündete 5-Punk-
te-Programm sah 1) die Schaffung einer islamischen Demokratie, 2) die Beseitigung der Arbeitslosigkeit und des Analphabetentums, 3) die Abschaffung von
Korruption, Bestechung und Ungerechtigkeit, 4) den Aufbau einer starken Verteidigung und 5) Blockfreiheit als Prinzip der Außenpolitik vor. Dafür wurden
jeweils im Staatshaushalt von 1986/87 und 1987/88 beträchtliche Mittel reserviert.
Insbesondere Aufgaben der Dorfentwicklung (Straßenbau, Elektrizitäts- und
Trinkwasserversorgung) und der Aufbau eines neuen Schultyps "Nai Rauschani"
(Neues Licht), wofür keine Gebäude errichtet werden müssen, weil dafür
Moscheen und bestehende Schulen in unterrichtsfreier Zeit in Anspruch genom-
men werden können, werden damit finanziert. Bis auf die neuen Schulen, deren
Lehrer lokal rekrutiert werden und häufig keine Lehrerfahrung mitbringen,
scheint das 5-Punkte-Programm ein großer Erfolg zu sein.

Die politische Führung Pakistans

Präsident: General Muhammad Zia ul-Haq (seit September 1978)
Regierung von Pakistan (Stand: Dezember 1987)
Premierminister/Verteidigung/Atomenergie: Muhammad Khan Junejo, **Arbeit/
Arbeitskräfte/Angelegenheiten der Pakistaner im Ausland:** Shah Muhammad
Khuro, **Auswärtiges:** bis 1.11. Ya'qub Khan, z.Zt. Staatsminister mit Kabinett-
rang: Zain Noorani, **Erdöl/Bodenschätze:** Chaudhri Niasar Ali Khan, **Erziehung:**
Syed Sajjad Haidar, **Finanzen/Wirtschaftliche Angelegenheiten:** Mian Muhammad
Yasin Khan Wattoo, **Fürstentümer/Grenzregionen/Kaschmir-Angelegenheiten:**
Syed Qasim Shah, **Handel/Planung/Entwicklung:** Dr. Mahbub al-Haq, **Industrie:**
Chaudhri Shuja'at Husain, **Information/Rundfunk/Wasser/Energie:** Qazi Abd
al-Majid Abid, **Inneres:** Malik Nasim Ahmad Aheer, **Justiz/Parlamentsangele-
genheiten:** Waseem Sajjad, **Kommunikation/Eisenbahn:** Muhammad Aslam Khan
Khattak, **Kultur/Tourismus:** Nisar Muhammad Khan, **Lokalverwaltung/Ländliche
Entwicklung:** Iqbal Ahmed Khan, **Nahrungsmittel/Landwirtschaft/Ge-
nossenschaften:** Muhammad Ibrahim Khan Baluch, **Produktion:** Generalmajor
(a.D.) Muhammad Bashir Khan, **Religion/Minoritäten:** Haji Muhammad Saifullah
Khan, **Staatsminister:** Abd al-Sattar Lalika (Arbeit/Arbeitskräfte/Angelegenheiten
der Pakistaner im Ausland), Sardar Ghulam Muhammad Mohar (Gesundheit),
Begum Kulsum Saifullah Khan (Handel), Mian Muhammad Zaman (Industrie),
Raja Nadir Parvaiz (Inneres), Fateh Muhammad Husaini (Kommunikation),
Begum Afsar Reza Qizilbash (Sonderschulen/Soziale Wohlfahrt), Rana Naeem
Muhammad Khan (Verteidigung), Malik Said Khan Mahsud (Wasser/Energie)

Chronologie Pakistan 1987

12.1. - Offizieller Besuch Außenmin.
Ya'qub Khans in Saudi-Arabien
12.-14.1. - Schwere ethnische Unruhen
in Karatschi und Hyderabad
25.-29.1. - Teilnahme von Präsident
Zia ul-Haq an der Islamischen Gipfelkonferenz
31.1.-4.2. - Verhandlungen mit Indien
über Abbau der Truppen an der Grenze
3.2. - Konsultationen Ya'qub Khans in
Moskau wegen Afghanistan; ebenfalls

am 23.2.
21.2. - Treffen von Präsident Zia
ul-Haq mit dem indischen Premierminister Gandhi
25.2.-10.3. - Indirekte Verhandlungen
mit Afghanistan in Genf unter UNO-
Ägide; erneut 7.-10.9.
26.2. - 50 Tote bei afghanischem
Luftangriff auf ein Flüchtlingslager
8.3. - Unterzeichnung eines Handels-
vertrages mit der Sowjetunion
11.3. - Abkommen mit der Türkei

über gemeinsame Rüstungsproduktion
18.3. - Besuch des rumänischen Staatschefs Ceausescu
20.3. - Zimbabwes Premier Mugabe trifft zu viertägigem Besuch ein
25.-28.3. - Besuch des Premiermin. von Sri Lanka Premadasa
30.3. - Abschuß eines afghanischen Flugzeuges; weiterer Abschuß am 16.4.
13.4 - Junejo besucht Belgien und die EG
25.4. - Das Pakistan-Konsortium beschließt 2,4 Mrd. US-$ Finanzhilfe
29.4. - Abschuß eines pakistan. Flugzeuges durch afghanische Luftabwehr
17.5. - Ya'qub Khan verhandelt in Washington wegen AWACS
18.-19.6. - Teilnahme Ya'qub Khans an der Tagung der South Asian Association for Regional Cooperation (SAARC)
21.-24.6. - Besuch des Premiermin. der Volksrepublik China Zhao Ziyang
29.6. - Bekanntgabe der Grundzüge der neuen Handelspolitik
4.7. - Abkommen mit Algerien über Kooperation in Handel, Wirtschaft, Wissenschaft, Technik und Kultur
5.7. - Acht Tote bei Bombenexplosion in Lahore
9.7. - Handelsabkommen mit Rumänien (Volumen 100 Mio. US-$)
12.7. - Staatsbesuch Junejos in Tokio
14.7. - 72 Tote bei Bombenexplosion in Karatschi
18.7. - Bangladeshs Präsident Ershad konferiert mit Zia ul-Haq bei Zwischenlandung in Karatschi
22.7. - Zehn Tote bei ethnischen Unruhen in Karatschi
11.8. - 17 Tote bei Bombenexplosion in Mardan
22.8. - Abkommen mit der VR China über Grenzinspektionen
8.9. - Besuch des belgischen Außenministers Tindeman
3.-10.10. - Präsident Zia ul-Haq besucht Jordanien, Türkei und Saudi-Arabien
6.10. - Übergabe von sechs notgelandeten sowjetischen Piloten an die Sowjetunion
21.10. - Besuch Zia ul-Haqs in Thailand

26.10. - Abkommen mit Iran über Expertenaustausch
28.10. - Handelsabkommen mit Iran (Volumen 400 Mio. US-$)
1.11. - Rücktritt von Außenminister Ya'qub Khan
4.11. - Teilnahme Junejos am SAARC-Gipfel in Kathmandu
17.11. - Abkommen mit Nordkorea über Informationsaustausch
23.-25.11. - Besuch des österreichischen Präsidenten Waldheim
30.11. - Kommunalwahlen
1.-9.12. - Junejo besucht Saudi-Arabien, die VAE und Kuwait
12.12. - Besuch des iranischen Außenmin. Velayati
17.12. - Der US-Kongreß bewilligt 4,02 Mrd. US-$ Finanzhilfe
21.-23.12. - Besuch des nordjemenitischen Präsidenten Salih
29.12. - Unterzeichnung eines Handelsabkommens mit der Sowjetunion

Munir D. Ahmed

Saudi-Arabien

Offizieller Name: al-Mamlaka al-Arabiya as-Sa'udiya/*Königreich Saudi-Arabien;* **Unabhängigkeit:** *1932 (Gründung des Staates);* **Fläche:** *2,15 Mio. qkm;* **Einwohner:***11,5 Mio. (inkl. 2,5 Mio. Ausländer);* **Hauptstadt:** *Riad, Ew.: 1,3 Mio.;* **Urbanisierungsrate:** *60 %;* **Armeestärke:** *reguläre Streitkräfte: 58.000 Mann,* **Nationalgarde:** *20.000 Mann;* **BIP:** *287 Mrd. SR (1986);* **Sektoren in %:** *Landwirtschaft 4;* **Industrie 9;** *Bergbau/Ölförderung 28;* **Nominales BIP pro Kopf:** *7.579 US-$ (1986);* **Währung:** *1 US-$ = 3,75 Saudi Riyal (SR) Dezember 1987*

Innenpolitische Entwicklung

Saudi-Arabien (S.) ist ein konservativer Staat. Der Islam ist Staatsreligion, und der Qur'an (Koran) gilt als Verfassung und Gesetz. Damit ist die große Rolle der Religion bei der Gestaltung der Wirtschafts- und Sozialordnung sowie bei der politischen und gesellschaftlichen Entwicklung des Landes angedeutet. Der König, der 1986 auf die Bezeichnung "Majestät" verzichtete und den Titel "Diener der beiden Heiligtümer" annahm, ist absoluter Herrscher, oberster Richter und geistliches Oberhaupt. Die militärische und politische Macht liegt in den Händen der Söhne des Staatsgründers Abd al-Aziz Al-Sa'ud. König Fahd, Kronprinz Abdallah, Verteidigungsminister Prinz Sultan, Innenminister Prinz Nayif und die wichtigsten Provinz-Gouverneure sind Brüder, die die Politik des Landes bis in die Einzelheiten bestimmen. Außenminister Prinz Sa'ud ist ein Sohn des 1975 ermordeten Königs Faisal. Man kann allerdings von absoluter Herrschaft im Sinne der westlichen Terminologie nicht sprechen, weil sich die Herrschenden an die Bestimmungen der islamischen Scharia zu halten haben und weil sie sich in wichtigen Angelegenheiten mit den politischen Kräften des Landes (Stammesführer, Geistlichkeit, Kaufmannschaft u.a.) abstimmen müssen. Diese Abstimmung erfolgt bisher in informellen Gesprächen. Die Gründung eines Parlaments oder eines Konsultativrates (Majlis al-Shura), die in den letzten Jahren immer wieder versprochen und öffentlich diskutiert wurde, kam nicht zustande. Das gleiche gilt für die Ausarbeitung und Verabschiedung einer "Grundordnung". Zugelassene Parteien, Gewerkschaften und andere Massenorganisationen gibt es nicht.
Die islamische Staatstheorie fordert nicht unbedingt Gewaltenteilung und ein parlamentarisches Mehrparteiensystem. Sie fordert im wesentlichen, daß sich die Herrschaft durch vollständige Anwendung des islamischen Rechts (Scharia) legitimiert. Die Familie Sa'ud weiß sich seit dem Pakt zwischen Muhammad Ibn Sa'ud und dem religiösen Führer Muhammad Ibn Abd al-Wahhab von 1745 bis heute durch die Bindung an das islamische Recht in ihrer Herrschaft legitimiert.
Diese stabile Grundlage des innenpolitischen Systems darf auf der anderen Seite über die Existenz und das Zusammenwirken innerer und äußerer Destabilisatoren nicht hinwegtäuschen, zumal es sich hier um ein Land handelt, das in einer weltpolitisch umkämpften Region liegt, dessen Gesellschaft sich in einem schnellen Entwicklungsprozeß und im Umbruch befindet und dessen Wirtschaft (wie keine andere in der Dritten Welt) in die westlich dominierte Weltwirtschaft integriert ist. Zu den Problembereichen gehören folgende: 1) Die umfangreichen Investitionen erzeugen einen dramatischen sozialen Wandel in einer Gesellschaft, die noch mit vielen traditionellen Elementen durchsetzt ist. In diese Gesellschaft trägt der Entwicklungsprozeß, der auf Wissenschaft und Technologie basiert, ein

"modernes Ethos" hinein. Und dieses moderne Ethos, das durch philosophischen Skeptizismus, Säkularismus und eine manipulative Orientierung gegenüber Politik gekennzeichnet ist, fordert die bestehende Art der Legitimität des bestehenden politischen Systems heraus. Die Herausforderung besteht darin, eine breite technokratische Mittelschicht heranzubilden und an der Macht zu beteiligen, die das moderne Ethos trägt und in der Gesellschaft wirksam verankert. Auf der anderen Seite müssen die konservativen und ultrakonservativen Kreise berücksichtigt werden, die der Modernisierung und den Neuerungen feindlich gegenüberstehen. Wenn weder das eine noch das andere gelingt, kann es zu einer innenpolitisch gefährlichen Verbindung frustrierter Elemente aus beiden Kreisen kommen. Die Regierung versucht behutsam vorzugehen und beide Seiten zufriedenzustellen. Sie ist bemüht, den Anspruch, daß der Islam der gesellschaftlichen und wirtschaftlichen Entwicklung Inhalt, Richtung und Ziel gibt, permanent einzulösen. Das ist unter den gegebenen Rahmenbedingungen keine leichte Aufgabe. Sie kann nicht dadurch erfüllt werden, daß man einerseits die Schattenseiten eines Peripherkapitalismus wuchern läßt und andererseits die frommen Menschen durch restriktive Maßnahmen zufriedenzustellen versucht. Hier kann der Westen mit seinem auf "know-how" reduzierten Selbstverständnis und mit seinen vorlauten geostrategischen Überlegungen über "schnelle Eingreiftruppen", neue Stützpunkte und verstärkte militärische Präsenz wenig nützen und schützen; er fördert damit eher Unbehagen. 2) Die zweite grundlegende Herausforderung besteht darin, den Zustrom zahlreicher Fremdarbeiter zu begrenzen und zu kontrollieren, d.h. auch den zusätzlichen Bedarf an Arbeitskräften durch Inländer zu decken. 3) Probleme der Anpassung an die (manchmal heftigen) Schwankungen des Ölmarktes. 4) Bedrohungen von außen, insbesondere die iranische Bedrohung und die von Israel und dem Palästinakonflikt kommenden Gefahren.
Die innenpolitische Stabilität Saudi-Arabiens hat sich in den letzten Jahren verbessert. Die Effektivität der Sicherheitskräfte konnte wesentlich erhöht werden. Die gesellschaftlichen Disparitäten und regionalen Spannungen konnten abgebaut werden. Der Lebensstandard der Schiiten in der Ostprovinz wurde durch Entwicklungsprojekte und Bau von Schulen, Krankenhäusern usw. sowie durch Erweiterung des Systems der sozialen Sicherung angehoben. Spannungen zwischen den einflußreichen Stämmen in der Zentralprovinz und den Kaufmannsfamilien an der Küste des Roten Meeres konnten weitgehend entschärft werden. Bei all diesen Entwicklungen spielten solche Faktoren eine Rolle wie: bessere Verteilung des Ölreichtums, sozialer Wandel, intraregionale Arbeitskräftemigration, verstärkte Rolle der Zentralregierung, verstärktes Nationalbewußtsein. Die gesellschaftliche Kohäsion hat sich also verbessert. Hijazis, Schiiten und andere Bevölkerungsgruppen wurden in den achtziger Jahren zunehmend in die mittleren und oberen Schichten der Technokratie einbezogen. Das gilt sogar auch für solche Bereiche wie Streitkräfte und die Großprojekte in Jubail und Yanbu. Auch negative Phänomene wie rücksichtsloser Wettbewerb um Aufträge und Kommissionsgeschäfte, Korruption, lasterhaftes Verhalten einiger Neureicher, Kriminalität usw., die für die siebziger Jahre kennzeichnend waren, wurden zurückgedrängt. Die bewaffneten Kräfte des Landes (reguläre Streitkräfte, Nationalgarde, Special Forces, Frontier Forces) erwiesen sich als politisch verläßlich und dem Königshaus loyal. Sie sind zunehmend "Schule der Nation". Die iranische Bedrohung und die abschreckende Perspektive eines iranischen Sieges haben den gesellschaftlichen Zusammenhalt und die Loyalität zur Regierung verstärkt.
Aus all diesen Gründen erwiesen sich die während der Pilgerfahrt von Iran verursachten Unruhen, die das herausragende innen- und außenpolitische Ereignis des Jahres 1987 waren, als eine Fehlzündung. Dazu hat nicht nur die verbesserte regionale und internationale Datenkonstellation beigetragen, sondern auch der erhöhte Grad der Entschlossenheit und Fähigkeit zur Bekämpfung subversiver Tätigkeiten. Im Vergleich zur Besetzung der großen Moschee 1979 war das Vorgehen der Saudis bei den Vorfällen vom 31.7. in (-->) Mekka, bei denen 402

Personen getötet wurden, viel wirksamer und selbstbewußter. Die Vorfälle tangieren im wesentlichen die Beziehungen zu Iran. Diese Beziehungen haben allerdings Auswirkungen auch auf die innenpolitische Situation. Teheran veröffentlichte in großen zeitlichen Abständen Kommuniqués der von ihm unterstützten "Organisation der Islamischen Revolution auf der Arabischen Halbinsel", die eine islamische Republik nach iranischem Muster auf den Ruinen des bestehenden saudischen Regimes gründen will. Sie scheint, wenn sie wirklich existiert und keine Erfindung der iranischen Propaganda ist, eine sehr kleine Randgruppe zu sein, deren Tätigkeit bisher kaum bemerkbar ist.

Außenpolitische Entwicklung

Auch 1987 blieben die aus dem irakisch-iranischen Krieg resultierenden Bedrohungen das beherrschende Thema der saud. Außenpolitik. Zusammen mit anderen arabischen und islamischen Staaten versuchte S., den Krieg durch Vermittlungsaktionen zu beenden, wobei es seine Bereitschaft zur Leistung finanzieller und anderer Beiträge bekundete. Doch diese Versuche scheiterten an der Unnachgiebigkeit Teherans. Teheran versuchte immer wieder, einen Keil zwischen den Irak und die GCC-Länder zu treiben. Die Entwicklung an den Kriegsfronten und die verschärften iranischen Angriffe auf Kuwait und auf saud. und andere Tanker/Handelsschiffe veranlaßten S. zu offener politischer und materieller Hilfe für den Irak und für das zunehmend bedrohte Kuwait. Zur Verstärkung ihrer Sicherheit bildeten die GCC-Staaten eine aus 5.000 Mann bestehende gemeinsame Streitmacht.
In seinem Verhältnis zu Iran war S. immer bemüht, ein Abgleiten in offene Feindschaft zu vermeiden. Die subversive iranische Tätigkeit in den Golfstaaten und die Ereignisse von Mekka Ende Juli haben zu einer Verschlechterung der bilateralen Beziehungen geführt. Die Iraner drohten mit Vergeltungsschlägen und Umsturzversuchen. Auf saud. Seite beschränkte man sich auf verbale Vorwürfe. S. blieb bemüht, jede unmittelbare Verwicklung in den militärischen Konflikt zu vermeiden. Hinsichtlich des "Tankerkrieges" versuchte S., auf den Irak mäßigend einzuwirken. Mit der zunehmenden iranischen Bedrohung intensivierten sich die saud.-irakischen Konsultationen. Nach den Besuchen von Kronprinz Abdallah im Oktober 1986 in Bagdad und des irakischen Präsidenten Saddam Husain in S. im Dezember 1986 führte der irakische Vizepremier Taha Yasin Ramadan im Februar und Oktober 1987 Gespräche mit Spitzenpolitikern in S.
Das saud. Verhältnis zu Syrien blieb 1987 nach wie vor kompliziert und nicht frei von Widersprüchen. Obwohl Syrien im Golfkrieg auf iranischer Seite stand, wurde die saud. Finanzhilfe an Syrien weder unterbrochen noch vermindert. Vielleicht war der syrische Draht nach Teheran für die eine oder andere Frage von gewissem praktischem Wert. Das galt auch im Hinblick auf den Libanon, wo pro-iranische Gruppen 1986 saud. Diplomaten entführt hatten. Der saud. Innenminister Prinz Nayif unterzeichnete am 30.11.1986 in Damaskus ein Kooperationsabkommen zur "Bekämpfung von Kriminalität". Von größerer Bedeutung war die Entwicklung der saud.-ägyptischen Beziehungen. Im Anschluß an die Beschlüsse der arabischen Gipfelkonferenz nahm S. am 16.11. die seit 1979 unterbrochenen diplomatischen Beziehungen zu Ägypten wieder auf.
Das Streben nach äußerer Sicherheit und Bewahren der inneren Stabilität prägen die saud. Außenpolitik. Das erklärte Hauptziel ist das Heraushalten sichtbarer militärischer Präsenz raumfremder Mächte in der Region. Entsprechend ist S. bemüht, seine enge Bindung an die USA allmählich durch eine stärkere regionale Zusammenarbeit im Bereich der Sicherheit zu ergänzen. In diesem Rahmen ist die Fortentwicklung des GCC und die Kooperation mit Ägypten zu sehen. S. versteht sich als tragender Grundpfeiler des militärischen Verbundes des GCC. Dazu gehört auch die Diversifizierung der Bezugsquellen für Rüstungskäufe.
Zu den USA besteht seit langem eine enge Bindung, die auf beiderseits aner-

kannten Interessen beruht. Diese sind auf saud. Seite Versorgung mit Waffen und
Militärberatern zum Schutz des Staates und Unterstützung beim wirtschaftlichen
und technologischen Entwicklungsprogramm. Die Interessen der USA liegen
hauptsächlich in den Bereichen Ölindustrie, Energiepolitik und Zurückdrängung
des kommunistischen Einflusses in der Nah- und Mittelostregion sowie in anderen Teilen der Welt, wo saud. Hilfe in Anspruch genommen wird. Allerdings läßt
sich ein gewisser Prozeß der Abschwächung dieser besonderen Bindungen seit
1977 beobachten. Dieser Prozeß hängt mit folgenden Faktoren zusammen: permanent pro-israelische Politik der USA; enttäuschende Haltung der USA in der
Frage der Räumung der besetzten Gebiete, der palästinensischen Rechte und der
friedlichen Lösung des arabisch-israelischen Konfliktes; das Verhalten der USA
während und nach der israelischen Invasion Libanons (1982/84); das Fallenlassen
des Schahs von Iran und die geheimen Waffenlieferungen an das Khomeini-
Regime (Irangate); Weigerung der Zustimmung des amerikanischen Kongresses
zur Lieferung bestimmter von Saudi-Arabien benötigter Waffensysteme aufgrund
des starken Einflusses der Israel-Lobby. So war z.B. die 1986/87 beantragte
Lieferung von F-15-Flugzeugen, Stinger- und Maverick-Raketen Gegenstand
heftiger Kontroversen zwischen Regierung und Kongreß in Washington, deren
Ergebnis ein reduziertes Kompromiß-Paket war. All diese Gründe veranlaßten
die saud. Regierung, ihre Beziehungen zu den USA zu überdenken, ohne sie
jedoch grundsätzlich in Frage zu stellen. Für die Saudi-Araber wurde es immer
schwieriger, die von den USA gewünschten "military facilities" auf saud. Boden
einzuräumen, zumal es sehr klar wurde, daß eine einseitige Bindung an die USA
unter den herrschenden Verhältnissen in der Region innen- und außenpolitisch
destabilisierend wirken und die andere Supermacht auf den Plan rufen würde.
Daher hatte S. schon früher amerikanische Wünsche zur Errichtung vorgescho-
bener Posten für die Schnelle Eingreiftruppe zurückgewiesen. Nun versuchten die
USA, die Eskalation des Golfkrieges für die Durchsetzung ihrer Pläne zu nutzen.
Im August 1987 berichtete die amerikanische Presse von einem Abkommen über
erweiterte Landerechte für US-Kampfflugzeuge, was von saud. Seite dementiert
wurde.
Die UdSSR konnte bisher aus der veränderten saud. Position keinen wesentlichen
Nutzen ziehen. Aus ideologischen und Sicherheitsgründen sind die Beziehungen
S.s zur UdSSR reserviert geblieben. Solange der sowjetische Einfluß im Südjemen, in Äthiopien und in Afghanistan bedrohend wirkt, sind der Lockerung der
saud. Beziehungen zu den USA Grenzen gesetzt. Nun haben die Entwicklungen
der Nahostpolitik der beiden Supermächte in den letzten Jahren zu einer Änderung der Perzeption der sowjetischen Rolle und zur Schaffung einer gewissen
Vertrauensbasis geführt, und die Frage der Wiederaufnahme der seit 1939 sus-
pendierten diplomatischen Beziehungen wurde immer wieder diskutiert. Hinsichtlich des arabisch-israelischen Konfliktes war die saud. Außenpolitik auch 1987
auf Sicherung der regionalen Stabilität, Vermittlung bei innerarabischen Meinungsverschiedenheiten und auf Lösung des Palästinaproblems auf dem Verhandlungsweg ausgerichtet. Dabei kam die viel diskutierte internationale Konferenz
über den Nahostkonflikt nicht zustande.

Sozioökonomische Entwicklung

Die Wirtschaftsaktivität S.s war 1983-1986 rückläufig. Das nominale Bruttoinlandsprodukt (BIP) verringerte sich 1986 um 10 %. Die Hoffnungen auf eine
Überwindung dieser Rezession und auf eine Wiederbelebung im Jahr 1987 wurden enttäuscht. Hier wurde zwar erstmals ein erneutes Wirtschaftswachstum
verwirklicht, dieses Wachstum war aber schwach und ungenügend. Abgesehen
von der Behinderung der geplanten staatlichen Strukturreformen durch interne
Faktoren machten sich die Eskalation des Golfkrieges, der globale Börsenkrach

und die verminderte Kaufkraft des US-$ bemerkbar. Die Verschlechterung des Verhältnisses mit Iran belastete die Zusammenarbeit in der OPEC und gefährdete die Ölpreisstabilität.

Die saud. Öleinnahmen blieben 1987 unter 21 Mrd. US-$, verglichen mit 108 Mrd. US-$ im Jahre 1981. Dabei verringerte sich der Wert dieser Einnahmen gegenüber DM und Yen allein seit 1985 um 35 %. Dabei ist zu beachten, daß die Staatsausgaben 1987 mit rund 40 Mrd. US-$ die niedrigsten seit zehn Jahren waren.

Der Zwang zur Kürzung notwendiger Ausgaben und der schrumpfende Spielraum zur Finanzierung von Defiziten des Staatshaushaltes gefährdeten die wirtschaftliche Stabilität des Landes. Die Summe der kumulierten Haushaltsdefizite der letzten fünf Jahre (1983-1987) betrug rund 63,4 Mrd. US-$, ein gigantisches Loch, das vorwiegend durch Inanspruchnahme der Staatsreserven gestopft werden mußte. Ende 1987 betrug das flüssige Vermögen der Saudi Arabian Monetary Agency (Zentralbank) nur noch 40 Mrd. US-$, verglichen mit 150 Mrd. US-$ 1981. Für S. war dieser zu schnelle Abbau der Finanzreserven beunruhigend. Dieser Betrag zeigte den schrumpfenden Finanzierungsspielraum, mit dem die Herausforderungen der kommenden Jahre gemeistert werden sollen. Auch die Zahlungsbilanz bot kein günstiges Bild. Die Einfuhren können aus Stabilitätsgründen nicht unter das Mindestvolumen von 16 Mrd. US-$ heruntergedrückt werden. Das aber erfordert Exporterlöse in Höhe von mindestens 32 Mrd. US-$, um eine einigermaßen ausgeglichene Bilanz der Laufenden Rechnung erhalten zu können. Demgegenüber betrug die kumulierte Summe der Defizite der Laufenden Rechnung für die letzten fünf Jahre rund 47 Mrd. US-$.

Im Haushaltsjahr 1987, das dem Gregorianischen Kalender entsprach, waren Ausgaben von 170 Mrd. SR vorgesehen, 15,7 % weniger als im Vorjahr. Das Budgetdefizit betrug 52,7 Mrd. SR. Von den Mittelkürzungen waren fast alle Bereiche (außer Bildungswesen und staatliche Verwaltung) betroffen. Trotz dieser Kürzungen und der Zahlungsverzögerungen bei abgeschlossenen Projekten wurde eine Reihe neuer Aufträge von größerem Umfang an in- und ausländische Unternehmen vergeben. Trotz der schwierigen Bedingungen präsentierte sich die saud. Wirtschaft 1987 in stabiler inflationsfreier Verfassung. Mit einem neuen Boom kann allerdings erst Anfang der neunziger Jahre und unter der Bedingung des Abbaus der politischen Spannungen in der Golfregion gerechnet werden.

Die Regierung ist angesichts dieser Entwicklung bestrebt, sich neue Einnahmequellen im Inland zu erschließen. Das läßt sich u.a. am Budget 1988 zeigen. Die Regierung betrachtete ihre Aufgabe als Motor der wirtschaftlichen Entwicklung als weitgehend erfüllt. Sie hat in den zurückliegenden Jahren eine leistungsfähige Infrastruktur, Grundstoffindustrien, moderne Ausbildungs- und Forschungsstätten sowie soziale und Gesundheitsdienste geschaffen, die nun die Basis für eine verstärkte privatwirtschaftliche Initiative bilden sollen. Die Politik der Förderung des privaten Sektors wurde 1987 fortgesetzt. Allerdings blieb das unternehmerische Engagement hinter den Erwartungen zurück und war von staatlichen Investitionen noch sehr abhängig. Daher wurde der Zusammenarbeit mit ausländischen Partnern große Bedeutung beigemessen. Von den 194 Industrielizenzen, die 1986 vergeben wurden, wiesen 24 ausländische Beteiligungen auf; im ersten Quartal 1987 waren es 7 von 35. Wichtige Impulse für die Entwicklung des Industriesektors gibt die 14 größere Industriekomplexe umfassende Saudi Arabian Basic Industries Corporation (SABIC). Ihre exportorientierte Produktion erreichte in den ersten neun Monaten von 1987 rund 7,61 Mio. t im Vergleich zu 2,78 Mio. t/1986. Entsprechend stiegen ihre Gewinne von 243 auf 530 Mio. SR. Ihre Exporte gingen in 65 Länder. Das seit langem diskutierte Problem des Zuganges saud. petrochemischer Produkte zum EG-Markt (Zollsenkung) konnte auch 1987 nicht endgültig gelöst werden.

Hinsichtlich Technologietransfer und technologischer Entwicklung konzentrieren sich die Hoffnungen auf das sogenannte Offset-Programm. Die mit den USA und Großbritannien getätigten großen Rüstungskäufe (Peace Shield-Programm und Erwerb von Tornado-Flugzeugen) wurden von Abmachungen über enge industrielle Zusammenarbeit und Gründung von Gemeinschaftsunternehmen begleitet. Die Auftragnehmer verpflichteten sich, für Investitionen in Höhe von 35 % der Auftragssumme zu sorgen. Vom saud. Auftraggeber kommen 35 % hinzu. Damit beläuft sich das geplante Investitionsvolumen auf 70 % der Auftragssumme. Dies ist ein beträchtlicher Umfang, wenn man bedenkt, daß allein das Tornado-Geschäft eine Größenordnung von 7 Mrd. US-$ hat. Sicherlich werden diese Investitionen überwiegend (zu etwa 85 %) von saud. Seite finanziert, aber andererseits ist die Eigenbeteiligung der ausländischen Investoren mit einem bedeutenden Technologietransfer verbunden. Diese Vertragsform wird sich in Zukunft wahrscheinlich weiter durchsetzen. Tatsächlich wurden 1987 im Rahmen des saud.-amerikanischen Peace Shield-Programms vier Hochtechnologieprojekte begonnen: (a) eine Flugzeugreparaturwerkstätte unter Verwendung modernster Boeing-Technologie im Auftragswert von 100 Mio. US-$, (b) ein Fabrikationszentrum für elektronische Hochtechnologiesysteme (Westinghouse) im Auftragswert von 100 Mio. US-$, (c) eine Reparaturwerkstatt für Düsenflugzeughilfssysteme (britische Technologie) im Auftragswert von 50 Mio. US-$ und (d) ein Ingenieurbüro unter Verwendung von Boeing-Computertechnologie. Darüber hinaus wird die industrielle Entwicklung durch Gemeinschaftsprojekte mit arabischen Ländern abgesichert.

Die Entwicklung des Industriesektors verlief bisher durchaus befriedigend. Neben dem bereits vollzogenen Aufbau exportorientierter Ölraffinerien und petrochemischer Grundstoffindustrien kann heute die Stahlerzeugung und Zementproduktion den Inlandsbedarf fast vollständig decken. Auch in den Bereichen Baustoffe, Metallverarbeitung, chemische Produkte und Nahrungsmittel wurden nennenswerte Produktionskapazitäten geschaffen. Dadurch hat sich der Beitrag des Industriesektors zum BIP von 4 % 1985 auf 10 % 1987 mehr als verdoppelt und könnte Anfang der neunziger Jahre sogar 15 % erreichen. In der Landwirtschaft konnte aufgrund der staatlichen Förderung bei der Weizen-, Eier-, Geflügel- und Milchproduktion ein Selbstversorgungsgrad von über 100 % erreicht werden.

Die politische Führung Saudi-Arabiens
Staatschef: König Fahd Ibn Abd al-Aziz Al Sa'ud (seit 1982)
Regierung von Saudi-Arabien (Stand: Dezember 1987)
Ministerpräsident: König Fahd Ibn Abd al-Aziz Al Sa'ud (seit 1982), **Erster Stellvertreter des Ministerpräsidenten/Kommandeur der Nationalgarde:** Kronprinz Abdallah Ibn Abd al-Aziz, **Zweiter Stellvertreter des Ministerpräsidenten/ Minister für Verteidigung u. Luftfahrt:** Prinz Sultan Ibn Abd al-Aziz, **Äußeres:** Prinz Sa'ud al-Faisal, **Arbeit/Soziale Angelegenheiten:** Muhammad Ali al-Fa'iz, **Erziehung/geschäftsführend Hochschulwesen:** Abd al-Aziz al-Khuwaitir, **Finanzen/Wirtschaft:** Muhammad Ali Aba al-Khail, **Gesundheit:** Faisal Ibn Abd al-Aziz al-Hijailan, **Handel:** Dr. Sulaiman Abd al-Aziz al-Sulaim, **Industrie/Elektrizität:** Abd al-Aziz al-Zamil, **Information:** Ali Hasan al-Sha'ir, **Inneres:** Nayif Ibn Abd al-Aziz, **Justiz:** Ibrahim Ibn Muhammad Al al-Shaikh, **Land-/Wasserwirtschaft:** Dr. Abd al-Rahman Al al-Shaikh, **Ländliche/Städtische Angelegenheiten:** Ibrahim Ibn Abdallah al-Anqari, **Öffentliche Bauten/Wohnungsbau:** Prinz Mut'ib Ibn Abd al-Aziz, **Petroleum/Mineralien/geschäftsführend Planung:** Hisham Nazir, **Pilgerangelegenheiten:** Abd al-Wahhab Ahmad Abd al-Wasi, **Post/Verbindungswesen:** Dr. Alawi Darwish Kaiyal, **Verkehr:** Husain Ibrahim al-Mansuri, **Minister ohne Geschäftsbereich:** Dr. Muhammad Abd al-Latif Milham, Dr. Abdallah Muhammad al-Amran, Muhammad Ibrahim Mas'ud, Dr. Fa'iz Badr (Direktor der staatlichen Hafenverwaltung), Umar Abd al-Qadir Faqih

Chronologie Saudi-Arabien 1987

3.2. - 10. Tagung der US-saud. Wirtschaftskommission in Riad; Themen waren u.a. ein Offset-Investitionsprogramm, gemeinsame Ausbildungsprogramme, Ölpolitik, neue Joint-ventures

4.2. - Ölministerium weist Vorwürfe zurück, die Bartergeschäfte würden die Ölproduktion über die saud. OPEC-Quote erhöhen

8.2. - Gespräche zwischen Verteidigungsminister Sultan und seinem britischen Amtskollegen Younger über Lieferung von Kampfflugzeugen, Jointventures und Technologietransfer

17.2. - Spanische Militärdelegation unter Führung von Verteidigungsminister Narcis Serra in S.

20.2. - Zuständigkeit für Ölexportverträge wird (nach Entlassung von Ölminister Yamani und PETROMIN-Chef Abd al-Hadi Tahir vom Ölministerium an die ARAMCO delegiert

25.2. - Aufstellung der Pläne für den Bau von 5 unterirdischen Kommandozentralen im Rahmen des Peace-Shield Air Defense System-Projektes in Zusammenarbeit mit den USA

5.3. - Verteidigungsminister Sultan bringt die ablehnende Haltung S.s zur verstärkten Präsenz ausländischer Kriegsflotten im Golf zum Ausdruck und verneint, daß die USA irgendeine Garantie für die Verhinderung einer Ausweitung des Golfkrieges gegeben haben

11.3. - Besuch König Fahds in Algerien

23.3. - Besuch König Fahds in Großbritannien, wo er Gespräche über Nahostkonflikt, Golfkrieg und Waffenlieferungen mit der britischen Regierung führte; auch Fragen der Re-Investition eines Teils des Wertes des 1985 vergebenen 5 Mrd. £ Sterling-Auftrags zur Lieferung von Tornado-Flugzeugen wurden besprochen

16.4. - Der erste Besuch König Fahds in Paris seit seiner Inthronisierung; Gespräche über die Lage in der Golfregion und über bilaterale Beziehungen sowie über Libanon und Nahostkonflikt; anschließend Besuch des Königs in Spanien

18.4. - Tagung der GCC-Verteidigungsminister in Riad vor dem Hintergrund iranischer Angriffe auf Kuwait und auf saud. Schiffe (--> GCC)

21.4. - Der libysche Sekretär für auswärtige Beziehungen al-Talhi führt Gespräche mit seinem saud. Amtskollegen in Riad

26.4. - Verteidigungsminister Sultan gibt Pläne zur Errichtung von vier neuen Waffenfabriken in S. und zum Aufbau einer gemeinsamen GCC-Rüstungsindustrie bekannt

5.5. - König Fahd vermittelt im Konflikt zwischen Algerien und Marokko

11.5. - Eröffnung der ersten saud. Wertpapierbörse in Riad

4.6. - US-Verteidigungsminister Weinberger führt Gespräche mit seinem saud. Amtskollegen Sultan in Nizza über die amerikanische Golfpolitik und bilaterale Fragen

8.6. - Tagung der GCC-Außenminister in Dschidda

14.6. - Gouverneur der Riad-Provinz führt Gespräche mit Präsident Mubarak in Kairo und eröffnet dort die Riad-Ausstellung

15.7. - Syrischer Außenminister Faruq al-Shar' in Riad

31.7. - Iranische Demonstrationen in Mekka während der Pilgerfahrt und Auseinandersetzungen mit saud. Sicherheitskräften

15.8. - Großbrand in den Gasverflüssigungsanlagen der ARAMCO in der Ostprovinz

13.9. - Syrischer Vizepräsident Khaddam bei König Fahd in Riad

19.-21.10. - Tagung der deutsch-saud. Wirtschaftskommission in Riad

16.11. - Wiederaufnahme der seit 1979 abgebrochenen diplomatischen Beziehungen zu Ägypten

20.12. - Gespräche des Kronprinzen Abdallah mit dem syrischen Präsidenten Asad in Damaskus

26.12. - GCC-Gipfelkonferenz in Riad

Aziz Alkazaz

Sudan

Offizieller Name: Jumhuriyat al-Sudan/Republik Sudan; **Unabhängigkeit:**
1.1.1956; Fläche: 2.505.805 qkm; Einwohner: 23 Mio.; Hauptstadt: Khartum, Ew.:
1,3 Mio.; Urbanisierungsrate: 20 %; Armeestärke: 56.750 Mann; **BIP** *(Faktorko-*
sten/Preise von 1981): 5.991,2 Mio. sud. Pfund (1987); **Sektoren in %:** *Landwirt-*
schaft 45; Industrie 11; Dienstl. 27; **Pro-Kopf-Einkommen:** *300 US-$ (1986);*
Währung: *1 US-$ = 4,5 sud. Pfund (Schwarzmarkt: 1 US-$ 6,5-9 sud. Pfund)*

Innenpolitische Entwicklung *

Auch zwei Jahre nach dem Sturz Numairis im April 1985 ist der Sudan (S.)
aufgrund der innenpolitischen Konfliktkonfiguration, dem eskalierenden Südsudankonflikt und der ungelösten Wirtschaftskrise ein "cocktail explosif" (JA,
15.7.). Nach der am 6.5.1986 trotz Vorbehalten zahlreicher Militärs durchgeführten Übergabe der Regierungsgewalt vom Transitional Military Council (unter
Vorsitz von General Abd al-Rahman Siwar al-Dhahab) an die neuen Verfas-
sungsorgane im Anschluß an die Wahlen zur 301 Mitglieder umfassenden Verfassungsgebenden Versammlung (1.-22.4.1986), das heißt den fünfköpfigen Souverä-
nitäts- oder Staatsrat (Vorsitz: Saiyid Ahmad Ali al-Mirghani) und die neue
Regierung unter Führung von Premierminister Sadiq al-Mahdi, brachte das Jahr
1987 nicht die erhoffte Stabilität und eine zumindest ansatzweise Bewältigung der
anstehenden Probleme (1), sondern mit interparteilichen Querelen, der Ausrufung
des Notstandes (25.7.) zahlreichen Streiks, 100 % Inflation, Warenverknappung
und täglichen Kriegskosten im Süds. von 1 Mio. sud. £ (JoT, 2.8.) eine Entwicklung in die entgegengesetzte Richtung.
Die Euphorie nach den freien und demokratischen Wahlen 1986 ist inzwischen
einer Ernüchterung gewichen mit der Folge, daß die Regierungsfähigkeit Sadiq
al-Mahdis immer stärker in Zweifel gezogen wird (M, 10.6.), weil er seine politischen Versprechen, in erster Linie die Beendigung des Bürgerkrieges und die
Aufhebung der von Numairi im September 1983 dekretierten Islamisierunggesetze
und stattdessen ihre Ersetzung durch eine "modernere und humanere Version"
bislang nicht einlösen konnte. Angesichts der Querelen über den zu steuernden
Kurs innerhalb der seit Mai 1986 regierenden Parteienkoalition, gebildet aus der
sich aus den Ansar (den Anhängern der sich Ende des 19. Jhdts. bildenden Mah-
distenbewegung) rekrutierenden Umma-Partei unter Führung von Sadiq al-Mahdi
(mit 93 Sitzen stärkste Partei in der Verfassungsgebenden Versammlung), der
Democratic Unionist Party (DUP) unter Führung von Muhammad Uthman al-
Mirghani, die über 63 Sitze im Parlament verfügt und die zweite historische
Bewegung des Nords. (die Khatmiya-Bruderschaft) repräsentiert, und diversen
kooperationsbereiten südsud. Parteien (vgl. Africa Confidential, 12.3.1986), kam
es im Mai zu einer ersten Regierungskrise, als Sadiq al-Mahdi alle Minister
entließ (13.5.) und als Hauptgründe dafür nannte: 1. extreme Verzögerung bei der
Eliminierung der Auswirkungen des Mai (1969, Machtübernahme durch Numairi)
und der Aufhebung der September-Gesetze (1983, Einführung der Scharia), 2.
Mißerfolge bei der Lieferung und Verteilung von Versorgungsgütern, bei der
Preiskontrolle und der Inlandsinvestition von sud. Auslandsguthaben sowie 3. die
Inkompetenz einiger Minister und interministerielle Querelen (vgl. MD, 15.5.).
Während der DUP-Politiker und Vorsitzende des Staatsrates, Ali al-Mirghani

keinerlei grundsätzliche Belastung der Koalition feststellte, so daß es am 3.6. zu einer quasi Neuauflage der alten Koalition (allerdings mit mehreren neuen Ministern) und einer Reduzierung der Ressorts von 28 auf 24 kam (KuT, 3.6.; MD, 5.6.), erklärte Hasan al-Turabi, der Führer der größten Oppositionspartei (Nationale Islamische Front/NIF, die militante, organisatorisch gut strukturierte Partei der Muslimbruderschaft, 51 Sitze im Parlament) das Scheitern der Koalition nach nur einem Jahr Amtszeit als symptomatisch für ihren inneren Zustand. Turabi forderte unter Einbeziehung seiner Partei die Ausformulierung eines politischen Aktionsprogrammes. Wesentlichste Bedingung für diese Mitarbeit war aber die Beibehaltung der 1983 eingeführten islamischen Gesetze. Daß es entgegen den politischen Verlautbarungen in der Tat grundsätzliche Meinungsverschiedenheiten zwischen Umma-Partei und DUP über den Kurs der Außenpolitik, Wirtschaftspolitik, der Haltung zum Südsudankonflikt und hinsichtlich der Islamisierungsgesetze gab, zeigt die Krise um die parlamentarische Neubesetzung (am 8.8.) des 5. Sitzes im Staatsrat, wo die Umma-Partei es vermochte, einen im Prinzip der DUP zustehenden Sitz durch den Unabhängigen Sitz durch den Unabhängigen Mirghani al-Nasri zu besetzen. Die daraus resultierenden Querelen spitzten sich derart zu, daß nicht nur am 21.8. die Koalition erneut zerbrach (SWB, 11.8.; MEED, 29.8.), sondern bereits im Vorfeld am 25.7. durch den Vorsitzenden des Staatsrats unter Berufung auf Artikel 134 der Verfassung für ein Jahr der Ausnahmezustand über das ganze Land verhängt wurde, um "den Sudan gegen Feinde der Demokratie" zu schützen (MEED, 1.8.; MD, 27.7.).

Dieser Schritt war allerdings nicht nur eine Reaktion auf die politischen Spannungen, sondern hatte noch einen zweiten realen Hintergrund (Sudanow, August/September): die Eindämmung der zahlreichen Streiks, Schüler- und Studentenunruhen, ausgelöst durch die katastrophale Wirtschaftslage, die schlechten Studienbedingungen, und den Kampf gegen Schmuggel, Spekulation, den Schwarzmarkt und die Wirtschaftskriminalität (vgl. Notstandsdekret SWB, 27.7.). Der Erfolg des sowohl von der NIF, den Gewerkschaften (SWB, 29.8.), den Studentenorganisationen (SWB, 31.7.) als auch der südsud. Befreiungsbewegung SPLM (SWB, 31.7.) kritisierten Ausnahmezustandes ist indes zweifelhaft, da er neue blutige Ausschreitungen (z.B. Anfang September 14 Tote bei Studentendemonstrationen; OJ, 9.9.), Demonstrationen gegen den durch den IWF verursachten Preisanstieg (z.B. 4.10.: 25 Verletzte bei Demonstrationen, KuT, 6.10.) und Streiks (z.B. 20-tägiger Streik der Sudan Airways im November) nicht verhindern konnte.

Als dritter - psychologischer - Faktor für die Verhängung des Ausnahmezustandes mögen die in Khartum zirkulierenden Putschgerüchte (ELM, 27.8.) eine Rolle gespielt haben, wenngleich am 27.7. das führende Parlamentsmitglied Prof. Salah Abd al-Rahman Ali Tahir "denied that a coup occured in Sudan. However, he admitted that many conspiracies were being concocted behind the scenes" (SWB, 29.7.). Nachdem am 21.8. die Regierungskoalition auseinandergebrochen war, kündigte Sadiq al-Mahdi bis 17.9. die Bildung einer neuen Regierung an. Tatsächlich kam es erst am 28.10., d.h. nach über zehn Wochen zur Regierungsbildung (2) in Form einer erneuten Koalition (24 Portfolios, davon 17 Posten für die Koalitionspartner Umma-Partei/DUP, drei Posten für südsud. Parteien und vier vakante Posten). Für diese Verzögerung war teilweise der Rücktritt des amtierenden Außenministers und DUP-Mitglieds Muhammad Taufiq Ahmad (5.9., neuer Außenminister ab 13.10.: Ma'mun Sinada), im wesentlichen jedoch die Interessenkonstellation der diversen Akteure verantwortlich. Da im Parlament keine andere Koalition als diejenige von Umma-Partei und DUP mehrheitsfähig war, blieb den beiden Parteien wie bereits im Juni keine andere Wahl, als die (zeitaufwendige) Aushandlung eines neuen Koalitionsvertrages, der allerdings keine stabile Arbeitsgrundlage bildete, weil Premierminister Sadiq al-Mahdi auf sein Recht verzichten mußte, sich die Minister persönlich auszusuchen, sondern diese von den einzelnen Koalitionsparteien bestimmt werden. Dadurch wurden die anstehenden Probleme vertagt, aber nicht gelöst (FAZ, 30.10.).

Die Koalition einigte sich auf eine Verkleinerung des Staatsrates von fünf auf drei Mitglieder (je eines von der Umma-Partei, DUP und den südsud. Parteien), die Beibehaltung der administrativen Teilung des Süds. in die Provinzen Equatoria, Upper-Nile und Bahr al-Ghazal (die von den Südsudanesen abgelehnt wird und 1983 nur auf Druck der Nationalen Islamischen Front eingeführt wurde) und das Festhalten an einer Ablösung der Scharia durch andere Gesetze, ohne daß eine entsprechende Alternative formuliert worden wäre. Problematisch wird diese Politik insbesondere gegenüber dem Süds., wo sich drei Fraktionen gegenüberstehen: 1. die Separatisten, die einen eigenen, unabhängigen Staat (Savanna-Republik Südsudan) fordern, 2. die Sudanesische Volksbefreiungsbewegung (SPLM) unter Oberst John Garang, die als politisch und militärisch bedeutendste Bewegung einen säkularen, marxistisch ausgerichteten Gesamtsudan anstrebt und durch ihre militärischen Erfolge 1987 (u.a. Einnahme der Städte Tonga am 15.4., Jokau am 1.6. und Kurmuk am 12.11.) ihr im Süden des S. kontrolliertes Territorium vergrößern und trotz Gegenangriffen der Regierungstruppen bis auf Kurmuk (Rückeroberung durch Regierungstruppen am 22.12.) sichern konnten und 3. jene Gruppierungen und Parteien, die sich überwiegend an der Parlamentswahl 1986 beteiligten und mit der einen oder anderen Partei in Khartum zusammenarbeiten bzw. sich an der Regierungskoalition beteiligen. De facto bedeutet diese Regierungsbeteiligung südsud. Parteien (und ihr Sitz im Staatsrat) die Aufrechterhaltung der territorialen Integrität der Republik S., obwohl es angesichts der Unfähigkeit von Sadiq al-Mahdi, eine akzeptable (Ersatz-) Lösung für die Abschaffung oder Modifizierung der Islamisierungsgesetze zu finden, bereits zu Unmutsäußerungen unter den noch kooperationswilligen südsud. Politikern gekommen ist und 1987 bereits vier Konferenzen südsud. Gruppierungen mit der SPLM in Nairobi (21.4.), Addis Abeba (19.-23.8.), Kampala (5.9.) und Nairobi (19.-22.9.) (vgl. JoT, 22.4./SaG, 26.8./SWB, 8.9./FAZ, 25.9.) stattfanden. Unter Hinweis auch auf das bislang nicht von der Regierung erfüllte, mit den südsud. Parteien abgeschlossene, Koka Dam-Abkommen vom März 1986 (Durchführung einer Verfassungskonferenz, Herstellung der nationalen Einheit, Autonomie des Südens, Religionsfreiheit, Einführung des Sozialismus), fordern die zuletzt in Nairobi versammelten politischen Parteien aus dem Süds. und die SPLM zur Stabilisierung der politischen Lage und als Voraussetzung für die vereinbarte Verfassungskonferenz in einem Friedensabkommen einen sofortigen Waffenstillstand, die Aufhebung des Ausnahmezustands, die Abschaffung der Scharia und die Aufkündigung der Bündnisse mit ausländischen Staaten (besonders Libyen), sowie Druck der OAU, der Arabischen Liga und der UN auf die sud. Regierung, um den Friedensprozeß voranzutreiben (SWB, 26.9.). Rhetorisch läßt zwar auch Sadiq al-Mahdi zur problematischen Lage im Süden des S. Versöhnliches vernehmen ("nach seiner Ansicht ist der einzige Ausweg aus den Schwierigkeiten zwischen dem Norden und dem Süden des Landes der politische Dialog", Interview vom 17.8.), andererseits hat der Premierminister nicht die Macht, gegen die Opposition (der Nationalen Islamischen Front) eine Änderung des Status quo durchzusetzen. Auch sein Versuch, durch Gründung eines neunköpfigen "Südrates" (3) (unter Vorsitz von Mathew Ubur), der die drei Südprovinzen verwalten soll, war durch das forcierte Verfahren der Einsetzung des Rates eher ein Schuß nach hinten, zumal die Intention, durch Etablierung des Südrates gegenüber dem SPLM Boden zurückzugewinnen, zu durchsichtig war. Hinzukommen psychologische Faktoren, die einen tatsächlichen Dialog erschweren (FAZ, 8.12.). Die Anordnung der Regierung, vor dem Bürgerkrieg geflohene und im Umfeld von Khartum in Elendsvierteln lebende Südsudanesen auf Landwirtschaftsprojekten im Nords. anzusiedeln, hat Befürchtungen einer neuen Versklavung hervorgerufen, zumal eine neue Studie zweier sud. Universitätsdozenten (M. Ushari/S.A. Baldo) über Praktiken der Sklavenhalterei (besonders Dinka-Sklaven beim arabi-

schen Razaigat-Stamm in der Provinz Darfur) erhebliches Aufsehen erregt hat
(KuT, 3.9.), die Autoren vor Gericht brachte (MD, 11.9.) - trotz der ansonsten
für afrikanische Verhältnisse einzigartigen Pressefreiheit im S. - und sogar Sadiq
al-Mahdi zu einem offiziellen Dementi veranlaßte (SWB, 8.9.).

Außenpolitische Entwicklung

Nachdem bereits nach dem Sturz Numairis April 1985 noch unter Siwar al-
Dhahab eine außenpolitische Kurskorrektur eingeleitet wurde, durch die Aufgabe
der pro-amerikanischen, pro-ägyptischen und anti-libyschen Politik zugunsten
einer eher pro-libyschen, tendenziell blockfreien und zumindest auf größere
Distanz zu Ägypten gehenden Außenpolitik, brachte 1987 zum einen die Fortsetzung dieses eingeschlagenen Kurses, zum anderen - in Reaktion auf die Wirtschaftskrise - eine verstärkte Besuchsdiplomatie mit dem Ziel, die wirtschaftliche
und technische Kooperation zu verstärken, Umschuldungsabkommen zu vereinba-
ren und/oder neue Wirtschaftshilfezusagen zu erlangen. Reisen mit diesem ökonomischen Hintergrund führten allein Premierminister Sadiq al-Mahdi u.a. vom
4.-8.2. in die Niederlande, am 12.4. nach Jordanien, vom 5.-9.7. in die Golfstaaten, daran anschließend vom 9.-11.7. nach Saudiarabien, am 13.7. nach Jugoslawien, vom 11.-16.10. nach Japan, vom 16.-18.12. nach Jordanien und am 18.12.
nach Libyen. Hinzu kommen entsprechende Auslandsbesuche des Vorsitzenden
des Staatsrates al-Mirghani (z.B. 13.-16.10. nach Rumänien) oder des Außenministers (Bulgarien 13.-17.4.). Insbesondere im Falle der arabischen Hilfe hatte
diese ihren Preis darin, daß S. seine pro-iranische Haltung modifizieren mußte
und sich folglich für die Annahme der UN-Resolution 598 aussprach (KuT,
14.10.). Die Politik gegenüber den USA ist seit dem USA-Besuch Sadiq al-Mahdis 1986 tendenziell entspannt, was sich sowohl in den amerikanischen Hilfsliefe-
rungen als auch den neuerlichen Militärkontakten (Besuch des US-Generals Crist
in Khartum, Gespräch mit al-Mahdi 6.12.; vgl. MD, 8.12.) zeigt. Premierminister
al-Mahdi wies darauf hin, daß diese Kooperation nicht in Zusammenhang mit
den militärischen Niederlagen gegenüber der SPLA steht. Auch in den Beziehungen zur UdSSR standen 1987 die wirtschaftlichen Aspekte im Vordergrund (Juli:
Gespräche über Handelsabkommen; SWB, 28.7.) und der Generalsekretär der KP
S.s, Ibrahim Nuqud, sprach nach seinem UdSSR-Besuch im Juni (MD, 16.6.) von
der "Re-Normalisierung" der sud.-sowjetischen Beziehungen (SWB, 10.7.).
Ambivalent blieben die Beziehungen des S. zu Libyen, Ägypten und Äthiopien,
wo sich den positiven Kooperationsansätzen und gegenseitigen Kontakten auf
diplomatischer Ebene diverse Mißtöne, Vorwürfe und rhetorische Angriffe zur
Seite gesellten. Während mit Ägypten auf der einen Seite sich die ökonomischen
Kontakte das ganze Jahr hindurch positiv entwickelten (u.a. am 7.2. Abschluß
eines Handelsabkommens über 280 Mio. US-$, Handelsgespräche am 21.7. u.
24.9.; EG, 10.7. u. 27.8.) und zahlreiche hochrangige Gespräche stattfanden (u.a.
Staatsratsvorsitzender al-Mirghani mit Mubarak 14.7. und 13.10.; Sadiq al-Mahdi
in Kairo vom 17.-22.2. und 30.6.-5.7.), institutionalisierte die Verabschiedung der
Bruderschafts-Deklaration vom 21.2. als Ersatz für die unter Numairi unterzeichnete Integrationscharta vom Oktober 1982 den sud. Wunsch nach mehr außenpoli-
tischer Distanz zu Ägypten, und Sadiq al-Mahdi rief mehrmals, u.a. am 14.6.,
auch zur Annullierung des gemeinsamen Verteidigungsabkommens auf (Sudanow,
Mai).
Die Beziehungen S.s zu Libyen sind 1987 ebenfalls durch zahlreiche hochrangige
Kontakte gekennzeichnet, darunter der Besuch des Oberbefehlshabers der libyschen Streitkräfte Jabir (28.9.-5.10., Abschluß eines wirtschaftlichen, technischen
und kulturellen Kooperationsabkommens am 1.10.; AdG, 5.10.) und zuletzt der
Besuch von Sadiq al-Mahdi in Tripolis (18.12.). Auch die Kooperationsvereinba-
rung zwischen Darfur und der Baladiya Kufra in Libyen (12.10.), die Lieferung
von 600.000 Tonnen Öl jährlich zu Vorzugsbedingungen (Abkommen vom 8.9.),

die gemeinsame Ölvermarktung im S. (Abkommen vom 13.11.), die Gewährung
von 500 Stipendien, Qaddafis Geschenk von vier Mig-23 an die sud. Luftwaffe
oder die Zusage Libyens, S.s "Stabilität und Einheit aktiv zu unterstützen" (MD,
8.10.) weisen auf die guten bilateralen Beziehungen hin. Andererseits bildet die -
zwar immer wieder sowohl von sud. als auch von libyscher Seite dementierte
(SWB, 16.10.) - Präsenz libyscher Truppen in den an den Tschad angrenzenden
Regionen Hintergrund für unterschwellige Differenzen, die durch die Aktivitäten
der libysch inspirierten Revolutionskomitees im S. und die Vorwürfe Qaddafis an
Sadiq al-Mahdi, sein Versprechen einer Union mit Libyen nicht eingelöst zu
haben (JoT, 7.7.), vergrößert wurden. Was die Beziehungen zu Äthiopien anbelangt, so ist durch ägyptische Vermittlung zwar am 3./4.12. ein Treffen Sadiq
al-Mahdis mit dem äthiopischen Präsidenten Mengistu in Kampala zustande gekommen, nachdem bereits im Oktober eine äthiopische Delegation im S. weilte
(SWB, 28.10.), doch konnten die grundlegenden Meinungsverschiedenheiten (S.s
Vorwurf der Aggression wegen Unterstützung der SPLA bzw. äthiopischer Vorwurf der Unterstützung der eriträischen Befreiungsbewegung durch S.; OJ, 6.12.)
nicht beseitigt werden.

Sozioökonomische Entwicklung

Die wirtschaftspolitischen Probleme (4), mit denen die sud. Regierung 1987 zu
kämpfen hatte, sind überwiegend wie die hohe Auslandsverschuldung von rund
12 Mrd. US-$ (MEED, 27.6.), die finanziell zerrüttete öffentliche Wirtschaft und
die geringe private Investitionstätigkeit - die S. 1987 nur den 106. Platz auf der
109 Länder umfassenden Bonitätsskala einbrachte (FAZ, 8.10.) - ein Erbe der
Regierung Numairis, teilweise jedoch auch selbstverschuldet (Geld- und Kreditpolitik) oder eine Folge nicht zu beeinflussender klimatischer Schwankungen: war
z.B. 1986 ein seit dreißig Jahren nicht mehr verzeichnetes Rekordjahr bei der
Ernte von cash crops (Sesam, Erdnüsse, Sorgum usw.), bedingten ausbleibende
Regenfälle 1987 eine neue Dürreperiode, was dazu führte, daß im Oktober die
Provinz Equatoria zur famine area deklariert werden mußte (SWB, 31.10.; KuT,
28.11.). Ist es also einerseits ungerecht, bereits 1987 angesichts der vielfältigen
Probleme von der Regierung Sadiq al-Mahdis eine Besserung der Wirtschaftslage
zu erwarten, fehlt doch nach Ansicht von internationalen Beobachtern und
IWF-Ökonomen ein klares und ausgewogenes Wirtschaftsprogramm, geschieht
bislang nur eine Verwaltung des Mangels. Gerade auf die Zusammenarbeit mit
dem IWF ist die sud. Regierung jedoch angewiesen, betragen doch allein die
überfälligen Rückzahlungen an den IWF knapp 600 Mio. US-$ (Zahlungsrück-
stände insgesamt 3,5 Mrd. US-$), so daß der S. seit Februar 1986 von weiteren
IWF-Krediten ausgeschlossen war. Da aber ohne Umschuldung und neue ausländische Finanzhilfen die notwendigen Wirtschaftsreformen nicht in Gang zu setzen
sind, diese andererseits auch unpopuläre Maßnahmen bedingen (in erster Linie
Preiserhöhungen durch Subventionsabbau), hat die sud. Regierung solche Maßnahmen seit Mai 1986 hinausgeschoben und erst unter dem Druck des IWF ab
Sommer 1987 entsprechende Schritte vollzogen. Erste sichtbare Indizien dafür
waren u.a. der im Juni von Finanzminister Bashir Umar vorgelegte restriktive
Haushalt 1987/88 (Einnahmen: 3,9 Mrd. Ausgaben: 6,8 Mrd. Defizit: 2,9 Mrd.
sud. Pfund; SWB, 30.6.) und die geplante erhöhte Bedienung der Auslandsschuld
(1987/88: 781,6 Mio. US-$ gegenüber 1986/87: 212,2 Mio. US-$). Trotz dieser
wohl zu optimistischen Eckdaten hat der IWF in Verhandlungen seit Dezember
1986 am 26.9. mit S. ein Abkommen geschlossen, durch das innerhalb der nächsten vier Jahre (d.h. parallel zum geplanten Vierjahresplan 1988-91) 4,8 Mrd
US-$ vom IWF zur Verfügung gestellt werden sollen (Sudanow, Oktober/ No-
vember). Hinzu kommen weitere Kredite der Weltbank (603 Mio. US-$ für land-
wirtschaftliche und industrielle Projekte; MD, 23.10.) und der IDA. Die im
Abkommen dem S. auferlegten Preiserhöhungen als Folge des Subventionsabbaues

u.a. für Benzin (26 %), Zucker (66 %), Zement (33 %) führten im Oktober zu massiven, von der NIF initiierten (SWB, 21.10.), teilweise gewalttätigen (mehrere Tote) Protesten der Bevölkerung, primär in Khartum, die aber auch auf andere Städte übergriffen (Sudanow, Oktober/November; HB, 30.7.) und demonstrieren, wie sehr sich die Regierung auf eine "Gradwanderung" (NZZ) eingelassen hat. Die Proteste zogen jedenfalls die umgehende Zusicherung der Regierung nach sich, daß die Subventionen für die Basisprodukte (Brot, Speiseöl, Dieselbrennstoff usw.) nicht aufgehoben werden. Nachgeben mußte die Regierung dem IWF jedoch in zwei weiteren Punkten: 1. einer 80%igen Abwertung des sud. Pfund und 2. der bereits angesprochenen Reduzierung des Haushaltsdefizits in Verbindung mit einer Steuerreform und einer Privatisierung defizitärer Staatsunternehmen. Wenngleich die finanzielle und materielle Hilfe (in Form von Öllieferungen zu Sonderkonditionen) der arabischen Staaten nach einer anfänglichen Phase der Verärgerung über den außenpolitischen Kurs 1987 wieder zugenommen hat, insbesondere nach den Reisen Sadiq al-Mahdis nach Saudiarabien und den Golfstaaten, bleibt angesichts der Kosten des militärischen Konflikts im Süds. eine Besserung der katastrophalen Wirtschaftslage und der ökonomischen Rahmenbedingungen noch für längere Zeit ein politischer Wunschtraum.

Anmerkungen

* Vgl. auch Länderbeitrag Sudan im parallel erscheinenden "Jahrbuch Afrika".
1 Zur innenpolitischen Situation 1986, den diversen Parteien und ihren politischen Ambitionen vgl. Duran, Khalid: Zur inneren Lage des Sudan, in: Vierteljahresberichte der Friedrich-Ebert-Stiftung (Bonn), Nr. 108, Juni 1987, S. 151-160.
2 Am 3.10. hatten sich die beiden Parteien auf die Fortsetzung der Koalition geeinigt (KuT, 5.10.). Am 8.10. folgte ein Abkommen zwischen der DPU und der Umma-Partei über die Arbeit im Staatsrat.
3 Zu den Mitgliedern des Südrates und ihrer politischen Richtung vgl. Africa Confidential (London), Nr.5, 4.3.1987, S.7.
4 Vgl. die Zusammenfassung von Semich, Max-Helmut: Wirtschaftslage im Sudan, in: Mitteilungen der BfAI (Köln), Juni 1987.

Die politische Führung des Sudan
Vorsitzender des Staatsrates (Staatsoberhaupt): Ahmad Ali al-Mirghani (seit 6.5.1986)
Sudanesische Regierung vom 28.10.1987
Premier, Verteidigung: Sadiq al-Mahdi, **Stellvertr. Premier, Inneres:** Saiyid Ahmad al-Husain, **Arbeit/Öffentlicher Dienst:** Lawrence Modi Tome, **Äußeres:** Dr. Ma'mun Sinada, **Bewässerung:** Muhammad Bashir Jamaa, **Energie/Bergbau:** Adam Musa Madibo, **Erziehung:** Bakri Ahmad Abdallah, **Finanzen/Planung:** Dr. Bashir Umar, **Frieden/Nationale Verfassungskonferenz:** N.N., **Gesundheit:** Husain Sulaiman Abu Salik, **Handel/Versorgung:** Ibrahim Hasan Abd al-Jalil, **Industrie:** Mubarak al-Fadil al-Mahdi, **Jugend/Sport:** Hasan Muhammad Mustafa, **Justiz/Generalstaatsanwalt:** Abd al-Mahmud Haj Salik, **Kabinettsangelegenheiten:** Salah Abd al-Salam, **Kommunale Angelegenheiten:** Red Chuol Jok, **Kultur/Information:** al-Tom Muhammad al-Tom, **Landwirtschaft/Bodenschätze:** Dr. Umar Nur al-Dayim, **Religiöse Angelegenheiten:** N.N., **Soziales/Islamische Steuergesetzgebung:** Rashida Abd al-Karim, **Verwaltungsreform:** N.N., **Verkehr/Fernmeldewesen:** Aldo Ajo Deng, **Viehwirtschaft:** N.N., **Wohnungsbau/Öffentliche Arbeit:** Muhammad Takir Jailam

Chronologie Sudan 1987

7.-8.1. - Gemeinsame sud.-libysche Ministerratstagung über Ausweitung der bilateralen Kooperation

4.-8.2. - Premierminister al-Mahdi zu Arbeitsbesuch in den Niederlanden

7.2. - Die sud. Regierung setzt Südrat unter Vorsitz von Mathew Ubur Abang ein. Am 8.2. Proteste einiger Südparteien wegen mangelnder Konsultation

17.-22.2. - Premierminister al-Mahdi in Ägypten. Am 21.2. Unterzeichnung der Bruderschafts-Deklaration, die die Integrations-Charta von 1982 ersetzt

19.2. - Handelsabkommen mit der UdSSR über 100 Mio US-$

7.3. - Sud. Regierung bestätigt Vordringen libyscher Militäreinheiten auf sud. Gebiet entlang tschadischer Grenze. Befehl zum Rückzug sei ergangen

20.3. - Schüler- und Studentendemonstrationen in Khartum

28.3. - Ägypten liefert "größere Mengen" Militärmaterial

6.4. - Verteidigungsministerium gibt den Rückzug der libyschen Truppen aus Darfur bekannt

16.4. - Gerüchte über fehlgeschlagenen Staatsstreich; Dementi der Regierung

13.5. - Premierminister al-Mahdi verlangt die Auflösung der Regierung wegen Inkompetenz; Staatsrat stimmt am 19.5. der Auflösung zu

2.6. - Regierung gibt die Einnahme der Stadt Jokau durch die SPLA bekannt

3.6. - Bildung der neuen Regierung unter Premierminister al-Mahdi mit 24 Mitgliedern

10.-12.6. - Ugandischer Präsident Museveni in Khartum

22.6. - Muhammad Abdallah Yassin tritt von seinem Posten im Staatsrat zurück

30.6. - Sanierungsversuche in Khartumer Elendsvierteln verursachen gewalttätige Demonstrationen

1.-3.7. - Staatsratvorsitzender al-Mirghani in Kairo; erneut am 14.7. und am 13.10. Parallel dazu vom 1.-7.7. Besuch vom Führer der sud. Nationalen Islamischen Front al-Turabi in Kairo

5.-11.7. - Rundreise von Premierminister al-Mahdi im Irak, Kuwait, Qatar und Saudiarabien (Gespräche über Wirtschaftshilfe)

11.7. - Sud. Regierung beschuldigt ausländische Hilfsorganisationen, die Rebellen im Süds. zu begünstigen

13.-17.7. - Besuch von Premierminister al-Mahdi in Jugoslawien

19.-22.7. - Streik bei Rundfunk und Fernsehen

25.7. - Ausrufung des Notstandes für ein Jahr durch Staatsratsvorsitzenden al-Mirghani

26.7. - Beginn von Verhandlungen mit dem IWF über neue Wirtschaftshilfe

8.8. - Wahl von Mirghani al-Nasri in den Staatsrat

21.8. - Regierungskoalition bricht auseinander

28.8. - Verhandlungen zwischen Umma-Partei und DPU über Wiederherstellung der Regierungskoalition

7.9. - Rücktritt des Außenministers Taufiq

28.9.-5.10. - Große libysche Delegation in Khartum

4.10. - Wirtschafts- und Finanzminister Bashir Umar gibt das am 27.9. mit dem IWF ausgehandelte Sanierungsprogramm bekannt; Abwertung des sud. Pfundes um 80 %

5.10. - Beginn gewalttätiger Proteste gegen die von der Regierung verhängten Sparmaßnahmen

11.10. - Beginn eines einwöchigen Staatsbesuches von Premierminister al-Mahdi in Japan; Gespräche über Wirtschaftshilfe

19.10. - Wahlen zum Studentenrat der Universität Khartum; alle 40 Sitze gehen an die Islamisten (NIF)

28.10. - Konstitution der neuen Regierungskoalition unter Premierminister al-Mahdi

3.-4.12. - Treffen von Sadiq al-Mahdi mit dem äthiopischen Staatspräsidenten Mengistu in Kampala

16.-19.12. - Besuch Sadiq al-Mahdis in Jordanien und Libyen

21.12. - Staatsbesuch von Premierminister al-Mahdi in der VR China

22.12. - Rückeroberung der im November von der SPLA eingenommenen Stadt Kurmuk

Hanspeter Mattes

Syrien

Offizieller Name: al-Jumhuriya al-Arabiya al-Suriya/Syrische Arabische Republik; *Unabhängigkeit:* 17.4.1946; *Fläche:* 185.000 qkm; *Einwohner:* 12 Mio. (1986); *Hauptstadt:* Damaskus, Ew.: 1,4 Mio.; *Urbanisierungsrate:* 49 %; *Armeestärke:* 392.000 Mann; *BSP:* 16,37 Mrd. US-$ (1986); *Sektoren in %:* Landwirtschaft 19; Industrie 26; Dienstl. 55 (1984 am BIP); *Pro-Kopf-Einkommen:* 1.570 US-$ (1986); *Währung:* 1 US-$ = 11,2 syr. Pfund (LS)

Innenpolitische Entwicklung

Die politische Lage in Syrien (S.) stand 1987 ganz unter dem Einfluß der schweren Wirtschaftskrise. Regelmäßige Strom- und Wasserabschaltungen sowie der Mangel an Grundnahrungsmitteln haben der Bevölkerung noch mehr Opfer abverlangt als bereits in den vorangegangenen Jahren. Eine hohe Inflationsrate hat die Lebenshaltungskosten weiter ansteigen lassen, so daß ein immer größerer Anteil der Bevölkerung am Rande des Existenzminimums leben muß. (1) Da der Handel vom Staat kontrolliert wird und auch die Preise von der Regierung festgelegt werden, richtet sich die Kritik an den Mangelerscheinungen und Preissteigerungen gegen die staatlichen Behörden. Das Ausmaß der Krise läßt sich daran erkennen, daß sich die staatlich kontrollierte Presse gezwungen sieht, auf die Mangelerscheinungen einzugehen. (2) In der Presse werden schärfere Maßnahmen gegen Preiswucher und Mißwirtschaft in den staatlichen Institutionen und Betrieben gefordert. Ohne Zweifel soll diese von oben gelenkte Kritik eine Ventilfunktion ausüben und von der Unfähigkeit des Systems ablenken. "Wenn wir bei der Anwendung der sozialistischen Prinzipien in bestimmten Betrieben versagt haben, so bedeutet das nicht, daß die Prinzipien falsch sind, sondern einfach, daß wir bei der Anwendung nachlässig gewesen sind", wird in den Diskussionen behauptet, um eine Kritik am Ba'th-Sozialismus abzuwenden (M, 28.10.).

Unter dem Druck der Mißstände leitete die Regierung unter Ministerpräsident Ra'uf al-Kasm im Februar eine Antikorruptionskampagne ein. Rund 4.000 Personen wurden entlassen (A, 2.11.). Im Juni wurden gegen 60 Personen wegen Korruption und Mißwirtschaft Strafen verhängt, davon fünf Todesstrafen. (3) Die vom Parlament eingesetzten Ausschüsse zur Untersuchung von Mißständen verschonten selbst die Minister nicht. Nach einem Mißtrauensvotum des Parlaments mußten die Minister für Bauwesen, Riyad al-Bagdadi, und für Landwirtschaft, Mahmud al-Kurdi, am 26.6. ihren Rücktritt einreichen (B, 28.6.). Am 29.10. sprach das Parlament den Ministern für Industrie, Ali Tarabulsi, und für Versorgung und Binnenhandel, Riyad Khalil, ebenfalls sein Mißtrauen aus und zwang sie zum Rücktritt. Angesichts der wachsenden Vertrauenskrise reichte Ministerpräsident al-Kasm seinen Rücktritt ein.

Am 1.11. beauftragte Präsident Asad Mahmud al-Zu'bi mit der Regierungsbildung. al-Zu'bi war seit 1981 Parlamentspräsident und hatte in dieser Funktion wesentlichen Anteil an der vom Parlament geleiteten Antikorruptionskampagne. Von den insgesamt 35 Ministern wurden 15 ausgewechselt. Wichtige Posten wie der des Verteidigungsministers und stellvertretenden Ministerpräsidenten, Mustafa Talas, des Außenministers al-Shar' und Wirtschaftsministers al-Imadi blieben unverändert. Von den Ministern gehören 23 der herrschenden Ba'th-Partei an, die

übrigen den in der Nationalen Front zusammengeschlossenen progressiven Parteien, zwei der KP, zwei den Sozialistischen Unionisten, zwei den Arabischen Sozialisten, zwei der Sozialistischen Union, und vier sind unabhängig (JoT, 3.11.).
Während der Regierungswechsel allgemein als eine Routineangelegenheit bezeichnet wurde, werteten ihn einige Beobachter als Anzeichen für wachsende Spannungen innerhalb der politischen Führung. (4) Als Indiz hierfür wurden Veränderungen an der Spitze der Geheimdienste, die zu den wichtigsten Kontrollinstrumenten der Führung zählen, genannt. (5) Von Geheimdienstchef al-Khuli, der als eine der mächtigsten Personen neben dem Präsidenten galt, wurde berichtet, er sei im Zusammenhang mit der Affäre Hindawi und dem vereitelten Anschlag auf ein El-Al-Flugzeug im April 1986 seines Postens enthoben worden (M, 22.10.).
Der zurückgetretene Ministerpräsident al-Kasm wurde zum Leiter des Nationalen Sicherheitsbüros, einer Verbindungsstelle zwischen der Ba'th-Partei und den Geheimdiensten, ernannt.

Außenpolitische Entwicklung

Entscheidender Bestimmungsfaktor der Außenpolitik S.s ist der Nahostkonflikt, da sich S. als einziges arabisches Land in militärischer Konfrontation mit Israel befindet. Asads Ziel ist die Erlangung des strategischen Gleichgewichts mit Israel, weil nach seiner Auffassung nur unter dieser Voraussetzung Friedensverhandlungen mit Israel geführt werden können. Seine kompromißlose Haltung im Nahostkonflikt hat aber auch eine wichtige legitimatorische Funktion für seine Herrschaft, sowohl innen- als auch außenpolitisch. Die arabischen Ölstaaten sehen sich veranlaßt, S.s Rolle im Nahostkonflikt mit finanziellen Zuwendungen zu honorieren. Innenpolititsch kann Asad damit rechnen, daß seine harte Haltung im Nahostkonflikt auch bei oppositionellen Kräften Unterstützung findet.
Durch den Golfkrieg und die wachsende Bedrohung der benachbarten arabischen Ölstaaten haben sich die Prioritäten in der Nahostpolitik in jüngster Zeit verändert. Für den Irak und die Golfstaaten steht nicht mehr der Nahostkonflikt, die Konfrontation mit Israel, sondern der Krieg mit Iran und die Gefahr einer Ausbreitung der islamischen Revolution im Vordergrund. Dadurch wird die Bedeutung S.s im nahöstlichen Kräftespiel geschmälert, weshalb sich Asad einer Verschiebung des politischen Schwerpunkts in der Region widersetzt. Nach offizieller syr. Darstellung ist der Golfkrieg nur ein erneuter Versuch Israels und der USA, vom arabisch-israelischen Problem abzulenken, um durch den künstlich erzeugten Konflikt die Araber zu schwächen.
Für diese Entwicklung macht S. die irakische Führung verantwortlich, da sie den Krieg begonnen habe. Der Irak habe damit die Politik Israels und der USA unterstützt, denn die islamische Revolution liege im Interesse der Araber. Während der Schah Israel beigestanden habe, vertrete Khomeini die Sache der Palästinenser. Deshalb habe S. nach Ausbruch des Golfkrieges für Iran Partei ergriffen. Die eigentlichen Gründe für das syr.-iranische Bündnis sind jedoch machtpolitische Überlegungen. Zwischen den beiden Ba'th-Regimen in Damaskus und Bagdad besteht eine langjährige Feindschaft, die sowohl auf ideologischen Gegensätzen als auch auf persönlichen Rivalitäten zwischen Asad und Saddam Husain beruht. Nachdem ein Versuch zur Überwindung der Gegensätze als Reaktion auf den ägyptisch-israelischen Friedensvertrag im Sommer 1979 endgültig gescheitert war, trat Asad auf die Seite Irans.
In der arabischen Welt stieß die Parteinahme S.s für den Iran auf Kritik, die sich in dem Maße verstärkte, wie der militärische Druck Irans auf den Irak wuchs. Als im Februar 1986 iranische Truppen auf die Halbinsel Fao, also auf irakisches Gebiet, vordrangen und im Frühjahr 1987 Basra in Gefahr geriet, wurde der Druck auf Asad größer, seine Haltung im Golfkonflikt zu ändern. Da S. wegen

dieser Politik in der arabischen Welt in Isolierung geriet, sah sich Asad zu einer Klarstellung seiner Position veranlaßt. In einem Interview erklärte er, daß S. die Besetzung irakischen Territoriums nicht hinnehmen würde. Er fügte jedoch hinzu, daß Iran nicht die Eroberung arabischer Gebiete anstrebe, sondern daß die Besetzung nur vorübergehend im Rahmen der Kampfhandlungen erfolge. (6) Innerhalb der arabischen Welt gilt als wichtige Voraussetzung für die Beendigung des Golfkrieges die Beilegung des syr.-irakischen Gegensatzes. König Husain von Jordanien, der sowohl zu Asad als auch zu Saddam Husain gute Beziehungen unterhält, gelang es nach intensiven Verhandlungen, beide Staatschefs im April zu einem Geheimtreffen in Jordanien zusammenzuführen. Zu einer Versöhnung kam es jedoch nicht. Nach den blutigen Ereignissen von Mekka Ende Juli und den Drohungen iranischer Politiker gegen König Fahd wurde auf der außerordentlichen Konferenz der arabischen Staaten in Amman Anfang November ein erneuter Versuch unternommen, den syr.-irakischen Streit beizulegen. Zwar kam es zu wiederholten Gesprächen zwischen den beiden Staatschefs, nicht jedoch zu einer Einigung. Die Tatsache, daß sich die beiden Gegner zusammensetzten, wurde allerdings schon als Erfolg gewertet. (7) Asad stimmte dem Beschluß der Konferenz zu, Iran wegen der Besetzung irakischen Territoriums zu verurteilen, er widersetzte sich aber der Forderung nach einem Abbruch der Beziehungen zu Iran. Ähnlich verhielt sich Asad in der Frage der Wiederherstellung der diplomatischen Beziehungen zwischen den arabischen Staaten und Ägypten. Einerseits gab er seine Einwände gegen eine Wiederaufnahme der Beziehungen auf bilateraler Ebene auf, verhinderte andererseits aber die Wiederaufnahme Ägyptens in die Arabische Liga.

S.s Beziehungen zu Iran werden nicht nur durch den Golfkrieg bestimmt, sondern auch durch den Libanonkonflikt, wo die Interessen beider Staaten keineswegs übereinstimmten. Als syr. Soldaten im Januar Westbeirut besetzten, um die Ruhe in der Stadt wiederherzustellen, kam es zur Konfrontation mit den schiitischen Milizen. Asad betrachtet zwar die Milizen der schiitischen Hizballah als Verbündete im Kampf gegen Israel, tritt aber einem zu starken Einfluß der Hizballah auf die Politik im Libanon entgegen.

S.s Politik im Golfkrieg und im Libanon sowie die Feindschaft Asads zum PLO-Chef Arafat belasten das Verhältnis zum wichtigsten Verbündeten, der Sowjetunion. Bei seinem Besuch in Moskau Ende April mußte Asad Abstriche an seinen Waffenforderungen hinnehmen. Die sowjetische Führung drängte Asad auch, seine Politik im Golfkrieg sowie sein Verhältnis zum irakischen Staatschef und Arafat zu überdenken. Anläßlich des ersten Weltraumfluges eines Syrers, Muhammad Faris, am 21.7. im Rahmen eines sowjetischen Raumfahrtprogramms lobte die syr. Presse die enge Zusammenarbeit beider Staaten.

Zum Westen konnten die Beziehungen 1987 deutlich verbessert werden, nachdem sie 1986 wegen des Vorwurfs, S. unterstütze den internationalen Terrorismus, in eine schwere Krise geraten waren. Im Februar schickte die Bundesrepublik ihren Botschafter nach Damaskus zurück und nahm die Wirtschaftshilfe wieder auf. Nachdem im Juni die PLO-Gruppe Abu Nidals ihr Büro schließen mußte, leiteten die USA mit dem Besuch des Gesandten Vernon Walters am 7.7. in Damaskus die Normalisierung ihrer Beziehungen zu S. ein, und am 3.9. kehrte der amerikanische Botschafter Eagleton nach Damaskus zurück. Am 13.7. beschloß die EG in Kopenhagen die Aufhebung ihrer politischen Sanktionen gegen S.

Sozioökonomische Entwicklung

Die seit mehreren Jahren andauernde Wirtschaftskrise (8) verschärfte sich 1987 durch einen akuten Mangel an Devisen. Das Zahlungsbilanzdefizit erhöhte sich auf 650 Mio. US-$ (1986: 300 Mio. US-$), das Handelsdefizit auf rd. 1 Mrd. US-$, wobei sich der Exportwert auf 1,5 Mrd. und der Importwert auf 2,5 Mrd. US-$ belief (MEED, 14.11.). Infolge des Devisenmangels verhängte die Regierung

strikte Einfuhrbeschränkungen. Dies wiederum bewirkte einen Rückgang der Industrieproduktion, da Rohstoffe und Ersatzteile nicht aus dem Ausland bezogen werden konnten. Die Kapazitätsauslastung der Betriebe lag bei nur 50 % und darunter. Als Hauptgrund für die Devisenknappheit wurde der Rückgang der arabischen Finanzhilfe angegeben. Die von den arabischen Ölstaaten 1978 auf der Boykottkonferenz zugesagte jährliche Hilfe in Höhe von 1,85 Mrd. US-$ wurde nur noch durch den Beitrag Saudi-Arabiens in Höhe von 600-800 Mio. US-$ aufrechterhalten. Eine schwere Belastung stellt die 400.000 Mann starke Armee für die syr. Wirtschaft dar. Für das Militär müssen über 60 % des Haushalts aufgewendet werden. Die Stationierung von rd. 25.000 Mann im Libanon verursacht ebenfalls hohe Kosten. Der Haushalt für 1987 lag mit 41,7 Mrd. LS (10,4 Mrd. US-$) um 4,8 % niedriger als 1986. Neben dem Devisenmangel sind Korruption und Mißwirtschaft in der öffentlichen Verwaltung und den staatlichen Betrieben weitere Ursachen für den Niedergang der Wirtschaft. Präsident Asad hat mit der Antikorruptionskampagne und der Neubildung der Regierung versucht, der negativen Entwicklung in der Wirtschaft entgegenzuwirken. Auf der ersten Sitzung der neuen Regierung nannte Asad als wichtigste Aufgaben der künftigen Politik die Befriedigung der Grundbedürfnisse der Bevölkerung sowie die Steigerung der Produktion und die Verbesserung der Qualität. Ferner forderte er die Selbstversorgung des Landes mit Nahrungsmitteln. Er machte aber auch deutlich, daß keine grundlegenden wirtschaftspolitischen Veränderungen zu erwarten sind, indem er sagte: "Unsere Wirtschaftspolitik ist bekannt, unsere Prinzipien sind unverändert. Wichtig ist jedoch, daß wir unsere Arbeitsmethoden nach den gesteckten Zielen ausrichten und größere Effizienz erreichen." (SWB, 5.11.). Schwerpunkt der Wirtschaftspolitik soll zukünftig die Landwirtschaft sein; dafür soll der neue Regierungschef, der jahrelang als Agraringenieur im landwirtschaftlichen Sektor tätig war, garantieren. Zur Überwindung der Wirtschaftskrise wurden Liberalisierungsmaßnahmen eingeleitet. Allerdings wurde aus den Reihen der Ba'th-Partei auch vor einer zu weitreichenden Liberalisierung gewarnt. Auf dem Gebiet des Fremdenverkehrs und der Landwirtschaft wurden Gesetze zur Förderung von gemischten staatlich-privatwirtschaftlichen Unternehmen erlassen. Als Anreize für die Privatwirtschaft wurden Steuer- und Zollentlastungen beschlossen. Devisenbestände im Ausland wurden für Importe freigegeben. Um die Ersparnisse der Gastarbeiter vom Schwarzmarkt abzuziehen, wurde die syr. Währung abgewertet. Es trat jedoch kein spürbarer Erfolg ein, da durch das harte Vorgehen der Behörden gegen Wirtschaftsvergehen das Klima für privatwirtschaftliche Aktivitäten ungünstig blieb.
Die weitere Entwicklung der Wirtschaft wird davon abhängen, inwieweit es gelingt, die Finanzlage zu verbessern. Große Bedeutung wird daher der Verlängerung der 1978 in Bagdad beschlossenen und 1988 auslaufenden Finanzhilfe der arabischen Ölstaaten beigemessen. Mit dem Westen wurden die Beziehungen so weit verbessert, daß wieder mit westlicher Wirtschaftshilfe zu rechnen ist. (9) Eine weitere Entlastung wird von den neuen Ölfeldern bei Dair al-Zaur erwartet, wo die Förderung qualitativ hochwertigen Öls 1988 auf 100.000 b/d steigen soll. S. wird dann nicht mehr so stark auf iranisches Öl angewiesen sein. Mit Iran wurde im April ein Abkommen über die Lieferung von 3,5 Mio. t Öl, davon 1 Mio. t gratis, geschlossen.

Anmerkungen

1 Vgl. Syrie: la crise économique, in: M, 18.10.1987.
2 Vgl. hierzu die regelmäßige Spalte "Adwa" (Schlaglichter) in der Tageszeitung al-Ba'th.
3 Vgl. Jansen, Godfrey: Tightening the screws on Syria, in: MEI (London), 7.11.1987, S. 7.
4 Diese Meinung wurde von Radio Free Lebanon, 3.11.1987 (SWB, 5.11.1987) vertreten.

5 Vgl. den Artikel "Machtkampf in Syrien", in: A, 13.11.1987, der sich auf den "Foreign Report" des Economist (London) stützt.

6 Interview Asads mit der kuwait. Zeitung al-Qabas (B, 24.1.1987).

7 Nach der kuwait. Zeitung al-Ra'y al-Amm (zit. nach A, 12.11.1987) soll Saudi-Arabien S. für die Bereitschaft zu einer Änderung der Haltung im Golfkrieg 5 Mrd. US-$ versprochen haben.

8 Vgl. Syrians adapt to life without the bare necessities, in: FT, 30.10.1987.

9 Die BRD nahm ihre Wirtschaftshilfe mit der Gewährung eines Kredits in Höhe von 174 Mio. DM im Juli wieder auf.

Die politische Führung Syriens
Staatspräsident: Hafiz al-Asad (seit 2.3.1971), **Vizepräsidenten:** Abd al-Halim Khaddam, Rif'at al-Asad, Zuhair Mashariqa
Syrische Regierung vom 1.11.1987
Ministerpräsident: Mahmud al-Zu'bi, **Äußeres:** Faruq al-Shar', **Bauwesen:** Dr. Marwan Farra, **Dienstleistungen:** Mahmud Qadduri (1), **Elektrizität:** Kamil al-Baba, **Erdöl/Bodenschätze:** Dr. Matanius Habib, **Erziehung:** Ghassan Halabi, **Finanzen:** Khalid al-Mahayini, **Gesundheit:** Dr. Iyad al-Shatti, **Hochschulwesen:** Dr. Kamal Sharaf, **Industrie:** Antuan Jubran, **Information:** Muhammad Salman, **Inneres:** Dr. Muhammad Harba, **Justiz:** Khalid al-Ansari, **Kultur:** Dr. Najah al-Attar, **Landwirtschaft:** Muhammad Ghabbash, **Lokale Verwaltung:** Ahmad Diyab, **Präsidentschaftsangelegenheiten:** Wahib Fadil, **Religiöse Stiftungen (Auqaf):** Abd al-Majid al-Tarabulsi, **Soziales/Arbeit:** Haidar Buzu, **Transport:** Yusuf Ahmad, **Tourismus:** Adnan Quli, **Verkehr:** Murad Quwatli, **Versorgung/ Binnenhandel:** Hassan al-Shaqqa, **Verteidigung:** Mustafa Talas (1), **Wirtschaftsangelegenheiten:** Dr. Salim Yasin (1), **Wirtschaft/Außenhandel:** Dr. Muhammad al-Imadi, **Wohnungswesen:** Muhammad Nur Antabi, **Staatsminister:** Ghazi Mustafa, Dr. Muhammad Jum'a (ohne Portefeuille), Nasir Qaddur (Äußeres), Yasin Rajjuh (Kabinettsangelegenheiten), Dr. Sabah Baqjaji (Planung), Abd al-Hamid Munajjid (Umwelt)   (1) Stellvertr. Ministerpräsident

Chronologie Syrien 1987

4.-7.1. - Besuch des iranischen Vizepräsidenten Besharati
5.1. und 13.2. - Präsident Asad empfängt Stabsmajor Jallud aus Libyen
11.-20.1. - Vizepräsident Khaddam besucht die Volksrepublik China
22.-23.1. - Besuch des algerischen Staatspräsidenten Bendjedid
23.1. - Interview Asads mit der kuwaitischen Zeitung al-Qabas: Syrien wird die Eroberung arabischer Gebiete im Golfkrieg nicht zulassen
26.-29.1. - Teilnahme Asads an der islamischen Gipfelkonferenz in Kuwait; Treffen mit dem ägyptischen Präsidenten Mubarak
11.2. - König Husain in Damaskus, weitere Besuche am 3.4., 14.-15.5., 25.6., 1.9., 24.9. und 25.11.

7.3. - Abkommen mit der Sowjetunion über Abbau von Öl, Gas und Phosphat
8.3. - Rede Asads zum Jahrestag der Ba'th-Revolution: S. hat im Libanon den Rahmen für den nationalen Dialog geschaffen
21.-24.3. - Der frühere US-Präsident Carter führt drei Gespräche mit Asad
28.3. - Besuch des jordanischen Ministerpräsidenten al-Rifa'i; weitere Besuche am 3.4., 5.7., 29.8. und 12.10.
16.4. - Asad empfängt den Generalsekretär der Jemenitischen Sozialistischen Partei Ali Salim al-Baid
19.-21.4. - Ölminister Darubi unterzeichnet in Teheran ein neues Ölabkommen
22.-26.4. - Offizieller Besuch Präsident Asads in der Sowjetunion

27.4. - Geheimtreffen Asads mit dem irakischen Staatschef Saddam Husain in Jordanien; von Asad in einem Interview mit der Washington Post und Newsweek am 20.9. bestätigt (vgl. Newsweek, 28.9.1987; MD, 22.9.1987)

28.4. - Der neue Botschafter der BRD, Dr. Georg Hermann Schlingensiepen, überreicht sein Beglaubigungsschreiben

5.5. - Asad empfängt den PFLP-Chef Habash

10.5. - Die ägypt. Nachrichtenagentur MENA berichtet über einen Putschversuch durch Offiziere der Luftwaffe

20.5. - Asad empfängt DDR-Verteidigungsminister Heinz Keßler

1.6. - Einführung einer 15%igen Steuer auf Luxusgüter, Alkohol und Autos

4.6. - Die Jordan Times meldet die Schließung der Büros der PLO-Gruppe Abu Nidals in S.

26.6. - Rücktritt der Minister für Bauwesen Bagdadi und Landwirtschaft al-Kurdi

6.7. - Asad empfängt US-Sonderbotschafter Vernon Walters

8.7. - Lohnerhöhungen (250-600 LS)

13.7. - Die EG beschließt in Kopenhagen die Aufhebung der politischen Sanktionen gegen S.

15.-17.7. - Besuch des türkischen Ministerpräsidenten Özal; Türkei wünscht Sicherung der Grenze gegen kurdische Guerillas

21.7. - Muhammad Faris nimmt an sowjetischem Weltraumflug teil; Rückkehr am 29.7.

28.7. - Abschuß einer syr. MiG 21 durch die irakische Luftabwehr über irakischem Territorium

1.-2.8. - Besuch des stellvertretenden sowjetischen Außenmin. Worontzow

16.8. - Preiserhöhungen für Heizöl und Butangas um 30-50 %; zugleich Erhöhung der monatlichen Subventionen von 105 auf 150 LS

3.9. - Rückkehr des amerikanischen Botschafters Eagleton

3.9. - Ministerpräsident al-Kasm in Amman; Unterzeichnung eines Abkommens über den Bau eines Staudammes

6.9. - Asad empfängt EG-Kommissar Cheysson

11.-25.9. - X. Mediterrane Festspiele in Latakia

15.-19.9. - Besuch Scheich Zayids von den VAE

18.-20.9. - Wirtschaftsminister al-Imadi in Teheran

4.10. - Protokoll mit der Sowjetunion über industrielle Kooperation

18.-20.10. - Besuch des iranischen Ministerpräsidenten Mir Husain Musawi

18.10. - Asad empfängt den stellvertr. sowjetischen Außenminister Worontzow

20.-23.10. - Besuch Asads in Bulgarien

22.10. - Vizepräsident Khaddam empfängt den amerikanischen Nahostbeauftragten Richard Murphy

28.10. - Asad empfängt den libanesischen Ministerpräsidenten al-Huss

28.10. - Rücktritt der Minister für Versorgung Khalil und Industrie al-Tarabulsi

31.10. - Rücktritt der Regierung al-Kasm; Asad beauftragt Parlamentspräsident Mahmud al-Zu'bi mit der Regierungsbildung

9.11. - Verteidigungsminister Talas empfängt den sowjetischen Marinechef Tschernavin

9.12. - Abschluß eines Finanzabkommens mit der BRD

13.-17.12. - Besuch des österreichischen Verteidigungsmin. Alois Mock

19.-21.12. - Omanischer Außenminister Yusuf Alawi in Damaskus; Aufnahme diplomatischer Beziehungen S.-Oman

20.-21.12. - Besuch des saudischen Kronprinzen Abdallah

22.-23.12. - Syr. Initiative zur Lösung des Golfkonflikts, al-Shar' in Teheran, am 26.12. in Riad

Thomas Koszinowski

Türkei

Offizieller Name: Türkiye Cumhuriyeti/Republik Türkei; *Unabhängigkeit:*
29.10.1923 (Gründung der Republik); Fläche: 779.452 qkm; Einwohner: 50,6 Mio.
(Zensus 1985); Hauptstadt: Ankara, Ew.: 2,2 Mio. (1985); Urbanisierungsrate:
53,5 % (1985); Armeestärke: 621.000 Mann, Paramilitär. Einh.: 125.000 Mann
Gendarmerie; BIP: 267,8 Mrd. TL (1987, zu Preisen von 1968); Sektoren in %:
Landwirtschaft 19,56;Industrie 28,87; Dienstl. 49,13; Pro-Kopf-Einkommen: 1.200
US-$ (1986); Währung: 1 US-$ = 885,40 Türk Lirasi (TL) Mittelwert 1987

Innenpolitische Entwicklung

Gesundheitlich durch eine Herz-Bypassoperation im Februar angeschlagen, mußte
Ministerpräs. Turgut Özal seine volle Kraft einsetzen, um seine Position zu verteidigen. Bei den innenpolitischen Entscheidungen spielten im starken Maße auch
außenpolitische Überlegungen eine Rolle. Die Türkei (T.) war wirtschaftlich auf
die Unterstützung der westlichen Partnerländer angewiesen, und diese verfolgten
die innere Entwicklung mit großer Aufmerksamkeit.
Eine ganz besondere Herausforderung stellten die anhaltenden Guerillaüberfälle
in Südostanatolien dar. Das für einige Südostprovinzen seit acht Jahren bestehende Kriegsrecht hatte die Staatsautorität nicht im vollen Umfang herzustellen
vermocht. Über die irakische und die syrische Grenze eindringende Kommandos
der Kurdischen Arbeiterpartei (PKK) überfielen immer häufiger kurdische Dörfer. Sie töteten Dorfbewohner, die mit der türk. Regierung zusammenarbeiteten,
und rotteten in mehreren Fällen auch deren Familien aus. Die Massaker verstärkten auf türkischer Seite den Eindruck, daß Kurdentum gleichbedeutend mit
Terrorismus und Staatsfeindlichkeit sei. Am 4.3. griffen 30 Kampfflugzeuge der
türkischen Luftwaffe mutmaßliche Guerillaverstecke im grenznahen irakischen
Gebiet an (1). Die PKK setzte ihre Überfälle fort. Als dennoch am 19.7. der
Ausnahmezustand in den letzten vier Südostprovinzen Diyarbakır, Hakkari, Mardin und Siirt aufgehoben wurde, geschah dies vermutlich im Hinblick auf den
Effekt im Ausland. Ein Versuch, die Situation auch unter ziviler Verwaltung
nicht völlig außer Kontrolle geraten zu lassen, war die gleichzeitige Unterstellung
dieser vier Provinzen zusammen mit den Provinzen Bingöl, Elazığ, Tunceli und
Van unter einen Regionalgouverneur Südost. Er wurde mit weitreichenden Kom-
petenzen gegenüber den einzelnen Provinzgouverneuren und allen staatlichen
Institutionen ausgestattet. Der Ministerrat berief den bisherigen Gouverneur von
Diyarbakır, Hayri Kozakçıoğlu, auf diesen Posten.
Bei der Nachfolgeregelung des aus Altersgründen scheidenden Generalstabschefs
Necdet Ürüğ bewies Özal einmal mehr sein Talent zum politischen Taktieren.
Nachfolger konnte nur einer der Kommandanten der Teilstreitkräfte werden.
Vorgesehen war der Heereskommandant, Gen. Necdet Öztorun, "wohl einer der
westlichsten Paschas" unter den türkischen Generälen (KT, 12.7.). Özal, der, wie
die Hauptmasse seiner Wähler, die islamische Komponente stärker betont, befürchtete möglicherweise, daß sich aus den weltanschaulichen Gegensätzen später
wieder einmal die fast schon traditionellen Spannungen zwischen Regierung und
Generalität ergeben könnten. Gelegenheit zum Handeln, ohne sich mit der gesamten militärischen Führungsspitze anzulegen, gab ihm der Guerillaüberfall auf
Pınarcık am 20.6.. Özal machte Gen. Öztorun öffentlich für die schlechte Zusammenarbeit der Sicherheitskräfte mit der Regierung bei der Verhütung derar-

tiger Überfälle verantwortlich und erklärte sich am 29.6. nicht mit der Nominierung von Öztorun zum neuen Generalstabschef einverstanden. Öztorun blieb daraufhin nichts anderes übrig, als sich am 30.6. in den Ruhestand versetzen zu lassen. Sein Nachfolger als Heereskommandant wurde Gen. Necip Torumtay, der bisherige stellvertretende Generalstabschef. Damit erfüllte Torumtay pro forma die Voraussetzungen für eine spätere Ernennung zum Generalstabschef. Nach Abtritt von Gen. Ürüğ am 2.7. wurde Torumtay zum amtierenden und am 25.7. zum offiziellen Generalstabschef ernannt (Dienstantritt am 27.7.). Selbst Özal gegenüber kritisch eingestellte Zeitungen priesen die Einsetzung Torumtays als einen Sieg der Demokratie.

Ein anderer Sieg der Demokratie gestaltete sich zu einer Niederlage für Özal. Nach den Bestimmungen des Übergangsartikels 4 der Verfassung von 1982 waren alle ehemaligen Vorsitzenden der 1981 zwangsaufgelösten Parteien, ihre Stellvertreter, die Generalsekretäre und deren Stellvertreter sowie die Mitglieder der zentralen Führungsgremien bis 1992 von jeglicher politischer Betätigung ausgeschlossen. Noch Anfang des Jahres hatte Özal durch taktische Manöver versucht, eine Diskussion über die Aufhebung des Banns in der Nationalversammlung zu verhindern. Erst nachdem sich auch innerhalb der militärischen Führungsspitze und bei Staatspräsident Evren eine prinzipielle Bereitschaft zur Aufhebung abzeichnete, änderte Özal seine Haltung. Kurz nach seiner Rückkehr aus den USA wurde der Nationalvers. ein Antrag vorgelegt, der folgende Verfassungsänderungen vorsah: 1. Herabsetzung des Wahlalters von 21 auf 20 Jahre, 2. Erhöhung der Parlamentssitze von 400 (wieder) auf 450, 3. die Streichung des Art. 4 der Verfassung einer Volksabstimmung zu unterbreiten und 4., daß Verfassungsänderungen künftig nach zweimaliger Beratung von mindestens drei Fünfteln der Abgeordneten in geheimer Abstimmung befürwortet werden müssen. Wenn der Staatspräsident die Änderungsvorschläge der Nationalversammlung zur erneuten Beratung zurücksendet, und wenn die Versammlung sie mit einer Zweidrittelmehrheit wiederum verabschiedet, kann der Präsident sie einer Volksabstimmung unterbreiten. Nimmt die Nationalversammlung Verfassungsänderungen mit weniger als einer Dreifünftel- resp. Zweidrittelmehrheit an, steht es im Ermessen des Präsidenten, darüber eine Volksabstimmung herbeizuführen. Beim Referendum müssen über 50 % der abgegebenen gültigen Stimmen der Änderung zustimmen, um ihr Gesetzeskraft zu verleihen.

Die Vorlage wurde am 17.5. mit 315 gegen 56 Stimmen von der Nationalversammlung angenommen und einen Tag später vom Staatspräsidenten unterzeichnet (2). Während der Vorbereitungszeit zum Referendum setzte sich Özal vehement für die Beibehaltung des Banns ein. Er nutzte für seine Propaganda die ihm als Regierungschef leichten Zugangsmöglichkeiten zur staatlichen Rundfunk- und Fernsehanstalt voll aus. Zu seinem Angstgegner entwickelte sich Süleyman Demirel, mehrmaliger Ministerpräs. und Vorsitzender der aufgelösten Gerechtigkeitspartei. Die großen Massen, die Demirel bei seinen Touren durch die Provinzen zu mobilisieren imstande war, zehrten offenbar an Özals Nerven.

An der Pflichtabstimmung am 6.9. nahmen von 26,1 Mio. Stimmberechtigten 93,5 % teil. Die Auszählung ergab 50,16 % der Stimmen für und 49,84 % gegen die Aufhebung des Banns (3). Obwohl das Ergebnis gegen ihn sprach, konnte Özal durchaus zufrieden sein. Mit einem Rückstand von nur 0,31 % (75.066 Stimmen) war ein befürchtetes Desaster ausgeblieben; ein entsprechend knapper Gewinn hätte im In- und Ausland sicher Zweifel an der Korrektheit der Auszählung hervorgerufen. Er beeilte sich daher mit der Versicherung, daß er das Ergebnis als Willen des Volkes anerkenne.

Zuvor überraschte Özal jedoch noch am Abend des Referendums mit der Erklärung, daß er Neuwahlen zur Nationalversammlung beabsichtige. Spekulationen über die Möglichkeit von Neuwahlen vor Ablauf der Wahlperiode im November

1988 waren seit dem Frühjahr immer wieder in der Presse aufgetaucht. Eine Überraschung war daher lediglich der Zeitpunkt der Ankündigung.
Am 9.9. wurde der Antrag auf Neuwahlen in der Nationalversammlung eingebracht und einen Tag später auf einer außerordentlichen Sitzung mit 246 gegen 100 Stimmen angenommen (4). Verbunden mit dem Antrag waren Änderungen des Wahlsystems von 1983. Durch eine landesweite 10%-Klausel sowie durch einen speziellen Modus bei der Stimmauszählung wurde kleineren Parteien und unabhängigen Kandidaten der Einzug ins Parlament erschwert. Gleichzeitig gewährleistete der Auszählungsmodus der Partei mit den meisten Stimmen auch bei nur geringem Vorsprung eine deutliche Parlamentsmehrheit. Auf Grund einer Verfassungsklage der oppositionellen Sozialdemokratischen Volkspartei (SHP) erklärte das Verfassungsgericht am 9.10. einen Artikel der Bestimmungen vom September für verfassungswidrig, in welchem den Parteien die Möglichkeit zu parteiinternen Vorwahlen ihrer Kandidaten genommen worden war (5). Unterdessen liefen die Vorbereitungen für die Wahlen auf vollen Touren; in den Parteien hatte es bereits heftige Verärgerungen bei der Kandidatenauswahl und -plazierung durch die Parteispitze gegeben. Der Gerichtsbeschluß wurde allgemein als eine weitere Niederlage Özals angesehen.
Fünf Tage später, am 17.10., verabschiedete die Nationalversammlung erneute Wahlgesetzänderungen und -zusätze und legte einen neuen Wahltermin fest (6). Die nun vorhandene Möglichkeit von Vorwahlen nutzten am 1.11. von sieben zur Wahl antretenden Parteien nur vier aus. Die SHP hielt in 97 von 104 Wahlbezirken Vorwahlen ab, die Partei des Rechten Weges (DYP) in 60 Wahlbezirken und die Mutterlandspartei (ANAP) in drei. Die Demokratische Linke Partei (DSP) ließ in 15 Kreisen ihre Kandidaten hinter verschlossenen Türen von den regionalen Funktionären wählen. Keine Partei führte Vorwahlen in den Wahlkreisen Artvin, Bingöl, Bitlis, Hakkari und Van durch (!). Die Ergebnisse wurden in einer Zeitungsüberschrift folgendermaßen zusammengefaßt: "Ex-politicians now banned by democracy" (TDN, 4.11.).
Bei den Wahlen am 29.11. erhielt die ANAP unter Turgut Özal 36,29 % der Stimmen und 292 Mandate, die SHP unter Erdal Inönü 24,78 % und 99 Mandate und die DYP, seit dem 24.9. unter dem Vorsitz von Süleyman Demirel, 19,15 % der Stimmen und 59 Mandate. Die übrigen Parteien scheiterten an der 10%-Klausel und sämtliche unabhängigen Kandidaten am Auszählungsmodus (7).

Außenpolitische Entwicklung

In den Beziehungen zu den USA tauchten keine neuen Gesichtspunkte auf. Die T. bemühte sich um bindende Zusagen über die vereinbarten Verteidigungs- und Wirtschaftshilfen, ohne politische Einschränkungen durch den Kongreß. Am 16.3. hatten sich die Außenminister beider Länder geeinigt, das Verteidigungs- und Wirtschaftskooperationsabkommen (DECA) von 1980 gleich um drei Jahre zu verlängern. Aus taktischen Gründen zögerte die T. die Ratifizierung hinaus. Da sie das Abkommen nicht aufkündigte, verlängerte es sich am 18.9. automatisch um ein weiteres Jahr.
Herausragendstes Ereignis war der Antrag auf Vollmitgliedschaft in der EG, der am 14.4. offiziell in Brüssel gestellt wurde. Den Türken war durchaus bewußt, daß die Kritik an ihrer Minderheitenpolitik und der Durchsetzung von Menschenrechten im Lande wesentliche Hindernisse auf dem Vormarsch nach Europa sein würden. Allerdings argwöhnten sie, daß einigen EG-Ländern diese Kritik nur als Vorwand diene, um die T. als Wirtschaftskonkurrenten aus der Gemeinschaft fernzuhalten. Als das Europaparlament am 18.6. in einer Resolution die Armenierdeportationen im Osmanischen Reich während des Ersten Weltkriegs als "Völkermord" brandmarkte und die T. aufforderte, dies sowie die Existenz eines

Kurdenproblems anzuerkennen, reagierten alle Kreise im Lande außerordentlich heftig. Letztendlich wurde die Resolution jedoch als der Versuch einiger weniger interpretiert, moralische Handhaben für die Aussperrung der T. aus Europa zu sammeln. Denn nur 24,7 % aller Abgeordneten hatten sich an der Abstimmung beteiligt, die mit 68 zu 60 Stimmen angenommen worden war. Zwei Tage später töteten kurdische Guerillas in einem der bisher größten Massaker 30 Dorfbewohner. Staatspräs. Evren sah einen direkten Zusammenhang zwischen Resolution und Überfall.

Im Zusammenhang mit dem Kurdenproblem stand der Besuch einer hohen Regierungsdelegation unter Ministerpräs. Özal vom 15.-17.7. in Syrien. Bei diesem ersten Besuch eines türkischen Regierungschefs in Damaskus ging es der türkischen Seite in erster Linie um ein Abkommen zur Sicherung der ca. 900 km langen gemeinsamen Grenze. Auf syrischer Seite kaum bewacht, gelingt es immer wieder kurdischen Guerillakommandos über sie in die T. einzudringen. Die Syrer zeigten keine große Bereitschaft, auf die türkischen Wünsche einzugehen. Außenpolitisch steht zwischen beiden Ländern die Provinz Hatay, deren Zugehörigkeit zur Türkei (seit 1939) Syrien nicht anerkennt. Wirtschaftspolitisch bestehen syrische Vorbehalte gegen die Euphratstaudämme in der T., durch die Syrien seine eigenen Wasserreserven bedroht sieht. Statt des erhofften Vertrags wurde daher zum Abschluß des Besuchs lediglich ein Protokoll über Zusammenarbeit bei der Terrorismusbekämpfung unterzeichnet.

Unter den übrigen Nachbarstaaten blieb Iran ein Problempartner. Der anhaltende Strom von Flüchtlingen aus Iran, Grenzzwischenfälle und gegenseitige ideologische Pressekampagnen belasteten das Verhältnis. Während des Besuchs einer iranischen Delegation unter Ministerpräs. Musawi im Juni weigerten sich die Gäste, den obligatorischen Kranz am Atatürkmausoleum in Ankara niederzulegen und damit einen Mann zu ehren, der das islamische Recht in der T. abgeschafft hatte. Özal, aus Wirtschaftsgründen an normalen Beziehungen zu Iran interessiert, überging diesen Eklat. Das Verhältnis der T. zu Bulgarien blieb weiterhin äußerst unterkühlt, und auch die Spannungen mit Griechenland hielten an. Im Frühjahr erreichten sie einen Höhepunkt, als Griechenland außerhalb der Hoheitsgewässer bei der Insel Tassos Erdölbohrungen beabsichtigte. Die T. protestierte unter Hinweis auf das Abkommen von Bern 1976. In ihm waren beide Seiten übereingekommen, Verhandlungen über den Ägäiskonflikt zu führen und währenddessen keine Erdölsuche in den offenen Gewässern des Ägäischen Meeres durchzuführen. Da seit 1981 (Amtsantritt von Papandreou) keine Gespräche mehr stattgefunden hatten, erklärte Griechenland die Übereinkunft für nicht mehr gültig. Die akuten Spannungen ebbten Ende März wieder ab, als Griechenland die Bohrungen vorläufig aufschob. Den Rest des Jahres über betrieb die T. eine stille Diplomatie des Notenwechsels mit Griechenland.

Sozioökonomische Entwicklung

Als unlösbares Problem standen die zunehmende Auslandsverschuldung, das wachsende Haushaltsdefizit, die Inflationsspirale und der Kursverfall der Währung im Vordergrund. Bei der Auslandsverschuldung war die T. in den Teufelskreis von Neuverschuldungen zu Rückzahlungszwecken geraten. Bereits Anfang Dezember stand fest, daß die Schuldenlast Ende 1987 bei 37 Mrd. US-$ liegen würde, 6 Mrd. höher als Anfang des Jahres. Das Haushaltsdefizit hatte im Oktober den Ansatz 1987 um 154 Mrd. TL überschritten. Die Inflationsrate wurde offiziell auf 42,3 % geschätzt; inoffizielle Schätzungen erwarteten bis zu 60 %. Mehrere Preiserhöhungen für staatliche Monopolprodukte, die letzte unmittelbar nach den Wahlen, zogen Preissteigerungen auf breiter Front nach sich. Das überdurchschnittliche Wirtschaftswachstum von schätzungsweise 6,8 % war vorwie-

gend auf staatliche Investitionstätigkeiten und auf privaten Verbrauch im Inland zurückzuführen. Durch gesteigerte Importe von Dienstleistungen und Verbrauchsgütern bei nur geringer Zunahme entsprechender Exporte entwickelte sich die Außenwirtschaft ungünstig, obwohl gegenüber 1986 das Exportvolumen weiter zugenommen hatte. Zahlreiche Streiks vor neuen Tarifabschlüssen zwischen März und August belasteten die Wirtschaft. Ein Streik in der Aluminiumfabrik Seydişehir und der Chromeisenfabrik Antalya endete erst nach 61 Tagen. Der Verlust durch den Streik wurde auf rund 267 Mrd. TL veranschlagt.
Wirtschaftspolitisch setzte die Regierung ihren Liberalisierungs- und Investitionskurs fort. Allerdings veränderte sie auf Grund innenpolitischer Überlegungen vor dem Referendum und vor den Wahlen kurzfristig einige Investitionsprioritäten. Im Herbst schuf sie die gesetzlichen Voraussetzungen zur Privatisierung staatlicher Betriebe. Ausländische Investoren suchte sie durch das "Baue-Betreibe-Übergebe"-Modell zu gewinnen.
In ihren Bemühungen um Senkung des Außenhandelsdefizits ließen sich offizielle türk. Stellen teilweise von rein merkantilistischen Überlegungen leiten. Im Juli wurde z.B. bekannt, daß Vertreter der T. unter Umgehung des Außenministeriums Handelsgespräche mit Südafrika führten. Südafrika war dabei an verschleierten Exporten über die Freihandelszone Mersin interessiert, die T. hoffte ihr Handelsdefizit mit Südafrika (2 Mio. zu 400 Mio. US-$) aufzubessern. Der Haushaltsansatz 1987 betrug: Einnahmen 9.955,0 Mrd. TL, Ausgaben 10.885,7 Mrd. TL. Das Defizit von 930,7 Mrd. TL sollte durch Inlandsverschuldung gedeckt werden. Der Haushaltsentwurf 1988 wurde wegen der Wahlen nicht fristgerecht durch die Nationalversammlung verabschiedet.

Anmerkungen

1 Ein Abkommen zwischen der T. und dem Irak vom Oktober 1984 ermöglicht gegenseitige Grenzüberschreitungen von Truppen bis zu 10 km bei der Verfolgung kurdischer Guerillas.
2 Veröffentlicht als Gesetz Nr. 3361, in: Resmi Gazete, Ankara, Nr. 19464 vom 18.5.
3 Offizielles Ergebnis veröffentlicht, in: Res.Gaz., Nr. 19572 vom 12.9.
4 Veröffentl. als Ges. Nr. 3403, in: Res.Gaz., Nr. 19571 vom 11.9.
5 Veröffentl., in: Res.Gaz., Nr. 19604 vom 14.10.
6 Veröffentl. als Ges. Nr. 3404, in: Res.Gaz., Nr. 19609 vom 19.10.
7 Offizielles Ergebnis veröffentl., in: Res.Gaz., Nr. 19659 vom 9.12.

Die politische Führung der Türkei
Staatsoberhaupt: Kenan Evren (1982 auf sieben Jahre gewählt)
Kabinett Özal vom 21.12.1987
Ministerpräsident: Turgut Özal (seit 1983), Stellvertr. **Ministerpräsident:** Kaya Erdem, **Arbeit/Soz. Sicherheit:** Frau Imren Aykut (neu), **Äußeres:** Mesut Yılmaz (vorher Tourismus), **Bau-/Siedlungswesen:** Safa Giray, **Energie/Bodenschätze:** Fahrettin Kurt (neu), **Erziehung/Jugend/Sport:** Hasan Celal Güzel (vorher Staatsmin.), **Finanzen/Zölle:** Ahmet Kurtcebe Alptemocin, **Gesundheit/Sozialwesen:** Bülent Akarcalı (neu), **Industrie/Handel:** Şükrü Yürür (neu), **Inneres:** Mustafa Kalemli (vorher Gesundh.), **Justiz:** Mahmut Oltan Sungurlu, **Landwirtschaft/ Forsten/Dorfangelegenh.:** Hüsnü Doğan, **Tourismus/Kultur:** Mustafa Tınaz Titiz (vorher Staatsmin.), **Verkehr/Kommunikationswesen:** Ekrem Pakdemirli (neu), **Verteidigung:** Ercan Vuralhan (neu), **Staatsminister:** Nihat Kitapçı (neu), Veysel Atasoy (vorher Verkehr), Kazım Oksay, Ali Bozer, Yusuf Bozkurt Özal (neu), Cemil Çiçek, Abdullah Tenekeci, Adnan Kahveci (neu), Mehmet Yazar (neu).
Alle Minister gehören der ANAP an.

Chronologie Türkei 1987

22.1. - Guerillaüberfall auf das Dorf Ortabey/Mardin, 8 Tote

24.1. - Guerillaüberfall auf das Dorf Beşyurt/Mardin, 10 Tote, darunter 6 Minderjährige

25.-29.01. - Staatspräsid. Evren in Kuwait (--> OIK-Gipfel 26.-29.1.)

29.1. - Mitteilung an den Europarat, daß es türkischen Staatsbürgern gestattet werde, Individualbeschwerden bei der Europäischen Menschenrechtskommission vorzubringen

2.2. - Privatbesuch Özals in den USA (dreifache Herz-Bypassoperation 10.2.)

22.2 - Guerillaüberfall auf das Dorf Tasdelen/Hakkari, 14 Tote, vorwiegend Frauen und Minderjährige

4.3. - Bombardierung von mutmaßlichen kurdischen Guerillaverstecken im grenznahen irakischen Gebiet durch die türkische Luftwaffe

7.3. - Guerillaüberfall auf das Dorf Acıkyol/ Mardin; 8 Tote, darunter 1 Frau und 6 Minderjährige

16.3. - Verständigung über eine dreijährige Verlängerung des Verteidigungs- und Wirtschaftsabkommens (DECA) mit den USA, von der Türkei nicht ratifiziert (am 18.9. automatische Verlängerung um ein Jahr)

29.3. - Rückkehr Özals aus den USA; auf dem Rückweg in London Gespräche mit Premierministerin Thatcher (26.3.) und König Fahd (29.3.)

30.3.-2.4. - Präsident Evren in Marokko

6.4. - Genehmigung für das Ökumenische Patriarchat in Istanbul, den 1941 abgebrannten Fener-Palast wieder aufzubauen

12.4. - Überfall auf das Dorf Kavuncuk/Siirt, Erschießung des Bürgermeisters und sechs seiner Verwandten (eventuell Blutrache)

14.4. - Offizieller Antrag auf Vollmitgliedschaft der T. in der EG

15.4. - Antrag auf Aufnahme in die WEU; Aufhebung des "Exilierungsgesetzes", nach der bisher Straftätern nach Haftentlassung ein Wohnsitz zwangszugewiesen werden konnte; Gesetzentwurf über die Gründung einer

alleinzuständigen Studentenvertretung je Hochschule nach heftigen Studentenprotesten zurückgezogen

28.4. - Verurteilung von 12 Mitgliedern der Friedensbewegung in letzter Instanz zu Freiheitsstrafen zwischen 6 Monaten und über 4 Jahren

17.5. - Verfassungsänderungen und Volksabstimmung über die Aufhebung des politischen Banns für ehemalige Politiker vom Parlament beschlossen

11.-15.6. - Staatsbesuch von Präsident Siad Barre aus Somalia

15./16.6. - Besuch einer iranischen Regierungsdelegation unter Ministerpräs. Musawi (keine Kranzniederlegung am Atatürkmausoleum)

18.6. - Annahme einer "pro-armenischen" Resolution vom Europaparlament

20.6. - Guerillaüberfall auf das Dorf Pınarcık/Mardin, 30 Tote, darunter 6 Frauen sowie 16 Minderjährige

26.-29.6. - Staatsbesuch König Husains von Jordanien

30.6. - Gen. Öztorun, Kommandant der Landstreitkräfte, tritt in den Ruhestand; Nachfolger wird Gen. Necip Torumta

2.7. - Generalstabschef Ürüğ scheidet aus Altersgründen aus; Gen. Torumtay wird zusätzlich amtierender Generalstabschef

8.7. - Guerillaüberfälle auf die Dörfer Yuvalı und Peçenek/Mardin, 25 Tote, darunter 11 Minderjährige

15.-17.7. - Regierungsdelegation unter Özal zu Grenzsicherheitsgesprächen in Syrien

19.7. - Beendigung des Kriegsrechts in den restlichen Südostprovinzen Bingöl, Bitlis, Hakkari und Van; Einsetzung von Hayri Kozakçıoğlu als Regionalgouverneur für 8 Provinzen mit weitreichenden Kompetenzen

25.7. - Ernennung von Necip Torumtay zum neuen Generalstabschef und von Gen. Kemal Yamak zum Heereskommandanten (Dienstantritte 27.7.)

27.7. - Zweite Pipeline Kirkuk/Irak-Yumurtalık/T. in Betrieb genommen

18.8. - Guerillaüberfall auf das Dorf

Kılıçkaya/Siirt, 25 Tote, darunter 14 Frauen und Minderjährige

27.8.–10.9. - 56. Internationale Messe in Izmir

29.8. - Streikbeilegung nach 61 Tagen an der Aluminiumfabrik Seydişehir und der Chromeisenfabrik Antalya durch neue Tarifabschlüsse

6.9. - Referendum über die Aufhebung des polit. Banns für ehem. Politiker, knappe Mehrheit von 0,32 % für die Aufhebung

7.–10.9. - Tagung des ständigen Ausschusses für Wirtschafts- und Handelskooperation (COMCEC) der OIC unter Vorsitz von Kenan Evren in Istanbul

10.9. - Beschluß über vorzeitige Neuwahlen am 1.11. und Wahlgesetzänderungen von der Nationalversammlung verabschiedet

16.9. - Im Zuge der Wahlvorbereitungen zur Nationalversammlung werden gemäß Art. 114 der Verfassung der Justiz-, der Innen- und der Verkehrsminister durch parteiungebundene Personen (Halil Ertem, Ahmet Kemal Selcuk resp. Ihsan Pekel) ersetzt

22.9. - Guerillaüberfall auf Çiftekavak beim Dorf Güneyce/Siirt, 11 Tote, darunter 4 Frauen und 5 Minderjährige

23.9. - Angriff irakischer Flugzeuge auf ein türkisches Grenzdorf

23.–26.9. - Teilnahme Özals an der Tagung der Welt der Demokratischen Union in Westberlin; Gespräche mit Thatcher, Chirac und Kohl

6.–11.10. - Staatsbesuch des pakistanischen Präsidenten Zia ul-Haq

9.10. - Verfassungsgericht erklärt Art. 8 der Wahlgesetzänderungen vom 10.9. für verfassungswidrig

10.10. - Frau Behice Boran, Vorsitzende der in der Türkei verbotenen kommunistischen Türkischen Arbeiterpartei (TIP) im Alter von 77 Jahren in Brüssel verstorben; Guerillaüberfall auf das Dorf Cobandere/Siirt, 13 Tote, darunter 6 Frauen und 2 Kleinkinder

12.10. - Fahri Korutürk, Staatspräsident 1973-1980, im Alter von 84 Jahren in Istanbul verstorben

14.10. - Richard v. Weizsäcker in Ankara, um den Atatürk-Friedenspreis in Empfang zu nehmen; Veröffentlichung seiner Rede unter Weglassung von Passagen über Islamisierung und Minderheitenrechte, in: NS, 16.10., nach Protest aus Bonn vollständige Wiedergabe als Beiblatt zur Ausgabe vom 30.10.

17.10. - Neuer Wahltermin und erneute Wahlgesetzänderungen von der Nationalversammlung verabschiedet

19.–21.10. - Staatsbesuch des rumänischen Präsidenten Ceausescu

16.11. - Rückkehr von Nihat Sargın (neuer Vorsitzender der TIP) und Haydar Kutlu (Vorsitzender der verbotenen KP-Türkei, Aufenthalt in der DDR) in Begleitung von europäischen Parlamentariern und Rechtsanwälten; Festnahme auf dem Flugplatz in Ankara

29.11. - Neuwahlen und Wahlsieg der ANAP (36,3 % der Stimmen 292 von 450 Mandaten)

30.11. - Bülent Ecevit kündigt seinen und den Rücktritt seiner Frau aus der aktiven Politik an, beschließt jedoch einige Tage später, bis zum nächsten Parteitag der DSP deren Vorsitzender zu bleiben

1.–12.12. - Özal zur Nachuntersuchung in den USA; Augenoperation in Houston/Texas am 5.12.

14.12. - Konstituierende Zusammenkunft der Nationalversammlung nach den Wahlen; Rücktritt der Regierung und Neubildungsauftrag an T. Özal

21.12. - Vorlage der neuen Kabinettsliste durch T. Özal

24.12. - Wahl von Yıldırım Akbulut (bis 16.9. Innenminister) zum Parlamentspräsidenten im dritten Wahlgang

25.12. - Regierungsprogramm der Nationalversammlung vorgelegt (Vertrauensvotum am 29.12.)

Erhard Franz

Tunesien

Offizieller Name: al-Jumhuriya al-Tunisiya/Republik Tunesien; Unabhängigkeit:
20.3.1956; Fläche: 163.610 qkm; Einwohner: 7.464.900 (Juli 1986); Hauptstadt:
Tunis, Ew.: 1,8 Mio (1985); Urbanisierungsrate: 53%; Armeestärke: 35.000-40.000
Mann; BIP: 6.181,6 Mio. TD (Faktorkosten, 1986); Sektoren in %: Landwirtschaft
15,5; Industrie 33,2; Dienstl. 51,3; Pro-Kopf-Einkommen: 1.190 US-$ (1986);
Währung: 1 US-$ = 0,848 Tunesische Dinar (TD)

Innenpolitische Entwicklung

Drei innenpolitische Ereignisse, 1. die in dem spektakulären Prozeß vom September gipfelnde islamistische Agitation und staatliche Reaktion, 2. die Ernennung von Innenminister (General) Zine El Abidine Ben Ali zum Premierminister am 2.10. und 3. die Destitution des seit 1957 amtierenden Staatspräsidenten Habib Bourguiba am 7.11. durch Ben Ali, sorgten 1987 in Tunesien (T.) und im Ausland für ein das übliche Maß übersteigendes Interesse an der Politik des Landes. In T. wird seit dem 7.11. von Ben Ali als dem "Retter" T.s (PdT, 15.12.) und euphorisch vom "Beginn einer neuen Ära", einer "II. Republik" gesprochen (u.a. Dialogue, Nr. 685, 23.11.). Dabei wird die Verbundenheit der (teilweise bereits nach der Ernennung Ben Alis zum Premierminister verjüngten) nach dem 7.11. eingesetzten Regierungsmannschaft mit den Traditionen des Parti Socialiste Destourien (PSD) und das sich abzeichnende Festhalten der neuen Führung sowohl an den bereits 1986 im wirtschaftspolitischen Bereich eingeleiteten Reformen als auch an der Formel der "Repräsentativität" des regierenden PSD (der Massenpartei sei und bleiben müsse) bewußt außer acht gelassen. Der Begriff Kontinuität - zwar gekoppelt an Maßnahmen zugunsten einer Stärkung des Islams in der Gesellschaft, einen pragmatischen Verzicht auf eine extreme Politik gegenüber den Islamisten und die angestrebte Öffnung des Systems - charakterisiert treffend die beiden ersten Monate unter neuer Führung.

Die seit Beginn des Jahres 1987 in der Konfrontation zwischen Regierung und islamistischer Opposition zutage tretende Intransigenz verstärkte sich nach dem Bekanntwerden der Mitgliedschaft tun. Staatsangehöriger in einer von französischen Sicherheitsbehörden in Frankreich aufgedeckten (iranisch finanzierten) terroristischen Vereinigung islamistischer Tendenz und provozierte am 26.3. den Abbruch der diplomatischen Beziehungen T.s mit Iran (Vorwurf der Förderung subversiver Aktivitäten über die iranische Botschaft in T.; AdG, 26.3.; SWB, 30.3.). Die seit Februar in Demonstrationen mündenden Unruhen islamistischer Studenten an der Universität Tunis (am 9.3. in diesem Zusammenhang Festnahme des Generalsekretärs des Mouvement de la Tendance Islamique/MTI, Rached Ghannouchi) versuchte die Regierung nach dem 26.3. durch massiven Einsatz der Sicherheitskräfte, die vom damaligen Innenminister Ben Ali (zuständig für die Sûreté Nationale) geleitet wurden, zu beenden. Die Aufdeckung eines "khomeinistischen Geheimbundes" (MD, 15.6.), von Waffen- und Sprengstofflagern islamistischer Aktivisten, zog eine zwischen den einzelnen islamistischen Gruppierungen und ihrer ideologischen Ausrichtung nicht differenzierende Medien- und Sicherheitskampagne nach sich, deren Hauptziel die Zerschlagung der stärksten (in ihren Mitteln moderateren) Bewegung, d.h. des MTI war (JA, 1.7.; M 18.7.,

22.8.). Parallel zum sicherheitspolitischen Vorgehen gegen Islamisten liefen Anstrengungen der Regierung zur Absicherung des sozialen Friedens, zur Befriedi-
gung der moderaten Opposition und jener Bevölkerungsteile, die den islamistischen Forderungen nach verstärkter Präsenz des Islams im Alltagsleben positiv
gegenüberstanden, um das Sommer 1986 eingeleitete Wirtschaftsreformprogramm
und die innere Stabilität sicherzustellen. Konkret wurde zu diesem Zweck die
Wiedereingliederung lizenzierter Gewerkschafter und die Wiedervereinigung der
Gewerkschaften UGTT und UNTT betrieben (außerordentlicher Kongreß der
UGTT 20.-22.1.), wurden je zwei Repräsentanten der legalen Oppositionsparteien
(MDS, PUP, PCT) zur Kandidatur in den Conseil Economique et Social aufgefordert, erfolgten Zugeständnisse an bislang strafrechtlich verfolgte, nicht legalisierte
linke Gruppierungen (Begnadigung einiger RSP-Mitglieder am 28.5.) und wurde
ein Conseil Supérieur Islamique gegründet. Regierungsumbildungen und Umstrukturierungen innerhalb des PSD dienten (März-Juni) als flankierende Maßnahmen: so u.a. die Ernennung (des seit 1984 amtierenden PSD-Direktors) Hédi
Baccouche zum Minister für Soziales, dem in den Folgemonaten die Verhandlungen mit Libyen zur Normalisierung der Beziehungen und Regelung der Auszah-
lung der Guthaben/Pensionen der 1985 ausgewiesenen Tunesier oblagen (neuer
Parteidirektor wurde der bisherige Minister für Soziales, Abdelaziz Ben Dhia)
und die Ernennung von Mohamed Sayah zum Minister für Erziehung, Bildung
und wissenschaftliche Forschung zur Durchführung einer Reform des Hochschul-
bereichs. Sayah und Innenminister Ben Ali wurden für ihre geschätzten Diens-
am 16.5. (ebenso Justizminister Ayari am 1.6.) von Bourguiba mit dem Ehrentitel
"Ministre d'Etat" ausgezeichnet (MT, 22.5.). Im Mai/Juni schließlich wurden dem
Parteidirektor vier Beigeordnete zur Seite gestellt (zuständig für Jugend, Partei-
presse, Kaderbildung/Orientierung, Sicherheit) und vier ständige Kommissionen
(Orientierung/politische Angelegenheiten, Wirtschaft/Soziales, Jugend/Kultur,
Erziehung/Unterricht) eingerichtet.
Die Eskalation der Konfrontation zwischen Regierung und Islamisten nach dem
Sprengstoffanschlag (2.8.) einiger radikaler Islamisten auf vier Hotels bei Sousse
und Monastir (12 Verletzte) hat den am 1.9. eröffneten Prozeß gegen 90 Islamisten vor dem Staatssicherheitsgerichtshof nach sich gezogen, bei dem der Gene-
ralstaatsanwalt für alle 90 Angeklagten die Todesstrafe forderte. Zum Tode ver-
urteilt wurden am 27.9. (als Folge ausländischer Interventionen zur Mäßigung der
Justiz) sieben in die Sprengstoffanschläge vom 2.8. verwickelte Islamisten (davon
fünf in Abwesenheit; zwei Todesurteile wurdem am 8.10. vollstreckt, einer der
fünf Flüchtigen wurde im Januar 1988 nach seiner Festnahme von Staatspräsident
Ben Ali begnadigt). Der Ablösung von Premierminister Rachid Sfar durch den
Staatsminister des Innern, General Ben Ali, am 2.10. folgte am 17.10. erneut eine
Regierungsumbildung. Die Unzufriedenheit Bourguibas mit den Urteilen im
Islamisten-Prozeß und seine an Premierminister Ben Ali gerichtete Forderung,
den Prozeß wieder aufzunehmen und für die Durchsetzung härterer Strafen (mehr
Todesurteile) zu sorgen, wozu jener nicht bereit war, soll Bourguibas Willen zur
Absetzung Ben Alis begründet haben. Die Absetzung Bourguibas durch Ben Ali
am 7.11. scheint eine Reaktion auf diese Absicht gewesen zu sein (die neue
Führung hat bislang den eigentlichen Grund für die Destitution Bourguibas nicht
offengelegt, jedoch ein Gerücht über eine für den 8.11. geplante Ermordung Ben
Alis dementiert; JA, 18.11.). Formal wurde die Absetzung in Anwendung von
Artikel 57 der Verfassung mit einem medizinischen Gutachten begründet, das
Bourguiba die geistige und körperliche Verfassung zur weiteren Ausübung des
Staatspräsidentenamtes absprach, womit automatisch dem amtierenden Premier-
minister Ben Ali die verfassungsmäßige Nachfolge zufiel (PdT, 8.11.).
Die von Staatspräsident Ben Ali am 7.11. verlesene Regierungserklärung (Hori-
zont, 12/1987), in der er eine Liberalisierung und Demokratisierung des Systems
ankündigte, hat die tun. Bevölkerung und die (moderate) Opposition für die neue

"alte" Regierung eingenommen, wozu die in der Praxis im November/Dezember eingeleiteten Modifikationen: generelle "Entbourguibisierung" (neue Nationalhymne, Streichung einiger Feiertage, Baustopp oder Abänderung von Prestigeobjekten), Gründung eines Verfassungsrates zur Überwachung der Verfassungsmäßigkeit politischer Entscheidungen, Einleitung der Diskussion zur Neuorientierung des PSD, Diskussion eines neuen Partei- und Pressegesetzes, Abschaffung des Staatssicherheitsgerichtshofes und der Funktion des Generalstaatsanwalts der Republik (29.12.), Diskussion einer Verfassungsmodifikation (neue Nachfolgeregelung), Amnestie politischer Gefangener beitrugen. Der am 23.11. begründete Conseil National de Sécurité, dem Staatspräsident Ben Ali präsidiert und dem sieben Mitglieder angehören, darunter drei weitere Militärs (Innenminister Habib Ammar; der Leiter der Sûreté Militaire, der gleichzeitig Beigeordneter des Generalsekretärs des Rates ist; der Generalstabschef), soll Informationen zur sicherheitspolitischen Lage sammeln, analysieren und evaluieren (PdT, 31.12.). Dieser neue Rat ist, wie die Einsetzung eines Militärs als Leiter der Sûreté Nationale, von Signifikanz im Hinblick auf die (islamistische) Opposition. Kontinuität - trotz Modifikationen - deuten ebenfalls Maßnahmen (u.a. Reduzierung der Politbüromitglieder des PSD von 20 auf 12) und Aussagen der Regierungs- und Parteiverantwortlichen über die zukünftige "präponderante" (so Premierminister Hédi Baccouche) Rolle des PSD im Staat an (PdT, 31.12.; ELM, 23.12.).

Außenpolitische Entwicklung

Neben dem innenpolitisch bedingten Abbruch der diplomatischen Beziehungen T.s zu Iran (26.3.) und den im Zusammenhang mit der Sicherung ausländischer Kredite zur Finanzierung des Wirtschaftsreformprogramms u.a. auch mit den Erdölstaaten des Nahen Ostens intensiven Kontakten waren die Bestrebungen zum Ausbau der bilateralen Kooperation mit den Maghrebstaaten (Aussöhnung mit Libyen) und die Annäherung an eine maghrebinische (Wirtschafts-) Kooperation (PdT, 11.2.; ELM, 20.12.) 1987 außenpolitisch (sowohl vor als auch nach dem 7.11.) bestimmend. Die sich seit der Unterzeichnung des Bruderschaftsvertrags (19.3.1983) zwischen Tunesien, Algerien (sowie Mauretanien Dezember 1983) auf wirtschaftlicher und politischer Ebene ausweitende Kooperation zwischen beiden Staaten hat sich 1987 kontinuierlich fortgesetzt, wenn auch die libysch-algerischen Unionsgespräche (August; in diesem Zusammenhang Besuch des algerischen Staatspräsidenten in T.) die tun. Regierung gegenüber den USA verstärkt um sicherheitspolitische Unterstützung zur Wahrung der tun. Souveränität anfragen ließ. Während die tun. Führung eine politische Union ablehnte, zeigte sie sich durchaus zur Mitwirkung an einer (realistischen) Wirtschaftskooperation bereit. Die vorerst erfolgte Umlenkung der libysch-algerischen Unionstendenzen in Gespräche über die mögliche Aufnahme Libyens in den algerisch-tun.-mauretanischen Bruderschaftsvertrag (und die Einladung Marokkos zum Beitritt nach Beilegung des Westsaharakonflikts) stieß bei der tun. Regierung auf Unterstützung, zumal auf algerische Vermittlung (1986) Libyen seit Beginn des Jahres direkte Gespräche mit der tun. Regierung zur Beilegung der Differenzen und zur Wiederaufnahme der 1985 abgebrochenen diplomatischen Beziehungen führte, so daß im Dezember die Beziehungen auf Botschafterebene wieder aufgenommen werden konnten. Zweifellos sind auf der Ebene der bilateralen Wirtschaftskooperation die Beziehungen zwischen Algerien und T. 1987 am weitesten fortgeschritten (PdT, 5.2.; ELM, 10.2.; SWB, 12.2.; zum 8. Treffen der tun.-algerischen Wirtschaftskommission im Dezember vgl. ELM, 20.12.).
Die neue tun. Führung betont ihr Festhalten an der bisherigen Außenpolitik (MD, 9.12., S.5-6). Die Beziehungen zu Frankreich, die nach dem Machtwechsel in T. Anlaß zu Spekulationen gaben, da sofortige "wärmere" Bekundungen einer Befürwortung des Wechsels ausgeblieben waren, haben sich geklärt (M, 16.1.88), nachdem von seiten Frankreichs der Wunsch zu enger Kooperation bekräftigt wurde (PdT, 24.12.).

Sozioökonomische Entwicklung

Zur Redynamisierung der tun. Wirtschaft, die 1985/86 konkret anvisiert und seit August 1986 unter Premierminister Sfar in den Mittelpunkt der wirtschaftspolitischen Diskussion und Präsentation gegenüber dem IWF und der Weltbank gestellt wurde, griff die Regierung zu Austeritäts- und Investitionsmaßnahmen, die bereits 1987 eine Besserung der Wirtschaftslage herbeiführten (Verringerung des Handelsbilanzdefizits, Zunahme der Devisenreserven bis Ende 1987 von 200 auf 420 Mio. US-$) und wesentlich durch (August 1986 bis Februar 1987 gewährte) Auslandshilfen in Höhe von 725 Mio. US-$ gestützt wurden (JA, 18.2.), allerdings auf Kosten eines Rückgangs der Binnennachfrage und der Kaufkraft (10%ige Abwertung des Dinars 1986, Preissteigerungen, Lohnstopp). Die Auswirkungen des Austeritätsprogramms auf die einkommensschwachen Bevölkerungsschichten sollen durch Strukturprogramme ausgeglichen werden, die zu Hauptzielsetzungen des im Juli 1987 von der Deputiertenkammer angenommenen VII. Entwicklungsplanes (1987-91) erhoben wurden. Der in Übereinstimmung mit der Weltbank erarbeitete Plan sieht ein jährliches Wachstum des BSP um 4 % (1987 wurden dank guter Ernteerträge und einer guten Touristiksaison über 5 % Wachstum erzielt) und die Sicherung der Zahlungsfähigkeit zur Bedienung des Schuldendienstes (der 1987-91 24 % der laufenden Einnahmen betragen soll) bei einer Auslandsverschuldung von 4,95 Mrd. US-$ (1987) vor.

Neben einem Arbeitsplatzbeschaffungsprogramm, Regionalentwicklungsprogrammen (Schwergewicht: Süd-/Zentralprovinzen), der Förderung der Landwirtschaft (anvisiertes jährliches Wachstum von 6 %, was einer Reduzierung des Nahrungsmitteldefizits um 190 Mio. US-$ gleichkäme) durch massive Investitionen (20 % der Gesamtinvestitionssumme), der Förderung des Tourismussektors (des größten Devisenbringers; 1987: 627,8 Mio. US-$ Einnahmen) genießen die exportorientierten Unternehmen (neue Investitionsgesetzgebung, 14.8.; Lancierung von Investitionsförderprogrammen) Priorität. Die Restrukturierungsmaßnahmen für staatliche Unternehmen, die im August durch Gesetz geregelt wurden (angestrebt ist die weitgehende Privatisierung der nicht-strategischen Sektoren, die mit Verlust arbeiten; diese Maßnahmen werden von der Weltbank mit einem 150 Mio. US-$ Kredit unterstützt) sollen zur Absicherung der tun. Wirtschaft beitragen. Am 17.10. gab die tun. Regierung Maßnahmen zugunsten der Landwirtschaft bekannt (Bereitstellung weiterer Kredite, Erleichterung der Rückzahlungsmodalitäten; höhere Produzentenpreise) und beschloß am 23.10. Lohnerhöhungen (Erhöhung des Mindestlohnes für Industriearbeiter um 10 %; 50%ige Erhöhung der Leistungszulage für 300.000 Angestellte des öffentlichen Dienstes). Eine Steueramnestie wurde nach dem 7.11. erlassen (MT, 6.11.; diese betrifft zahlreiche während der seit 1985 lancierten Antikorruptionskampagne wegen Steuerhinterziehung angeklagte Unternehmen). Die mit diesen Maßnahmen verknüpften Erwartungen bezüglich der "Befriedung des sozialen Klimas" und der Förderung der Investitionsbereitschaft der Unternehmer, deren Kapital der tun. Staat aktivieren muß, soll die (Teil-) Privatisierung staatlicher Unternehmen gelingen, scheinen nach dem Machtwechsel nicht unbegründet. Seitens des IWF zumindest wird der neuen Führungsspitze weiterhin finanzielle Unterstützung zugesichert (ein 700 Mio. US-$ Kredit für das Finanzjahr 1988 steht in Aussicht; MEED, 19.12.), mit der das laufende Programm fortgesetzt werden soll.

Die politische Führung Tunesiens
Staatspräsident: Habib Bourguiba, seit 7.11. Zine El Abidine Ben Ali
Tunesische Regierung am 8.11.1987
Premierminister: Hédi Baccouche+, **Äußeres:** Mahmoud Mestiri, **Erziehung/Hochschulbildung/Forschung:** Tijani Chelli, **Finanzen:** Nouri Zorgati+, **Information:** Abdelwaheb Abdallah+, **Infrastruktur/Wohnungsbau:** Sadok Ben Jemaa, **Inneres:** Habib Ammar, **Jugend:** Fouad Mebazaa+, **Justiz:** Staatsminister Moha-

med Salah Ayari+, **Kommunikation:** Brahim Khouaja+, **Kultur:** Zakaria Ben Mustapha+, **Landwirtschaft:** Lassaad Ben Osman+, **Landwirtschaftliche Produktion/Nahrungsmittelindustrie:** Mohamed Ghedira+, **Nationale Wirtschaft:** Slaheddine Ben M'Barek+, **Öffentliche Gesundheit:** Souad Lyagoubi+, **Soziales:** Taoufik Cheikhrouhou, **Transport/Tourismus:** Abderrazak Kéfi, **Verteidigung:** Staatsminister Slaheddine Baly+*, **Gouverneur der Zentralbank:** Ismail Khélil+, **Minister beim Premierminister/Direktor des PSD:** Dr. Hamed Karoui+, **Minister beim Premierminister für öffentlichen Dienst und Verwaltungsreform:** Houcine Chérif+**, **Minister beim Premierminister für den Plan:** Mohamed Ghannouchi+; zusätzlich neun Staatssekretäre mit Kabinettsrang
+ Regierungsmitglieder, die bereits im letzten Kabinett der Ära Bourguiba amtierten; * Slahedinne Baly wurde am 8.11. zum Staatsminister ernannt; ** Houcine Chérif seit 28.11. Generalsekretär der Regierung mit Ministerrang

Chronologie Tunesien 1987

20.-22.1. - Außerordentlicher UGTT-Kongreß
24.1. - Besuch des mauretanischen Staatspräsidenten
26.-27.2. - US-Sonderbotschafter Vernon Walters in Tunis
9.3. - Einleitung polizeilicher Untersuchungen gegen den Generalsekretär des MTI, Rached Ghannouchi. Verhaftung Ghannouchis und weiterer MTI-Mitglieder folgen
10.-12.3. - Besuch des libyschen Verantwortlichen für Sicherheit, Hamidi
26.3. - Abbruch der diplomatischen Beziehungen mit Iran
1.4. - Islamistische Unruhen an der Universität Tunis
6.-7.4. - Premierminister Sfar in Marokko
18.-23.4. - Besuch Außenminister Mabrouks in Washington (Gespräche über das US-Hilfsprogramm für T.)
22.4. - Gründung des "Conseil Islamique Supérieur"
23.4. - Zusammenstöße zwischen Islamisten und Sicherheitskräften in Tunis, erneut Juli/August
16.5. - Regierungsumbildung
26.5. - Bekanntgabe der Aufdeckung eines "khomeinistischen" (islamistischen) Terroristenrings
12.-14.6. - 9. nationaler Kongreß des Parti Communiste Tunisien (der erste seit der Legalisierung des PCT 1981)
21.-23.6. - Premierminister Sfar zu Gesprächen in Paris (Themen: Kooperation im Sicherheitsbereich, islamistische Opposition)

4.-5.7. - Premierminister Sfar in Algier
7.7. - Besuch des algerischen Staatspräsidenten Bendjedid in Monastir
16.7. - "Marche de la Résistance", organisiert vom MTI, führt in Tunis zu gewalttätigen Ausschreitungen
2.8. - Sprengstoffanschläge von Islamisten auf vier Hotels in der Region Sousse-Monastir
1.9. - Eröffnung des Prozesses gegen 90 Islamisten vor dem Staatssicherheitsgerichtshof; Urteil am 27.9. (7 Todesurteile)
10.9. - Regierungsumbildung
14.-18.9. - Verteidigungsminister Baly in Washington; 7. Tagung der gemischten Militärkommission
29.9. - Regierungsumbildung
2.10. - Regierungsumbildung: Ben Ali wird neuer Premierminister
27.10. - Regierungsumbildung
7.11. - Destitution von Staatspräsident Bourguiba durch Premierminister Ben Ali; 8.11. neue Regierung
23.11. - Gründung des "Conseil National de Sécurité"
26.11. - Premierminister Hédi Baccouche auf Staatsbesuch in Algerien und am 29.11. in Marokko
16.12. - Gründung des "Conseil Constitutionnel"
28.12. - Wiederaufnahme der diplomatischen Beziehungen zu Libyen

Sigrid Faath

Westsahara

Die diplomatische und militärische Lage

Auch 1987 blieben die Bemühungen des UNO-Generalsekretärs und des Vorsitzenden der OAU, den Friedensplan für die Westsahara (W.) zu verwirklichen, ohne Erfolg. Dieser Plan sieht gemäß Resolution AHG 104 der 19. OAU-Gipfelkonferenz von Addis Abeba (1983) sowie den Resolutionen der UNO-Vollversammlung von 1985, 1986 und 1987 direkte Verhandlungen zwischen (-->) Marokko und der Polisario-Front vor, bei denen ein Waffenstillstand ausgehandelt werden soll, damit ein Selbstbestimmungsreferendum unter internationaler Kontrolle ohne administrativen und militärischen Zwang stattfinden kann. Da Marokko offizielle direkte Verhandlungen mit der Polisario-Front ablehnt, organisierten UNO- und OAU-Vertreter "indirekte Vorgespräche", die 1987 fortgesetzt wurden. Auf Angebote der Polisario-Front, sich mit diesen indirekten Gesprächen zu begnügen, falls Marokko vor dem Referendum Verwaltung, Armee und Siedler aus der W. abzieht, ging Marokko nicht ein. Beide Seiten empfingen jedoch eine "technische Mission" der UNO/OAU, die vor Ort die Voraussetzungen für das Referendum erkundete und sich vom 21.11. bis 9.12. in der besetzten W., Mauretanien, den Flüchtlingslagern in Algerien sowie im von der Polisario-Front kontrollierten Gebiet der W. aufhielt.

Nach der Anerkennung der von der Polisario-Front ausgerufenen Demokratischen Arabischen Republik Sahara (DARS) durch drei weitere Staaten unterhielt die DARS Ende 1987 zu 70 Staaten diplomatische Beziehungen. Im Oktober sprach die Interparlamentarische Union auf ihrer 78. Jahreskonferenz, bei der Parlamentarier aus 108 Ländern vertreten waren, dem UNO-OAU-Friedensplan ihre Unterstützung aus und forderte Marokko auf, seine Besiedlungspolitik zu beenden.

Am 16.4. stellte Marokko die sechste "Mauer" fertig, die den Südwesten der W. umschließt, so daß drei Viertel bis vier Fünftel des insgesamt 284.000 qkm großen Gebietes besetzt sind. Der Zugang der Polisario-Front zum Atlantik beschränkt sich nun auf die Halbinsel Cap Blanc im äußersten Süden, die zur Hälfte (-->) Mauretanien gehört. Im dort gelegenen westsaharischen Hafenort La Guera stationiert Mauretanien in Übereinkunft mit der Front auch nach seinem Verzicht auf westsaharisches Territorium noch Truppen. Das ganze Jahr über führte die Polisario-Front schwere und auf beiden Seiten verlustreiche Angriffe gegen die inzwischen etwa 1.600 km lange marokkanische Verteidigungslinie. Eine einseitige Feuerpause erklärte die Front nur für die Zeit vom 25.11. bis 15.12. wegen der Anwesenheit der UNO-OAU-Mission. Wie schon in der Vergangenheit konnte auch 1987 eine Delegation des Internationalen Roten Kreuzes einen Teil der (nach Polisario-Angaben) rund 2.000 kriegsgefangenen Marokkaner besuchen (10.-12.6.). Umgekehrt hatte bisher keine Organisation Gelegenheit, die (laut Polisario-Front) etwa 100 sahrauischen gefangenen Soldaten und die inhaftierten Zivilisten zu sprechen.

Die Lage im besetzten Gebiet und in den Flüchtlingslagern

Laut Polisario wurden vor Eintreffen der UNO-OAU-Mission seit September 1.000-2.000 meist junge Sahrauis aus den Städten in das Gebiet um Ausert deportiert, und die Ansiedlung marokkanischer Zivilisten wurde beschleunigt. Diese hätten im übrigen von den marokkanischen Behörden in größerem Umfang Personalpapiere nach kolonialem spanischen Muster erhalten. In einer Resolution vom 17.12. protestierte das Europaparlament "gegen die willkürliche Verhaftung von Personen, die lediglich ihre Probleme und ihre Wünsche vor den Vertretern der internationalen Instanzen zum Ausdruck bringen wollten", und verlangte, "daß diese Personen sofort freigelassen und daß ihre Rechte respektiert werden" (Sahara-Info, Bremen, Nr. 1, Februar 1988, S. 4). Im Oktober veröffentlichte die Polisario-Front die Namen von 600 Sahrauis, die seit 1975 dort und in Südmarokko verhaftet worden und bis heute verschwunden seien.

Marokko gab 1982 die Einwohnerzahl der vier Saharaprovinzen mit 163.868 an: 8.481 in Boujdour, 113.411 in Laayoune, 21.496 in Oued Ed-Dahab und 20.480 in Es-Semara. Der Anteil der Sahrauis an dieser Bevölkerung betrage mindestens 70 %; die Polisario-Front schätzt ihn auf nur 30.000 bis 40.000 Personen. Die Hauptstadt der W., Laayoune, 1974 28.499 Einwohner, war 1982 auf 93.875 angewachsen. Der Ausbau des dortigen neuen Tiefseehafens, der Ende 1985 bereits den jährlichen Umschlag von über 500.000 t Waren erlaubte und für den Export von 10 Mio. t Phosphat jährlich ausgelegt werden soll, ging 1987 weiter (Gesamtinvestition: 42 Mio. US-$). Gegenwärtig wird das Phosphat (etwa 1 Mio. t; 1976: 2,7 Mio. t) noch über die alten Verladeeinrichtungen verschifft. Neben Phosphat- und Fischwirtschaft soll der Tourismus der wichtigste Devisenbringer werden. Vor allem Tagesausflügler sollen von den nahen Kanarischen Inseln angezogen werden. Ende 1986 gab es in der Hauptstadt 979 Hotelbetten.

Nach Mitteilung vom 4.8. stellt die Bundesrepublik Deutschland erstmals dem UNO-Flüchtlingshochkommissar 610.000 US-$ für die Verteilung von Lebensmitteln an die Flüchtlinge in den südalgerischen Lagern zur Verfügung (deren Zahl dieser 1985 mit 165.000 angab). Vom 13.-15.11. tagte in Großbritannien die "13. Europäische Konferenz zur Koordinierung der Unterstützung des Sahrauischen Volkes", deren Teilnehmern die Flüchtlinge einen wesentlichen Teil ihrer materiellen und ideellen Unterstützung verdanken. Die Zusammensetzung der Führungsgremien der Polisario-Front und der Regierung der DARS blieb 1987 unverändert. Staatsoberhaupt (seit 1982), Revolutionsratsvorsitzender und Generalsekretär der Front (seit 1976) ist Mohamed Abdelaziz.

Chronologie Westsahara 1987

10.-12.2. - Abdelaziz in Syrien; Empfang durch Verteidigungsminister
25.2. - Anerkennung der DARS durch St. Christopher und Nevis; 28.2. durch Antigua und Barbuda
16.4. - Fertigstellung der 6. Verteidigungs-Mauer durch Marokko
12.5. - Konferenz in Lagerprovinz Dakhla zum Abschluß der seit März tagenden Basisvolkskongresse in den Lagerbezirken
10.-12.6. - IRK-Delegation trifft 120 marokkanische Kriegsgefangene
Juli/August - Protest der Polisario-Front gegen den Verkauf eines speziell für die W. entwickelten Raketentyps (HOT) durch die deutsch-französische Firma Euromissile sowie gegen die Lieferung von 100 Kampfpanzern durch die US-Regierung an die marokkanische Armee
12.-15.10. - 2. Kongreß der UGTSARIO (DARS-Gewerkschaftsbund)
17.10. - Resolution der Interparlamentarischen Union: Unterstützung der UNO-OAU-Friedensplans
21.11.-9.12. - Technische UNO-OAU-Mission in der besetzten und der unbesetzten W., in Mauretanien und den Flüchtlingslagern
4.12. - UNO-Vollversammlung nimmt W.-Resolution 42/78 an (93 Ja-, 0 Gegenstimmen, 50 Enthalt.)
26.12. - Anerkennung der DARS durch Albanien

Ursel Clausen

Arabische Liga

Die Jami'at al-Duwal al-Arabiya (Liga der Arabischen Staaten/AL), gegr. 1945, hat 22 Mitglieder. Es sind: Ägypten (Mitgliedschaft seit 1979 suspendiert), Algerien, Bahrain, Dschibuti, Irak, Jordanien, Kuwait, Libanon, Libyen, Marokko, Mauretanien, (Nord)Jemen, Oman, Palästina/PLO, Qatar, Saudi-Arabien, Somalia, Sudan, (Süd)Jemen, Syrien, Tunesien, VAE.
Die Ziele der AL: Die Stärkung der Beziehungen zwischen den arabischen Staaten, die Koordinierung ihrer Politik, die Sicherung ihrer Unabhängigkeit und Souveränität und die Verwirklichung einer erfolgreichen Zusammenarbeit auf allen Gebieten. Als Organe der AL fungieren: I. Der Ligarat, dem Vertreter aller Mitgliedstaaten angehören. Er tritt mindestens zweimal im Jahr zusammen. II. Das Generalsekretariat mit dem ständigen Sitz in Tunis/Tunesien. Generalsekretär ist seit 1979 Chedly Klibi (Tunesien). Seine Amtsvorgänger waren: 1945-52: Abd al-Rahman Azzam; 1952-72: Muhammad Abd al-Khaliq Hassuna; 1972-79: Mahmud Ri'ad. III. Ständige Ausschüsse (z.Z. 16) und autonome Sonderinstitutionen, deren Gründung auf die AL zurückgeht.

Aktivitäten 1987

Eine außerordentliche Außenministerkonferenz (AK) fand im August in Tunis statt, an der 19 Außenminister teilnahmen. Beratungsgegenstand war die Haltung Irans zur UNO-Sicherheitsratsresolution Nr. 598 vom 20. Juli, durch die die kriegführenden Staaten Iran und Irak zur sofortigen Beendigung des Krieges aufgefordert worden waren. Im Gegensatz zum Irak, der seine Bereitschaft zur Einstellung der Kriegshandlungen verkündete, hatte Iran abgelehnt, der UNO-Aufforderung nachzukommen, solange der UNO-Sicherheitsrat nicht den Irak als Aggressor verurteilt. Die AK forderte Iran ultimativ auf, bis zum 20. September die UNO-Sicherheitsresolution anzunehmen. Anderenfalls wolle man, wie der Generalsekretär der AL verlauten ließ, den Abbruch der diplomatischen Beziehungen mit Teheran in Erwägung ziehen. Diese Drohung stand aber nicht im Abschlußkommuniqué. Der Grund dafür war der Widerstand Syriens und Libyens, aber auch seitens Omans und der VAE, die vom Abbruch diplomatischer Beziehungen keine positive Wirkung erwarteten. Ebensowenig gelang es Saudi-Arabien, Zustimmung für die Wiederbelebung des fast in Vergessenheit geratenen "Arabischen Verteidigungsrats" der AL von 1950 zu mobilisieren, wonach ein Angriff auf einen arabischen Staat als ein Angriff auf alle arabischen Staaten gewertet und beantwortet werden muß. Man fand sich lediglich dazu bereit, Iran wegen der Unruhen während der Pilgerfahrt nach Mekka, die am 31. Juli zu Zusammenstößen zwischen den demonstrierenden Iranern und den saudischen Sicherheitskräften und zum Tod von über 400 Pilgern führte, zu verurteilen. Kritisiert wurden ferner iranische Drohungen gegen einzelne arabische Staaten und die Übergriffe auf die Botschaften Kuwaits und Saudi-Arabiens in Teheran. Die ordentliche Sitzung der AK fand am 20. September in Tunis statt, um über das weitere Vorgehen gegen Iran zu beraten und die gemeinsame Haltung der Mitgliedstaaten für die Debatte in der UNO-Generalversammlung festzulegen. Wieder einmal konnte keine einheitliche Meinungsbildung in Sachen Sanktionen gegen Iran zustande kommen. Die Entscheidung darüber wurde einer außerordentlichen Gipfelkonferenz (GK) am 8. November überlassen, deren Einberufung sich Syrien, Libyen und Südjemen widersetzten. Sie waren dafür, daß diese Frage von einer ordentlichen GK behandelt werden soll. Syrien lehnte die vorgeschlagene Tagesordnung der GK ab, weil dort über den Golfkrieg und nicht über die Frage der israelischen Aggression und die Möglichkeiten, ihr zu begegnen, als wichtigste arabische Frage gesprochen werden sollte. Syriens Ansinnen wurde nachgegeben, damit die außerordentliche GK überhaupt zustande kam und ein Scheitern der AK vermieden wurde.

Die Einberufung der außerordentlichen GK war ein Erfolg für die gemäßigten arabischen Staaten. Sie wußten genau, daß eine einheitliche Politik in Sachen Abbruch diplomatischer Beziehungen zu Iran nicht zustande kommen könnte. Widerstand war, wie es sich dann tatsächlich zeigen sollte, nicht nur von seiten der seit 1979 Iran freundlich gesonnenen Regime Syriens und Libyens, sondern auch von Algerien und einigen Golfstaaten zu erwarten gewesen. Den Befürwortern der Einberufung ging es darum, den Beschluß zur Suspendierung der Mitgliedschaft Ägyptens in der AL aufzuheben. Die außerordentliche GK fand vom 8.-11. November in Amman statt, an der 15 Staats- und fünf Regierungschefs teilnahmen. Ägyptens Rückkehr in die AL erwies sich als schwierig, obwohl neben Saudi-Arabien, Jordanien, Tunesien, Marokko und den Golfstaaten auch der Irak, auf dessen Betreiben und in dessen Hauptstadt 1979 der Beschluß gegen Ägypten gefaßt worden war, sich dafür einsetzten. Am Ende einigte man sich auf eine Kompromißlösung. Man verzichtete darauf, gegen Iran wirtschaftliche Boykottmaßnahmen zu ergreifen oder die diplomatischen Beziehungen abzubrechen. Dafür waren die Gegner einer Rückkehr Ägyptens in die AL bereit, einzelnen arabischen Staaten zuzugestehen, diplomatische Beziehungen mit Ägypten wiederaufzunehmen. Somit wahrten beide Seiten ihr Gesicht, und jeder konnte mit einem halben Erfolg die GK verlassen. Erneut erging an Iran der Appell, die UNO-Sicherheitsratsresolution 598 anzunehmen und den Krieg zu beenden. Die GK versicherte dem Irak ihre Solidarität und verurteilte die Besetzung irakischer Gebiete durch Iran. Die iranischen Angriffe gegen Kuwait wurden verurteilt und Kuwaits Maßnahmen zum Schutze seiner Handelsschiffe (Umflaggung) wurden ausdrücklich gutgeheißen. Ebenso wurde Saudi-Arabien das Recht zuerkannt, mit allen Mitteln in den Pilgerorten für Sicherheit und Ordnung zu sorgen. Iran wurde für die Unruhen in Mekka vom Juli verantwortlich gemacht und verurteilt. Die GK unterstützte die Abhaltung einer internationalen Nahostkonferenz unter einer gleichberechtigten Beteiligung der PLO.

Chronologie Arabische Liga 1987

4.4. - Die ordentliche Sitzung der AL-Außenminister findet in Tunis statt; behandelt wird u.a. der Bericht des Sonderausschusses zum Lagerkrieg im Libanon

29.4. - Eine AL-Delegation konferiert in Moskau mit dem sowjetischen Außenminister über die Beendigung des Golfkrieges

18.8. - Das AL-Komitee zur Definition des Terrorismusbegriffs und der Feststellung der Unterschiede zwischen dem Terrorismus und dem Volkskampf hält in Damaskus eine Tagung ab

23.-25.8. - Außerordentliche Außenministerkonferenz der AL in Tunis

24.-28.8. - 43. Tagung des ständigen AL-Ausschusses für Information in Tunis

4.9. - Eine AL-Delegation unter der Leitung des jordanischen Außenministers besucht die Volksrepublik China, um Gespräche über die Beendigung des Golfkrieges zu führen

20.9. - Die ordentliche Außenministerkonferenz der AL in Tunis beschließt die Abhaltung einer außerordentlichen Gipfelkonferenz der AL im November in Amman

8.-11.11. - Außerordentliche Gipfelkonferenz der AL in Amman

2.12. -Die Innenminister der AL halten ihre 6. Tagung in Tunis ab

Munir D. Ahmed

Golf-Kooperationsrat

Der Golf Cooperation Council (Golf-Kooperationsrat/GCC) wurde am 4.2. 1981 in Riad von Bahrain, Kuwait, Oman, Qatar, Saudi-Arabien und den Vereinigten Arabischen Emiraten (VAE) gegründet, also ein halbes Jahr nach dem Ausbruch des Golfkrieges. Ziel ist es, in Analogie zu den Europäischen Gemeinschaften die Politik der arabischen Golfstaaten (ausgenommen ist dabei der in den Krieg verwickelte Irak) auf den Gebieten Wirtschaft, Verteidigung und Außenpolitik zu harmonisieren und zu integrieren. Die organisatorische Seite beinhaltet einen Obersten Rat (Staatschefs), der in der Regel im November unter turnusmäßig wechselndem Vorsitz zusammentritt, den Ministerrat (Fachminister) sowie das Generalsekretariat mit Sitz in Riad. Generalsekretär ist z.Z. Abdallah Bishara.

Außenpolitische Aspekte

Zentrales Thema der Beratungen war (und bleibt) der Golfkrieg. Hier hat sich nach den iranischen Raketenangriffen auf kuwaitisches Territorium die Haltung der GCC-Staaten von vorsichtiger Fast-Neutralität zu einer Iran gegenüber etwas energischeren Position durchringen können: Verurteilt wurden nicht nur die Unruhen iranischer Pilger in Mekka (31.7.) und die erwähnten Raketenangriffe. Iran wurde zudem aufgefordert, sich dem Beschluß Nr. 598 des UNO-Sicherheitsrates zu unterwerfen, und informiert, zukünftig werde jeder Angriff auf einen der GCC-Staaten als auf alle gerichtet verstanden (Außenminister 13.9.; 8. Gipfel 29.12.). Zugleich soll jedoch der Dialog mit Iran fortgesetzt werden. Von besonderer Bedeutung ist hierbei für die GCC-Staaten die Sicherung der freien Schiffahrt im Persisch-Arabischen Golf. In diesem Rahmen wurde die Umflaggung kuwaitischer Tanker auf US-amerikanische und britische Flagge abgesegnet. Die Sicherung des freien Ölexportstromes ist vor allem für Kuwait, Qatar und die VAE lebenswichtig.

Die GCC-Staaten stimmten ihre Außenpolitik auch bei der Mobilisierung der arabischen und islamischen Staaten zum Islamischen Gipfel (26.1.) und der Vorbereitung seiner Agenda sowie der OPEC-Konferenz (26.6.) ab. Sie äußerten sich mit geeinter Stimme sowohl zum libanesischen "Lagerkrieg" als auch zu den arabisch-palästinensischen Unruhen (Dezember), zu deren moralischer und materieller Unterstützung sie aufriefen. Die militärische Zusammenarbeit ist von der operativen Seite her noch sehr problematisch: Klan-Strukturen sind gewissermaßen noch nicht durch Korpsgeist ersetzt worden. Die Tendenz geht zu größerer Selbständigkeit und Unabhängigkeit von ausländischen Soldaten, die teilweise als ausgeliehene komplette Brigaden (Saudi-Arabien) im Rahmen der Streitkräfte Dienst tun (Saudi-Arabien, Oman: Pakistaner). Diese werden derzeit Schritt für Schritt abgebaut. Auch die Bemühungen um innere Sicherheit versucht man zu koordinieren. Es geht dabei um das Problem der naturgemäß für iranische Propaganda empfänglichen schiitischen Minderheiten in den GCC-Staaten.

Innenpolitische Aspekte

Da der Streit zwischen Bahrain und Qatar um das Gebiet von Fasht al-Dibal nicht GCC-intern geklärt werden konnte, sondern beide Staaten den Haager Gerichtshof einschalten wollen, beschränken sich die innenpolitischen Aspekte auf Besuche der herrschenden Familien untereinander, vor allem aber auf Kulturpolitik. So wird z.Z. ein Sechsjahresplan zur Vereinheitlichung der Schulcurricula ausgearbeitet. Der Betrieb des gemeinsamen Senders "Stimme des GCC" wird fortgesetzt. Erwerb, Produktion und Austausch von Fernsehfilmen sollen koordiniert werden, hier steht besonders die Produktion von Antidrogenfilmen im Vordergrund, da der Drogenkonsum in den Golfstaaten besorgniserregende Ausmaße annimmt.

Auf den Arbeitsmärkten sollen die hohen Gastarbeiterzahlen abgebaut werden: Die Bedingungen zur Erteilung von Arbeitserlaubnissen werden zunehmend restriktiv gehandhabt, die zuständigen Dienststellen werden mit Computern ausgestattet, um Arbeitsmarkt und illegale Fluktuationen in den Griff zu bekommen. Die bei der Erteilung von Arbeitserlaubnissen beschlossenen Präferenzen gelten für GCC-Bürger und Angehörige arabischer und muslimischer Staaten. Schließlich soll der GCC-Binnentourismus gefördert werden.

Wirtschaftliche Aspekte

Weit besser als die militärische verläuft die wirtschaftliche Integration. Hier ist die berufliche Niederlassungsfreiheit für GCC-Bürger und Einzelhandelskaufleute seit März verwirklicht worden. Auch der Besitz von jeweils aus dem anderen Staat stammenden Aktien wurde im Sinne der Freizügigkeit geregelt. Zur angestrebten Integration der Märkte werden der nach Abbau der Zollschranken innerhalb des GCC nunmehr freie Warenverkehr von GCC-Produkten sowie der vereinfachte Warentransit mit Sicherheit beitragen. In diesem Zusammenhang bemerkenswert ist der Umstand, daß hinsichtlich des Kreditwesens die Regelung eingeführt wurde, in den GCC-Staaten die Angehörigen eines anderen GCC-Staates gleich den einheimischen Investoren zu behandeln. Dabei übersteigt übrigens die vorhandene Liquidität im GCC die Investitionsmöglichkeiten, nicht zuletzt deshalb, weil nach der Ölrezession von 1986 wieder ein leichter Anstieg der Einnahmen zu verzeichnen ist, der sich in den nächsten Jahren akzentuieren dürfte und derzeit zu einer wirtschaftlichen Stabilisierung der Region zu führen scheint. Ölpreise und Fördermengen werden gemeinsam geplant; man versucht, sich an die OPEC-Beschlüsse zu halten. Bei Erdöl und seinen Derivaten geht der Trend zum Export von Petrochemikalien statt Rohöl. Diese werden zuförderst nach Ostasien verkauft (Hongkong), da ihr Export in die EG bei einem Ölpreis von unter 25 US-$/barrel unrentabel ist. Trotzdem liegt dem GCC an einem solchen Export in die EG-Staaten: bereits am 2. Januar hatte er seine Quote von 1987 für zollfreie Einfuhr in die EG von Polyäthylen etc. überschritten. Das zur EG bestehende Handelsdefizit der GCC-Staaten ist eine Folge des gefallenen US-$. Der Großteil dieses Defizits entfällt dabei auf Saudi-Arabien.

Im Bereich der Geldwirtschaft bemühen sich die GCC-Staaten um eine Harmonisierung der Währungen, Wechselkurse und Zollsätze. Ferner soll das Wirtschafts- und Handelsrecht vereinheitlicht werden, um eine gemeinsame Politik bei Industrie (für deren Harmonisierung bereits Richtlinien erarbeitet werden) und Landwirtschaft zu ermöglichen.

Mit Blick auf die Erdölindustrie werden Informationen über von dieser benötigten Ersatzteile gesammelt; in diesem Zusammenhang wird eine Machbarkeitsstudie für diesbezüglich aufzubauende Zulieferbetriebe durchgeführt.

Die GCC-Gipfelkonferenzen seit 1981

1. Gipfel: 25.-26.5.1981, Abu Dhabi:
Gründung des GCC, Unterzeichnung der Charta, Wahl des Sitzes (Riad) und des Generalsekretärs (Abdallah Bishara)

2. Gipfel: 10.-11.11.1981, Riad:
Diskussion der ökonomischen und militärischen Kooperation; Auftrag an Verteidigungsminister der GCC-Staaten zur Ausarbeitung eines gemeinsamen Verteidigungskonzeptes
3. Gipfel: 9.-10.11.1982, Manama:
Ratifizierung des von den Verteidigungsministern ausgearbeiteten Selbstverteidigungskonzeptes; Gründung einer Golf-Investitionsgesellschaft
4. Gipfel: 7.-9.11.1983, Doha:
Positive Einschätzung der militärischen Kooperation
5. Gipfel: 27.-29.11.1984, Kuwait:
GCC beschließt forcierte Förderung der lokalen Produktion; Auftrag an den Ministerrat zur Ausarbeitung eines Wirtschaftsintegrationskonzeptes; Bestätigung des Generalsekretärs Bishara
6. Gipfel: 3.-6.11.1985, Maskat:
Festlegung eines Prioritätsrahmens für gemeinsame Wirtschaftsprojekte; Beratungen zur Verteidigungskonzeption
7. Gipfel: 2.-5.11.1986, Abu Dhabi:
Bestätigung der Empfehlungen der Verteidigungsminister
8. Gipfel: 26.-29.12.1987, Riad

Chronologie Golf-Kooperationsrat 1987

6.1. - Außerordentliche Konferenz der Außenminister in Riad
10.1. - Konferenz der Erdölminister in Riad
25.1. - Sitzung der Leiter der Zentralbanken
9.2. - Treffen der Erdölminister in Doha
10.-13.2. - 5. Sitzung der Minister für Jugend und Sport
15.2. - Außerordentliches Treffen der Innenminister in Maskat
Mitte Februar - 22. Treffen der Außenminister (Riad); erneutes Treffen 13.6.
2.3. - Sitzung der Staatssekretäre für Information in Riad (Vorbereitung des Ministertreffens am 10.6.)
17.-18.3. - Sitzung der Finanz- und Wirtschaftsminister in Abu Dhabi
23.-25.3. - 3. Konferenz der Erziehungsminister (Abu Dhabi)
April - Sitzung des Ölraffineriekomitees (Doha)
18.4. - Tagung der GCC-Verteidigungsminister in Riad
12.5. - Treffen der Handelsminister in Riad
13.5. - 6. Sitzung der Industrieminister (Riad)
19.-20.5. - Konferenz der Erdölminister

10.6. - 2. Konferenz der Informationsminister (Dschidda)
23.6. - Besuch einer GCC-Delegation bei den Europäischen Gemeinschaften
Mitte Juni - Treffen der Minister für Arbeit und Soziales in Riad
30.6. - 4. Konferenz der Minister für Energie/Wasser in Riad
1.7. - 9. Sitzung der Wirtschaftsminister (Riad); Sitzung der GCC-Organisation für Normierung
6.-8.7. - 23. Sitzung der Außenminister (Dschidda), Nachfolgetreffen am 25. d. M. in Ta'if
21.7. - 14. Sitzung der Finanz- und Wirtschaftsminister (Riad)
12.-13.9. - 24. Treffen der Außenminister (Dschidda)
19.-21.9. - 3. GCC-Festival über Poesie und Prosa (Abha)
21.-22.11. - Konferenz der Verteidigungsminister in Abu Dhabi
23.12. - Sitzung der Außenminister in Riad
26.12. - Eröffnung des 8. GCC-Gipfels (Riad)

Harald List

Organisation Islamischer Konferenz

Die Gründung der Organisation Islamischer Konferenz (OIK) wurde auf der ersten Gipfelkonferenz (GK) im September 1969 in Rabat/Marokko vorgeschlagen, die wegen des Brandanschlages auf die Aqsa-Moschee in Jerusalem (21.8.1969) einberufen worden war. Beschlossen wurde sie auf der ersten Außenministerkonferenz (AK) im März 1970 in Dschidda, wo die OIK später ihr Hauptquartier beziehen sollte. Der Hauptzweck ihrer Gründung ist "unter den muslimischen Staaten Solidarität und Zusammenarbeit in den Bereichen Politik, Wirtschaft, Kultur, Wissenschaft und Soziales zu fördern".

Die Mitgliederzahl beträgt zur Zeit 46 Staaten, wobei Afghanistans Mitgliedschaft seit 1980 suspendiert ist. Es sind: Ägypten, Afghanistan, Algerien, Bahrain, Bangladesch, Benin (Dahomey), Brunei, Burkina Faso (Obervolta), Dschibuti, Gabun, Gambia, Guinea, Guinea-Bissau, Indonesien, Irak, Iran, Jordanien, Kamerun, Komoren, Kuwait, Libanon, Libyen, Malaysia, Malediven, Mali, Mauretanien, Marokko, Niger, Nigeria, (Nord)Jemen, Oman, Pakistan, Palästina/PLO, Qatar, Saudi-Arabien, Senegal, Sierra-Leone, Somalia, Sudan, (Süd)Jemen, Syrien, Tschad, Tunesien, Türkei, Uganda, Vereinigte Arabische Emirate. Beobachterstatus haben: Die Türkische Republik Nordzypern und die Moro Nationale Befreiungsfront (Philippinen).

Der Organisationsaufbau

I.   Die Organe der OIK sind:
1) Die Islamische Gipfelkonferenz der Staats- und Regierungschefs. Sie tritt in unregelmäßigen Abständen zusammen. Bisher fanden fünf GK statt (vgl. Liste).
2) Die Islamische Außenministerkonferenz ist der Exekutivarm der OIK und muß jährlich mindestens einmal zusammentreten; bisher fanden 16 ordentliche und drei außerordentliche AK statt.
3) Das Generalsekretariat in Dschidda/Saudi-Arabien. Der Generalsekretär ist seit dem 1.1.1985 Syed Sharifuddin Pirzada (Pakistan). Seine Amtsvorgänger waren: 1970-73: Tunku Abdur Rahman (Malaysia), 1974-75: Hasan Tuhami (Ägypten), 1975-79: Amadou Karim Gaye (Senegal), 1979-84: Habib Chatti (Tunesien).
4) Der Internationale Islamische Gerichtshof mit Sitz in Kuwait, dessen Statuten von der 5. GK gebilligt wurden.

II.   Die Sonderausschüsse sind: 1) al-Quds-Ausschuß; 2) Ständiger Ausschuß für Finanzen; 3) Islamische Kommission für Wirtschaft, Kultur und Soziales; 4) Ständiger Ausschuß für wissenschaftliche und technische Zusammenarbeit; 5) Ständiger Ausschuß für Wirtschafts- und Handelskooperation; 6) Ständiger Ausschuß für Information und kulturelle Angelegenheiten.

III.   Die subsidiären Organe sind: 1) Islamischer Solidaritätsfonds; 2) al-Quds-Fonds; 3) Ausbildungszentrum für Statistik, Wirtschaft und Sozialforschung; 4) Forschungszentrum für Islamische Geschichte, Kunst und Kultur; 5) Islamisches Forschungszentrum für technische und Berufsausbildung; 6) Weltzentrum für Islamische Erziehung; 7) Islamisches Zentrum für den internationalen Halbmond;

8) Islamisches Zentrum für Handelsförderung; 9) Kommission für Islamisches Erbe; 10) Islamische Akademie für Jurisprudenz; 11) Islamischer Verband für Zivilluftfahrt; 12) Internationale Kommission für Islamisches Recht.

IV. Die Unterorganisationen sind: 1) Islamische Entwicklungsbank; 2) Internationale Islamische Nachrichtenagentur; 3) Rundfunkorganisation der Islamischen Staaten; 4) Islamische Kammer für Handel, Industrie und Warenaustausch; 5) Islamische Kapitalorganisation; 6) Vereinigung Islamischer Schiffseigner; 7) Islamische Organisation für Erziehung, Wissenschaft und Kultur.

Die 5. Gipfelkonferenz

Die 5. GK fand vom 26.-29.1. in Kuwait statt. Von den insgesamt 46 Mitgliedern waren 44 vertreten (25 Staatsoberhäupter, 16 Regierungschefs und drei durch Regierungsdelegationen). Iran blieb seit 1981 zum dritten Mal der GK fern, weil die OIK sich weigerte, seiner Forderung, den Irak als Aggressor im Golfkrieg zu verurteilen, nachzukommen. Afghanistan wurde nicht zur Teilnahme eingeladen, weil seine Mitgliedschaft entsprechend einem Beschluß von 1980 suspendiert ist. Daran wird sich vor dem Abzug der sowjetischen Truppen aus diesem Land und der Bildung einer Nationalregierung, die auch von den Gegnern der jetzigen Regierung mitgetragen, oder zumindest geduldet wird, nichts ändern. Ägypten nahm, vertreten durch Präsident Mubarak, seit der Suspendierung von Ägyptens Mitgliedschaft 1981 als Folge des Beitritts zum Camp-David-Vertrag und der Anerkennung Israels, zum ersten Mal wieder an einer GK teil. Bei der 4. GK im Januar 1984 war die Suspendierung rückgängig gemacht worden. Nigeria nahm seit seiner Vollmitgliedschaft 1986 zum ersten Mal an der GK teil. Zeitweilig anwesend war auch der UNO-Generalsekretär Pérez de Cuéllar.
Die wichtigsten Resolutionen und Empfehlungen werden im folgenden zusammengefaßt: Die GK rief Iran und Irak zur Beilegung des Golfkrieges durch friedliche Mittel und zum Austausch von Kriegsgefangenen auf. Libyen und Tschad wurden aufgefordert, ihre Differenzen ohne Einmischung von außen friedlich beizulegen. Separatabkommen und -verhandlungen mit Israel wurden abermals abgelehnt, ohne allerdings Ägypten aufzufordern, den Camp-David-Vertrag zu annullieren oder die Anerkennung Israels rückgängig zu machen. Vor der Aufnahme diplomatischer Beziehungen zu Israel wurde gewarnt und die bereits bestehenden entsprechenden Beziehungen verurteilt, ohne aber die betreffenden Staaten zu nennen oder diese zum Abbruch der Beziehungen aufzufordern. Wiederholt wurde die Ablehnung der Resolution 242 des UNO-Sicherheitsrates von 1967 in bezug auf den Nahostkonflikt, weil darin Israel ein Existenzrecht in sicheren Grenzen garantiert worden war. Bekräftigt wurde der Anspruch der PLO auf alleinige Vertretung des palästinensischen Volkes sowie die Unterstützung für den arabischen Friedensplan ("Fes-Plan" der Arabischen Liga von 1982) für die Lösung des Palästinaproblems. Gefordert wurde die baldige Abhaltung einer internationalen Konferenz zur Beilegung des Nahostkonflikts unter Beteiligung aller Betroffenen, einschließlich der PLO, und der ständigen UNO-Sicherheitsratsmitglieder. Die islamischen Staaten wurden aufgefordert, ihre Kontakte zur EG zu intensivieren, um sie zur Einnahme eines positiven Standpunktes im Hinblick auf die nationalen Rechte des palästinensischen Volkes zu bewegen. Die GK betrachtete erneut alle von Israel in bezug auf Jerusalem, die besetzten Gebiete und die Golanhöhen erlassenen Gesetze und sonstigen Maßnahmen als "null und nichtig". Die Besiedlung dieser Gebiete durch Israel wird als "illegal" und ungültig angesehen. Die GK forderte nach wie vor die vollständige und bedingungslose Räumung aller durch Israel besetzten Gebiete und rief zur Anerkennung des Rechts der Palästinenser auf Selbstbestimmung als Vorbedin-

gung für eine umfassende Befriedung der Region. Bekräftigt wurde das Recht der Palästinenser auf Rückkehr in ihre Heimat und auf die Bildung eines unabhängigen Staates unter der PLO-Führung auf nationalem Boden mit Jerusalem als Hauptstadt.
Die GK verurteilte die Besetzung des libanesischen Gebiets durch Israel und fordert die Evakuierung der israelischen Truppen aus dem Libanon. Gleichzeitig wurde die Unterstützung für Libanons Unabhängigkeit, Souveränität und territoriale Integrität bekräftigt und die Durchführung der Beschlüsse des UNO-Sicherheitsrates Nr. 425 und 426 von 1978 verlangt. Besorgnis wurde über die Situation der Palästinenserlager im Libanon geäußert und die Aufhebung der Belagerung gefordert.
Verurteilt wurden a) der US-Luftangriff auf Libyen vom 15.4.1986, b) der israelische Angriff auf den irakischen Atomreaktor 1981 und c) die Besetzung zweier somalischer Gebiete durch Äthiopien. Die Sowjetunion wurde aufgefordert, ihre Truppen aus Afghanistan zurückzuziehen, womit "ein großes Hindernis aus dem Weg zur Verbesserung der Beziehungen zwischen den islamischen Staaten und der Sowjetunion beseitigt werden würde". In einer Botschaft an die GK hatte der Oberste Sowjet den baldigen Abzug sowjetischer Truppen aus Afghanistan angekündigt. Besorgnis wurde über den internationalen Terrorismus geäußert und erklärt, man sei zur Mitwirkung an seiner Bekämpfung bereit. Der Vorschlag, eine UNO-Konferenz zur Festlegung des Begriffs "internationaler Terrorismus" einzuberufen, wurde unterstützt. Die Lage der muslimischen Minderheiten in nicht-muslimischen Gebieten, insbesondere in Bulgarien, wurde erörtert und ein Aufruf zur Beachtung ihrer religiösen, kulturellen, politischen und wirtschaftlichen Rechte erlassen.

Die Gipfelkonferenzen der OIK

1. **Gipfel:** 22.-25.9.1969, Rabat (Marokko)
2. **Gipfel:** 22.-24.2.1974, Lahore (Pakistan)
3. **Gipfel:** 25.-28.1.1981, Ta'if (Saudi-Arabien)
4. **Gipfel:** 16.-19.1.1984, Casablanca (Marokko)
5. **Gipfel:** 26.-29.1.1987, Kuwait

Chronologie OIK 1987

26.-29.1. - Die 5. Gipfelkonferenz der OIK findet in Kuwait statt
28.6. - Industrieminister aus den OIK-Mitgliedstaaten beschließen die Einsetzung einer "Task Force" zur Förderung von Joint-Ventures
8.9. - Eröffnung der Konferenz des "Ständigen Ausschusses für Wirtschaft und Handelskooperation" der OIK in Istanbul
2.10. - Die OIK-Außenminister verabschieden in New York eine Resolution über Afghanistan zur Vorlage bei der UNO-Generalversammlung
26.11. - Der OIK-Generalsekretär Pirzada und Ugandas Botschafter unterzeichnen ein Abkommen über die

Gründung einer islamischen Universität in Mbale, Uganda. Der Beschluß dazu wurde auf der 2. GK in Lahore gefaßt
26.11. - Uganda unterzeichnet als 10. Mitglied das OIK-Investitionsabkommen, das damit als ratifiziert gilt

Munir D. Ahmed

PLO

Das bedeutendste Ereignis für die Palästinensische Befreiungsbewegung (Munazzamat al-Tahrir al-Filastiniya/Palestine Liberation Organization/PLO) im Jahre 1987 war die Aussöhnung zwischen den gemäßigten Kräften unter PLO-Chef Arafat und den wichtigeren radikalen Gruppierungen (1) sowie die Einberufung des Palästinensischen Nationalrats (PNR) im April in Algier. Die Spaltung der PLO ging auf das Jahr 1982 und die israelische Invasion in den Libanon und ihre Folgen zurück. Nach dem Abzug aus Beirut im August 1982 schloß sich Arafat der von König Husain und dem ägyptischen Präsidenten Mubarak verfolgten Politik einer friedlichen Lösung des Palästinaproblems an. Dem widersetzten sich die radikalen Kräfte, so daß es zum Bruch zwischen beiden Seiten kam. Die radikalen PLO-Gruppen wurden in ihrer Haltung vom syrischen Präsidenten Asad unterstützt. Arafat mußte im Juni 1983 Syrien verlassen und wurde nach längeren Kämpfen im Dezember auch aus Tripolis im Libanon hinausgedrängt. Die 17. Sitzung des PNR im November 1984 in Amman fand ohne Beteiligung der radikalen und mit Syrien kooperierenden PLO-Gruppen statt. Auf dieser Sitzung plädierte König Husain für eine gemeinsame jordanisch-paläst. Initiative auf der Basis der UNO-Resolution 242. Zwischen Husain und Arafat entwickelte sich in der folgenden Zeit eine intensive Zusammenarbeit, und am 11.2.1985 unterzeichneten beide ein Abkommen, demgemäß die Palästinenser im Rahmen einer jordanisch-paläst. Konföderation Recht auf Selbstbestimmung erhalten und Friedensverhandlungen zwischen allen beteiligten Parteien einschließlich der PLO und unter Beteiligung der fünf Mitglieder des Sicherheitsrates stattfinden sollten. Das Amman-Abkommen verschärfte den Gegensatz zwischen Arafat und seinen Gegnern, die nun, mit kräftiger Unterstützung Syriens, die Absetzung Arafats betrieben. Das Amman-Abkommen wurde aber auch von Israel abgelehnt. Selbst die arabischen Staatschefs verwarfen auf der Gipfelkonferenz im August 1985 in Casablanca den Plan Husains.
Wesentliches Hindernis für einen Erfolg der Initiative Husains war die Weigerung Arafats, den UNO-Beschluß 242 anzuerkennen. Als am 1.10.1985 israelische Flugzeuge das PLO-Hauptquartier in Tunis angriffen und am 7.10. Palästinenser das italienische Kreuzfahrtschiff Achille Lauro entführten, hatte sich das politische Klima im Nahen Osten so sehr verschlechtert, daß kaum noch Aussichten für einen Erfolg der Friedensinitiative Husains bestanden. Am 21.10. unterzeichnete Husain mit Syrien einen Vertrag, in dem er sich verpflichtete, keinen Separatfrieden mit Israel abzuschließen. Durch die Annäherung an Syrien endete praktisch die Zusammenarbeit mit Arafat, und am 19.2.1986 kündigte Husain das Abkommen von Amman vom Februar 1985. Damit war ein wesentlicher Grund für die Spaltung der PLO entfallen. Im Libanon entwickelte sich die Lage im Laufe des Jahres 1985 ebenfalls in einer Weise, die die bisherige Frontenbildung innerhalb der PLO in Frage stellte. Nach dem Abzug der israelischen Truppen aus dem Libanon (bis auf eine 10-15 km breite Grenzzone) im Juni 1985 kehrten Arafat-treue PLO-Kämpfer in den Libanon zurück und setzten sich in den paläst. Flüchtlingslagern fest. Die schiitischen Amal-Milizen wollten ein Wiedererstarken der PLO im Libanon mit allen Mitteln verhindern und wurden dabei von Syrien unterstützt. Zwischen beiden Seiten brachen erbitterte Kämpfe aus, die sich insbesondere auf die Flüchtlingslager konzentrierten.

Die Haltung Syriens, das das Vorgehen der Amal-Milizen duldete, stieß bei vielen radikalen, pro-syrischen Gruppen auf offene Kritik. Zahlreiche Mitglieder dieser PLO-Gruppen beteiligten sich an der Verteidigung der Flüchtlingslager und kämpften Seite an Seite mit den Arafat-treuen Palästinensern. Der "Lagerkrieg", der gemäßigte und radikale PLO-Gruppen zusammengeführt hatte, war ein erster Schritt zu einer Wiederannäherung der beiden verfeindeten Parteien der PLO. Angesichts der krisenhaften Zuspitzung in den Flüchtlingslagern, wo die längere Belagerungszeit zu Hungersnöten führte, setzte sich die Überzeugung durch, daß im Interesse einer Stärkung der PLO die Spaltung überwunden werden müßte. Verschiedene arabische Staaten, vor allem Algerien, Libyen und der Südjemen, sowie die Sowjetunion drängten ebenfalls auf eine Beilegung des Streits innerhalb der PLO.

Auf dem Kongreß der Generalunion Palästinensischer Schriftsteller vom 8.-10.2. in Algier, an dem 200 paläst. Delegierte und 60 arabische Delegationen teilnahmen, bot sich die Gelegenheit zu intensiveren Kontakten. Auf Initiative des libyschen Revolutionsführers Qaddafi trafen sich vom 19.-23.3. Vertreter der oppositionellen PLO-Gruppen in Tripolis. (2) Zum Abschluß ihrer Gespräche legten sie ein Strategiepapier vor, in dem sie als Vorbedingung für einen Dialog mit Arafat und für die Wiedervereinigung der PLO die Annullierung des Abkommens von Amman, die Ablehnung der UNO-Resolution 242 sowie den Abbruch der Beziehungen mit Ägypten forderten (SWB, 28.3.). Hingegen wurde die Forderung nach Absetzung Arafats als Vorsitzender der PLO nicht gestellt, was als wesentliche Konzession der radikalen Gruppen gesehen wurde.

Auf Vermittlung des algerischen Präsidenten Bendjedid trafen sich am 10.4. in Algier Vertreter der Fatah sowie der radikalen Gruppen, um die Bedingungen für die Abhaltung des PNR auszuhandeln. (3) Versuche des syrischen Präsidenten Asad, der erneut die Absetzung Arafats forderte, die Zusammenkunft zu verhindern, scheiterten (JoT, 13.4.; M, 14.4.). Nach einem Treffen mit Hawatma und Habash (11./12.4.) gab Arafat am 13.4. offiziell die Annullierung des Abkommens von Amman bekannt; dies wurde am 19.4. vom Exekutivkomitee ratifiziert. Damit war der Weg frei für die Aussöhnung zwischen der gemäßigten Gruppe unter Arafat und den wichtigsten Oppositionsgruppen, nämlich der PFLP Habashs und der DFLP Hawatmas, sowie die Einberufung des PNR.

Vom 20.-26.4. tagte die 18. Sitzung des PNR in Algier. An ihr nahmen neben der Fatah die PFLP, die DFLP, die ALF, die PLF und die KPP teil. Die pro-syrischen Gruppen in Damaskus, die weiterhin die Absetzung Arafats forderten, boykottierten die Sitzung. Sie widersprachen auch der von Habash geäußerten Meinung, daß die 1984 gegründete "Errettungsfront", in der sich die meisten radikalen Gruppen zusammengeschlossen hatten, als aufgelöst zu betrachten sei, da ihre Voraussetzungen (Abkommen von Amman und Spaltung der PLO) entfallen seien (IHT, 21.4.).

Wichtigstes Ergebnis der Sitzung des PNR war, neben der erneut hergestellten Einheit der PLO, die Wiederwahl Arafats zum Vorsitzenden und das Einschwenken Arafats auf die Linie der Radikalen. Der PNR lehnte erneut den UNO-Beschluß 242 als Grundlage für eine Lösung des Palästinaproblems sowie die Verträge von Camp David und separate Abschlüsse mit Israel ab. Er forderte die Einberufung einer Nahostfriedenskonferenz unter Teilnahme der fünf Mitglieder des Sicherheitsrates mit dem Ziel der Errichtung eines unabhängigen paläst. Staates in den von Israel besetzten Gebieten. Die besonderen Beziehungen zu Jordanien wurden anerkannt. Bei der Neuwahl des Exekutivkomitees wurde die Zahl der Mitglieder von 10 auf 15 erhöht; es waren nun wieder die PFLP, DFLP, ALF und PLF sowie erstmals die KP Palästinas vertreten. Die Zahl der Mitglieder des Zentralkomitees wurde von 50 auf 75 erhöht.

Die Beschlüsse des PNR bedeuteten eine Verhärtung in der Haltung der Palästinenser. Von israelischer Seite wurde das Ergebnis dahingehend kommentiert, daß sich die PLO damit aus dem Nahost-Friedensprozeß selbst ausgeschlossen habe (FT, 27.4.). Arafats Einschwenken auf die Linie der Radikalen hatte auf die Beziehungen zu einigen arabischen Staaten unmittelbare Auswirkungen. Die Ablehnung der Verträge von Camp David sowie die Forderung, die Beziehungen zu der ägyptischen Regierung von einem Abrücken Ägyptens von den Verträgen von Camp David abhängig zu machen, lösten in Kairo eine scharfe Reaktion aus. Nachdem bereits die ägyptische Delegation aus Protest gegen die anti-ägyptische Haltung des PNR die Sitzung vorzeitig verlassen hatte, ließ Mubarak am 27.4. die PLO-Büros in Kairo schließen. Auch der marokkanische König Hassan ließ aus Protest gegen die Anwesenheit eines Vertreters der Polisario-Front seine Delegation zurückrufen. Arafat und die gemäßigten Kräfte machten jedoch deutlich, daß sie nicht an einer Verschlechterung der Beziehung zu Kairo interessiert seien und daß sie den Bedingungen der Radikalen nur im Interesse der Wiederherstellung der Einheit der PLO zugestimmt hätten.

Arafat und die gemäßigten Kräfte der PLO bemühten sich in den folgenden Monaten um eine Verbesserung der Beziehungen zu Ägypten. Anläßlich der Gipfelkonferenz der OAU kam es am 27.7. zu einem Treffen zwischen Arafat und dem ägyptischen Präsidenten Mubarak in Addis Abeba. Nach der Wiederaufnahme der diplomatischen Beziehungen der meisten arabischen Staaten mit Ägypten als Folge des Beschlusses der Gipfelkonferenz in Amman wurden auch die Beziehungen zwischen der PLO und Ägypten wieder normalisiert, und am 29.11. wurden die PLO-Büros in Kairo wieder eröffnet. Weniger erfolgreich waren die Bemühungen Arafats um eine Annäherung an Syrien. Im August und Oktober reisten Delegationen der PLO nach Damaskus und trafen mit Vertretern der syrischen Führung zusammen (KuT, 19.10.). Nach der Konferenz von Amman sagte Arafat bezüglich der Beziehungen der PLO mit Syrien, "daß die Atmosphäre positiv und eine neue Seite aufgeschlagen worden sei" (SWB, 23.11.). Außerhalb der arabischen Welt erhielt Arafat die größte Unterstützung von der Sowjetunion, die sich intensiv um die Überwindung der Spaltung bemühte und auch Asad zu einem Einlenken gegenüber Arafat drängte. Während seines Besuchs in Moskau zu den Revolutionsfeierlichkeiten wurde Arafat am 5.11. von Gorbatschow empfangen. Im Libanon wurde trotz wiederholter Waffenstillstandsvereinbarungen die Belagerung der paläst. Flüchtlingslager durch die Amal-Milizen fortgesetzt. Auch ein mit syrischer Vermittlung am 9.11. abgeschlossener Waffenstillstand konnte die Kämpfe zwischen den PLO-Kämpfern und den Amal-Milizen nicht beenden. Die gegen Jahresende sich zu einem allgemeinen Aufstand ausweitenden Unruhen in den von Israel besetzten Gebieten machten erneut die Bedeutung des Nahostproblems und die Dringlichkeit einer Friedenskonferenz zur Lösung des Konflikts deutlich. Allerdings zeigte sich, daß die Initiative zu diesen Unruhen wohl weniger von der PLO als von islamisch-fundamentalistischen Kreisen ausging, was für den Führungsanspruch der PLO als eine ernste Herausforderung betrachtet werden muß.

Anmerkungen

1   Hierbei handelte es sich hauptsächlich um die Volksfront für die Befreiung Palästinas (PFLP) unter George Habash und die Demokratische Volksfront für die Befreiung Palästinas (DFLP) unter Nayif Hawatma.

2   Vertreten waren die PFLP, DFLP, die Palästinensische Befreiungsfront (PLF) unter Tal'at Ya'qub, die Volkskampffront (PSF) unter Samir Ghaush, das PFLP-Generalkommando unter Ahmad Jibril sowie die Gruppe Abu Nidals (SWB, 28.3.1987; M, 28.3.1987).

3   An diesem Treffen nahmen acht Organisationen teil: die Fatah, PFLP, DFLP, die pro-irakische Arabische Befreiungsfront (ALF), PSF, PLF, die Gruppe Abu Nidals sowie die Kommunistische Partei Palästinas (KPP).

Politische Führung der PLO
Zusammensetzung des Exekutivkomitees vom 25.4.1987
Vorsitzender: Yasir Arafat (Fatah)
Mitglieder: Faruq al-Qaddumi (Fatah), Mahmud Abbas Abu Mazin (Fatah), Sulaiman al-Najjab (KPP), Yasir Abd Rabbuh (DFLP), Abu Ali Mustafa al-Zibri (PFLP), Abd al-Rahim Ahmad (ALF), Muhammad Abbas Abu al-Abbas (PLF), Unabhängige: Ilya Khuri, Abdallah Haurani, Mahmud Darwish, Abd al-Razzaq al-Yahya, Jamal al-Saurani, Muhammad Milham, Jawid Ghusain

Chronologie PLO 1987

17.1. - George Habash macht Versöhnung mit Arafat von der Annullierung des Abkommens von Amman abhängig
11.3. - Saudi-Arabien überweist 28,5 Mio. US-$ an die PLO (nach SaG)
19.-23.3. - Zusammenkunft der Gegner Arafats in Tripolis (Libyen); Grundsatz-Dokument nennt Bedingungen für Dialog mit Arafat
10.4. - Vorbereitungstreffen der radikalen PLO-Gruppen und der Fatah in Algier; Treffen Arafats mit dem Führer der DFLP Hawatma am 11.4. und Habash am 12.4.
13.4. - Arafat gibt Annullierung des Abkommens von Amman bekannt; am 19.4. vom Exekutivkomitee gebilligt
20.-26.4. - 18. Sitzung des PNR (Versöhnungssitzung); Wiederherstellung der Einheit der PLO
27.4. - Ägypten schließt PLO-Büros wegen anti-ägyptischer Passage im Schlußkommuniqué
2.5. - Abu Jihad (Khalil al-Wazir) erklärt Normalisierung der Beziehungen zu Ägypten als wichtigste Aufgabe der PLO
5.5. - Der syrische Präsident Asad empfängt George Habash
21.5. - Das libanesische Parlament annulliert den Vertrag von Kairo von 1969, der den PLO-Kämpfern das Tragen von Waffen und Operationen gegen Israel erlaubt; von Präsident Gemayel am 15.6. unterzeichnet
11.6. - Treffen einer Delegation der PLO unter Führung Abu Maizars und einer Delegation der israelischen Linken unter Leitung von Charlie Biton in Budapest
22.-23.6. - Faruq al-Qaddumi, Chef der politischen Abteilung der PLO,

wird in Moskau von Außenminister Schewardnadse empfangen
27.7. - Treffen Arafats mit dem ägyptischen Präsidenten Mubarak während des OAU-Gipfels in Addis Abeba
7.9. - Treffen Arafats mit vier israelischen Knessetabgeordneten in Genf
11.9. - Waffenstillstand zwischen der PLO und den Amal-Milizen
21.9. - Hani al-Hasan, politischer Berater Arafats, führt in Kairo Gespräche mit Usama al-Baz, politischer Berater Präsident Mubaraks
13.10. - Der libysche Revolutionsführer Qaddafi empfängt George Habash
2.11. - DFLP-Chef Hawatma trifft in Algier Amal-Führer Birri; Übereinkunft über Beendigung des Lagerkrieges
5.11. - Arafat wird anläßlich seines Aufenthaltes in Moskau zur Teilnahme an den Revolutionsfeiern von Gorbatschow empfangen
8.-11.11. - Teilnahme Arafats an der außerordentlichen arabischen Gipfelkonferenz in Amman
29.11. - Wiedereröffnung der PLO-Büros in Kairo
3.12. - Schließung des PLO-Büros in Washington wegen Annäherung Arafats an die radikalen Gruppen PFLP und DFLP in Algier
24.12. - Präsident Mubarak empfängt den politischen Berater Arafats Hani al-Hasan

Thomas Koszinowski

III. Konflikte und gesellschaftliche Entwicklungen

Die Entwicklung des Golfkrieges 1987

1. Ein "vergessener Krieg" in neuer Dimension

Der irakisch-iranische Krieg, in den Medien und der Öffentlichkeit über weite Strecken als der "vergessene Krieg" bezeichnet, hat 1987 eine internationale Ausweitung erfahren. Damit wurde endgültig offenbar, daß der Krieg von Anfang an nicht nur eine bilaterale Auseinandersetzung zwischen den beiden unmittelbaren Kriegsgegnern war, sondern die ganze Region betraf, über den Libanon in den geographischen und politischen Raum des arabisch-israelischen Konflikts hineinreichte und hinsichtlich des von beiden Seiten angestrebten Ergebnisses und der damit verbundenen Veränderung der politischen Gewichte in der Region auch die beiden Supermächte berühren mußte. Zugleich aber ließ die dramatische Wende des Kriegsverlaufs namentlich auf Seiten der auswärtigen Großmächte die Entschlossenheit wachsen, nach Wegen der Beilegung des Konflikts zu suchen. Diese manifestierte sich in der Resolution 598 des Sicherheitsrates der UNO vom 20.7.

Das iranische Jahr 1365 (21.3.1986-20.3.1987) war von der iranischen Führung zum Jahr der Entscheidung deklariert worden. Insbesondere Parlamentspräsident Rafsanjani hatte sich wiederholt - nicht zuletzt auch in seinen richtungsweisenden Freitagspredigten - in diesem Sinne geäußert. Tatsächlich waren die militärischen Fortschritte zunächst offenkundig: Zu Beginn 1986 war es den iranischen Truppen zum erstenmal gelungen, den Schatt al-Arab zu überqueren und bei Fao einen Brückenkopf zu errichten, den die irakische Armee trotz einer wochenlangen, mit erheblichem Materialeinsatz geführten Gegenoffensive nicht zurückwerfen konnte. Anfang Juli eroberten iranische Truppen die Stadt Mehran zurück und warfen die Iraker hinter die Grenze zurück, die sie bei Kriegsbeginn überschritten hatten. Optimismus auf weiterreichende Durchbrüche schien nicht unbegründet.

Seit Ende 1986 freilich hat Iran keinen nennenswerten militärischen Fortschritt mehr erzielt. Bereits die verlustreichen Kampfhandlungen zu Weihnachten um die Insel Umm al-Rassas im Schatt al-Arab (Kerbela 4) offenbarten einmal mehr die militärische Achillesferse der iranischen Armee, nämlich das völlige Fehlen eines Luftschirms und von Abwehrmaßnahmen gegen die irakische Artillerie. Die anschließende Offensive Kerbela 5 (Anfang 1987), die einen Vorstoß auf Basra mit dem Ziel der Abschneidung und Einkreisung der Stadt bringen sollte, blieb nach wenigen Tagen liegen. Das Opfer einiger zehntausend Gefallener hatte nichts außer ein paar Quadratkilometern Sumpf eingebracht. Einmal mehr war es nicht gelungen, das tief gestaffelte Abwehrsystem des Irak zu überwinden. Am 20.3. (nachdem auch Kerbela 7 Anfang März nichts erbracht hatte) war das iranische Jahr 1365 ohne die verheißene "Entscheidung" zu Ende gegangen.

Das Auslaufen der selbstgesetzten Frist hat das Regime im allgemeinen und die Position Rafsanjanis im besonderen ebensowenig nachhaltig erschüttert wie die Aufdeckung des Waffengeschäfts mit den USA (--> Iran). Trotz der unübersehbaren Auswirkungen auf die Bevölkerung - dies gilt für die materielle Wirtschaftslage ebenso wie für die psychologische Belastung der Zivilbevölkerung

durch die im Januar und Februar seitens der irakischen Luftwaffe vorgenomme-
nen Städtebombardierungen - und einer gewissen Kriegsmüdigkeit in Teilen der
Bevölkerung wurde über eine Beendigung des Krieges nur in privaten Kreisen
diskutiert; offiziell war es verboten, darüber zu sprechen. Alle wirtschaftlichen
(--> Iran) und propagandistischen Ressourcen wurden in die Fortführung des
Krieges gesteckt. Mehrere in Abständen durchgeführte "Kriegswochen" (hafte-ye
jang) sollten nicht nur die Bevölkerung von der Rechtmäßigkeit der Fortführung
des Krieges überzeugen, sondern auch namentlich Jugendliche motivieren, sich
als Freiwillige (basiji) an die Front zu melden. In wachsendem Maße scheinen
1987 dabei auch die Frauen (als weibliche basiji) zum Einsatz an der Front
vorgesehen worden zu sein. Zugleich wurde anläßlich solcher Kampagnen an die
zivile Wirtschaft appelliert, Gerät (LKWs, Tankwagen etc.) zur Verwendung an
der Front zu "spenden". Im übrigen wurde 1987 der Druck auf potentiell Wehrpflichtige zur Einziehung in die reguläre Armee stärker (wobei sich eine wachsende Zahl von Iranern durch Absetzung ins Ausland zu entziehen suchte).
1987 setzte sich der Aufstieg der "Revolutionsgarden" (pasdaran) zum dominierenden Teil des iranischen Militärs fort. Mit etwa 350.000 Mann nicht nur zah-
lenmäßig stärker als die reguläre Armee (artesh; etwa 100.000 Berufssoldaten und
150.000 Wehrpflichtige), dominieren die Revolutionsgarden heute die Armee in
jeder Weise, so auch bei den militärischen Operationen, der Ausrüstung und beim
Aufbau der Rüstungsindustrie (JoT, 19.10.). Sie haben eigene Ausbildungsstruk-
turen aufgebaut (bis hin zur Militärakademie) und verfügen über eine im Aufbau
befindliche Luftwaffe und Marine. Der Führung der Revolutionswächter unter-
stehen auch die "basij"-Verbände. Insgesamt stellten sich die Pasdaran 1987 als
ein politisch-militärisch-polizeilich-industrieller Komplex von überragender
Machtfülle auch im Inneren des Landes dar.

2. Die USA übernehmen militärisches Engagement

An der Front unter erheblichem militärischem Druck, hat der Irak sich durch
seine Luftwaffe Entlastung zu verschaffen gesucht. So wurde im Januar/Februar
der "Städtekrieg" wieder aufgenommen, bei dem zahlreiche iranische Städte,
einschließlich Teheran, bombardiert wurden. Iran erwiderte diese Angriffe durch
Raketenangriffe auf Bagdad. Dabei war der Schaden an Sachen und Menschen
zwar begrenzt, doch führten die Angriffe zu einer erheblichen Beunruhigung
unter der Bevölkerung. Auch nachdem der Städtekrieg - durch Vermittlung der
Sowjetunion - eingestellt worden war, waren Kraftwerke, Raffinerien und ähnliche Anlagen gelegentlich Ziele irakischer Angriffe. Besonderes Aufsehen erregte
der Angriff auf die von der Kraftwerkunion (KWU) begonnene und seit der
Revolution "eingemottete" Anlage des Kernkraftwerkes in Bushehr am 16.10., bei
dem ein Deutscher ums Leben kam. In Erwiderung irakischer Schläge unternahm
Iran gelegentliche Raketenangriffe; am 15.10. kamen bei einem solchen 32 Schulkinder in Bagdad ums Leben.
Die andere Stoßrichtung des Irak zu seiner militärischen Entlastung war der
"Tankerkrieg". Zu dieser Taktik hatte der Irak bereits in früheren Jahren gegrif-
fen und Tanker angegriffen, die iranische Ölverladeeinrichtungen anliefen oder
im Auftrag der Nationalen Iranischen Ölgesellschaft (NIOC) Öl von Kharg golf-
abwärts transportierten, von wo es weiterverschifft wurde. Die dahinter stehende
Absicht war, den Ölexport Irans so zu behindern, daß das Land mangels Einnahmen schließlich zu einer kompromißbereiteren Haltung gezwungen sein würde.
Iran hatte seinerseits mit Angriffen auf Schiffe, vornehmlich Tanker, reagiert,
die arabisches Öl transportierten. Da der Irak seit den ersten Kriegstagen kein Öl
mehr durch den Golf ausführt, waren die iranischen Maßnahmen gegen andere
Anrainer, vornehmlich Kuwait und Saudi-Arabien, die den Irak massiv unter-

stützen, gerichtet. Damit verband sich in Teheran die Erwartung, daß die arabischen Regierungen Druck auf den Irak ausüben würden, die Angriffe auf Tanker einzustellen.

In den ersten Monaten erfuhr dieser Teil des Krieges eine derartige Eskalation, daß sich die Befürchtung verstärkte, die Schiffahrt im Golf könne nachhaltig behindert werden. Angesichts dieser Bedrohung traten die USA als ein neuer, unmittelbar in die Auseinandersetzungen eingreifender Akteur ins Bild. Washington hatte durch seinen fehlgeschlagenen Versuch, durch Waffenlieferungen wieder mit der iranischen Führung in Kontakt zu treten, auf arabischer Seite spürbar an Vertrauen eingebüßt. Es war der Verdacht aufgekommen, die USA hätten ihre bis dahin gewahrte Unparteilichkeit zugunsten einer Hinwendung zu Iran aufgegeben. Das sich anschließende Verwirrspiel, Washington habe den Irak mit Aufklärungsmaterial versorgt, sowie die darauffolgende Version, es habe beiden Seiten falsche Aufklärungsergebnisse zugespielt, hatten das Prestige der USA weiter beeinträchtigt. In dieser Situation mußten diese ein Interesse haben, auf der arabischen Seite Glaubwürdigkeit zurückzugewinnen. Ende Januar ließ deshalb Außenminister Shultz überraschend verlauten, daß die USA bereit seien, im Golf zu intervenieren, um ihre und ihrer Freunde Interessen zu schützen, wenn sie um Hilfe angegangen würden (KuT, 31.1.). In der folgenden Zeit verstärkten die USA ihre Marine-Bewegungen in der Golf-Region und den angrenzenden Gewässern erheblich.

Die amerikanische Sorge um die Freiheit der Schiffahrt auf dem Golf verstärkte sich, als im März entdeckt wurde, daß Iran Raketen chinesischer Bauart vom Typ "Seidenraupe" an der Meerenge von Hormuz aufgestellt hatte. Wenig später trat Washington mit Kuwait in Verhandlungen darüber ein, elf der 22 Tanker des Emirats unter amerikanische Flagge zu stellen und diese durch amerikanische Schiffe schützen zu lassen. (Bereits im April hatte Kuwait drei kleinere sowjetische Tanker gechartert, die durch ein relativ bescheidenes sowjetisches Flottenaufgebot geschützt wurden.) Wenn Washington zu diesem Zeitpunkt noch unentschlossen war, dann veränderte sich die Situation schlagartig, als am 17.5. die amerikanische Fregatte "Stark" Opfer eines irakischen Luftangriffs wurde. Wenn auch nach Beteuerungen der irakischen Regierung diese Attacke (die 37 Todesopfer forderte) irrtümlich ausgeführt wurde - eine Beteuerung, der man in Washington nach Entsendung einer Untersuchungskommission Glauben schenkte -, bedeutete sie doch eine Wendung der Lage, die durchaus im Interesse Bagdads lag. Die USA waren nunmehr entschlossen, sich für die "Freihaltung der Schiffahrtswege" am Golf zu engagieren und entschlossener als bisher auf eine Beendigung des Krieges hinzuwirken - dies nicht zuletzt auch über den Sicherheitsrat der UNO.

Die erste Maßnahme zur "Freihaltung der Schiffahrtswege" war, daß elf kuwaitische Tanker Anfang Juli unter amerikanische Flagge gestellt wurden. Kuwait, das den Irak seit Kriegsbeginn namentlich durch Geld und die Verfügungsstellung seines Hafens für Lieferungen aller Art unterstützt hatte, war in den vergangenen Monaten mehr als die anderen arabischen Staaten durch iranische Vergeltungsmaßnahmen betroffen gewesen (17 kuwaitische Schiffe waren bis zur Jahresmitte angegriffen worden). Mit der Umflaggung verschaffte sich Washington die Rechtfertigung, zum Schutz der unter amerikanischer Flagge (und einem amerikanischen Kapitän) fahrenden Schiffe angemessene militärische Maßnahmen zu treffen. Am 22.7. lief der erste Schiffskonvoi von zwei Tankern unter amerikanischem Geleitschutz mit Kurs auf die Meerenge von Hormuz aus.

Daß die Aktion gleichwohl unzureichend vorbereitet war, sollte sich bereits am 24.7. erweisen, als der Supertanker Bridgeton auf eine Mine lief und beschädigt wurde. Zugleich tauchten in den internationalen Wasserwegen Minen auf, zu deren Räumung sich das im Golf präsente amerikanische Kontingent nicht in der

Lage sah. So verstärkten nicht nur die USA ihre Minensuch- und -räum-Kapazitäten, sondern forderten auch die Verbündeten auf, ihren Beitrag zur "Freihaltung der Seewege" zu leisten. In wenigen Wochen fuhren, neben französischen und englischen Einheiten (die ohnehin z.T. kontinuierlich in der Region Indischer Ozean/Arabisches Meer operieren), Marineeinheiten, zu einem erheblichen Teil Minenräumkapazitäten, aus Italien, Belgien und Holland am Golf bzw. in den benachbarten Gewässern auf. Zum Höhepunkt der westlichen Präsenz im Spätherbst befanden sich ca. 60 Schiffe (davon etwa 30 aus Europa) in der Region. Die Bundesrepublik, der - nach Auslegung der Regierung - eine Entsendung von Truppen außerhalb des NATO-Verteidigungsbereichs durch das Grundgesetz untersagt ist, beschränkte sich darauf, im Herbst einen Flottenverband in das Mittelmeer zu entsenden, um dort abgezogene und am Golf eingesetzte Einheiten zu ersetzen.

Nach einigen Wochen relativ problemloser Abwicklung der Eskortierung kam es Ende September zu einem ersten Zwischenfall. Ein iranisches Schiff, das nach amerikanischen Angaben beim Minenlegen ertappt wurde, wurde von amerikanischen Hubschraubern angegriffen, samt Besatzung (26 Mann) aufgebracht und später im Golf versenkt (FAZ, 28.9.). Zwar wurde die Besatzung wenige Tage darauf wieder an Iran überstellt, doch hatte das Ereignis die Gefahr einer direkten amerikanisch-iranischen Konfrontation in größere Nähe gerückt. Wenige Tage darauf (8.10.) versenkte ein amerikanischer Hubschrauber drei iranische Schnellboote, als diese sich in aggressiver Absicht näherten. Einen iranischen Raketenangriff auf einen umgeflaggten Tanker in der Nähe Kuwaits (16.10.) beantworteten die USA am 21.10. mit der Zerstörung zweier iranischer Ölplattformen. Ein offenbar als Vergeltungsmaßnahme dafür gedachter Angriff Irans auf einen off-shore Ölterminal, bei dem freilich keine amerikanischen Einrichtungen getroffen wurden (23.10.), hat Washington zwar militärisch unbeantwortet gelassen; doch ist die Eskalation der militärischen Auseinandersetzung schließlich für Washington ein Motiv gewesen, am 27.10. ein Embargo iranischer Einfuhren in die USA zu verhängen (--> Iran).

Das Ergebnis der amerikanischen Entscheidung, kuwaitische Tanker zu schützen, muß zum Ende des Berichtszeitraums gemischt bewertet werden. Zwar konnten kuwaitische Tanker wirksam geschützt werden; auch ist es gelungen, ein Stück amerikanischer Glaubwürdigkeit auf arabischer Seite zurückzugewinnen. Doch war Washington nicht in der Lage - von wenigen kurzen Phasen abgesehen -, seinerseits die irakischen Angriffe auf iranische Tanker und andere Schiffe zu unterbinden. Dies hat dazu geführt, daß Iran nach Wegen gesucht hat, arabische Häfen anlaufende Schiffe zu treffen, was ihm nicht zuletzt durch eine Schnellboottaktik mit fortlaufendem Jahr immer wirksamer gelungen ist. (Bis Ende 1987 wurden insgesamt weit mehr als 200 Schiffe beschädigt.) Dem Ziel, die "Freiheit der Schiffahrt" zu garantieren, kamen die USA deshalb nur bedingt näher. Der Krieg ist im übrigen auch an anderen Fronten weitergeführt worden. So hat es nicht nur an den Landfronten immer wieder kleinere Scharmützel gegeben; auch hat der Irak die Bombardierung ziviler Ziele in Iran ebenso fortgesetzt (gelegentliche Berichte sprechen auch wiederum von Gas-Einsätzen, z.B. M, 30.6.) wie Iran seinerseits die gelegentliche Beschießung Bagdads mit Raketen und die Beschießung Basras mit Artillerie.

3. Internationale Implikationen

Ohne Zweifel hat der massive amerikanische Aufmarsch seinen Eindruck in Teheran nicht verfehlt. So sind zwar von dort immer wieder verbale Drohungen zu hören gewesen, doch hat es sich gehütet, die USA (und ihre Verbündeten) ernsthaft militärisch herauszufordern. Washington wiederum hat versucht, seine beachtliche militärische Präsenz mit niedrigem Profil darzustellen. Insbesondere die geschilderten militärischen Zusammenstöße haben gezeigt, wie sorgfältig die amerikanische Führung den militärischen Einsatz kalkuliert hat und um Verhältnismäßigkeit bemüht war. Wo amerikanische Einrichtungen nicht betroffen waren (Tanker, andere Schiffe, Ölanlagen, Marine etc.), hat sie von direkter Vergeltung abgesehen. Es dürfte nicht zuletzt dieser Zurückhaltung zuzuschreiben sein, daß Iran nicht gesucht hat, den Krieg auszuweiten; dies hätte in dem Maße nahegelegen, in dem die amerikanischen Schiffe die Möglichkeit Irans eingeschränkt hätten, auf die Beschießung iranischer Schiffe durch den Irak angemessen zu antworten. Die oben erwähnte Beschießung einer kuwaitischen Verladeeinrichtung durch eine "silkworm"-Rakete war bis zum Ende des Berichtszeitraums eine Ausnahme.

Trotz der amerikanischen Zurückhaltung kann nicht übersehen werden, daß Washington seine bis dato gewahrte Unparteilichkeit und Neutralität aufgegeben hat. Es hat sich schließlich der irakischen (arabischen) Argumentation angeschlossen, nach welcher Iran die Freiheit der Schiffahrt bedrohe, und die Augen vor der Tatsache verschlossen, daß der Irak seit Jahren aus militärischen und politischen Erwägungen den Tankerkrieg in der Hoffnung geführt hat, dadurch könne Iran an der Lebenslinie getroffen und eines Tages zur Beendigung des Krieges mangels Geldes für Waffenkäufe gezwungen werden. Damit dürften sie aber gegenüber Iran ihren Handlungsspielraum im Hinblick auf eine politische Lösung des Konflikts eher eingeschränkt haben.

In Washington hat die Entscheidung der Regierung zum militärischen Engagement am Golf erhebliche Kritik und eine lebhafte Diskussion ausgelöst. Denen, die mit unterschiedlichen Argumenten die Notwendigkeit eines militärischen Engagements überhaupt bestritten, standen diejenigen gegenüber, die für eine militärische Präsenz unter der Flagge der UNO zur Freihaltung des Wasserweges eintraten. Andere sahen die Interessen der NATO unmittelbar berührt und plädierten für ein entsprechendes Engagement. Der ehemalige Sicherheitsberater von Präsident Carter, Brzezinski, ging sogar so weit, die NATO lediglich als ein Regionalbündnis zu sehen: Nachdem sich die Bedrohung von Europa an den Golf verlagert habe, müßten Kräfte von dort abgezogen und am Golf neu disloziert werden. Im Zuge der fortgesetzten iranischen Attacken gegen arabische Schiffe, die nicht unter dem Schutz der amerikanischen Flotte standen, sind Stimmen laut geworden, daß der Schutz auf alle Schiffe, d.h. auch diejenigen unter nichtamerikanischer Flagge, ausgedehnt werden solle.

Die Zuspitzung der Lage am Golf hat in der internationalen Gemeinschaft das Interesse an einer Beilegung des Krieges wachsen lassen. Zwar hatte es an entsprechenden Lippenbekenntnissen in West und Ost nicht früher gefehlt; doch signalisiert die Resolution 598 des UNO-Sicherheitsrates vom 20.7. (--> Dokumente) nach Zeitpunkt und Inhalt ein konkretes Interesse, einen Konflikt zu beenden, der mit seinen Gefahren der Ausweitung mehr und mehr zu einer Gefährdung auch für die internationale Politik wird.

War der Flottenaufmarsch die militärische Reaktion auf den Tankerkrieg und namentlich die Beschießung der "Stark", so war die Einschaltung der UNO die politische. Daß die Resolution am Ende verabschiedet werden konnte, war im wesentlichen das Ergebnis der Abstimmung der beiden gewichtigsten Mitglieder, der USA und der Sowjetunion.

Auch für Moskau ergab sich aus den Entwicklungen Ende 1986/Anfang 1987 die Notwendigkeit, die bis dahin eingenommene abwartende Haltung (mit Verbindungen gleichermaßen nach beiden Seiten) aufzugeben und eine aktive Beteiligung bei der Suche nach einer Beendigung des Krieges zu übernehmen. Zwar waren konkrete Interessen der Sowjetunion (so etwa wirtschaftliche) nur am Rande berührt; und auch sowjetische Schiffe waren nur sehr selten von den

Kampfhandlungen betroffen. Auch die Schwankungen in den Beziehungen zu Iran hätten Moskaus Haltung nicht nachhaltig zu bestimmen brauchen. Was eigentlich zählte, war das zunehmende Befremden auf arabischer Seite gegenüber der Untätigkeit Moskaus angesichts der Angriffe auf arabische Schiffe und damit die "Freiheit der Schiffahrt". Spätestens mit der Verstärkung des amerikanischen Engagements konnte sich Moskau dem Druck, sich an der Suche nach einer Lösung der Krise zu beteiligen, nicht entgegenstellen.

Gleichwohl zeigt die sowjetische Politik im Golfkonflikt ambivalente Aspekte. So haben sich auf der einen Seite die bilateralen Beziehungen Moskaus zu Teheran lebhaft weiterentwickelt (--> Iran). Andererseits haben sowjetische Erklärungen die Neigung Moskaus für irakische Positionen kaum verkennen lassen. In einer Erklärung von Mitte Januar, die weithin als eine direkte Warnung an Iran verstanden wurde, den Krieg zu beenden und von der Forderung nach dem Sturz Saddam Husains abzurücken, wurde festgestellt, daß keine unübersteigbaren Hürden für eine Beilegung bestünden und "militärische Methoden" eine Endlösung nur in noch weitere Ferne rückten (IHT, 15.1.). Zugleich wurden - in Anspielung auf das kurz zuvor aufgedeckte amerikanisch-iranische Waffengeschäft - die USA beschuldigt, zur Verlängerung des Krieges beizutragen. In diesem Sinne hat die sowjetische Führung in der Folgezeit bei verschiedenen Anlässen Iran aufgefordert, den Krieg zu beenden; Meinungsverschiedenheiten, wie beim Besuch Außenminister Velayatis in Moskau im Februar wurden dabei in Kauf genommen. Zugleich wurde von Moskau die Forderung nach der Freiheit der Schiffahrt im Golf erhoben. Eine rege Reisediplomatie hochrangiger sowjetischer Politiker nicht nur nach Bagdad, sondern auch in die Emirate am Golf sollte ein übriges dazu beitragen, das Image der Sowjetunion als einer friedenstiftenden Macht zu einem Zeitpunkt zu verbessern, da es mit der Glaubwürdigkeit der USA auf arabischer Seite nicht zum besten stand.

4. Die Resolution des Sicherheitsrates 598

Der iranische Angriff auf ein sowjetisches Schiff vor der Küste der Vereinigten Arabischen Emirate (VAE) scheint auch in Moskau die Bereitschaft gesteigert zu haben, eine gemeinsame Initiative zur Beendigung der Kampfhandlungen über den Sicherheitsrat der UNO zu unterstützen. Bereits Anfang des Jahres hatte Generalsekretär Perez de Cuellar einen entsprechenden Schritt angeregt, doch hatten sich die Gespräche unter den fünf ständigen Mitgliedern mehr als fünf Monate hingezogen, bis Mitte Juni zu einem Einvernehmen kam, dessen Ergebnis dann den zehn nicht-ständigen Mitgliedern unterbreitet werden konnte. Am 20.7. schließlich wurde vom Sicherheitsrat einstimmig eine Resolution (Nr. 598) verabschiedet. Darin werden Iran und der Irak aufgefordert, ihre Kampfhandlungen sofort einzustellen und ihre Truppen auf die völkerrechtlich anerkannten Grenzen zurückzuziehen (FAZ, 22.7.). Neu und ungewöhnlich an dieser Resolution ist die ausdrückliche Berufung auf Kapitel VII der UNO-Charta, das den Sicherheitsrat im Falle von Verletzungen ermächtigt, mit Zwangsmaßnahmen gegen die Friedensstörer vorzugehen. Die verabschiedete Resolution reflektierte gegenüber dem Entwurf die Bemühungen einiger nicht-ständiger Mitglieder, namentlich auch der Bundesrepublik Deutschland, den Text so zu fassen, daß er der iranischen Seite mehr entgegenkam als frühere Resolutionen der UNO. Die USA hätten gern die Drohung mit einem Waffenembargo in die Resolution aufgenommen, konnten sich damit jedoch nicht durchsetzen. Die Bemühungen, die Resolution in Kraft zu setzen, bestimmten in den folgenden Wochen die diplomatischen und politischen Aktivitäten. Während der Irak die Resolution begrüßte und seine Bereitschaft erklärte, mit dem Generalsekretär und dem Sicherheitsrat zusammenzuarbeiten (unter dem Vorbehalt, daß auch Iran die

Resolution annehme; BO, 23.7.), waren die Reaktionen aus Teheran kritisch bis ablehnend. Als die offizielle iranische Stellungnahme am 14.8. veröffentlicht wurde, war diese zwar geschmeidiger als die ersten Reaktionen (dazu dürfte auch die Haltung des deutschen Außenministers beigetragen haben; --> Iran), und erklärte sich Teheran zu einer weiteren Zusammenarbeit mit dem Sicherheitsrat bereit; doch hielt es an der Forderung fest, daß eine klare und eindeutige Schuldzuweisung hinsichtlich des Kriegsbeginns an die irakische Seite Bedingung für ein Eingehen auf einen Waffenstillstand sei. Auch das Aufziehen der massiven amerikanischen Militärpräsenz sowie die fortgesetzten irakischen Angriffe auf iranische Tanker waren nicht geeignet, ein Klima zu schaffen, in dem Iran hätte geneigter werden können, sich auf die Implementierung der Sicherheitsratsresolution einzulassen. So vermochte auch der persönliche Besuch des Generalsekretärs der UNO Mitte September in Teheran nicht, die iranische Führung umzustimmen. Sie blieb bei ihrer Forderung nach der Bestrafung des Aggressors.

Zum Ende des Berichtszeitraums war der Konflikt trotz des amerikanischen Flottenaufmarsches und der Resolution seinem Ende nicht näher gekommen. Es zeigte sich bald, daß der Konsens zwischen den beiden Supermächten, der die Voraussetzung für die Verabschiedung der Resolution gewesen war, letztendlich nicht weitreichend genug war, das Begonnene konsequent fortzusetzen. Als deutlich wurde, daß Iran keine Anstalten machte, die Resolution 598 zu implementieren, wurden in Washington die Stimmen lauter, die im Sinne der Resolution nunmehr Sanktionen forderten. Nach Lage der Dinge wäre nun der nächste Schritt, daß der Sicherheitsrat Sanktionen beschlösse, die im wesentlichen wohl ein Waffenembargo gegen Iran zum Inhalt haben müßten. Weit weniger exponiert als die USA, die militärisch hohes Profil gezeigt haben, hat Moskau keine Eile gezeigt, einen solchen Schritt zu tun. Vielmehr suchte es, die Situation propagandistisch auszunutzen, indem es die Forderung erhob, zunächst müsse die Militärpräsenz, die eine Verletzung der Resolution 598 darstelle, aus dem Golf abgezogen werden. Dann sei Moskau zu weiteren Maßnahmen, u.a. auch einer Minensuchaktion bereit. Und während es forderte, die Resolution 598 zu verwirklichen, setzte es nicht nur die Unterstützung des Irak fort, sondern intensivierte auch die Beziehungen mit Iran. Erst gegen Jahresende scheint die Sowjetunion wieder geneigter zu sein, über weitere gemeinsame Schritte zu sprechen. Ursache dafür dürften das wachsende Befremden auf arabischer Seite über das "Doppelspiel" Moskaus und namentlich die immer deutlichere Kritik aus Bagdad an Moskaus Golfpolitik sein.

5. Entwicklungen im arabischen Umfeld

Auch 1987 war der Krieg nicht auf die beiden kriegführenden Parteien beschränkt, sondern hat weite Teile des angrenzenden arabischen Raumes berührt. Trotz einer Reihe dramatischer Zusammenstöße (allen voran das Massaker unter den Mekkapilgern) ist die regionale Gesamtkonstellation im großen und ganzen relativ unverändert geblieben. Lediglich die deutliche Verstärkung der Rolle Ägyptens innerhalb des arabischen Lagers bedeutete eine signifikante Veränderung im Sinne seiner Konsolidierung.

1987 ist Kuwait in wachsendem Maße in den Mittelpunkt der destabilisierenden Auswirkungen des Krieges getreten. Die Wahl des Emirats als Austragungsort der fünften Gipfelkonferenz der "Organisation Islamischer Konferenz" war aufgrund der Unterstützung des Irak auf den Widerstand Irans gestoßen, das durch politischen Druck und militärische Drohgebärden eine Verlegung durchzusetzen gesucht hatte. Daß neben Präsident Mubarak auch Hafiz al-Asad teilnahm, war insofern bezeichnend, als sich darin sowohl die Rückkehr Ägyptens als auch eine gewisse Distanz Syriens von Iran andeuteten. Das Schlußkommuniqué, das im

übrigen vorwiegend arabischen Problemen gewidmet war (MD, Naher Osten,
30.1.; KuT, 30.1.), läßt Versöhnlichkeit und die Bereitschaft erkennen, die Brük-
ken zu Iran nicht abzubrechen. "Voller Schmerz über die schweren menschlichen
und materiellen Verluste" rufen die Könige und Staatschefs dazu auf, die militärischen Operationen unverzüglich einzustellen, und fordern die kriegführenden
Seiten auf, ihre Truppen auf die international anerkannten Grenzen zurückzuziehen.
Die - nach langem Zögern doch noch zustande gekommene - Teilnahme Syriens
deutet die - wenn auch begrenzte - Bewegung an, die auch das Allianzverhalten
Syriens, das in den zurückliegenden Jahren die Rolle einer arabischen Vormacht
zu spielen suchte (--> Naher Osten in den 80er Jahren), erfahren hat. Syriens
Allianz mit Iran begann schwieriger zu werden, als es diesem Anfang 1986 gelang, bei Fao einen Brückenkopf auf der irakischen Seite des Schatt al-Arab zu
erobern und zu halten. Damit war nicht nur klar, daß Iran aus der Defensive zur
Offensive übergegangen, also zum Angreifer geworden war, sondern auch arabisches Gebiet zu besetzen begonnen hatte. Die wachsende internationale Isolierung
aufgrund tatsächlicher bzw. vermuteter Verwicklung in terroristische Aktivitäten
sowie die innerarabische Isolierung aufgrund der Teilnahme am "Lagerkrieg", d.h.
an der Einschließung und Beschießung von Palästinenserlagern im Libanon, und
schließlich die durch die Unterbrechung arabischer Finanzhilfe sich verschärfen-
de wirtschaftliche Lage - alles dies erhöhte den Druck auf die syrische Führung,
wieder deutlicher arabische Solidarität zu zeigen. Namentlich der "Lagerkrieg", in
dem Iran und pro-iranische Kräfte im Libanon auf die palästinensische Seite
traten, verschärfte zugleich die Spannungen mit Iran, die zu Jahresbeginn 1987 an
den Bruchpunkt zu gelangen drohten. Gleichwohl ist das wechselseitige Interesse
aus politischen, wirtschaftlichen und militärischen Elementen durch den Berichtszeitraum hindurch so stark geblieben, daß beide Seiten in der Erhaltung der
Beziehungen den größeren Nutzen sahen. Auch Libyen, der andere arabische
Staat, der sich der Allianz mit dem Irak verweigerte, veränderte seine Position
nur unwesentlich. Zwar waren die Beziehungen in den ersten Monaten des Jahres
vorübergehend abgekühlt, als Iran einen Vermittlungsvorschlag des libyschen
Revolutionsführers zurückwies, und wurden die diplomatischen Beziehungen mit
dem Irak im September nach zweijähriger Unterbrechung wieder aufgenommen,
doch betonte die libysche Führung wiederholt, daß sie an der Allianz mit Iran in
seinem Kampf gegen "reaktionäre, zionistische und imperialistische Kräfte"
unerschütterlich festhalte.
Trotz der Annäherung Syriens an das arabische Lager waren Syrien und der Irak
einer Aussöhnung nicht näher gekommen. Ende April haben sich durch jordanische und saudiarabische Vermittlung die beiden Präsidenten im jordanisch-
syrisch-irakischen Dreiländereck zu zweitägigen Gesprächen getroffen, bei denen
auch König Husain und der saudische Kronprinz Abdallah zugegen waren. Und
es darf angenommen werden, daß auch die Sowjetunion zu einem solchen Schritt
gedrängt hatte, da er unmittelbar im Anschluß an eine Moskau-Reise Hafiz
al-Asads zustande kam. Dabei dürften die zahlreichen Probleme zwischen beiden
Ländern erörtert worden sein (NZZ, 7.5.; M, 6.5.). Zu einem offiziellen Gipfeltreffen, das weithin erwartet worden war, kam es allerdings nicht. Auch die mit
hohen Erwartungen verbundene persönliche Begegnung der beiden Präsidenten
auf der Gipfelkonferenz der Arabischen Liga in Amman im November hat zu
keiner Versöhnung geführt. Statt der Annäherung an Bagdad hat sich die syrische
Diplomatie in den folgenden Monaten darauf konzentriert, eine Annäherung
zwischen Teheran und den Golfstaaten zustande zu bringen. Dies hat die irakische Regierung befremdet, die darin den Versuch Syriens sieht, jene zur Aufgabe
ihrer Unterstützung für Bagdad zu bringen.

Der schärfste Zusammenstoß zwischen Iran und dem Umfeld des Kriegsgegners Irak war das Massaker von Mekka, bei dem am 31.7. bei der Durchführung der Wallfahrt anläßlich eines Zusammenstoßes zwischen saudiarabischen Ordnungskräften und demonstrierenden Pilgern über 400 Menschen, davon mehr als die Hälfte iranischer Herkunft, den Tod fanden (--> Mekka). Damit war ein prekärer modus vivendi zwischen den beiden Staaten zerbrochen, der in den vergangenen Jahren immerhin auch diplomatische Kontakte auf hoher Ebene möglich gemacht hatte. In Teheran wurden die Botschaften Saudi-Arabiens und Kuwaits von einem Mob überfallen, und die iranische Regierung und Ayatollah Khomeini riefen zum Sturz des saudischen Regimes auf; die saudische Regierung ihrerseits scheint den Irak zu einer härteren Gangart im Krieg gedrängt zu haben. Der politischen Spannung ging nahezu für den ganzen Rest des Jahres eine Art religiös-theologische Auseinandersetzung einher, in der beide Seiten die islamische Rechtgläubigkeit der anderen Seite in Frage zu stellen suchten. Zudem forderte Teheran, daß die Heiligen Stätten unter internationale islamische Verwaltung gestellt würden. Hatte es freilich erwartet, daß sich Saudi-Arabien einem Aufruhr der Muslime gegenüber sehen werde, so sah es sich getäuscht. Die Solidarisierung der Mehrheit der Muslime mit Saudi-Arabien - dies ist zumindest auf der Ebene der Regierungen leicht zu dokumentieren - war unübersehbar.

Ein Reflex dieser Ereignisse im besonderen wie der Wahrnehmung einer wachsenden Bedrohung durch den anhaltenden Krieg im allgemeinen ist dann auf der Gipfelkonferenz der Mitglieder der Arabischen Liga vom 8.-11.11. in Amman zu erkennen, die zum erstenmal dem Golfkrieg einen höheren Stellenwert als dem arabisch-israelischen Konflikt einräumte. Im Kommuniqué wird nicht nur Iran wegen der Fortsetzung des Krieges scharf kritisiert; die Teilnehmer appellieren auch an die internationale Gemeinschaft, "ihrer Verantwortung nachzukommen... und die notwendigen Maßnahmen zu treffen, damit das iranische Regime auf die Friedensappelle reagiert" (MD, Nahost, 12.11.). Daß gleichwohl nicht alle Brücken abgebrochen wurden, geht aus der Schlußerklärung der achten Gipfelkonferenz des Golfkooperationsrates (GCC) hervor, die in Text und Ton Iran gegenüber deutlich zurückhaltender ausfiel und keine der harten Formulierungen aus Amman übernahm. Auch wurde die Solidarität mit dem Irak keineswegs so nachdrücklich herausgestellt wie dort (M, 31.12.; JoT, 10.1.1988).

In der Tat haben sich auch hinter dem Rauchvorhang der militärischen Eskalation Differenzierungen in den Beziehungen der einzelnen Golfstaaten zu Iran nicht übersehen lassen. Während Kuwait der Gefährdung durch Iran und den Krieg am weitesten ausgesetzt war, so daß es sich unter amerikanischen Schutz stellen zu müssen glaubte (eine Maßnahme allerdings, die keineswegs mit ungeteiltem Beifall von allen Golfanrainern und anderen Arabern aufgenommen wurde), und Saudi-Arabien durch den Mekka-Vorfall zu einer härteren Gangart gezwungen wurde, haben vor allem die VAE und Oman die Beziehungen zu Teheran so gut als möglich zu halten gesucht. Über die VAE wird nicht nur ein Teil des offenen (und verdeckten) Handels mit Iran abgewickelt; auch diplomatisch waren beide Seiten in engem Kontakt, und 1987 (Ende Mai) war Außenminister Velayati der ranghöchste iranische Besucher in Abu Dhabi. Wie viel auch Oman an guten Beziehungen zu Teheran liegt, erwies sich, als es nach der Gipfelkonferenz von Amman einen Sonderbotschafter in die iranische Hauptstadt entsandte, um etwaige Mißverständnisse und Befremdungen dort aufzuklären. Auch das Kommuniqué des oben erwähnten Gipfels des GCC trägt die Handschrift der VAE und Omans. Die positivste und längerfristig wohl weitreichendste Entwicklung im arabischen Umfeld des Golfkriegs ist die Rückkehr Ägyptens ins arabische Lager. Zwar ist eine Wiederaufnahme in die Arabische Liga noch nicht beschlossen, doch hat die Entscheidung des Gipfels von Amman, es jeder arabischen Regierung freizustellen, die diplomatischen Beziehungen wiederherzustellen (worauf alle Golfstaaten einschließlich des Irak positiv reagiert haben), den Weg freigemacht, das Land in eine Sicherheitspartnerschaft am Golf aufzunehmen. Damit ist ein wichtiges Element der Stabilisierung in das arabische Lager gekommen. Wie weit diese Sicherheitspartnerschaft gehen wird, ist Anfang 1988 noch ungewiß. Während seines Besuchs bei den sechs Mitgliedern des GCC Anfang Januar 1988 hat Präsident Mubarak jedenfalls wiederholt die Bereitschaft Ägyptens unterstrichen, den "Arabischen Golf" gegen jede Aggression zu verteidigen, da die Verteidigung der Region Teil der Sicherheitsverantwortung Ägyptens sei (z.B. KuT, 12.1.1988).

6. Aussichten zur Jahreswende 1987/88

Ende 1987 fällt auf, daß die in den Vorjahren zur Jahreswende einsetzende Großoffensive (1986/87 Kerbela 5) ausgeblieben ist. Dafür dürfte es eine Reihe von Ursachen geben: Zum einen hat die Verschlechterung der wirtschaftlichen Gesamtsituation auch Auswirkungen auf die materielle Kapazität Irans gehabt, kostenaufwendige Schlachten zu schlagen; zudem ist die Unterstützung in der Bevölkerung für den Krieg trotz anhaltender Mobilisierungskampagnen weiter spürbar abgebröckelt. Zum anderen lassen sich - wenn auch nur vage - Anhaltspunkte für eine diplomatische Bewegung erkennen, die erst abgeklopft werden sollten, und die es möglich machen, ohne Gesichtsverlust das Kriegsgeschehen eine Weile anzuhalten. Und zum dritten schließlich beinhaltet ein neuerlicher iranischer Angriff unwägbare Risiken in der Reaktion der beiden Großmächte, die sich entschiedener noch als 1987 zu einem gemeinsamen Druck auf Teheran entschließen könnten.

In der Tat werden es die Großmächte sein, von deren Entscheidungen auch 1988 wesentliche Impulse auf die Gesamtsituation ausgehen werden. Während aus Washington noch widersprüchliche Signale hinsichtlich der amerikanischen militärischen Präsenz im Golf kommen, und auch die arabischen Partner der USA die Wirksamkeit der amerikanischen Präsenz unterschiedlich zu beurteilen scheinen, hat Moskau mit der Ankündigung der Aufnahme diplomatischer Beziehungen zu Saudi-Arabien Ende Januar einen weiteren Schritt getan, der es der Sowjetunion gestatten dürfte, ihre Position in der Region zu festigen.

Udo Steinbach

Die iranisch-saudiarabische Kontroverse um die Zusammen-
stöße während der Pilgerfahrt in Mekka

1. Die Bedeutung der Pilgerfahrt

Die Pilgerfahrt nach Mekka, der Hajj, zählt zu den fünf Grundpflichten des
Islam, die jeder Muslim einmal im Leben vollziehen sollte, sofern es die Umstän-
de erlauben. Während die Pilgerfahrt früher beschwerlich und nicht selten ge-
fährlich war, ist sie heute mit Hilfe der modernen Verkehrsmittel, wie dem Auto
und dem Flugzeug, relativ leicht zu bewältigen, vorausgesetzt, daß es die finanziellen Mittel gestatten. In den letzten Jahren ist die Zahl der Pilger nach
Saudi-Arabien (S.) stark gestiegen. 1987 kamen 960.686 (1986: 856.718) Pilger aus
dem Ausland, davon 694.186 mit dem Flugzeug, 224.515 auf dem Landwege und
41.585 auf dem Seewege. Das größte Kontingent stellten die Iraner mit 157.395
Pilgern, gefolgt von den Ägyptern mit 97.216, den Türken mit 96.711 und den
Nordjemeniten mit 61.416 Pilgern (SaG, 3.8.).
Für die saud. Behörden ergeben sich daraus enorme organisatorische Aufgaben,
zumal zu den ausländischen Pilgern noch über eine Mio. saud. Pilger hinzukommen, so daß sich zur Zeit der Pilgerfahrt über zwei Mio. Menschen in Mekka
aufhalten. S. muß für die Unterkunft, Verpflegung und die medizinische Betreuung der Pilger sorgen. Allgemein wird anerkannt, daß die Organisation der Pilgerfahrt durch die saud. Behörden vorbildlich ist und kaum Anlaß zu Klagen
gibt. Die Pilgerfahrt ist ein Höhepunkt im Leben eines Muslims. Bei dem Vollzug
der eigentlichen Pilgerriten in Mekka konzentriert sich der Pilger, der sich zu
dieser Zeit in einem Weihezustand befindet, ganz auf die religiösen Zeremonien.
Tätigkeiten anderer Art, wie politische Versammlungen oder Demonstrationen,
liegen ihm fern und sind nicht üblich. Dieser allgemein anerkannte Konsens, daß
sich Pilger jeglicher politischer Aktivitäten enthalten, wird seit der islamischen
Revolution durch Khomeini von den iranischen Pilgern in Frage gestellt. Unter
dem Einfluß und den Aktivitäten der iranischen Pilger hat sich das Klima während der jährlichen Pilgerfahrt in der jüngsten Vergangenheit spürbar verändert.
Von den saud. Behörden wird beklagt, daß die iranischen Pilger in den vorangegangenen sieben Jahren bei fast jeder Pilgerfahrt taktlose und demagogische
Aktivitäten, die dem wahren Verständnis der Pilgerfahrt zuwiderliefen, entwik-
kelt und Unruhe und Verwirrung gestiftet hätten. (1)
Von saud. Seite war man offensichtlich bemüht, die an Provokation grenzenden
Aktivitäten der iranischen Pilger herunterzuspielen, um die Öffentlichkeit und
die Pilger nicht zu beunruhigen und die Beziehungen zu Iran nicht unnötig zu
belasten. So wurden Informationen über den Versuch der Iraner, während der
Pilgerfahrt 1986 Explosivstoffe in den Taschen iranischer Pilger nach S. zu
schmuggeln, geheimgehalten und erst nach den Ereignissen während der Pilgerfahrt 1987 veröffentlicht. Wie in den vorangegangenen Jahren ließen die saud.
Behörden auch 1987 ein Verbot an alle Pilger ergehen, Bücher, Bilder und Flug-
blätter politischen und propagandistischen Inhalts mit sich zu führen und drohten
bei Zuwiderhandlung Strafen an. (2) Gleichzeitig wurde die Kritik der Iraner an
der Organisation der Pilgerfahrt und deren Forderung nach Aufhebung der "Re-

striktionen, die die Bewegung der Pilger behindern und sie davon abhalten, ihre Pflichten auszuüben", zurückgewiesen (SWB, 6.7.). Ungeachtet dieser Warnung war die iranische Führung auch 1987 entschlossen, während der Pilgerfahrt in Mekka, und ebenso in Medina, politische Demonstrationen und Märsche durchzuführen. In einer Botschaft rief Khomeini die iranischen Pilger auf, an diesen Demonstrationen teilzunehmen, jedoch "islamische Disziplin" zu wahren und andere Muslime zur Teilnahme an dieser polit-religiösen Zeremonie zu bewegen (TT, 29.7.)

Am 31.7. hielten iranische Pilger, rund 100.000, wie geplant ihren Marsch ab, in dessen Verlauf es zu Zusammenstößen zwischen iranischen Pilgern und saud. Sicherheitskräften kam, wobei mehrere hundert Pilger getötet und mehrere tausend verletzt wurden.

2. Die Ereignisse vom 31. Juli 1987 in Mekka aus saudiarabischer Sicht

Nach Darstellung des saud. Innenministeriums (3) veranstaltete eine große Zahl von Iranern eine Demonstration, die unter den Pilgern in der Großen Moschee Unruhe und Verwirrung verursachte, Straßen blockierte und Pilger sowie zivile Personen viele Stunden in der nachmittäglichen Hitze festhielt. Nichtiranische Pilger und saud. Zivilisten hätten zunächst versucht, friedlich zu intervenieren und die Anführer des Marsches zu überreden, den Weg für Frauen und Kinder in Autos und Bussen freizugeben. Diese hätten jedoch darauf bestanden, ihren Marsch fortzusetzen (in Richtung Große Moschee). Daraufhin hätten die Iraner begonnen, die saud. Zivilisten und andere Pilger, die sich ihnen in den Weg stellten, zur Seite zu drängen. Zu diesem Zeitpunkt hätten sich die sich in der Nähe aufhaltenden Sicherheitskräfte darum bemüht, Zusammenstöße zwischen den Iranern auf der einen und Saudis und anderen Pilgern auf der anderen Seite zu verhindern. Die Iraner jedoch, die Stöcke, Messer und Steine versteckt unter ihren Kleidern mit sich führten, hätten nun die Sicherheitskräfte angegriffen. Darauf sei an die Sicherheitskräfte der Befehl ergangen, der Demonstration entgegenzutreten und Ruhe und Ordnung wieder herzustellen. Als sich die Iraner in rücksichtsloser Weise zurückzuziehen begonnen hätten, wäre es zu panikartigen Tumulten gekommen. Frauen, Alte und Behinderte seien zu Boden gestürzt und zu Tode gekommen. Nach kurzer Zeit sei ein Handgemenge zwischen den iranischen Demonstranten, der Sicherheitspolizei und saud. Zivilisten entstanden. Die Iraner hätten Autos in Brand gesetzt und Fahrzeuge von Sicherheitskräften und Zivilisten zerstört. Sie hätten auch versucht, einige Gebäude in Brand zu setzen, seien aber durch die zivile Verteidigung daran gehindert worden. Schließlich hätten die Sicherheitskräfte die Demonstranten zerstreut und die Lage unter Kontrolle gebracht, so daß die Straßen wieder für den Verkehr und die Pilger frei wurden. Nach Angaben des Innenministeriums wurden während der Ausschreitungen in Mekka 402 Menschen getötet und 649 verletzt. Unter den Toten befanden sich 275 iranische Pilger, in der Mehrzahl Frauen, 85 Saudiaraber, sowohl Sicherheitsbeamte als auch Zivilisten, sowie 42 Pilger anderer Nationalitäten. Bei den Verletzten handelte es sich um 303 iranische Pilger, 145 Saudiaraber - Sicherheitskräfte und Zivilisten - sowie 201 Pilger aus anderen Ländern.

Auf die iranischen Behauptungen, daß die Sicherheitskräfte von der Schußwaffe Gebrauch gemacht hätten, reagierten die saud. Behörden äußerst scharf. Berichte der Sicherheitskräfte und Videoaufnahmen würden hinlänglich belegen, daß nicht ein einziger Schuß abgegeben worden sei. Ganz im Gegenteil, so wurde mitgeteilt, hätten Sicherheitskräfte Messerstiche in der Brust und im Bauch davongetragen, die von bewaffneten Pilgern herrührten. Gleichzeitig hieß es in der Erklärung des Innenministeriums: "Wir haben lange und intensiv versucht, Bande der Verständigung und der Freundschaft mit der iranischen Regierung auf direktem Wege und durch Vermittlung zu knüpfen. Wir haben in der Vergangenheit auch gewisse Überschreitungen unserer Vorschriften übersehen, nicht aus Schwäche, sondern aufgrund unseres Vertrauens auf Gott und des Glaubens an unsere Stärke und um die Interessen von nahezu zwei Mio. Pilgern, die zur Durchführung ihrer Pflichten ins heilige Land kommen, zu sichern" (AN, 2.8.). In einer Pressekonferenz (4) warf der saud. Innenminister den Iranern vor, sie hätten die Geduld der Saudis in den vergangenen Jahren als Schwäche ausgelegt und geglaubt, sie könnten machen, was sie wollten. Die saud. Behörden hätten die Demonstration auch nicht erlaubt. Zugleich betonte er, daß S. die Wiederholung solcher Ereignisse nicht zulassen werde.

3. Die Anschuldigungen der iranischen Führung

In Teheran reagierte man auf die blutigen Ereignisse in Mekka mit äußerster Empörung. Die Darstellung der iranischen Seite über die Ereignisse wich in wesentlichen Punkten von der saud. Version ab. In einem ersten Bericht beschuldigte der iranische Präsident Khamenei die saud. Seite, daß sie diese Zusammenstöße provoziert habe. Die iranischen Pilger seien plötzlich von einer offensichtlich organisierten Gruppe angegriffen worden. Man hätte sie mit Steinen beworfen und mit Knüppeln geschlagen. Unmittelbar nach Beginn dieser Auseinandersetzungen sei die saud. Polizei eingetroffen und habe begonnen, in die Menge zu schießen. Des weiteren sei Tränengas eingesetzt worden (SWB, 3.8.). In einer Rede vor Botschaftern der islamischen Staaten am 2.8. sagte der iranische Präsident, daß die Aktion von den Saudiarabern durchgeführt worden sei, um die islamische Revolution zu erniedrigen und herauszufordern. Alles deute darauf hin, daß die Aktion im voraus geplant worden sei (SWB, 5.8.).
Einem Bericht des Leiters der iranischen Pilger, Hujjat al-Islam Karrubi, zufolge hatten die iranischen Vertreter mit den zuständigen saud. Stellen vorher über die Demonstration und die Route gesprochen, nachdem der Marsch von der saud. Seite genehmigt worden war (SWB, 3.8.). In den zurückliegenden Jahren hätten ähnliche Demonstrationen stattgefunden, ohne daß es dabei zu Zwischenfällen gekommen wäre. Dieses Jahr habe der Marsch in der üblichen Weise begonnen, aber es sei schon bald deutlich geworden, daß eine Konfrontation geplant war. Polizei und Zivilisten hätten mit Gegenständen wie Steinen, Flaschen und Holzteilen von Dächern auf die iranischen Pilger geworfen. Diese hätten jedoch nicht darauf reagiert, da sich an der Spitze der Demonstration viele Frauen und Behinderte (Kriegsversehrte in Rollstühlen) befunden hätten. Sie hätten nur "Allahu akbar" (Gott ist groß) gerufen. Dann hätte die Polizei mit Knüppeln auf die Demonstranten eingeschlagen. Anschließend sei geschossen worden. Eine Flucht sei nicht möglich gewesen, da die Nebenstraßen sowie die Hauptstraße zur Großen Moschee in beiden Richtungen blockiert gewesen seien. Inmitten der Schießerei sei dann Tränengas eingesetzt worden. Den einzigen Fluchtweg boten anliegende Häuser von Saudiarabern. Nach dem Bericht Karrubis sind 600 Personen vermißt, davon 45 % Frauen, und ungefähr 4100 Personen verletzt.
Nach Aussage des für die medizinische Betreuung der iranischen Pilger zuständigen Arztes Dr. Delshad wurden etwa 5000 Personen verletzt und 319 Personen getötet. Die meisten seien durch Schläge auf den Kopf ums Leben gekommen, einige durch Schüsse und manche durch Einwirkung von Gas, andere seien totgetreten worden (SWB, 5.8.).
Bereits am Tag nach den Ereignissen in Mekka fand in Teheran eine Massende-

monstration aus Protest gegen das "Massaker von Mekka" statt, auf der der
Parlamentssprecher Rafsanjani eine Rede hielt. In der Ankündigung des Rund-
funksprechers hieß es, daß von den über eine Million Demonstranten an den
Straßen Rufe zu hören gewesen seien wie: "O weh, o Muhammad, sie haben
Gottes Pilger getötet. Wenn der Imam befiehlt, wird Fahd nicht am Leben bleiben. Tod der faschistischen saud. Polizei! Tod Amerika! Wenn der Imam befiehlt,
wird die Kaaba befreit" (SWB, 4.8.).
In seiner Rede bezeichnete Rafsanjani die Ereignisse von Mekka als ein Verbre-
chen, das schlimmer sei als das der Mongolen, Hitlers oder Amerikas in Vietnam.
Verantwortlich für die Aktion sei letztlich Amerika. Zum Schluß forderte Rafsanjani Rache für das Blut der iranischen Pilger. "Was wir mit Rache des Bluts
der Märtyrer meinen", sagte er, "ist die Ausrottung der saud. Herrschaft in der
Region" (SWB, 4.8.).

4. Die Frage nach der Verantwortung für den Ausbruch der Gewalttätigkeiten

Wenn die meisten islamischen Staaten Iran für den Ausbruch der Gewalttätigkeiten verantwortlich machten, so vor allem deshalb, weil sie politische Aktivitäten
während der Pilgerfahrt verurteilen. Demgegenüber vertritt die iranische Führung
die Auffassung, daß gerade politische Demonstrationen während der Pilgerfahrt
erlaubt sein müßten, da nach dem Selbstverständnis des Islam eine Trennung von
Politik und Religion, also politischen und religiösen Aktivitäten, nicht möglich
sei. (5) In diesem Punkt hat die iranische Führung ohne Zweifel recht.
Entscheidend ist die Frage, warum es zum Ausbruch von Gewalttätigkeiten kam,
nachdem die Demonstrationen in den letzten Jahren insgesamt friedlich verlaufen
waren. Es läßt sich nicht nachweisen, von welcher Seite die Gewalttätigkeiten
ausgegangen sind. Die von saud. Seite vorgelegten Filme dürften als Beweis nicht
ausreichen. Jedenfalls scheinen die iranischen Pilger keineswegs so friedfertig
gewesen zu sein, wie von iranischer Seite behauptet wird, und auf die angebli-
chen Provokationen dürften sie wohl kaum nur mit dem Ruf "Allahu akbar"
geantwortet haben. Auch wenn die iranischen Pilger tatsächlich provoziert wurden, hätten sie nicht mit Ausschreitungen, wie sie von Pilgern geschildert wurden, reagieren dürfen. Eine Ausweitung der Feindseligkeiten wäre dann vermieden worden.
Zu fragen ist auch, ob sich die saud. Sicherheitskräfte taktisch richtig verhielten.
Da sie einen Weitermarsch der Pilger zur Großen Moschee auf jeden Fall zu
verhindern hatten, neigten sie möglicherweise zu Überreaktionen. Der kritische
Punkt schien erreicht worden zu sein, als der Pilgerzug sich der Stelle näherte,
bis zu der (nach iranischen Aussagen) der Marsch erlaubt war. An dieser Stelle
stand ein Kordon von Polizisten bereit, um die Iraner notfalls mit Gewalt auf-
zuhalten. Nach Aussagen neutraler Beobachter befand sich die Polizei 500 m vor
der vereinbarten Grenze, weshalb die Pilger vielleicht weiterdrängten. (6) Hier
kam es anscheinend zu ersten Auseinandersetzungen zwischen iranischen Pilgern
und der Polizei, die zunächst in die Defensive gedrängt wurde. Daraufhin seien
zur Verstärkung Spezialtruppen der Nationalgarde herangeholt worden, die
besonders für die Bekämpfung innerer Unruhen ausgebildet sind. Diese scheinen
dann mit großer Härte vorgegangen zu sein, um einen Weitermarsch der iranischen Pilger mit allen Mitteln zu verhindern.
Angesichts der großen Masse von rund 100.000 iranischen Pilgern dürfte diese
Aufgabe nicht leicht gewesen sein. Wie verschiedene Augenzeugen berichteten,
wurden neben Gummiknüppeln auch Elektrostöcke, Tränengas und Wasserwerfer
eingesetzt. Möglicherweise reichten aber diese Mittel nicht aus, um der Iraner

Herr zu werden, weshalb man sich zum Einsatz der Schußwaffe gezwungen gesehen haben mag. Den Einsatz von Schußwaffen bezeugten verschiedene Pilger, vor allem aus Westeuropa. Nur so ist wohl auch die sehr hohe Zahl von Toten und Verletzten zu erklären. Die Existenz von Schußwunden wurde auch von westlichen Beobachtern (Ärzten und Journalisten) bestätigt, die in Teheran die Leichen iranischer Pilger sowie Verletzte untersuchen durften. (7) S. hingegen ließ derartige Untersuchungen nicht zu und verweigerte auch einer iranischen Untersuchungskommission am 1.8. die Einreise. Zudem verzögerten die saud. Behörden die Übergabe getöteter und verletzter Iraner, was Anlaß zu Zweifeln an der offiziellen saud. Version über den Hergang der Ereignisse gab.

Die saud. Führung wollte eine Wiederholung der Ereignisse vom November 1979, als islamische Extremisten die Große Moschee besetzten, unter allen Umständen verhindern. Da sie anscheinend davon ausging, daß die iranischen Pilger eine größere Aktion oder sogar die Besetzung der Großen Moschee planten, mußte sie jeden derartigen Versuch mit allen Mitteln unterbinden. Ein Durchbrechen der iranischen Pilger zur Großen Moschee, wo sich zu diesem Zeitpunkt rund 700.000 Pilger aufhielten, hätte, wie der saud. Innenminister sagte, mit Sicherheit zu einem Chaos mit noch mehr Toten und Verletzten geführt. (8) Deshalb war die saud. Entscheidung sicher richtig, den Marsch der iranischen Pilger zu stoppen. Die Frage ist, ob der Einsatz der Mittel wie Tränengas und möglicherweise auch Schußwaffen sowie das insgesamt sehr harte Vorgehen der Nationalgarde nötig war.

Da Berichte westlicher Korrespondenten nicht vorliegen, weil Nichtmuslime Mekka nicht betreten dürfen, läßt sich der tatsächliche Hergang der Ereignisse nicht rekonstruieren und ein objektives Urteil über die Schuld für den Ausbruch der Gewalttätigkeit nicht fällen.

5. Die Reaktionen der arabischen und islamischen Staaten

Die Reaktionen der arabischen islamischen Staaten auf die Ereignisse in Mekka waren eindeutig zugunsten S.s. Der saud. Botschafter in den USA, Prinz Bandar, sagte, daß 44 islamische Staaten die iranischen Aktionen in Mekka verurteilt hätten (KuT, 10.8.). Die Führer der wichtigsten islamischen Staaten, Präsident Suharto von Indonesien, Zia ul-Haq von Pakistan und Ershad von Bangladesh, drückten ihre Besorgnis über die Ereignisse in Mekka aus. Präsident Evren von der Türkei, den der Iran direkt über die Zwischenfälle informiert hatte, sprach sich gegen Demonstrationen und politische Aktivitäten in Mekka aus, insbesondere während der Pilgerzeit.

Innerhalb der arabischen Welt kamen die schärfsten Reaktionen erwartungsgemäß vom Irak, von Kuwait und von Ägypten. In einer Erklärung der al-Azhar, einem der wichtigsten theologischen Zentren für die islamische Welt, wurden die Ereignisse in Mekka scharf verurteilt (A, 2.8.). Auch die ägyptischen Muslimbrüder distanzierten sich von den politischen Aktivitäten der iranischen Pilger (AN, 15.8.). Ebenso drückte der christliche Präsident des Libanon, Gemayel, der saud. Führung sein Bedauern über die Ereignisse in Mekka aus. Besonders hervorgehoben wurde von den Medien die Reaktion des syrischen Präsidenten Asad, der in einem Telefongespräch König Fahd sein Bedauern aussprach. Darin wurde nicht nur eine Stellungnahme Syriens für S. gesehen, sondern ebenso eine Distanzierung gegenüber Iran. Tatsächlich aber wurden die engen Beziehungen zwischen beiden Staaten nicht davon berührt, wie die intensiven Kontakte zwischen Teheran und Damaskus zeigten. (9)

Von den arabischen Staaten nahm Algerien eine neutrale Haltung in dem Streit zwischen S. und Iran ein. Eindeutig anti-saud. war die Reaktion Libyens. In einem Artikel in der Zeitung al-Jamahiriya (SWB, 10.8.) wurde scharfe Kritik an den politischen Verhältnissen in S. geübt und die enge Zusammenarbeit des saud. Königshauses mit den USA gerügt. Die enge Beziehung zu den USA, so hieß es in dem Artikel, sei mit dem wahren Islam nicht vereinbar. Qaddafi forderte in diesem Zusammenhang erneut die Internationalisierung der heiligen Stätten (N, 3.8.). Von arabischer Seite wurden die Ereignisse in Mekka mit der militärisch-politischen Entwicklung in der Golfregion in Verbindung gebracht. Während zu Beginn des Jahres 1987 die militärische Lage für den Irak noch sehr kritisch aussah, hat sich die Situation im Laufe des Jahres zuungunsten Irans verändert. Durch die Massierung der amerikanischen Flotte im Golf und die eindeutige Stellungnahme der USA für den Irak sowie die erneuten Bombardierungen irani-scher Industrieanlagen und Tanker durch die überlegene irakische Luftwaffe hat sich die militärische und wirtschaftliche Lage Irans verschlechtert. Auch die außenpolitische Position Irans ist durch den Beschluß des UNO-Sicherheitsrates Nr. 598 mit der Forderung nach einem Waffenstillstand geschwächt.

Aufgrund dieser ungünstigen Entwicklung, so argumentieren arabische Beobach-ter, sei die iranische Führung erheblich unter innen- und außenpolitischen Druck geraten. Seine Mißerfolge versuche Teheran dadurch wettzumachen, daß es ent-sprechende Aktivitäten auf anderen Gebieten entfalte, insbesondere auch mit dem Ziel, die Moral der Bevölkerung zu stärken. Da Iran gegen die amerikanische Flotte im Golf nichts ausrichten könne und auch gegenüber den irakischen Bom-bardierungen machtlos sei, suche es Zuflucht zu verstärkter Propaganda und Provokationen wie denen in Mekka. Die Tatsache, daß Iran die USA für die Ereignisse in Mekka verantwortlich macht, wird als Reaktion auf die Konfronta-tion Irans mit der amerikanischen Flotte im Golf gewertet. Gleichzeitig würden sich die iranischen Maßnahmen gegen S. richten, weil es mit den USA eng ver-bündet sei, aber auch wegen der hohen finanziellen Unterstützung S.s für den Irak, ohne die die irakische Führung den Krieg mit Iran kaum fortsetzen könnte. Die Pilgerfahrt in Mekka, die von den iranischen Pilgern schon immer zu De-monstrationen benutzt worden sei, habe sich daher als günstige Gelegenheit für die iranische Führung geboten, um die saud. Behörden zu provozieren.

Die iranischen Demonstrationen in Mekka und die anschließenden Drohungen führender iranischer Politiker gegen die saud. Führung werden jedoch nicht nur als Ablenkungsmanöver von den wachsenden militärischen und politischen Schwierigkeiten gesehen, sondern mehr noch als ein Zeichen für einen deutlichen Wandel der iranischen Politik. Der saud. Außenminister Faisal erklärte, daß Iran die arabische Welt zwinge, ihre Politik der letzten Jahre zu überdenken, da die arabische Welt keine positiven Reaktionen von Teheran erhalten habe (AN, 10.9.). Ibrahim Nafi', der Chefredakteur der Kairoer Zeitung al-Ahram, sah in den Ereignissen von Mekka einen iranischen Plan, der auf die gesamte arabische Nation zielt, nicht nur auf den Irak und Kuwait. Die Ereignisse in Mekka hätten die iranischen Absichten offenbart, Unruhe in der arabischen Welt zu stiften, um die neue iranische Ordnung durchsetzen zu können (A, 7.8.).

In Kuwait, wo man sich einer unmittelbaren iranischen Bedrohung ausgesetzt sieht, wurde aus den Ereignissen von Mekka der Schluß gezogen, daß Teheran sich entschlossen habe, die Kriegsfront gegen den Irak auf die benachbarten arabischen Golfstaaten auszudehnen. Die neue Strategie ziele darauf ab, jede Möglichkeit zu nutzen, um die arabischen Golfstaaten zu destabilisieren. Sie strafe die früheren Behauptungen Lügen, daß es Iran nur um den Streit mit dem Irak gehe und Teheran kein Interesse an einer Ausweitung der islamischen Revo-lution in die arabische Welt habe (KuT, 16.8.).

Unter dem Eindruck der Ereignisse von Mekka drängten die Golfstaaten, vor allem S. und Kuwait, noch stärker zu einer Solidarisierung der arabischen Staaten und setzten die Wiederaufnahme der diplomatischen Beziehungen zu Ägypten auf der außerordentlichen Gipfelkonferenz der arabischen Staaten Anfang November 1987 in Amman durch.

Anmerkungen

1 Vgl. Kingdom showed restraint. 7 years of provocation, in: SaG, 4.8.87
2 al-Qabas, Kuwait, 10.7.87; SWB, 6.7.87
3 Vgl. hierzu die Berichte, in: SaG, AN und JoT vom 2.8.87
4 Vollständiger Text der Presseerklärung, in: AN, 26.8.87
5 Vgl. die Ausführungen Khomeinis in seiner Botschaft an die Internationale Hajj Konferenz in Mekka, in: SWB, 31.7.87
6 Vgl. den Augenzeugenbericht von Mashahid Hussain, in: IHT, 24.8.87 und in: Jeune Afrique, No. 139, 9.9.87 sowie die Berichte in: Jeune Afrique Magazine, No. 40, Sept. 87
7 Vgl. u.a. das Interview mit Dr. Bonte, in: Der Spiegel, Nr. 36, 31.8.87. Weitere Augenzeugenberichte über den Einsatz von Schußwaffen, in: IHT, 7.8.87 sowie in: Jeune Afrique, No. 139, 9.9.87
8 So das Argument von Innenminister Prinz Nayif in seiner Presseerklärung vom 25.8.87, in: AN, 26.8.87
9 Am 1.8.87 überbrachte der stellvertretende Außenminister Irans, Sheikh al-Islam, Asad eine Botschaft des iranischen Präsidenten Khamenei über den iranischen Standpunkt zu den Ereignissen in Mekka. Am 5.8. überbrachte der syrische Außenminister al-Shar' der iranischen Führung eine Botschaft Asads.

Thomas Koszinowski

Die Entwicklung des tschadisch-libyschen Konflikts 1987

1. Die Ausgangslage

Der seit Ende 1965 andauernde Tschadkonflikt, ursprünglich als Revolte der muslimischen Bevölkerung gegen die von christlichen Südtschadern dominierte Zentralverwaltung begonnen, war bis 1977 ein Bürgerkrieg mit nur limitierter ausländischer Intervention (Frankreich auf Seiten des tschadischen Präsidenten Tombalbaye besonders ab 1969; Libyen, Algerien, der Sudan auf seiten der nord-tschadischen Befreiungsbewegung FROLINAT), ohne daß dadurch der Konflikt internationalisiert wurde (1). Erst der im August 1976 erfolgte Bruch zwischen dem libyschen Revolutionsratsvorsitzenden Qaddafi und Hissène Habré, einem der maßgeblichen Anführer innerhalb des FROLINAT, der in der Folgezeit eine dezidierte libyenfeindliche Position einnahm, hat im Laufe des Jahres 1977 zu einer folgenreichen Entwicklung geführt, weil Qaddafi ab Sommer dieses Jahres seine militärische Unterstützung für Goukouni Weddeye, einen weiteren politischen und religiösen Anführer der Toubou-Rebellen und Rivalen Habrés, so intensivierte, daß dieser die drei nordtschadischen Provinzen Borku, Ennedi und Tibesti erobern konnte. Habré seinerseits, seit 1978 Premierminister unter dem Nachfolger des am 13.4.1975 gestürzten Präsidenten Tombalbaye, General Félix Malloum, wurde in seinem Kampf gegen die Allianz Weddeye-Qaddafi von Frankreich (Militärintervention 1979) sowie dem ägyptischen Präsidenten Sadat und dem sudanesischen Präsidenten Numairi unterstützt. Differenzen Habrés mit Präsident Malloum, einem Südtschader, schwächten indes im Februar 1979 die Abwehrkraft gegenüber den Streitkräften Goukouni Weddeyes, so daß dieser die Hauptstadt N'Djamena angreifen konnte, aus der - nach einem taktischen Frontwechsel Habrés - Goukouni Weddeye und Habré gemeinsam die nationaltschadische Armee Malloums vertreiben konnten. Die unter diesen Voraussetzungen durch nigerianische Vermittlung Ende 1979 ermöglichte nationale Versöhnung, institutionalisiert in Form einer von Goukouni Weddeye präsidierten nationalen Regierung/Gouvernement d'Union Nationale de Transition (GUNT) war indes so labil, daß bereits im März 1980 Kämpfe zwischen Einheiten Habrés und Goukouni Weddeyes ausbrachen. In dieser Situation rief GUNT-Präsident Goukouni Weddeye erneut libysche Truppen zu Hilfe, denen Habré nach kurzer Zeit weichen mußte (Rückzug in den Südtschad). Nachdem Qaddafi auf Ersuchen Goukouni Weddeyes, der entsprechendem französischem Druck ausgesetzt war, seine Truppen im Dezember 1981 zurückzog, nahm Habré, unterstützt von Ägypten, Sudan und den USA (als Konsequenz ihrer besonders seit der Amtszeit Präsident Reagans gegen Qaddafi gerichteten Außenpolitik), wieder den Kampf gegen die GUNT-Regierung auf und konnte im Juni 1982 N'Djamena erobern, weil die OAU-Friedenstruppe (gebildet aus überwiegend Pro-Habré orientierten zairischen Truppen), die nach dem Abzug der libyschen Truppen den militärischen Status quo sichern sollte, Habrés Streitkräften nur halbherzig Widerstand leistete.
Goukouni Weddeye vermochte im Gegenzug lediglich mit libyscher Hilfe Borku, Ennedi und Tibesti, d.h. die Region nördlich des 15. Breitengrades unter seine Kontrolle bringen, weil die 1983 vom französischen Präsidenten Mitterrand angeordnete neuerliche Militärintervention (Operation Manta) zugunsten des tschadi-

schen Präsidenten Habré den Marsch auf N'Djamena vereitelte. Die damit verbundene De-facto-Zweiteilung des Tschad bestand bis Herbst 1986, als der Bruch
zwischen Qaddafi und Goukouni Weddeye die politische und militärische Lage im
(Nord-) Tschad radikal modifizierte (2).

2. Die militärische Entwicklung bis zum Waffenstillstand September 1987

Die militärische Entwicklung im Tschad wurde 1986 durch zwei Ereignisse wesentlich beeinflußt. Nachdem im Februar 1986 GUNT-Truppen Stellungen der
Forces Armées Nationales Tchadiennes (FANT) Habrés südlich des 15. Breitengrades angriffen, haben die USA die Militärhilfe an den Tschad (1986: 63,7 Mio.
US-$, März 1986 zusätzliche Nothilfe von 10 Mio. US-$) massiv verstärkt, um an
der Südgrenze Libyens den Druck auf Qaddafi zu erhöhen und seine Position zu
destabilisieren. Entscheidender für die weitere Entwicklung waren jedoch die
Auseinandersetzungen innerhalb der elf Gruppierungen umfassenden GUNT,
insbesondere zwischen der Fraktion von Goukouni Weddeye (Toubou) und der
Fraktion von Acheikh Ibn Omar (Araber), dem Generalsekretär des Conseil
Démocratique Révolutionnaire (CDR), der Anfang der achtziger Jahre die stärkste GUNT-Fraktion bildete. Mitte August 1986 kam es zwischen beiden Fraktionen zu Kämpfen, die auf dem Vorwurf des CDR beruhten, die GUNT würde zur
Stärkung der inneren Einheit zu Maßnahmen wie Folter, Haft und sogar Mord
greifen, so daß am 14.8.1986 der CDR die Zusammenarbeit mit Goukouni Weddeye aufkündigte. In weiteren Kämpfen bei Fada Mitte Oktober 1986 nahm
Libyen, das sich bis dahin in diesem internen Konflikt neutral verhielt, Partei
zugunsten des CDR und stellte Goukouni Weddeye, der sich zu diesem Zeitpunkt
in Tripolis aufhielt, unter Hausarrest. Im November wurde schließlich Goukouni
Weddeye auf einem Treffen von sieben tschadischen Oppositionsgruppen in
Cotonou als GUNT-Präsident abgesetzt und Acheikh Ibn Omar (CDR) als Präsident der neuen GUNT (sog. Neo-GUNT) gewählt. Die Parteinahme Qaddafis
zugunsten von Acheikh Ibn Omar, d.h. der Bruch mit Weddeye, hat militärisch zu
einer anti-libyschen Allianz zwischen FANT und den Streitkräften von Goukouni
Weddeye geführt (Militärabkommen zwischen beiden Seiten zur Eroberung der
Oase Fada; offizielle Allianzvereinbarung zwischen dem Generalstabschef der
GUNT-Truppen, Adoum Yacoub, und der FANT am 8.1.1987), die die Einnahme der seit 1983 von libyschen Truppen kontrollierten Oase Fada am 2.1.1987
ermöglichte. Diese Niederlage der libyschen und Neo-GUNT-Truppen hatte
weitreichende psychologische und strategische Folgen, denn sie bedeutete nicht
nur den Verlust eines wichtigen militärischen Stützpunktes, sondern demonstrierte
die Überlegenheit der mobilen FANT (u.a. Einsatz von Landrover-Kolonnen mit
aufmontierten Milan-Panzerabwehrwaffen) gegenüber der schwerfälligen, hauptsächlich auf Panzerstellungen beruhenden libyschen Verteidigung. Die US-amerikanische und französische Waffenhilfe im Rahmen der Operation Epérvier und
die hohe Kampfmoral der FANT vermochten, innerhalb von drei Monaten (3)
alle wichtigen Oasen südlich des 1973 von Libyen annektierten Aouzou-Streifens
zurückzuerobern (2.1.1987 Eroberung von Fada; 22.3. Einnahme des zentralen
libyschen Luftwaffenstützpunktes Wadi Doum; 26./27.3. Einnahme des von den
Libyern geräumten Faya Largeau; 31.3. Einnahme von Gouro) und den libyschen
Einheiten enorme materielle (die zurückgelassenen Waffen werden allein auf 1
Mrd. US-$ beziffert) und personelle (bis 1.4.1987 laut Washington Post 3.655
gefallene Libyer) Verluste zuzufügen. Wenngleich wegen fehlender Luftsicherung
und langer Transportwege die von der FANT und GUNT-Truppen am 8.8. erzielte Einnahme der Oase Aouzou nur bis 31.8. dauerte, als die libysche Armee
rechtzeitig vor dem libyschen Nationalfeiertag am 1.9. die Oase zurückeroberte
(diesmal hohe tschadische Verluste), so zeigte der überraschende Vorstoß der

FANT am 5.9. auf libysches Territorium und die Zerstörung des südlich von
Kufra gelegenen Luftwaffenstützpunktes Maaten al-Sarra (1.700 Tote, zahlreiche
Gefangene, darunter ein BRD-Staatsbürger) wer über die bessere Kriegstaktik
verfügte. Andererseits hat dieser tschadische Vorstoß auf libysches Territorium
den Tschad nicht nur Sympathien afrikanischer Staaten gekostet, da er als Aggression eingestuft wurde (was die libysche Diplomatie in der Folgezeit in ihrem
Sinne zu nutzen verstand). Sowohl die französische Regierung als auch arabische
Staaten (besonders Algerien) und afrikanische Staaten (Nigeria, Uganda, Burkina
Faso) wurden dadurch auf den Plan gerufen und bewirkten, daß beide Seiten am
11.9. einen von der OAU vermittelten Waffenstillstand akzeptierten, der bislang
auch formal eingehalten wurde (4).

3. Die Konsequenzen der tschadischen Siege

Trotz des Waffenstillstandes bleibt die Situation zwischen Tschad und Libyen,
Habré und Qaddafi, gespannt. Militärisch ist Libyen zwar angeschlagen und hat
hohe Verluste erlitten, aber auf materieller Ebene stehen Libyen immer noch
Tausende von Panzern und Hunderte von Flugzeugen zur Verfügung, ist die
Ausbesserung der Schäden z.B. am Luftwaffenstützpunkt Maaten al-Sarra nur
eine Frage der Zeit, und lassen sich die Ausfälle an Mannschaften, wie die An-
werbung von 800 libanesischen Drusen ab Oktober 1987 zeigt, ebenfalls überbrücken. Die libysche Luftüberlegenheit im Nordtschad (angesichts des defensi-
ven Charakters des Dispositivs Epérvier) wird zudem durch das Überfliegen von
Borku, Ennedi und Tibesti demonstriert. Für Libyen ist andererseits nach seinen
Einsätzen an der Seite der GUNT/Neo-GUNT gegen Habré und dem Rückzug in
den Aouzou-Streifen, d. h. hinter die aus libyscher Sicht internationale Grenze,
der Krieg beendet (so Qaddafi am 17.9.1987).
Habré hat demgegenüber die Herstellung der territorialen Integrität, also auch die
Wiedererlangung des Aouzou-Streifens, als politisches Ziel nicht aufgegeben und
angedeutet, daß bei einem für den Tschad negativen Ergebnis der Ad-hoc-Kom-
mission, die auf der 23. OAU-Gipfelkonferenz mit der Untersuchung des Grenzkonflikts beauftragt wurde, die militärische Option wieder Priorität erhalte. Diese
Drohungen sind umso ernster zu nehmen, als Habré durch seine Annäherung an
die USA (einwöchiger Besuch Habrés in Washington im Juni 1987) sich aus der
engen französischen Kontrolle via Finanz-, Material- und Militärhilfe zu befreien
sucht, die hinsichtlich der militärischen Aktionen gegen Libyen (im Aouzou-
Streifen als auch auf international anerkanntem libyschem Territorium) restriktiv
ist, selbst wenn inzwischen der Generalstabchef der französischen Streitkräfte,
General Saulnier, und Verteidigungsminister Giraud andeuteten, daß Frankreich
den 16. Breitengrad als nördliche Grenze für französische Interventionen zu
überdenken bereit ist. Insbesondere die Abhängigkeit der FANT von französischer Luftunterstützung bei Operationen im Nordtschad hat dazu geführt, daß
Habré auf die Lieferung US-amerikanischer Stinger-Luftabwehrraketen gedrängt
(und sie ab November 1987 auch erhalten) hat, um vom französischen Luftschirm
unabhängig zu werden.
De facto bereiten sich Tschad und Libyen auf neue militärische Auseinandersetzungen vor (IHT, 10./11.10.: Chad and Libya calmly rearm). Noch laufen aber
die diplomatischen Bemühungen zur Regelung des Grenzkonflikts und beide
Kontrahenten haben ihre afrikanischen Verbündeten mobilisiert. Um den gebote-
nen Verhandlungsrahmen auszuschöpfen hat Libyen nach anfänglichem Boykott
an der Arbeit des OAU-Komitees teilgenommen und Qaddafi hat im Januar 1988
sogar erklärt, daß er (nach zwei erfolgreichen Verfahren gegen Tunesien und
Malta) eine Verhandlung des Grenzkonflikts vor dem Internationalen Gerichtshof
in Den Haag nicht mehr ablehne.

4. Die Situation am Jahreswechsel 1987/1988

Schweigen seit dem 11.9.1987 die Waffen zwischen libyschen und FANT, so ist der interne Versöhnungsprozeß im Tschad noch längst nicht vollzogen (vgl. Interview mit Goukouni Weddeye, in: SWB, 10.2.1988). Zwar hat der Erosionsprozeß der GUNT ab Herbst 1986 dazu geführt, daß sich zahlreiche tschadische Oppositionsgruppen Habré anschlossen und in seine Einheitspartei UNIR (Union Nationale pour l'Indépendance et la Révolution) integrierten (z. B. Senoussi Khatir, Abdelkader Komogué, Hamid Maussai), doch erfüllte Habré bislang keine der politischen Bedingungen Goukouni Weddeyes für dessen Rückkehr nach N'Djamena (Änderung der Interims-Verfassung, Modifikation der UNIR). Unter diesen Voraussetzungen kam es Ende 1987 zu Spannungen zwischen FANT und GUNT. Der GUNT-Vertreter in Paris berichtete am 29.12.1987 von ersten neuen bewaffneten Auseinandersetzungen zwischen GUNT-Kräften Goukouni Weddeyes und der FANT. Gerade Goukouni Weddeye ist in einer "position inconfortable" (Jeune Afrique). Goukouni Weddeys Aufruf an seine Streitkräfte, mit der FANT eine Allianz gegen Libyen einzugehen, hat ihm keine politischen Vorteile gebracht. Unter diesen Umständen ist es nicht erstaunlich, wenn es Ende 1987 bereits wieder Informationen über eine Annäherung zwischen Goukouni Weddeye und Qaddafi gibt (Aufenthalt Goukouni Weddeyes in Sabha/Südlibyen im Dezember). Die libysche Aufrüstung in Südlibyen, die Hilfe für oppositionelle Neo-GUNT-Truppen in Darfur/Sudan und ein jederzeit wieder möglicher Frontwechsel der GUNT-Kräfte lassen die Einkehr eines dauerhaften Friedens im Nordtschad als wenig realistische Perspektive erscheinen (5).

Anmerkungen

1 Vgl. dazu Buijtenhuijs, Robert: Le FROLINAT et les révoltes populaires de Tchad, 1965-1976. Den Haag/Paris 1978, 526 S.
2 Vgl. dazu Buijtenhuijs, Robert: Le Frolinat et les guerres civiles du Tchad (1977-1984). Paris Dezember 1987, 479 S. (behandelt die Entwicklung bis Anfang 1987), zahlreiche Literaturhinweise
3 Gibour, Jean: Au Tchad, trois mois pour reconquérir le BET, in: Afrique Défense, Paris, August 1987, S.40-47
4 Vgl. zur Entwicklung 1987 im Detail die Berichterstattung, in: Afrique Défense, Paris (monatlich); vgl. auch Archiv der Gegenwart, 20.2.1987/ 4.4.1987/28.8.1987
5 Vgl. Africa Confidential, London, Nr. 19/23.9.1987: Libya/Chad: A fragile peace

Chronologie der Ereignisse

5.10.86 – Kämpfe zwischen Anhängern des CDR und GUNT-Kräften Goukouni Weddeyes
17.10.86 – In einer Erklärung gegenüber Radio France Internationale (RFI) bezeichnet sich Goukouni Weddeye als ein Gefangener der Libyer und erklärt sich zu einem Kompromiß mit Hissène Habré bereit
19.10.86 – Laut N'Djamena greift die libysche Luftwaffe zugunsten des CDR in die Kämpfe um Fada ein
24.10.86 – Militärabkommen zwischen GUNT-Streitkräften und FANT zur Rückeroberung von Fada
26.10.86 – Habré ruft zur Rückeroberung des Nordtschad auf
1.11.86 – Goukouni Weddeye wird in Tripolis bei einer Auseinandersetzung zwischen seinen Leibwächtern und

Libyern angeschossen
9.11.86 - Der französische Ministerpräsident Chirac schließt jede französische Intervention im Nordtschad aus
9.11.86 - Der GUNT schließt mit der
FANT/Habré nach eigenen Angaben
Waffenstillstand
13.-15.11.86 - 13. französisch-afrika-
nischer Gipfel in Lomé; Unterstützung
für den Tschad
18.11.86 - Treffen von 7 tschadischen
Oppositionsgruppen pro-libyscher
Tendenz in Cotonou; Absetzung von
Goukouni Weddeye als Präsident des
GUNT; Präsident des (Neo-) GUNT
wird Acheikh Ibn Omar
4.12.86 - Acheikh Ibn Omar erklärt
sich in Brazzaville zu Verhandlungen
mit Habré bereit, unter der Voraussetzung, daß die tschadische Politik nicht
anti-libysch orientiert sei
16.-17.12.86 - Französische Transport-
flugzeuge werfen im Tibesti-Gebirge
Lebensmittel, Treibstoff und Munition
für GUNT-Kräfte ab; 17.12. Proteste
von Tripolis und Neo-GUNT
22.12.86 - Amerikanische Waffenlieferungen an N'Djamena (Panzerabwehr-
raketen Tow)
31.12.86 - Rückeroberung von Zouar
durch GUNT-Truppen und FANT
2.1.87 - Die FANT erobern Fada, das
seit 1983 von libyschen Truppen besetzt war
3.1.87 - N'Djamena beschuldigt Liby-
en, Bombenangriffe auf Fada und
Zouar durchzuführen
4.1.87 - Libysche Luftwaffe bombardiert Arada südlich des 16. Breitengrades; Gegenschlag der französischen
Luftwaffe am 7.1. mit Bombenangriff
auf Wadi Doum
8.1.87 - Offizielle Bekanntgabe der
Allianz zwischen FANT und GUNT-
Kräften Goukouni Weddeyes, um die
Libyer im Nordtschad zu bekämpfen
13.1.87 - In N'Djamena werden erstmals 113 gefangene libysche Soldaten
der Presse vorgeführt
20.1.87 - Der libysche UNO-Botschafter Ali Triki erklärt, der Konflikt
im Tschad spiele sich zwischen verschiedenen tschadischen Fraktionen,
nicht zwischen Tschadern und Libyern
ab

22.1.87 - Der Präsident der OAU, Sas-
sou Nguesso (Kongo), versucht eine
Vermittlung zwischen Libyen und
Tschad
28.1.87 - Radio N'Djamena betrachtet
die Resolution zum Tschadkonflikt auf
der 5. Islamischen Gipfelkonferenz in
Kuwait als Sieg, da sie von einem
Streit zwischen Tschad und Libyen
spricht
31.1.87 - André Giraud, der französische Verteidigungsminister, erklärt in
RFI, Frankreich möchte nicht, daß es
im Tschad zu einem französisch-
libyschen Krieg kommt
1.2.87 - Goukouni Weddeye erklärt in
einem Interview, er hoffe, daß Qaddafi zu einer friedlichen Lösung des
Konfliktes beitrage; Goukouni Weddeye wird zwar immer noch in Tripolis
festgehalten, hat aber freie Kommuni-
kationsmöglichkeiten
3.2.87 - Oberst Komogué kehrt aus
Libréville nach N'Djamena zurück und
schließt sich Habré an
5.2.87 - Habré lehnt die kongolesischen Vermittlungsbemühungen ab, die
einen simultanen Rückzug von französischen und libyschen Streitkräften
vorsehen
5.2.87 - Habré gibt bekannt, daß mehr
als 20.000 libysche Soldaten im Tibesti
präsent seien; westliche Geheimdienste
schätzen die Zahl auf 13.000
6.2.87 - Erhöhung des Dispositivs
Epérvier von 1.400 auf 2.200 Soldaten
6.-23.2.87 - Mehrere afrikanische
Länder, u.a. Nigeria, Côte d'Ivoire,
Kamerun verurteilen die libysche Präsenz im Tschad
8.2.87 - Goukouni Weddeye verläßt
Tripolis und läßt sich in Algier nieder
23.2.87 - Algerischer Vermittlungsver-
such zwischen verschiedenen tschadischen Fraktionen und der Regierung
Habré
28.2.87 - Die 43. Außenministerkonferenz der OAU verabschiedet Aufruf
für eine gerechte Lösung des tschadisch-libyschen Konflikts
2.3.87 - Qaddafi erklärt sich zu Treffen mit Habré bereit, wenn sich französische Truppen aus dem Tschad zurückziehen

9.3.87 - Vermittlungsgespräche zwischen tschadischen und libyschen Vertretern scheitern in Khartum

22.3.87 - Die FANT erobern den großen libyschen Militärstützpunkt (Flugplatz) Wadi Doum

25.-26.3.87 - Die FANT dringen in das von den libyschen Truppen geräumte Faya Largeau ein; Besetzung der Oase am 27.3. abgeschlossen

31.3.87 - N'Djamena berichtet, die FANT hätten Qourou und Ounianga Kebir erobert

31.3.87 - N'Djamena kündigt an, daß die FANT weiter nach Norden vorstoßen werden

April 1987 - Die libysche Oppositionsbewegung NFSL ist im Tschad aktiv und wirbt unter den libyschen Kriegsgefangenen Mitglieder, die den "Kern für eine Armee abgeben sollen, um Libyen von Qaddafi zu befreien"

1.4.87 - Die Washington Post berichtet, daß seit Ausbruch der Kämpfe Dezember 1986 3.655 Libyer gefallen seien

2.4.87 - Die New York Times berichtet, daß Aufklärungsinformationen der USA und Frankreichs zu den tschadischen Siegen beigetragen haben

3.4.87 - Die libysche Luftwaffe bombardiert Wadi Doum und zerstört die Hälfte des dort von libyschen Truppen zurückgelassenen Militärmaterials (Schätzwert rund 1 Mrd. US-$)

6.4.87 - Libyen warnt Frankreich und macht es für eventuelle Aktionen gegen die Südgrenze Libyens verantwortlich

6.4.-8.5.87 - Goukouni Weddeye begibt sich auf eine Afrikarundreise; unter bestimmten Bedingungen erklärt er sich zur Rückkehr nach N'Djamena und zur Allianz mit Habré bereit

12.4.87 - Libyen erklärt Aouzou zum integralen Bestandteil seines Territoriums über das es nichts zu verhandeln gibt

28.-29.4.87 - Tagung des Ad-hoc-Komitees der OAU zum tschadisch-libyschen Konflikt in Libréville

1.5.87 - Die USA entsenden Militärfachleute, um das von den libyschen Truppen zurückgelassene Militärmaterial zu inspizieren

23.6.87 - Beginn eines Besuches von Habré in den USA

12.-15.7.87 - Habré in Paris; Habré erklärt sich zur Rückeroberung des ganzen Nordtschad einschließlich Aouzou bereit

28.7.87 - Der in Addis Abeba tagende 23. OAU-Gipfel setzt ein Komitee aus Staatschefs ein, das sich mit dem Streit um Aouzou befassen soll

8.8.87 - Die FANT erobern Aouzou

9.8.87 - Libyen informiert UNO-Weltsicherheitsrat über die tschadische Aggression

20.8.87 - Qaddafi beschuldigt erneut USA und Frankreich als die wahren Urheber und Schuldigen des tschadisch-libyschen Konflikts

28.-31.8.87 - Kämpfe zwischen FANT und libyschen Truppen um Aouzou; Einnahme Aouzous durch libysche Truppen

5.9.87 - FANT-Vorstoß gegen den libyschen Luftwaffenstützpunkt Maaten al-Sarra in der Südcyrenaika; laut N'Djamena betragen die libyschen Verluste 1.700 Mann

5.9.87 - Libyen verurteilt die "imperialistische Aggression" gegen seine Südgrenze

7.9.87 - Libysche Tupolev-22 wird über N'Djamena von französischer Rakete abgeschossen

9.9.87 - Die OAU legt beiden Seiten ein Waffenstillstandsangebot vor, das am 11.9. von Libyen und Tschad akzeptiert wird

17.9.87 - Qaddafi betrachtet den tschadisch-libyschen Konflikt als beendet

30.9.87 - US-Außenminister Shultz erklärt, Washington setze seine Hilfe für den Tschad fort, damit dieser sein Nordterritorium zurückerobern kann

12.11.87 - Die UNO lehnt es ab, ein tschadisches Dossier zum Tschadkonflikt auf der UNO-Generalversammlung zu behandeln

29.12.87 - Der GUNT-Repräsentant in Paris berichtet von Auseinandersetzungen zwischen GUNT-Streikräften und den FANT; Dementi aus N'Djamena

Hanspeter Mattes

Karte: Tschadisch-libyscher Konflikt

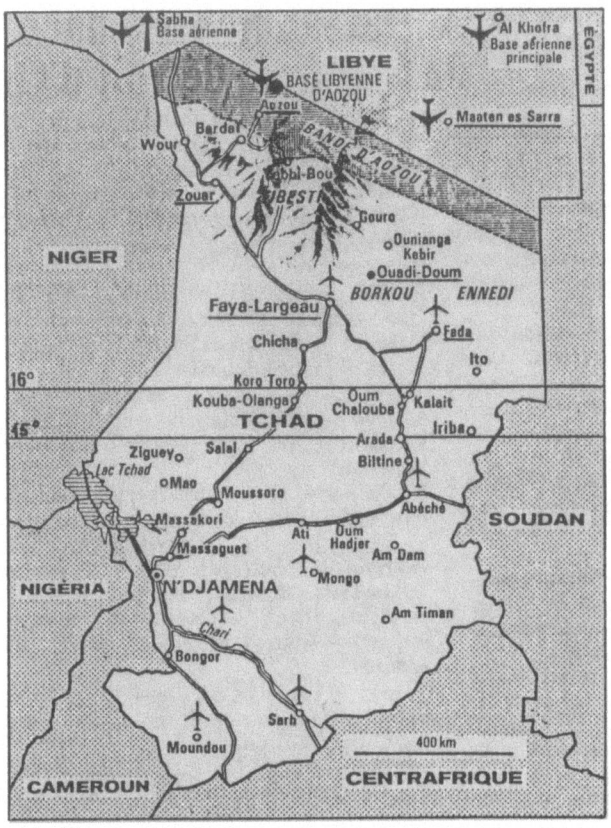

Von den FANT 1987 angegriffene libysche Stützpunkte sind unterstrichen.

Quelle: nach Le Monde, abgedruckt in Presse de Tunisie, 13.1.1987

Integrations- und Investitionspolitik der arabischen Staaten
– eine kritische Betrachtung

1. Ausmaß und Merkmale der Krise

Die arabischen Länder befinden sich heute deutlicher als je zuvor in einer tiefen ökonomischen Krise. Die noch relativ kapitalreichen Ölexportländer sehen ihr Finanzierungspotential dahinschwinden, lange bevor sie eine tragfähige industrielle Basis schaffen konnten. Sie haben in den letzten fünf Jahren enorme Verluste aufgrund des Ölpreisverfalls, der Wechselkursschwankungen und des Rückgangs der Kaufkraft ihrer Exporterlöse sowie der politischen Konflikte in der Region erlitten. Sicherheit und Wert ihrer Kapitalanlagen außerhalb des arabischen Raumes sind größeren Gefahren ausgesetzt. Das haben in jüngster Zeit die Verluste aufgrund des Börsenkrachs vom Oktober 1987 und die Zahlungsschwierigkeiten bestimmter überschuldeter Länder gezeigt. Noch immer sind mehr als 40 % des Vermögens aller arabischen Banken im Ausland investiert, obwohl ein großes Anlagepotential im arabischen Raum vorhanden ist und die Sicherheit der Kapitalanlagen wesentlich verbessert wurde. Angesichts der Enge der Inlandsmärkte und der seit über vier Jahren bestehenden Rezession im Inland mußten viele arabische Banken und Investment-Gesellschaften verstärkt nach Anlagemöglichkeiten an ausländischen Märkten, insbesondere in den USA, England und Japan, suchen, um den Rückgang ihrer Gewinne im Inland kompensieren zu können. Dieser Ausweg erwies sich als sehr problematisch. Eine Reihe von Ereignissen wie z.B. das Einfrieren der Schah-Gelder oder libyscher Vermögen (1986) in den USA und der Börsenkrach vom Oktober veranlaßten arabische Investoren immer wieder, sich mit Fragen der Sicherheit, der Diversifizierung und der Rentabilität ihrer Kapitalanlagen im Ausland zu befassen.
Auf der anderen Seite waren und sind die kapitalschwachen arabischen Länder in zunehmenden Maße auf den Kapitalimport aus den Industrieländern angewiesen. Dieser Kapitalimport (staatliche Kredite, kommerzielle Kredite der privaten Geschäftsbanken, Entwicklungshilfe, Direktinvestitionen u.a.) betrug im Zeitraum 1971-1982 rund 62,3 Mrd. US-$. Dabei sind die Direktinvestitionen, mit denen ein Technologietransfer verbunden ist, sehr niedrig geblieben. Die Inlands- und Auslandsverschuldung aller Staaten der Region ist enorm gestiegen, ohne daß ein entscheidender Durchbruch bei der Endwicklung der produktiven Sektoren Industrie und Landwirtschaft gelungen wäre.
Insgesamt ist festzustellen, daß der bisherige Entwicklungsprozeß, wenn man sich die Region als Ganzes vor Augen hält, in die Sackgasse geführt hat. Trotz der wiederholten Warnungen hat sich im Agrarbereich die Versorgungslücke bedrohlich ausgeweitet. Gerade diejenigen Länder (der Irak, Marokko und der Sudan), auf deren großes landwirtschaftliches Potential und seine Erschließung mit Hilfe der Öleinnahmen sich die Hoffnungen konzentrierten, sind in Kriege verwickelt worden, die enorme Summen verschlingen.
Die mühsam und mit viel Kapitalaufwand errichteten exportorientierten Industrien (wie z.B. Petrochemie und Düngemittelindustrie) haben mit enormen Absatzproblemen zu kämpfen und leiden am zu niedrigen Kapazitätsauslastungsgrad. Protektionismus und erschwerter Marktzugang in den Industrieländern einerseits und politische Hindernisse innerhalb der Region andererseits machen einen Aufbau der Exportindustrien unmöglich.

Es hat sich herausgestellt, daß diese Krise ohne entscheidende Fortschritte in der intraregionalen Zusammenarbeit sowie ohne massive Steigerungen der arabischen und ausländischen Direktinvestitionen nicht überwunden werden kann.

2. Tatsächliche Entwicklung der Direktinvestitionen

2.1. Arabische Direktinvestitionen

Direktinvestitionen dürfen mit Inlandsinvestitionen nicht verwechselt werden. Sie sind definiert als diejenigen Investitionen, die in Form von Joint-ventures zwischen zwei und mehr arabischen Ländern getätigt werden, sei es im öffentlichen, privaten oder gemischtwirtschaftlichen Sektor. Angesichts der sprunghaften Steigerungen der Öleinnahmen in den siebziger Jahren haben sich die entwicklungspolitischen Hoffnungen auf sie konzentriert. Aber diese Hoffnungen sind aus verschiedenen Gründen enttäuscht worden. Es ist daher bezeichnend, daß über sie keine umfassenden und kontinuierlichen statistischen Erhebungen existieren; und wenn sie für einzelne Staaten vorhanden sind, werden sie nicht systematisch veröffentlicht. Für die wissenschaftliche Analyse ist daher nur auf eigene Datensammlungen aus den verschiedenen Publikationen zurückzugreifen.
Die bisherigen Ermittlungen ergaben folgendes Bild: Bis Ende 1985 gab es 391 arabische Joint-ventures mit Kapitalinvestitionen in Höhe von insgesamt 21,4 Mrd. US-$ (bzw. 830 arabische und ausländische Joint-ventures mit Investitionen von insgesamt 36 Mrd. US-$). Sektoral verteilten sich die arabischen Direktinvestitionen (in Mio. US-$) wie folgt: Banken, Versicherungen und Investmentgesellschaften 8.267, verarbeitende Industrie 4.758, Transport 3.420, Landwirtschaft 2.000, Bergbau 1.611, Bausektor 551, Tourismus 550 und sonstige Dienstleistungen 223. 1986 kamen insgesamt 361 Mio. US-$ hinzu, die in Bahrain, Ägypten, Marokko, VAE und Kuwait investiert worden waren.
Zur kritischen Würdigung der entwicklungspolitischen Beiträge dieser Direktinvestitionen sei zunächst auf die positiven Aspekte hingewiesen. Sicherlich stellen sie im Vergleich zu früheren Jahrzehnten einen gewissen Fortschritt dar. Zu den Leistungen gehören: Stärkung der Kapitalbasis bestehender Banken und Schaffung neuer Finanzinstitute, Investment- und Versicherungsgesellschaften; Errichtung neuer Produktionskapazitäten in solchen wichtigen Bereichen wie Petrochemie, Chemie, pharmazeutische Industrie, Herstellung von Baustoffen (insbesondere Zement), Erzeugung von Nahrungsmitteln; Entwicklung einer Anzahl moderner Agrarbetriebe; Gründung größerer Schiffahrts- und Transportunternehmen; Errichtung einiger Ausbildungsstätten; Verbesserung der eigenen Fähigkeiten in bestimmten Bereichen der Ölindustrie wie z.B. Öltransport und Dienstleistungen für die Ölgesellschaften.
Die Kritik läßt sich in folgenden Punkten zusammenfassen:
(a) Der bisherige Umfang der arabischen Direktinvestitionen ist im Vergleich zu den vorhandenen Finanzierungsmöglichkeiten sehr gering. Sie machen höchstens 6 % der akkumulierten Kapitalüberschüsse aus.
(b) Ihre regionale Verteilung ist aus entwicklungspolitischer Sicht ungünstig, denn sie konzentrieren sich zu 65 % in den kapitalreichen Ländern Bahrain, Kuwait, Saudi-Arabien und VAE. Defizitländer, die diese Investitionen dringender benötigen, sind relativ schwach vertreten. Das gilt insbesondere für den Sudan, Nord- und Südjemen sowie Somalia und Mauretanien. Ägypten, ein Land mit riesigen Investitionsmöglichkeiten und im Mittelpunkt der Diskussion der Investoren stehend, war bisher nicht viel besser bedacht. Die gesamten arabischen Direktinvestitionen in Ägypten (Stand: 30. September 1987) betrugen nur 1,32 Mrd. E£, davon 0,88 Mrd. im Inland und 0,44 Mrd. in den Freihandelszonen. Hinzu kommt eine Anzahl geplanter Projekte. Allerdings ist nach Beendigung der

politischen Isolation Ägyptens und der Wiederaufnahme der diplomatischen Beziehungen zu den arabischen Staaten (1987) eine Tendenz zu verstärkten Direktinvestitionen aus den GCC-Ländern zu beobachten.

(c) Die Rolle des privaten Sektors bei Direktinvestitionen ist zu schwach, obwohl dieser Sektor über umfangreiche Finanzierungsmittel verfügt. Sein Anteil an den bisherigen Direktinvestitionen liegt unter 30 %. Die regionale Mobilität des privaten Investitionskapitals wird trotz der inzwischen geschaffenen Anreize durch politische Faktoren behindert.

(d) Die bisherigen arabischen Direktinvestitionen sind sektoral überwiegend im Bankensektor und in den Dienstleistungsbereichen konzentriert. Auf die produktiven Bereiche der verarbeitenden Industrie und der Landwirtschaft entfällt nur ein Drittel der gesamten Investitionen. Gerade hier sollte jedoch das Schwergewicht liegen. Außerdem sind in der Regel diejenigen Bereiche, in denen die komparativen Vorteile des betreffenden Landes liegen, Domäne des Staates und der inländischen Investoren, auch wenn diese in der Tat nicht genügend investieren.

(e) Die arabischen Direktinvestitionen haben überwiegend finanziellen Charakter. Sie sind selten mit positiven Effekten für die Entwicklung der inländischen Produktionskapazitäten des Kapitalexportlandes verbunden.

2.2. Ausländische Direktinvestitionen

Die ausländischen (nicht-arabischen) Direktinvestitionen sind zwar aufgrund der verbesserten rechtlichen und ökonomischen Rahmenbedingungen sowie bestimmter politischer Faktoren deutlich angestiegen, blieben aber hinter den Erwartungen weit zurück. Bis Ende 1985 wurden insgesamt 439 arabisch-westliche Jointventures mit einer Investitionssumme von insgesamt 14,35 Mrd. US-$ durchgeführt. Ihre ländermäßige und sektorale Verteilung entsprach nicht den Prioritäten der angestrebten Entwicklung der Gesamtregion, insbesondere der kapitalarmen Länder. Allein auf den Banken- und Finanzierungssektor entfiel mit 6,28 Mrd. US-$ fast die Hälfte der obengenannten Investitionssumme (155 Projekte). Die verarbeitende Industrie war mit 98 Projekten und 6,21 Mrd. US-$ gut vertreten. Demgegenüber ist die Landwirtschaft vernachlässigt worden. Sie wurde nur mit 34 Projekten und 326 Mio. US-$ bedacht, eine im Vergleich zu den erforderlichen Investitionen verschwindend kleine Summe. Etwas größere Beträge (in Mio. US-$) wurden in den Sektoren Bergbau/Ölförderung (523), Tourismus (495), Transport (186) und Bauwirtschaft investiert. Was die ländermäßige Verteilung betrifft, ist festzustellen, daß der weitaus größte Teil dieser ausländischen Direktinvestitionen in den Ölexportländern durchgeführt wurde. In zweiter Linie folgen Ägypten, Marokko und Tunesien. Alle anderen kapitalschwachen Länder der Region sind kaum beteiligt worden. In Ägypten als Schwerpunktland wurden von ausländischen Unternehmen (bis Ende September 1987) nur 1,27 Mrd. E£ investiert, davon 1,06 Mrd. im Inland und 0,21 Mrd. in den Freizonen. Nach zehn Jahren intensiver staatlicher Bemühungen um ausländische Investitionen ist dies ein mageres Ergebnis. Nach wie vor besteht der weitaus größte Teil des ägyptischen Kapitalimports aus Krediten und Entwicklungshilfe.

Die investierenden Unternehmen stammen hauptsächlich aus den USA, Japan, Großbritannien, der Bundesrepublik Deutschland, Frankreich und Italien. Ende 1984 betrugen die amerikanischen Direktinvestitionen im Mittleren Osten rund 3,5 Mrd. US-$, die japanischen 3 Mrd. US-$. Die deutschen Direktinvestitionen blieben unter diesem zahlenmäßigen Niveau, obwohl sie sich im Zeitraum 1978-1984 von 837 auf 2.625 Mio. DM verdreifacht hatten. Sie konzentrieren sich in Ägypten, Algerien, Irak, Libyen, Marokko, Saudi-Arabien, Tunesien und den VAE. Aus diesen wenigen Zahlen ist ersichtlich, daß die arabische Region noch weit davon entfernt ist, ein Schwerpunkt ausländischer (westlicher) Direktinvestitionen zu sein, besonders wenn man sie mit Lateinamerika und den ASEAN-Ländern sowie mit anderen "newly industrializing countries" vergleicht. Die westlichen Investitionen konzentrieren sich nach wie vor auf den OECD-Bereich, Lateinamerika und den pazifischen Raum. Der arabische Anteil an den Auslandsinvestitionen der westlichen Industrieländer übersteigt nicht 3 %. Allerdings ist zu berücksichtigen, daß die transnationalen Unternehmen gegenwärtig indirekte Formen der Investition bevorzugen, um die politischen und kommerziellen Risiken zu minimieren.

Im arabischen Raum dienen die ausländischen Direktinvestitionen primär Absatzinteressen und der Sicherung der Rohstoffversorgung der investierenden Unternehmen. Sie sind auf die inländischen Märkte ausgerichtet. Daher ist es nicht verwunderlich, daß sie keine wesentlichen Beiträge zur Steigerung der arabischen Exporte und zur Verbesserung der Zahlungsbilanzsituation der betreffenden arabischen Länder leisten konnten. Das kann am Beispiel Ägyptens verdeutlicht werden. Hier wurden im Rahmen der neuen Investitionsgesetze (Open Door Policy) seit 1974 bis Juni 1985 1.342 Projekte mit einer geplanten Investitionssumme von insgesamt 11,6 Mrd. E£ genehmigt, davon 6,9 Mrd. E£ in Devisen. Das Kapital dieser Projekte in Höhe von 5,8 Mrd. E£ gehörte zu 70 % Inländern und 30 % Ausländern. Sie waren zu etwa 60 % fertiggestellt worden. Wie war nun der Netto-Effekt für die ägyptische Zahlungsbilanz? Im Zeitraum 1981-1985 betrug der jährliche Import für diese Projekte durchschnittlich 460 Mio. E£, verglichen mit einem jährlichen Export von nur 14 Mio. E£. Hinzu kamen die ins Ausland transferierten Gewinne und Gehälter der beteiligten ausländischen Investoren und Angestellten, die im Zeitraum 1976-1985 rund 378 Mio. E£ betrugen. Der Netto-Effekt für die Zahlungsbilanz war also negativ. Allerdings ist zu berücksichtigen, daß sich das Verhältnis von Export zu Import nach Fertigstellung der Produktionskapazitäten und Erhöhung ihres Auslastungsgrades im Laufe der Zeit verbessern könnte.

Diese Verhältnisse waren Gegenstand der Kritik politischer Kreise in Ägypten, und zwar sowohl bei der Opposition als auch im Regierungslager. Das galt auch für die Tätigkeit derjenigen ausländischen Finanzinstitute und Gemeinschaftsbanken, die im Rahmen der "Open Door Policy" gegründet wurden. Die Ägypter erhofften sich davon einen größeren Zustrom ausländischen Investitionskapitals, zeigten sich jedoch von den Ergebnissen enttäuscht. Ein Bericht des Wirtschafts- und Finanzausschusses des Majlis al-Shura (Oberhaus) vom November 1985 stellte u.a. fest, daß die von den genannten Banken gesammelten Depositen (in Devisen) nur zu 4 % von Ausländern stammen, während 21 % des Gesamtvermögens dieser Banken im Ausland angelegt wurden.

In Saudi-Arabien gestaltet sich die Situation anders. Hier sind westliche Unternehmen an der Errichtung bedeutender Produktionskapazitäten in bestimmten Bereichen der kohlenwasserstoff- und energieintensiven Industrien (in Jubail und Yanbu') maßgeblich beteiligt. Diese exportorientierten Industriebetriebe stoßen allerdings in einigen westlichen Ländern auf große Absatzschwierigkeiten. Ihr Kapazitätsauslastungsgrad ist noch zu niedrig und beeinträchtigt ihre Wettbewerbsfähigkeit. Sie sind daher auf eine bessere intraregionale Zusammenarbeit angewiesen. Für Saudi-Arabien und die anderen GCC-Länder ist die regionale Koordinierung in den Bereichen Produktion, Marketing und industrielle Forschung lebensnotwendig geworden. Sie müssen ihre technologischen Fähigkeiten verbessern, um die sehr hohen Kosten für Maintenance, technische Entwicklung und Erneuerung der importierten Anlagen in Grenzen halten zu können.

3. Verbesserung des Investitionsklimas

In allen arabischen Ländern wurde das "Investitionsklima" in den siebziger und achtziger Jahren wesentlich verbessert. Grundlegende Änderungen und Tendenzen in Richtung Liberalisierung der Investitions- und Außenwirtschaftspolitik sind zu verzeichnen. Privatinitiative und der private Wirtschaftssektor werden aktiv unterstützt. Zahlreiche Staatsunternehmen wurden reprivatisiert. Arabische und ausländische Direktinvestitionen und Joint-ventures werden systematisch durch verbesserten rechtlichen Schutz und durch Einführung breitgefächerter Anreizsysteme gefördert. Für Exportförderung und Exportgarantien wurden neue Institutionen auf nationaler und regionaler Ebene geschaffen. Die 1975 gegründete Arab Investment Guarantee Corporation (Kapital 115 Mio. US-$, Sitz in Kuwait), an der alle arabischen Länder beteiligt sind, deckt kommerzielle und nicht-kommerzielle Exportrisiken ab. Darüber hinaus wurden in einigen Ländern spezielle Exportbanken gegründet, die nicht nur bei Exportfinanzierungen, sondern auch bei der Erschließung von Auslandsmärkten behilflich sein sollen. Zur Vergrößerung des Spielraums des ausländischen Investors wurden mehrere Freizonen in Ägypten, Jordanien, Syrien, Bahrain und VAE eingerichtet und weiterentwickelt. Weitere Freizonen sind in anderen Ländern (u.a. dem Irak) geplant. Die Investitions-, Steuer-, Aufenthalts- und Arbeitsgesetze wurden in den meisten arabischen Ländern zugunsten des ausländischen Investors geändert.
Trotz dieser breitgefächerten Palette von Maßnahmen haben sich aber die arabischen und ausländischen Direktinvestitionen nicht im erforderlichen Ausmaß erhöht. Die Verbesserung des rechtlichen Rahmens ist eine notwendige, aber keine hinreichende Bedingung. Die Entwicklung der Direktinvestitionen wird vorwiegend durch politische Faktoren bestimmt. So fehlt auf seiten der arabischen Kapitalexportländer ein echter politischer Wille zur regionalen Wirtschaftsintegration. Ohne diesen Willen können Bewegungsfreiheit von Arbeit und Kapital und Aufbau eines funktionsfähigen regionalen Kapitalmarktes nicht verwirklicht werden.

4. Mängel der regionalen Integrationspolitik

Angesichts der von den ehemaligen Kolonialmächten geschaffenen Grenzen und der Einteilung des arabischen Raumes in unterschiedliche Einflußsphären sowie angesichts der Enge der "nationalen" Märkte und der ungleichen Verteilung von Investitionskapital und Arbeitskräften war es von Anbeginn klar, daß eine Überwindung der Unterentwicklung der arabischen Region ohne echte Integration nicht möglich ist. Da die herrschenden Eliten unterschiedliche auswärtige Bindungen und unterschiedliche Interessen hinsichtlich der Integrationsfrage haben, gab und gibt es einen politischen Kampf zwischen zwei Lagern: 1) Diejenigen Kräfte, die für einen umfassenden und beschleunigten Integrationsprozeß, d.h. letzten Endes für die Abschaffung der künstlichen Grenzen eintreten; 2) Diejenigen herrschenden Staatsklassen und die hinter ihnen stehenden Mächte in West und Ost, die an der Zementierung der bestehenden Grenzen und an der Steuerung der Gesamtentwicklung gemäß ihren Partikularinteressen arbeiten. Generell kann man sagen, daß bis zum Sieg der israelischen Militärmaschinerie über die arabischen Armeen im Juni 1967 das erste Lager einen größeren Einfluß auf die Gesamtentwicklung der Region gehabt hatte und entsprechend die Integrationsansätze tiefgreifender und umfassender konzipiert waren. Seit diesem Wendepunkt ist das Verhältnis umgekehrt, so daß frühere Integrationserfolge ausgehöhlt und hoffnungsvolle Ansätze rückgängig gemacht wurden.
Bis Ende der sechziger Jahre erlebte die Region umfassende Restrukturierungsversuche im Rahmen multilateraler Abkommen auf staatlicher Ebene, wobei die

Arabische Liga und der Rat der Wirtschafts- und Finanzminister eine zentrale Rolle spielten. Diese Abkommen beinhalteten den Abbau aller Handelshemmnisse, die Erleichterung des Transithandels, die Befreiung der regionalen Bewegungen von Arbeit und Kapital (1953). Das Abkommen über die Arabische Wirtschaftseinheit vom 3. Juni 1957 und die Gründung des Arabischen Gemeinsamen Marktes (1964) hatten die ursprünglichen Grundlagen erweitert. Mit ihnen wurde eine Freihandelszone geschaffen. Es gab eine weitreichende sektorale Koordinierung der Ölpolitiken (jährliche arabische Ölkongresse seit 1959). Zur Koordinierung der regionalen Industriepolitiken wurde 1966 das Zentrum für Industrielle Entwicklung in Kairo gegründet. Im Rahmen der Bestrebungen zur Koordinierung der Handels-, Finanz- und Währungspolitiken wurde im selben Jahr die Arabische Zahlungsunion gegründet, Vorläufer des später gegründeten Arab Monetary Fund. Es wurden gesamtarabische Verbände und Organisationen in mehreren ökonomischen und gesellschaftlichen Bereichen gegründet und fortentwickelt. Hinzu kam der Aufbau von Gemeinschaftsunternehmen in verschiedenen Bereichen. Diese wenigen stichwortartigen Punkte sollen Art und Richtung der intraregionalen Zusammenarbeit in den fünfziger und sechziger Jahren verdeutlichen.
Seit Beginn der siebziger Jahre hat sich die Situation grundlegend geändert. Die Kräfte des zweiten Lagers gewannen bestimmenden Einfluß auf Formen und Inhalte der regionalen Zusammenarbeit. Es war bezeichnend, daß unmittelbar nach der Juni-Niederlage von 1967 die konservativen Ölexportländer Saudi-Arabien, Kuwait und Libyen (unter König Idris) 1968 die OAPEC als ihren eigenen Klub außerhalb der Arabischen Liga gründeten, dem später die anderen Golfstaaten beitraten. Allerdings stand die OAPEC nach der Revolution vom 1. September 1969 in Libyen vor der Alternative: entweder Auflösung oder Anpassung. So bedeutete die Anpassung den Beitritt anderer arabischer Staaten. Die Ölpreissteigerungen der siebziger Jahre bewirkten eine deutliche Machtverschiebung zugunsten konservativer Ölexportländer und belasteten die kapitalschwachen ölimportierenden Länder der Region. Die Einkommenskluft weitete sich aus, und die Interessenkonstellation wandelte sich. Die Ölländer suchten Anlagemöglichkeiten für ihre beträchtlichen Kapitalüberschüsse im In- und Ausland, während die Defizitländer zur Erfüllung fast jeder Bedingung bereit waren, um an das benötigte Kapital heranzukommen. In dieser Situation war eine weitsichtige regionale Investitionspolitik nicht mehr möglich. Diejenigen, die an einer solchen Investitionspolitik interessiert waren, besaßen nicht die erforderlichen Finanzmittel, und diejenigen, die reichlich über Finanzmittel verfügten, waren an einer regionalen Investitionsplanung nicht interessiert. So wurden die Grundlagen des gesamtarabischen Integrationsprozesses erschüttert. Die Bewegung der Beitritte weiterer arabischer Staaten zum Abkommen über die Wirtschaftseinheit und zum Gemeinsamen Markt, der bis dahin zwölf Länder umfaßte, kam zum Stillstand. Auch die Anwendung der Beschlüsse des Gemeinsamen Marktes durch seine Mitglieder ließ nach. Die Pläne zum Aufbau einer gesamtarabischen Finanzinstitution neben dem (1968 gegründeten) Arab Fund for Economic and Social Development wurden fallengelassen. Ferner trat an Stelle der langfristigen Pläne zur Schaffung einer einheitlichen arabischen Währung (arabischer Dinar) der erst 1976 gegründete Arab Monetary Fund (AMF), die ähnliche Funktionen ausübt wie der IWF. Seine Gründung kam zustande, weil die Golfstaaten Hilfe bei der Lösung ihrer währungspolitischen Probleme benötigten und sich auf der anderen Seite die Defizitländer Unterstützung bei der Finanzierung ihrer Handelsbilanzdefizite vom AMF erhofften. Dabei wurde der Spielraum des AMF, der sehr behutsam vorging und die Interessen der Geldgeber genau beachtete, in der Praxis begrenzt. Manche nützliche Initiative von ihm wurde nicht unterstützt.
Von besonderer Relevanz ist die integrationsfeindliche Behandlung der Frage der regionalen Mobilität der Arbeitskräfte. Die von den arabischen Arbeitsministern entworfenen multilateralen Abkommen, die eine gewisse Gleichberechtigung des

Wanderarbeiters beinhalteten, wurden von den Entsendeländern unterzeichnet, aber von den Aufnahmeländern am Golf nicht akzeptiert. Selbst der Vertragsentwurf der arabischen Arbeitsministerkonferenz vom März 1975, der bescheidene realistische Ziele verfolgte, d.h. nur die Koordinierung der einzelstaatlichen Pläne und die stufenweise Ersetzung ausländischer Arbeitskräfte durch arabische zum Inhalt hatte, wurde nicht angenommen. Er wurde auf der Seite der Entsendeländer von Ägypten, Palästina, Jordanien und Somalia und auf der Seite der Aufnahmeländer nur vom Irak unterzeichnet. Damit blieb seine Integrationswirkung sehr begrenzt. Die früher zum Programm erhobene Frage der Freigabe der Bewegungen der Arbeitskräfte wandelte sich bestenfalls in eine Frage der Regulierung auf bilateraler Basis. Verbindliche multilaterale Abkommen wurden durch allgemeine Prinzipienerklärungen ersetzt. Die zahlreichen Wanderarbeiter, die bedeutsame Träger des Integrationsprozesses hätten sein können, wurden von beiden Seiten frustriert. In den Aufnahmeländern konnten sie sich wegen der nicht zugestandenen Gleichberechtigung nicht langfristig ansiedeln, und gegenüber ihren Heimatländern haben sie sich aufgrund der veränderten Konsumgewohnheiten und erhöhten Ansprüche entfremdet. In einigen Fällen wurden sogar zwischenstaatliche Konflikte auf ihre Kosten ausgetragen (Beispiel 1985 Tunesien-Libyen).

Auch die positiven Ansätze der "Strategie der Gemeinsamen Ökonomischen Aktion", deren Dokumente von den Staatschefs auf der 11. Gipfelkonferenz in Amman im November 1980 unterzeichnet worden waren, mußten in den achtziger Jahren Stück für Stück aufgegeben werden. Sie beinhalteten im wesentlichen: (a) die Verpflichtung, die wirtschaftliche Zusammenarbeit nicht durch zwischenstaatliche politische Konflikte zu beeinträchtigen, (b) die Errichtung neuer Produktionskapazitäten aufgrund regionaler Pläne, (c) die Stärkung der Stellung des Arabischen Wirtschaftsrates und der regionalen Organisationen, (d) ein multilaterales Abkommen, das eine einheitliche Behandlung des arabischen Investors in der ganzen Region garantiert und die arabischen Direktinvestitionen schützt und fördert, (e) ein Zehnjahresplan 1981-1990 zur Entwicklung der ärmsten arabischen Länder, der die Gewährung einer Finanzhilfe von 5 Mrd. US-$ vorsah. Dieser Betrag sollte vom Irak, Saudi-Arabien, Kuwait, Qatar und den VAE aufgebracht werden.

Was ist aus dieser "Strategie" in der Praxis geworden? Aufgrund der Sachzwänge und der herrschenden Machtverhältnisse mußte sich das Prinzip der regionalen Planung auf die Förderung der Gemeinschaftsunternehmen beschränken. Der Einfluß politischer Konflikte auf die Wirtschaftsbeziehungen konnte nicht verringert werden. Beim Entwicklungsplan für die ärmsten Länder lagen die Entscheidungen nicht bei supranationalen integrationsorientierten Gremien, sondern in den Händen der Ölexportländer. Die einzelnen Projekte mußten ihnen zur Genehmigung vorgelegt werden. Das hat Tür und Tor zur Bevormundung der Empfängerländer geöffnet. So wurden die Projekte auf den Agrarbereich beschränkt und in vielen Fällen an die bestehenden regionalen Entwicklungsbanken delegiert. Hinzu kamen erhebliche Verzögerungen bei der Einzahlung der Kapitalanteile. So mußte schließlich die Arbeit eingefroren werden.

Insgesamt blieb so nur die weitgehende Erfüllung der Forderungen der privaten Investoren hinsichtlich Investitionsschutz und -förderung sowie der Aufbau von Gemeinschaftsunternehmen.

Aziz Alkazaz

Dokumente/Dokumentennachweise

Dokument: Die Resolution 598 des UNO-Weltsicherheitsrats vom 20.7.1987

"Der Weltsicherheitsrat bekräftigt seine Entschließung 582 (1986). (Er) ist zutiefst besorgt, daß trotz seiner Aufrufe zu einem Waffenstillstand der Konflikt zwischen Iran und Irak unvermindert andauert, wobei es weiter schwere Verluste an Menschenleben und materielle Zerstörung gibt, (er) beklagt den Beginn und die Fortdauer des Konfliktes, beklagt auch die Bombardierung ziviler Bevölkerungszentren, Angriffe auf die neutrale Schiffahrt oder zivile Flugzeuge, die Verletzung internationaler Menschenrechte und anderer Gesetze in einem bewaffneten Konflikt sowie vor allem den Einsatz chemischer Waffen entgegen den unter dem Genfer Protokoll von 1925 eingegangenen Verpflichtungen, (er) sorgt sich zutiefst, daß es zu einer weiteren Ausweitung des Konfliktes kommen könnte, (er) ist entschlossen, ein Ende aller militärischen Handlungen zwischen Iran und Irak herbeizuführen, (er) ist überzeugt, daß eine umfassende, gerechte, ehrenhafte und dauerhafte Regelung zwischen Iran und Irak erzielt werden sollte, (er) erinnert an die Bestimmungen der Charta der Vereinten Nationen und vor allem an die Verpflichtung aller Mitgliedstaaten, ihre internationalen Streitigkeiten mit friedlichen Mitteln auf eine Art beizulegen, in der der internationale Frieden, Sicherheit und Gerechtigkeit nicht gefährdet werden, und stellt fest, daß es sich bei dem Konflikt zwischen Iran und Irak um einen Bruch des Friedens handelt.
Gemäß Artikel 39 und 40 der Charta der Vereinten Nationen fordert (der Sicherheitsrat) 1.), daß Iran und Irak in einem ersten Schritt zu einer Verhandlungslösung das Feuer sofort einstellen, alle militärischen Operationen zu Lande, See und in der Luft beenden und unverzüglich alle Streitkräfte auf die international anerkannten Grenzen zurückziehen; 2.) ersucht (der Sicherheitsrat) den Generalsekretär um die Entsendung eines Beobachterteams der Vereinten Nationen zur Nachprüfung, Bestätigung und Überwachung des Waffenstillstandes und Rückzugs und fordert den Generalsekretär ferner auf, in Konsultationen mit den Parteien die erforderlichen Maßnahmen zu treffen und dem Sicherheitsrat darüber Bericht zu erstatten; 3.) dringt (der Sicherheitsrat) darauf, daß Kriegsgefangene nach der Beendigung der Feindseligkeiten und in Übereinstimmung mit der Dritten Genfer Konvention vom 12. August 1949 unverzüglich freigelassen und repatriiert werden; 4.) ruft (der Sicherheitsrat) Iran und Irak dazu auf, mit dem Generalsekretär bei der Verwirklichung dieser Resolution und bei der Vermittlung von Bemühungen zur Erzielung einer umfassenden, gerechten und ehrenhaften, für beide Seiten annehmbaren Regelung aller offenen Fragen in Übereinstimmung mit den in der Charta der Vereinten Nationen enthaltenen Grundsätzen zusammenzuarbeiten; 5.) fordert (der Sicherheitsrat) alle anderen Staaten auf, größte Zurückhaltung zu üben und sich jeder Handlung zu enthalten, die zu einer weiteren Verschärfung und Ausweitung des Konfliktes führen könnte, und auf diese Weise die Verwirklichung der jetzigen Entschließung zu erleichtern; 6.) fordert (der Sicherheitsrat) den Generalsekretär auf, in Konsultationen mit Iran und Irak die Frage zu prüfen, ob ein unparteiisches Gremium mit der Untersuchung der Verantwortung für den Konflikt zu beauftragen ist, und dem Sicherheitsrat so bald wie möglich Bericht zu erstatten; 7.) ist sich (der Sicherheitsrat) der Höhe des Schadens bewußt, der während des Konfliktes entstanden ist, sowie der Notwendigkeit von Aussöhnungsbemühungen mit angemessener internationaler Unterstützung nach Beendigung des Konfliktes und ersucht in dieser Hinsicht den Generalsekretär, Fachleute mit der Prüfung der Frage eines Wiederaufbaus zu beauftragen und dem Sicherheitsrat Bericht zu erstatten; 8.) fordert (der Sicherheitsrat) den Generalsekretär auf, in Konsultationen mit Iran und Irak sowie anderen Staaten in jenem Gebiet Maßnahmen zu prüfen, die Sicherheit und

Stabilität in dem Gebiet zu fördern; 9.) ersucht (der Sicherheitsrat) den General-sekretär, den Sicherheitsrat ständig über die Verwirklichung dieser Entschließung zu unterrichten, und 10.) beschließt (der Sicherheitsrat), notfalls abermals zusam-menzutreten, um weitere Schritte zu erwägen, damit die Befolgung dieser Ent-schließung gewährleistet wird."

Quelle: Übersetzung der Nachrichtenagentur AP, zitiert nach FAZ, 22.7.1987

Dokumentennachweise

Ägypten
- Mubarak defines area of national action: expatriates invited to share in devel-opment, in: Egypt Gazette, 16.8.1987
- Rede Mubaraks vom 12.10.1987 zur Parlamentseröffnung. Indirekte Fassung in: Akinfo, 22/1987, S. 6-7

Afghanistan
- Neues Wahlgesetz vom 4.7.1987, in: Akinfo 15/1987, S. 48-49
- Text der Verfassung vom 1.12.1987, in: Akinfo, 1/1988, S. 65-75

Algerien
- Rede Bendjedids zur Lage der Nation (15.12.1987), in: ELM, 16.12.1987
- Budget 1987, in: ELM, 28.12.1986; MEES, 30.3.1987, B3-B5

Golfstaaten
- Kuwait: Budget 1987/88, in: MEES, 6.7.1987, B1 und 10.8.1987, A6 und B1-B6
- Oman: Oil in Oman 1986, in: MEES, 26.10.1987, D1-D4
- Qatar: Budget in: MEES, 7.9.1987, B1
- VAE: Ruler of Sharjah announces his "Abdication", in: SWB/ME/8598/A/7-8, 19.6.1987
- Budgetentwicklung 1985-1987, in: MEES, 30.11.1987, B1-B2

Irak
- President's address to new mayors on sound management (I), Text of President Hussein's instructions to state officials (II), in: The Baghdad Observer, 13.7.1987 (I), 22.7.1987 (II)
- Text of President Saddam Hussein's address at Amman Summit, in: The Bagh-dad Observer, 11.11.1987

Iran
- "Mecca Massacre": Rafsanjani addresses march in Tehran on revenge, in: SWB/ME/8637/A/1-7, 4.8.1987
- Khomeyni's Message to International Hajj Congress in Mecca, 28.7.1987, in: SWB/ME/8633/A/5-10, 30.7.1987 (Part I); SWB/ME/8634/A/6-10, 31.7.1987 Part II); SWB/ME/8635/A/8-15, 1.8.1987 (Part III)

Israel
- Ansprachen von Bundespräsident v. Weizsäcker und Bundeskanzler Kohl am 6./7. April 1987 anläßlich des Staatsbesuches des israelischen Staatspräsidenten Chaim Herzog in der BRD, in: Auswärtiges Amt, Die Bundesrepublik Deutsch-land und der Nahe Osten, Bonn 1987, S. 161-167

Jemen (Nord/Süd)
- North Yemen on the brink of the oil era, in: MEES, 4.5.1987, D1-D10
- The YSP General Party Conference, in: SWB/ME/8602/A/3-7, 24.6.1987

Jordanien
- King Husayn's speech to Royal War College on Jordan's foreign policy, in: SWB/ME/8591/A/10-12, 11.7.1987
- Haushalt Jordanien 1987, in: Akinfo 1/1987, S. 12-17; MEES, 18.1.1988, B1-B2 (Daten im Vergleich 1986-1988)

Libyen
- Qadhafi's speech on improving the Libyan economy, in: SWB/ME/8530/A/5-11, 31.3.1987

- Qadhafi on decline of Libyan industry, in: SWB/ME/8577/A5-15, 26.5.1987

Marokko
- Budgetangaben 1986/1987, in: MEES, 24.11.1986, B1
- BBC-Interview mit Hassan II.: "La solution de la question du Sahara doit être une solution internationale" (Texte intégral), in: Le Matin du Sahara und L'Opinion, 13.7.1987

Saudi-Arabien
- Islamic World League Communiqué on Mecca incidents, in: SWB/ME/8701/A/ 1-2, 17.10.1987
- Budget 1987, in: MEES, 5.1.1987, B1-B2
- Sabic's 1985 Annual Report, in: MEES, 9.2.1987, D1-D5

Sudan
- Budget 1987-88, in: SWB/ME/W1447/A1/4-7, 30.6.1987
- Notstandsgesetz vom 25.7.1987, in: SWB/ME/8630/A/1, 27.7.1987

Syrien
- Rede Asads auf der Islamischen Gipfelkonferenz, Kuwait, 27.1.1987, in: Syrie et Monde Arabe, Damaskus, Nr. 395, Januar 1987
- Abschlußkommuniqué zum Besuch von Hafiz al-Asad in der UdSSR, 23.-25.4.1987 in: Syrie et Monde Arabe, Damaskus, Nr. 398, April 1987

Tunesien
- Tunisian Prime Minister Sfar on threat from Islamic Group (Interview, Radio France International), in: SWB/ME/8603/A/1-4, 25.6.1987
- Die Proklamation vom 7.11.1987, in: Horizont (Berlin/DDR) 12/1987

Türkei
- Armenienresolution (Angenommen vom Europäischen Parlament 18.6.1987), in: Europäisches Parlament. Sitzungsdokumente. Serie A, Dokument A2-33/1987 vom 14.4.1987
- "Biographien der Regierungsmitglieder" (Kabinett Özal Dezember 1987), in: News Spot, Ankara, 25.12.1987, S. 6-7

AL
- Arabische Gipfelkonferenz: Abschlußkommuniqué vom 11.11.1987, in: MD, Naher Osten, 30.1.1987 und indirekt in: Akinfo 24/1987, S. 3-4

EG
- Erklärung der Zwölf zum Nahen Osten vom 23. Februar 1987, in: Auswärtiges Amt. Die Bundesrepublik Deutschland und der Nahe Osten, Bonn 1987, S. 85
- Erklärung der Zwölf zum Konflikt zwischen Irak und Iran vom 26.1.1987, in: Auswärtiges Amt. Die Bundesrepublik Deutschland und der Nahe Osten, Bonn 1987, S. 83-84

GCC
- Text of communiqué, eighth summit of the GCC, in: Akinfo 1/1988, S. 31-32
- Communiqué on economic matters (Summit 26.-29.12.1987), in: MEES, 4.1.1988, A3-A4

OIK
- Dokumente, u.a. Abschlußkommuniqué des Gipfels Januar 1988, in: Akinfo, 3/1987, S. 1-5

OPEC
- Communiqué (81. OPEC-Ministertreffen in Wien, 25.-27.6.1987), in: MEES, 6.7.1987, A6-A7; Pressekonferenz der OPEC-Minister, MEES, 6.7.1987, D1-D17
- Communiqué and Agreements (82. OPEC-Ministertreffen in Wien, 14.12.1987), in: MEES, 21./28.12.1987, A1-A6, A6-A10; Pressekonferenz ebenda, D1-D18

PLO
- The Tripoli (Libya) Document on the Restoration of Palestinian Unity, in: SWB/ME/8528/A/1-6, 28.3.1987
- Schlußkommuniqué des PNR (26.4.1987, Algier) und Arafats Schlußrede, in: SWB/ME/8554/A/1-11, 29.4.1987

Auswahlbibliographie

POLITIK/WIRTSCHAFT ALLGEMEIN *

Auswärtiges Amt: Die Bundesrepublik Deutschland und der Nahe Osten. Dokumentation. Bonn 1987, 279 S.

Barthel, Günter (Hrsg.): Die Araber an der Wende zum 21. Jahrhundert: Studien zu Evolution und Revolution in Nordafrika und Nahost. Berlin/Ost: Akademie-Verlag, 1987, 246 S.

Barthel, Günter (Hrsg.): Die arabischen Länder: eine wirtschaftsgeographische Darstellung. Gotha: Haack, 1987, 390 S.

Beaugé, Gilbert/Bendiab, Aicha: Internationale Migration im Nahen Osten: Bibliographie 1975-1986. (FU Berlin/CNRS). Berlin/West: Verlag Das Arabische Buch, 1987, 186 S.

Berger, Johannes/Büttner, Friedemann/Spuler, Bertold: Nahost-Ploetz: Geschichte der arabisch-islamischen Welt zum Nachschlagen. Freiburg (u.a.): Ploetz, 1987, 240 S.

Bliss, Frank: Frau und Gesellschaft in Nordafrika: islamische Theorie und gesellschaftliche Wirklichkeit. Bad Honnef: DSE, 1987, 146 S.

Bunzl, J./Flores, A./Rasoul, F.: Falscher Alarm? Studien zur sowjetischen Nahostpolitik. Wien: Braumüller, 1985, 224 S.

Dicke, Hugo/Glismann, Hans H.: Industrialisierungsbemühungen arabischer OPEC-Staaten: Rückwirkungen auf die Bundesrepublik. Tübingen: Mohr, 1986, 138 S.

Franz, Erhard: Kurden und Kurdentum: Zeitgeschichte eines Volkes und seiner Nationalbewegungen. Hamburg: Deutsches Orient-Institut (Mittelungen 30), 1986, 204 S.

Gälli, Anton/Alkazaz, Aziz: Der arabische Bankensektor. München: Weltforum Verlag, 1986, 2 Bände, 384 u. 211 S.

Haarmann, Ulrich (Hrsg.): Geschichte der arabischen Welt. München: Beck, 1987, 720 S. (zahlreiche Literaturhinweise)

Hacke, Christian: Amerikanische Nahost-Politik. Kontinuität und Wandel von Nixon bis Reagan. München: Oldenbourg, 1985, 294 S.

Hippler, Jochen/Lueg, Andrea: Gewalt als Politik: Terrorismus und Intervention im Nahen Osten; Darstellung und Dokumente. Köln: Pahl-Rugenstein, 1987, 244 S.

Mardek, Helmut (Hrsg.): Der Nahostkonflikt: Gefahr für den Weltfrieden; Dokumente von der Jahrhundertwende bis zur Gegenwart. Berlin/Ost: Staatsverlag der DDR, 1987, 301 S.

Nienhaus, Volker: Kooperations- und Integrationspolitik islamischer Länder. Hamburg: Deutsches Orient-Institut (Mittelungen 28), 1986, 245 S.

ISLAM

Ghaussy, A. Ghanie: Das Wirtschaftsdenken im Islam: von der orthodoxen Lehre bis zu den heutigen Ordnungsvorstellungen. Bern (u.a.): Haupt, 1986, 340 S.

Otto, Ingeborg/Schmidt-Dumont, Marianne/Mitarbeit: Aziz Alkazaz: Islamische Wirtschaft in Theorie und Praxis. Hamburg: Übersee-Dokumentation, 1986, 98 S.

Rodinson, Maxime: Islam und Kapitalismus. Einleitung von Bassam Tibi. Frankfurt/M.: Suhrkamp, 1986, 365 S.

Tibi, Bassam: Der Islam und das Problem der kulturellen Bewältigung sozialen Wandels. Frankfurt/M.: Suhrkamp, TB Wissenschaft 531, 1985, 325 S.

Bassam, Tibi: Vom Gottesreich zum Nationalstaat: Islam und panarabischer Nationalismus. Frankfurt/M.: Suhrkamp, TB Wissenschaft 650, 1987, 313 S.

Tworuschka, Monika: Analyse der Geschichtsbücher zum Thema Islam. Braunschweig: Georg-Eckert-Inst. für Internat. Schulbuchforschung, 1986, 343 S.

Wilson, Rodney: Die islamische Geschäftswelt: Theorie und Praxis. London (u.a.): EIU, 1986, 160. S.

ÄGYPTEN

Bumbacher, Beat: Die USA und Nasser. Amerikanische Ägypten-Politik der Kennedy- und Johnson-Administration 1961-1967. Stuttgart: Steiner-Verlag-Wiesbaden, 1987, 308 S.

Forstner, Martin: Der allgemeine Teil des ägyptischen Strafrechts. Baden-Baden: Nomos, 1986, 256 S.

Krämer, Gudrun: Identität und nationales Interesse: Ägypten unter Husni Mubarak. Baden-Baden: Nomos, 1986, 302 S.

Pawelka, Peter: Herrschaft und Entwicklung im Nahen Osten: Ägypten. Heidelberg: C.F. Müller, 1985, 465 S. (umfangreiche Literaturlisten)

Semsek, Hans-Günter/Stauth, Georg: Lebenspraxis, Alltagserfahrung und soziale Konflikte: Kairoer Slums der achtziger Jahre. Stuttgart: Steiner-Verlag-Wiesbaden, 1987, 290 S.

AFGHANISTAN

Braun, Dieter/Ziem, Karlernst: Afghanistan im siebten Jahr sowjetischer Besetzung: militärische Eskalation und politische Lösungsversuche. Ebenhausen: Stiftung Wissenschaft und Politik (SWP), 1986, 142 S.

Bucherer-Dietschi, Paul/Jentsch, Christoph (Hrsg.): Afghanistan: Ländermonographie. Liestal: Stiftung Bibliotheca Afghanica, 1986, 492 S.

Dritte-Welt-Laden (Losheim)/Mohm, Hans Werner (Hrsg.): Afghanistan. Losheim, 1987, 186 S.

Gesellschaft für Auslandskunde (Hrsg.): Der Afghanistan-Konflikt: regionale und internationale Dimensionen. München: Gesellschaft für Auslandskunde, Schriftenreihe, 1987, 95 S.

ALGERIEN

Faath, Sigrid: Die Banu Mizab. Eine religiöse Minderheit in Algerien zwischen Isolation und Integration. Scheessel: edition wuquf, 1985, 291 S.

Nestvogel, Renate: Bildung und Gesellschaft in Algerien: Anspruch und Wirklichkeit. Hamburg: Institut für Afrikakunde, 1985, 353 S.

Pieck, Werner: Algerien. Die wiedergewonnene Würde. Hildesheim (u.a.): Olms Verlag, 1987, 208 S.

GOLFSTAATEN

Braun, Ursula: Der Kooperationsrat arabischer Staaten am Golf: eine neue Kraft? Regionale Integration als Stabilitätsfaktor. Baden-Baden: Nomos, 1986, 168 S.

Krommer, Andreas: Entwicklungsstrategien der arabischen Golfstaaten (Bahrain, Kuwait, Oman, Qatar, Saudi-Arabien, Vereinigte Arabische Emirate): eine vergleichende Analyse im Lichte der relevanten Ansätze der Theorie der Entwicklungspolitik. Frankfurt/M. (u.a.): Peter Lang, 1986, 212 S.

Otto, Ingeborg/Schmidt-Dumont, Marianne: Die kleinen arabischen Golfstaaten: bibliographische Einführung in Wirtschaft, Politik und Gesellschaft. Hamburg: Übersee-Dokumentation, 1987, 150 S.

Scholz, Fred (Hrsg.): Die Golfstaaten. Wirtschaftsmacht im Krisenherd. Braunschweig: Westermann, 1985, 286 S.

IRAK/GOLFKRIEG

Malanowski, Anja (Hrsg.): Iran - Irak: "bis die Gottlosen vernichtet sind". Reinbek b. Hamburg: Rowohlt, 1987, 184 S.

Rasoul, Fadel: Irak - Iran: Ursachen und Dimensionen eines Konflikts. Wien (u.a.): Böhlau, 1987, 176 S.

Reissner, Johannes: Iran - Irak: Kriegsziele und Kriegsideologien; zum Problem der Vermittlung. Ebenhausen: SWP, 1987, 130 S.

IRAN

Ebert, Hans-Georg/Fürtig, Henner/Müller, Hans Georg/Barthel, Günter (Hrsg.): Die Islamische Republik Iran. Köln: Pahl-Rugenstein, 1987, 502 S.

Huyser, Robert E.: Putschen Sie, Herr General! Wie Washington den Iran retten wollte. Reinbek b. Hamburg: Rowohlt, 1986, 344 S.

Nirumand, Bahman/Daddjou, Keywan: Mit Gott für die Macht: eine politische Biographie des Ayatollah Chomeini. Reinbek b. Hamburg: Rowohlt, 1987, 376 S.

Reissner, Johannes: Aufzeichung betr.: Opposition gegen Khomeini: das Beispiel der Volksmojahedin. Ebenhausen: SWP, 1987, 72 S.

Taheri, Amir: Chomeini und die Islamische Revolution. Hamburg: Hoffmann und Campe, 1985, 414 S.

Übersee-Dokumentation: Die Islamische Republik Iran. Hamburg, 1987, 34 S.

ISRAEL/PALÄSTINA

Debus, Barbara: Unter Besatzern und Patriarchen: palästinensische Frauen in der Westbank; Sozialgeschichte und Widerstand. Gießen: Schröder/Prolit-Buchvertrieb, 1986, 208 S.

Freund, Tom: ZAHAL-Report: Geist und Moral der israelischen Armee. Berlin/ Ost: Militärverlag der Deutschen Demokratischen Republik, 1986, 239 S.

Lux, Friedemann (Übers.): Israel von A bis Z: Daten, Fakten, Hintergründe. Neuhausen-Stuttgart: Hänssler, 1986, 168 S.

Taut, Jakob: Judenfrage und Zionismus. Frankfurt/M.: isp-Verlag, 1986, 267 S.

Waltz, Viktoria/Zschiesche, Joachim: Die Erde habt Ihr uns genommen. 100 Jahre zionistische Siedlungspolitik in Palästina. Berlin: Verlag Das Arabische Buch, 1986, 436 S.

Wolffsohn, Michael: Deutsch-israelische Beziehungen: Umfragen und Interpretationen 1952-86. München: Bayer. Landeszentr. f. polit. Bildungsarb., 1986, 96 S.

Wolffsohn, Michael: Israel. Politik. Gesellschaft. Wirtschaft. Opladen: Leske und Budrich, 2. Auflage 1987, 348 S.

JEMEN

Daum, Werner (Hrsg.): Jemen. Innsbruck: Pinguin-Verlag, 1987, 892 S.

Frese-Weghöft, Gisela: Ein Leben in der Unsichtbarkeit: Frauen im Jemen. Reinbek b. Hamburg: Rowohlt, 1986, 184 S.

Linde, Gerd: Moskau und Aden: Partner stürzen, Bastionen bleiben. Köln: Bundesinstitut für Ostwiss. und Internationale Studien, 1987, 32 S.

Meyer, Günter: Arbeitsemigration, Binnenwanderung und Wirtschaftsentwicklung der Arabischen Republik Jemen: eine wirtschafts- und bevölkerungsgeographische Studie unter besonderer Berücksichtigung des städtischen Bausektors. Wiesbaden: Reichert, 1986, 318 S.

JORDANIEN

Augustin, Ebba: Jordanien im Spannungsfeld des Palästinakonfliktes: Entstehung und Entwicklungsgeschichte bis in die Gegenwart. Kiel: Selbstverlag des Verfassers, 1987, 513 S.

Lange, Michael: Die Rolle Jordaniens in der politischen Entwicklung der Nahost-Region. Bochum: Institut für Entwicklungsforschung und Entwicklungspolitik (Materialien 108), 1987, 216 S.

LIBANON

Pott, Marcel/Schimkoreit-Pott, Renate: Beirut: Zwischen Kreuz und Koran. Braunschweig: Westermann, 1985, 342 S.
Schlicht, Alfred: Libanon: zwischen Bürgerkrieg und internationalem Konflikt. Bonn: Europa Union Verlag, 1986, 66 S.

LIBYEN

Mattes, Hanspeter: Die innere und äußere islamische Mission Libyens: historisch-politischer Kontext, innere Struktur, regionale Ausprägung am Beispiel Afrikas. Mainz/München: Grünewald/Kaiser Verlag, 1986, 404 S.
Mattes, Hanspeter: Die militärische Konfrontation zwischen Libyen und den USA 1986: zur Genese des Konflikts und seinen internationalen Auswirkungen. (Mit einem Beitrag von S. Faath zur Libyen-Politik unter Präsident Reagan). Hamburg: Deutsches Orient-Institut (Mitteilungen 29), 1986, 322 S.
Operschall, Christian (Hrsg.): Libyen. Die verkannte Revolution? Wien: Promedia, 1987, 205 S.
Übersee-Dokumentation: Die libysche Außenpolitik seit 1969. Hamburg, 1986, 32 S. (Nachweis von rund 200 Titeln)

MAROKKO

Faath, Sigrid: Marokko. Die innen- und außenpolitische Entwicklung seit der Unabhängigkeit. Kommentar und Dokumentation. Hamburg: Deutsches Orient-Institut (Mitteilungen 31), 1987, 2 Bände, 402 und 554 S.
Mattes, Hanspeter: Ceuta und Melilla - die beiden spanischen Presidios auf dem Weg zur Marokkanisierung?, in: Orient, Opladen, Nr. 3/1987, S. 332-364
Stöber, Georg: "Habous Public" in Marokko. Zur wirtschaftlichen Bedeutung religiöser Stiftungen im 20. Jahrhundert. Marburg: Marburger Geographische Gesellschaft, Heft 104, 1986, 170 S.

PAKISTAN

Ahmed, Munir D. (Hrsg.): Pakistanische Literatur: Übersetzungen aus den Sprachen Pakistans. Mayen: Deutsch-Pakistanisches Forum, 1986, 233 S.
Newman, Karl J./Pankalla, Heinz/Krumbein-Neumann, Robert (Mitarb.): Pakistan unter Ayub Khan, Bhutto und Zia ul-Haq. München: Weltforum Verlag, 1986, 190 S.

PLO

Jakobs, Peter: Yassir Arafat. Versuch einer Lebensbeschreibung. Dortmund: Weltkreis-Verlag, 1985, 210 S.
Nasser, M. Said: PLO-Theorie und Praxis. Versuch einer kritischen Analyse. Frankfurt/M.: Verlag für akademische Studien, 1985
Rombach, Ulrich: Die Palästinenser und die PLO. Pfaffenweiler: Centaurus, 1987, 137 S.

SAUDI-ARABIEN

Azzazi, Moh. el-: Das Arbeitskräftepotential in Saudi-Arabien: Chancen und Probleme der "Saudisierung" der Arbeitskräfte. Bochum: Institut für Entwicklungsforschung und Entwicklungspolitik (Materialien 107), 1986, 58 S.

SUDAN

Boehringer-Abdalla, Gabriele: Frauenkultur im Sudan. Frankfurt/M.: Athenäum, 1987, 137 S.
Evangelisches Missionswerk im Bereich der Bundesrepublik Deutschland und Berlin West (Hrsg.): Religion und Staat im Sudan. Hamburg, 1986, 58 S.

Semich, Max-Helmut: Wirtschaftslage im Sudan. Köln: bfai-Mitteilungen, Juni 1987, 8 S.

Zein-el-Din, Salah: Die Süd-Süd-Kooperation als Entwicklungsstrategie: Beispiel der ägyptisch-sudanesischen Integrationsbestrebungen 1974-1984. Berlin/West: Schiller, 1986, 290 S.

SYRIEN

Koszinowski, Thomas: Die Krise der Ba'th-Herrschaft und die Rolle Asads bei der Sicherung der Macht, in: Orient, Opladen, Nr. 4/1985, S. 549-571

Krämer, Gudrun: Arabismus und Nationalstaatlichkeit: Syrien als nahöstliche Regionalmacht. Ebenhausen: SWP, 1987, 113 S.

TÜRKEI

Ayres, Ron (u.a.): Türkei. Staat und Gesellschaft. Frankfurt/M./München: isp-Verlag, 1987, 204 S.

Boratav, Korkut: Die türkische Wirtschaft im 20. Jahrhundert (1908-1980). Frankfurt/M., 1987, 134 S.

Kramer, Heinz: Aufzeichnung betr.: Das wirtschaftliche Element in den Beziehungen der EG zur Türkei: eine Bestandsaufnahme. Ebenhausen: SWP, 1987, 150 S.

Türkei-Informationsstelle/Hamburg (Hrsg.): Gegenbericht zur Situation der Menschenrechte in der Türkei: Stand 15. Februar 1986. Hamburg: Türkei-Informationsstelle, 1986, 99 S.

Werle, Rainer/Kreile, Renate: Renaissance des Islam: das Beispiel Türkei. Hamburg: Junius Verlag, 1987, 170 S.

Wolff, Peter: Stabilisierungspolitik und Strukturanpassung in der Türkei 1980-1985: die Rolle von IWF und Weltbank in einem außengestützten Anpassungsprozeß. Berlin/West: Deutsches Institut für Entwicklungspolitik (Schriften 87), 1987, 203 S.

TUNESIEN

Faath, Sigrid: Tunesien. Die politische Entwicklung seit der Unabhängigkeit 1956-1986. Kommentar und Dokumentation. Hamburg: Deutsches Orient-Institut (Mitteilungen 27), 1986, 553 S.

Schliephake, Konrad (Hrsg.): Tunesien. Geographie - Geschichte - Kultur - Religion - Staat - Gesellschaft - Bildungswesen - Politik - Wirtschaft. Stuttgart: Thienemann, 1985, 600 S.

WESTSAHARA

de Grancy, Christine: Die Sahraouis. Söhne und Töchter der Wolken. Von der stillen Revolution der Polisario. Ein photographierter Essay. Nördlingen: Greno, 1987

---

* Auf die beim Kohlhammer-Verlag, Stuttgart, erschienen aktuellen "Länderberichte" des Statistischen Bundesamtes bzw. die Marktinformationen der Bundesstelle für Außenhandelsinformation, Köln, zu allen Staaten der Region wurde nicht im einzelnen hingewiesen.

DEUTSCHES ORIENT-INSTITUT

D-2000 Hamburg 13
Mittelweg 150
Tel.: (040) 441 481

AKTUELLER INFORMATIONSDIENST MODERNER ORIENT

Eine 14tägliche Auswahl von europäischsprachigen
Artikeln aus der regionalen Presse zu
Politik, Wirtschaft und Gesellschaft

Seit Januar 1988 mit Nordafrika
(Mauretanien bis Tunesien)

Überzeichnungen wie in den Karikaturen der
Politiker werden durch Gegenüberstellung von
Berichten aus der Presse mehrerer Länder ins
politische Gleichgewicht gerückt.

Regelmäßig berücksichtigte Zeitungen: Arab
News, Baghdad Observer, Dawn, The Egyptian
Gazette, The Jerusalem Post Weekly Overseas
Edition, Jordan Times, The Kabul New Times,
Kuwait Times, Le Matin du Sahara, El Moudjahid,
News Spot, L'Opinion, L'Orient-le Jour, The
Pakistan Times Overseas Weekly, La Presse de
Tunisie, Saudi Gazette, Tehran Times, Turkish
Daily News

Jahresabonnement DM 110,00 (zuzüglich Porto)

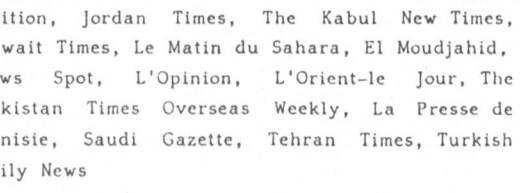

Deutsches Orient-Institut. Thomas Koszinowski und Hanspeter Mattes [Hrsg.]: Nahost. Jahrbuch 1987. Politik, Wirtschaft und Gesellschaft in Nordafrika und dem Nahen und Mittleren Osten. Leske Verlag + Budrich GmbH, Opladen 1988. 221 S. ISBN 3-8100-0687-4

Ende der 80er Jahre stellt sich der Nahe Osten — von Mauretanien im Westen bis Pakistan im Osten, von der Türkei im Norden bis Sudan im Süden — krisenhafter und verwickelter dar als jemals seit dem Zweiten Weltkrieg.

Wer sich über die grundlegenden Probleme dieser geographisch weitgespannten Region informieren will, findet dazu gleich mehrere, einander ergänzende Publikationen, die die deutschsprachige Orientforschung in den vergangenen Jahren hervorgebracht hat. Erwähnt seien an dieser Stelle nur folgende Editionen: Werner Ende/Udo Steinbach: Der Islam in der Gegenwart, München 1984; Ulrich Haarmann: Geschichte der arabischen Welt, München 1987; und Udo Steinbach/Rüdiger Robert: Der Nahe und Mittlere Osten, 2 Bde., Opladen 1988. Wer sich hingegen einen Überblick über das Tagesgeschehen im Nahen Osten verschaffen will, war bislang auf ein mehr oder minder sorgfältiges, dafür aber um so mühevolleres Studium aktueller Printmedien angewiesen. Diese Lücke sucht das Deutsche Orient-Institut in Hamburg nunmehr mit der Vorlage eines Nahost-Jahrbuches zu schließen. Wenn es auch noch längst nicht das Volumen in etwa vergleichbarer englischsprachiger Veröffentlichungen wie »The Middle East and North Africa« und »Middle East Contemporary Survey« erreicht hat, muß dieser Versuch doch als gelungen bezeichnet werden.

In zwei einführenden Beiträgen von Udo Steinbach und Aziz Alkazaz wird zunächst die politische und wirtschaftliche Entwicklung Nordafrikas, der Arabischen Halbinsel, der Türkei, Irans, Afghanistans und Pakistans im Zeitraum von 1980 bis 1986 mit dem Ziel analysiert, »... dem Leser in Umrissen Vorgeschichte und Hintergründe für die Ereignisse und Entwicklungen des Jahres 1987 zu vermitteln« (S. 8). Das Resultat ist positiv, zumal die beiden Autoren die zahlreichen Querverbindungen aufzeigen, die zwischen den Ereignissen in den einzelnen Ländern, aber auch den Krisenherden der Region bestehen. Dem Charakter eines Handbuches entspricht es im übrigen, daß den Länderbeiträgen eine Gesamtchronologie der Ereignisse für die Jahre 1980—86 und 1987 vorangestellt ist.

Die Länderbeiträge selbst sind nach einem einheitlichen Muster gegliedert. Am Beginn eines jeden Beitrages findet sich ein Datenblock, der Auskunft gibt über so wichtige Größen wie die Bevölkerungszahl, die Fläche, den Urbanisierungsgrad, die Armeestärke, das Bruttoinlandsprodukt, den Außenwert der Währung und dergleichen mehr.

Im Anschluß daran erfolgt eine Analyse der innenpolitischen, außenpolitischen und sozioökonomischen Entwicklung des jeweiligen Landes. Die zumeist nicht aus Primärquellen, sondern aus der Meldung von Nachrichtendiensten, Zeitungen und Zeitschriften gewonnenen Erkenntnisse geben wertvolle Aufschlüsse über aktuelle Trends — etwa über die nach wie vor bestehenden Rivalitäten und Auseinandersetzungen im afghanischen Widerstand, über die tiefgreifenden Meinungsverschiedenheiten in der politischen Führungsschicht Irans, wie sie 1987 in der Affäre Hashemi und in der Auflösung der »Partei der Islamischen Republik« zum Ausdruck gekommen sind, über die Festigung der inneren Stabilität Saudi-Arabiens trotz des geringer gewordenen ökonomischen Spielraums oder über die Verbesserung der syrischen Außenbeziehungen zum Westen im Berichtszeitraum. Zur raschen Information tragen auch die am Ende eines jeden Beitrages abgedruckten Angaben zur politischen Führung des Landes bei. Namentlich genannt werden in jedem Fall das Staatsoberhaupt, der Regierungschef und die Kabinettsmitglieder. Abgerundet werden die Beiträge durch eine länderspezifische Chronologie. Sie beschränkt sich auf das Jahr 1987 und soll sowohl die wichtigsten Ereignisse zusammenfassen als auch auf einzelne Fakten aufmerksam machen, die aus Platzgründen im Text nicht berücksichtigt werden konnten.

Von den nichtstaatlichen politischen Akteuren sind im Nahen Osten ohne Zweifel die Palästinensische Befreiungsbewegung (PLO), die Arabische Liga (AL), der Golfkooperationsrat (GCC) und die Organisation Islamische Konferenz (OIC) von besonderer Bedeutung. Jedem einzelnen dieser Akteure ist in ähnlicher Weise wie den Ländern ein eigenständiger Beitrag in dem Jahrbuch gewidmet. Bei der PLO werden vor allem die Aussöhnung der gemäßigten Kräfte unter Yasir Arafat mit den wichtigeren radikalen Gruppierungen — PFLP und DFLP — sowie die Einberufung des Palästinensischen Nationalrats im April in Algier hervorgehoben. Für die AL standen 1987 der iranisch-irakische Konflikt und die Bemühungen um eine Rückkehr Ägyptens in die Organisation im Mittelpunkt des Interesses. Auch für den GCC war im Berichtszeitraum der Golfkrieg zentrales Thema. Im Gegensatz zur militärischen vermochte die wirtschaftliche Integration der Mitgliedstaaten deutliche Fortschritte zu erzielen. So ist die berufliche Niederlassungsfreiheit für GCC-Bürger und Einzelhandelskaufleute seit März 1987 verwirklicht. Herausragendes Ereignis für die OIC war die fünfte Gipfelkonferenz in Kuwait. Sie beschloß Resolutionen und gab Empfehlungen zu nahezu allen Krisenfeldern des Nahen Ostens: dem Golfkrieg, dem israelisch-arabischen Konflikt, den Differenzen zwischen Libyen und dem Tschad, dem Libanonkonflikt sowie dem US-

Angriff auf Libyen am 15. April 1986.

In insgesamt vier Beiträgen befaßt sich das Jahrbuch mit speziellen Problemen bzw. Konfliktfeldern des Nahen Ostens. Dabei ist es sicherlich kein Zufall, daß sich gleich zwei dieser Beiträge mit der Entwicklung am Persisch/Arabischen Golf auseinandersetzen — nämlich mit dem iranisch-irakischen Krieg und der iranisch-saudischen Kontroverse um die Unruhen in Mekka aus Anlaß der Pilgerfahrt. Die Entwicklung des israelisch-arabischen Konflikts erfährt hingegen keine gesonderte Analyse. Das zeigt, wie sehr das Jahr 1987 unter dem Vorzeichen des Golfkriegs und der islamischen Revolution in Iran gestanden hat. Erst im letzten Drittel des Berichtsjahres ist mit den aufbrechenden Unruhen in den von Israel besetzten arabischen Gebieten der Nahostkonflikt wieder stärker in das Interesse der Weltöffentlichkeit gerückt. Außerordentlich verdienstvoll sind die knappen Hinweise von Hanspeter Mattes auf den Verlauf der Auseinandersetzungen zwischen Libyen und dem Tschad im Jahr 1987, handelt es sich doch um einen Konflikt, über den Informationen hierzulande eher spärlich fließen. Nicht minder dankenswert ist die kritische Betrachtung von Aziz Alkazaz über die Integrations- und Investitionspolitik der arabischen Staaten. Sie zeigt, daß die wirtschaftliche Aufbruchsstimmung, in der sich die arabische Welt in den 70er Jahren befunden hat, längst einer tiefen ökonomischen Krise gewichen ist.

Den Schlußteil des Jahrbuches bilden ein Dokumententeil bzw. ein Dokumentennachweisteil sowie eine Auswahlbibliographie deutschsprachiger Veröffentlichungen über den Nahen Osten — vorzugsweise aus den Jahren 1986 und 1987. Der Dokumententeil enthält allerdings nur einen Abdruck der Resolution 598 des UNO-Weltsicherheitsrats vom 20. Juli 1987 mit der Aufforderung zur Beendigung des iranisch-irakischen Kriegs. Hier könnte und sollte im Interesse einer besseren Information des Lesers künftig »zugelegt« werden. Soweit es die Auswahlbibliographie angeht, erscheint der Verzicht auf die Aufnahme fremdsprachiger Literatur bedenklich. Wer sich ernsthaft mit dem aktuellen Geschehen im Nahen Osten befassen will, der kann auf das Studium zumindest englischsprachiger Titel nicht verzichten und wird dies auch nicht wollen. Wer indes nur flüchtige Informationen über den Nahen Osten sucht, wird auch kaum bereit sein, immerhin knapp DM 30,— für das Nahost-Jahrbuch auf den Ladentisch zu legen.

Insgesamt — und das verdient betont zu werden — erfüllt das Handbuch seinen selbstgesetzten Anspruch, ein gleichermaßen nützliches und praktisches Hilfsmittel für Politiker, Geschäftsleute, Journalisten, Wissenschaftler und Studenten zu sein. Ein jährliches Erscheinen könnte in der Tat die publizistischen Aktivitäten des Deutschen Orient-Instituts abrunden.

Rüdiger Robert

Karte: Der Nahe und Mittlere Osten